Redes Contratuais
no Direito Brasileiro

Redes Contratuais no Direito Brasileiro

2022

Fernando Gemelli Eick

REDES CONTRATUAIS NO DIREITO BRASILEIRO
© Almedina, 2022
AUTOR: Fernando Gemelli Eick

DIRETOR ALMEDINA BRASIL: Rodrigo Mentz
EDITORA JURÍDICA: Manuella Santos de Castro
EDITOR DE DESENVOLVIMENTO: Aurélio Cesar Nogueira
ASSISTENTES EDITORIAIS: Isabela Leite e Larissa Nogueira
ESTAGIÁRIA DE PRODUÇÃO: Laura Roberti

DIAGRAMAÇÃO: Almedina
DESIGN DE CAPA: Roberta Bassanetto

ISBN: 9786556276540
Outubro, 2022

Dados Internacionais de Catalogação na Publicação (CIP)
(Câmara Brasileira do Livro, SP, Brasil)

Eick, Fernando Gemelli
Redes contratuais no direito brasileiro /
Fernando Gemelli Eick. -- São Paulo : Almedina, 2022.

Bibliografia.
ISBN 978-65-5627-654-0

1. Contratos (Direito civil) 2. Contratos - Aspectos sociais I. Título.

22-117350					CDU-347.44

Índices para catálogo sistemático:
1. Contratos : Direito civil 347.44
Cibele Maria Dias - Bibliotecária - CRB-8/9427

Coleção IDiP
Coordenador Científico: Francisco Paulo De Crescenzo Marino

Este livro segue as regras do novo Acordo Ortográfico da Língua Portuguesa (1990).

Todos os direitos reservados. Nenhuma parte deste livro, protegido por copyright, pode ser reproduzida, armazenada ou transmitida de alguma forma ou por algum meio, seja eletrônico ou mecânico, inclusive fotocópia, gravação ou qualquer sistema de armazenagem de informações, sem a permissão expressa e por escrito da editora.

EDITORA: Almedina Brasil
Rua José Maria Lisboa, 860, Conj.131 e 132, Jardim Paulista | 01423-001 São Paulo | Brasil
www.almedina.com.br

*A resposta certa, não importa nada:
o essencial é que as perguntas estejam certas.*
MARIO QUINTANA

*À memória de minha amada e inspiradora mãe,
fonte de quem sou e do que me é de mais precioso na vida.*

*Ao meu querido pai, por compartilhar angústias
e festejar conquistas no dia a dia desta obra.*

AGRADECIMENTOS

Esta obra reproduz, com alguns ajustes, a dissertação apresentada em 2021 para obtenção do título de mestre em direito civil pela Universidade de São Paulo, que contou com o imprescindível acolhimento do Professor Dr. Cláudio Luiz Bueno de Godoy. Portanto, gostaria, primeiramente, de agradecer ao Professor Godoy por me guiar durante o mestrado, contribuindo decisivamente para o resultado que culminou com a publicação desta obra. A sua disponibilidade em discutir o tema objeto deste estudo, o seu rigor técnico e a sua seriedade acadêmica são motivos de grandiosa inspiração e orgulho.

Quero expressar a minha profunda gratidão aos membros da banca examinadora, Professores Doutores Francisco Paulo De Crescenzo Marino, Rodrigo Xavier Leonardo e Judith Martins-Costa, pelas inestimáveis contribuições e observações formuladas durante a minha arguição (sempre pertinentes e equilibradas), as quais contribuíram para o enriquecimento do trabalho, sendo incorporadas neste livro. Ao Professor Marino, pelo especial incentivo e auxílio na publicação desta obra.

A pesquisa acadêmica não se faz sem uma boa biblioteca. Dito isso, não posso deixar de agradecer a generosidade da Professora Judith Martins--Costa, pela recepção na biblioteca do Instituto de Estudos Culturalistas, em Canela, no Rio Grande do Sul; instituto esse que muito me orgulho de fazer parte. Sua genuína preocupação com o compartilhamento do conhecimento jurídico é inspiradora.

Aos membros do *Max-Planck-Institut für Privatrecht*, em Hamburgo, na Alemanha, por terem gentilmente me recebido durante o meu período de pesquisa. Aos professores e pesquisadores de vários países que lá conheci. As discussões – nos momentos de pausa – sobre os sistemas jurídicos mundo afora, contribuíram com as minhas reflexões não apenas para fins deste estudo.

Colegas desde o início do mestrado, agradeço à Daniela Jambor, Willian Garbi e Viviane Limongi por todas as discussões dentro e fora das Arcadas. A amizade de vocês tornou o caminho percorrido no mestrado mais leve e, certamente, mais produtivo. Ainda, aos amigos do escritório TozziniFreire, em especial à Flávia Andrade, à Mônica Mendonça Costa e ao Julio Neves, igualmente pelo carinho e suporte.

Aos meus sócios, Michel Haber, Giacomo Grezzana, Marcelo Shima, Gabriel Nascimento e Henrique Chisté, pela amizade, pela troca de ideias e pelo apoio irrestrito no escritório, especialmente quando precisei me dedicar à redação desta dissertação. Ao Giacomo, pela acurada leitura da dissertação e pelas relevantes sugestões críticas.

Agradeço aos meus pais, Zelir e Roque, por terem sempre me incentivado a persistir no caminho do meu aperfeiçoamento intelectual, profissional e pessoal. À minha mãe, minha alma gêmea e melhor amiga, a minha eterna e imensurável saudade. Saber que você, minha amada mãe, permanece viva em mim, me dá forças para seguir no caminho honesto e digno, para que eu possa sempre orgulhá-la. Ao meu pai, por ser meu exemplo de incansável busca pelo conhecimento e por me incentivar e me acalmar nos momentos felizes e naqueles mais difíceis. Vocês dois são responsáveis pelas minhas memórias mais belas e por sempre me ensinarem, desde os encantadores e inesquecíveis tempos da casa azul de Marcelino Ramos/RS, que não podemos nos desgarrar de quem somos e de onde viemos.

Aos meus queridos irmãos Marília, Luciana e Eduardo, presentes de Deus em minha vida. Caçula que sou, aprendo diariamente com vocês o sentido do verdadeiro amor fraternal. Com vocês, sei que o passado jamais será esquecido e que o futuro será sempre de esperança, pois sempre teremos uns aos outros. Às pequenas Letícia, Sofia, e ao pequeno Rafael, meus amados sobrinhos, por serem fonte de muitas das minhas risadas.

Ao Jonatan, que esteve sempre ao meu lado a cada página escrita, motivando-me a todo o momento. Eu não teria conseguido sem o seu suporte diário.

Por fim, agradeço a todos os meus amigos que, para não ser injusto ou extenso, não os citarei nominalmente, mas que me auxiliaram, cada um à sua maneira, nessa jornada e tornaram possível a concretização de um sonho.

APRESENTAÇÃO

O presente estudo, que agora se apresenta ao leitor, é fruto da dissertação de mestrado de Fernando Gemelli Eick, defendida, com proficiência, na Faculdade de Direito do Largo de São Francisco.

Conheci o autor justamente quando do processo seletivo para ingresso no programa de pós-graduação da FADUSP. O projeto do então candidato já indicava seu interesse pelo tema das redes contratuais, fenômeno bastante comum em uma realidade econômico-jurídica cada vez mais hipercomplexa. Aprovado no processo seletivo, pude acompanhar, como seu orientador, a dedicação que sempre demonstrou ao longo do curso, em meio ao qual ainda complementou a pesquisa em estadia na Alemanha (esteve no *Max-Planck Institut* de Hamburgo).

O resultado do esforço e da inteligência de Fernando, aliados à sua experiência como advogado militante na área, foi, enfim, a dissertação que desenvolveu e que defendeu com brilho em arguições dos Professores Francisco Paulo De Crescenzo Marino, Rodrigo Xavier Leonardo – ambos com obras de referência no assunto – e da Professora Judith Martins-Costa.

Segue-se, felizmente, a publicação em livro da dissertação apresentada, e ainda implementada, desde que a encerrar relevante contributo ao desenvolvimento do estudo da temática das redes de contratos.

O trabalho, fundamentalmente, se propõe a estabelecer *modelos dogmáticos* para o tratamento das redes, ao mesmo tempo cotejadas com a realidade econômica e jurídica em que se inserem e com a compreensão devida do princípio da relatividade dos efeitos dos contratos. Procura, ainda, disso extrair e analisar os efeitos consequentes – nos planos interno e externo –, indicando deste modo uma face operativa das redes (sua *governança*, como se diz na obra), embora não sem diferenciá-las de figuras afins, de sorte a concorrer para sua precisa identificação. Por fim, e igualmente relevante, aponta as hipóteses mais frequentes de configuração das redes, sempre em vista da proposta efetuada de sua definição e caracterização.

Destarte, é com prazer e certeza de sua contribuição ao estudo do Direito que se apresenta ao público leitor este trabalho de Fernando Gemelli Eick.

São Paulo, maio de 2022.

Claudio Luiz Bueno de Godoy
Professor do Departamento de Direito Civil da Universidade de São Paulo

PREFÁCIO

Fenômeno marcante na moderna economia mundial, as redes contratuais estavam a merecer, na literatura jurídica nacional, estudo monográfico que as tomasse em sua inteireza. A obra de Fernando Gemelli Eick – oriunda de dissertação de Mestrado desenvolvida sob a competente orientação do Professor Cláudio Luiz Bueno de Godoy e defendida em 2021 na Faculdade de Direito da USP, em banca da qual tive a honra de participar – preenche essa lacuna, eis que os poucos estudos voltados ao tema usualmente enfocavam determinados tipos de rede de contratos, sobretudo as redes de distribuição e aquelas voltadas ao mercado habitacional (as últimas foram objeto do pioneiro estudo de Rodrigo Xavier Leonardo, publicado há quase 20 anos).[1]

Mas o livro de Fernando Eick não é apenas original. Trata-se de um texto muito bem estruturado, que conduz o leitor pelos aspectos mais relevantes do seu objeto de estudo. Situando o ponto de partida do raciocínio na necessidade de construir ferramentas jurídicas aptas a regular o processo produtivo baseado na especialização flexível, o autor constata a insuficiência de determinadas categorias, notadamente o contrato relacional, que até hoje desafia os juristas a construir um modelo dogmático dotado de regime jurídico próprio.[2]

A esse desiderato se propõe, justamente, a teoria das redes contratuais. Mas a construção de um conceito jurídico de rede contratual não é

---

[1] Redes contratuais no mercado habitacional. São Paulo: Revista dos Tribunais, 2003.
[2] Vide a certeira crítica de Melvin A. Eisenberg (Why There Is No Law of Relational Contracts, 94 Nw. U. L. Rev. 805).

tarefa singela, havendo mesmo quem a julgue inviável, por nela enxergar noção restrita ao universo econômico, ou desnecessária, por supor que os conceitos jurídicos já consolidados atenderiam às necessidades que estão na base de sua construção.

Vem à baila, nesse ponto, a noção de coligação contratual, cuja distinção com a rede de contratos é alvo de controvérsia. Fernando acolhe e aprimora, aqui, distinção que realizei quando escrevi sobre contratos coligados. Afirmei, então, ser possível diferenciar as redes dos contratos coligados por ao menos três razões. Primeiro, redes contratuais corresponderiam a fenômeno de contratação empresarial em massa, realidade em relação à qual os contratos coligados podem mostrar-se totalmente desvinculados. Segundo, nas redes contratuais haveria uma parte encarregada de estruturá-la, à qual se ligariam diversos outros contratantes, em uma multiplicidade de contratos fungíveis sob a ótica do promotor da rede, a denotar sua abertura e fungibilidade. Terceiro, a abertura da rede a tornaria divisível, pois a invalidade ou a ineficácia de um dos contratos não afetaria os demais, já que a rede usualmente permaneceria viável na perspectiva do seu organizador.

Fernando entende, a meu ver com razão, que a segunda nota apontada normalmente estará presente, porém não necessariamente, eis que nem sempre haverá um "líder" da rede, como nos casos de "redes contratuais formadas por empresas no mesmo nível e setor de produção, geralmente formadas por contratos plurilaterais para a pesquisa e desenvolvimento tecnológico de um produto." Acolhemos a crítica do autor e pensamos que, ao invés de construir um conceito geral e abstrato de rede contratual, aqui é preciso raciocinar segundo o método tipológico, tão caro ao direito contratual. Isso significa que não se deve buscar um rol de características infalivelmente presentes, mas antes uma descrição de notas que podem ou não estar presentes, e cuja presença comporta graus variáveis de intensidade. O pensamento tipológico, de resto, parece subjazer à concepção do autor, ao afirmar que, sobretudo por sua heterogeneidade, "redes contratuais ainda não chegam a formar um conceito jurídico", o que não significa – é ele quem aduz – que não se deva apontar as suas principais características, a serem concretamente trabalhadas.

Assentadas as noções-chave do estudo, prossegue o autor com uma utilíssima abordagem jurisprudencial, que enriquece o trabalho com uma bem cuidada seleção de 33 julgados dos mais importantes tribunais do país e, em seguida, passa em revista algumas das principais hipóteses tradicionalmente qualificadas como redes contratuais: planos de saúde, *shopping centers*, franquia, distribuição, cartão de crédito e consórcio de empresas, exemplificação que já denota a gigantesca importância prática do estudo.

Na segunda parte da monografia, Fernando explora os efeitos jurídicos das redes contratuais. Enfrenta, então, questões atinentes à interpretação dos contratos em rede, à comunicação de invalidades e de ineficácias e aos danos causados à rede por terceiros. Cada consequência é examinada com amplo apoio em doutrina e jurisprudência, para proveito do leitor. Nesse percurso, acredito que um dos pontos altos seja o exame dos deveres de conduta tipicamente surgidos dos contratos em rede, tais como o dever de cooperação (cujo escopo é o próprio funcionamento do sistema, a depender, em maior ou menor grau, de todos os seus integrantes), o dever de lealdade, o dever de manter o sistema, o dever de informar, o dever, atribuído ao líder da rede (quando a figura existir), de assegurar tratamento igualitário aos partícipes, e o dever de compartilhamento de vantagens (*profit sharing*).

Pelas razões acima sucintamente expostas, e outras mais que o leitor não demorará a por conta própria identificar, a obra de Fernando Gemelli Eick, cuja leitura recomendo vivamente, é belíssima contribuição, não somente ao estudo do relevantíssimo tema das redes de contratos, mas à compreensão do moderno direito contratual de modo geral.

São Paulo, 21 de agosto de 2022.

Francisco Paulo De Crescenzo Marino
*Professor Associado da Faculdade de Direito
da Universidade de São Paulo (Largo São Francisco)*

LISTA DE FIGURAS

Figura 1 – Rede contratual formada por contratos bilaterais – na modalidade cadeia contratual   100

Figura 2 – Rede contratual formada por contratos plurilaterais   102

Figura 3 – Rede contratual mista   103

LISTA DE ABREVIATURAS E SIGLAS

AD	–	Araguari Diesel Ltda.
art.	–	artigo
arts.	–	artigos
ampl.	–	ampliada
atual.	–	atualizada
BGB	–	*Bürgerliches Gesetzbuch*
BGH	–	*Bundesgerichtshof*
BMBB	–	Banco Mercedes-Benz do Brasil
CC	–	Código Civil
CCB	–	Cédula de Crédito Bancário
CDC	–	Código de Defesa do Consumidor
CF/88	–	Constituição Federal de 1988
Coord.	–	Coordenador
CPC	–	Código de Processo Civil
CTB	–	Companhia Telefônica Brasileira
Des.	–	Desembargador
Ed.	–	Editor
ed.	–	edição
IBGE	–	Instituto Brasileiro de Geografia e Estatística
Min.	–	Ministro
MMBB	–	Montadora Mercedes Benz do Brasil Ltda.
Org.	–	Organizador
§	–	Parágrafo
PIB	–	Produto Interno Bruto
PTY	–	*Seven Eleven Corporation of SA*
Rel.	–	Relator
Rel(a).	–	Relatora
rev.	–	revista
S.A.s	–	Sociedades por Ações
STJ	–	Superior Tribunal de Justiça

     TJ   – Tribunal de Justiça
   TJMG   – Tribunal de Justiça do Estado de Minas Gerais
   TJPR   – Tribunal de Justiça do Estado do Paraná
   TJRJ   – Tribunal de Justiça do Rio de Janeiro
   TJRS   – Tribunal de Justiça do Estado do Rio Grande do Sul
   TJSP   – Tribunal de Justiça do Estado de São Paulo
    UCC   – *Uniform Commercial Code*
 UNIMED   – Confederação Nacional das Cooperativas Médicas

SUMÁRIO

INTRODUÇÃO ... 25

1. AS REDES CONTRATUAIS NO DIREITO BRASILEIRO ... 31
   1.1. Ponto de partida: a alteração da conjuntura econômica.
        A especialização flexível e o direito contratual relacional ... 31
   1.2. A função social e a relatividade dos efeitos do contrato ... 36
   1.3. O surgimento das redes contratuais: uma necessidade prática ... 41
   1.4. O conceito jurídico de rede contratual como ponto aberto:
        características das redes contratuais ... 47
   1.5. Fundamentos das redes contratuais ... 62
        1.5.1. A necessária configuração de um nexo econômico e funcional ... 63
        1.5.2. A necessária configuração de um nexo sistêmico ... 69
               1.5.2.1. A unidade dos elementos das redes contratuais ... 71
               1.5.2.2. A ordem dos elementos das redes contratuais ... 74
   1.6. Modelos dogmáticos para o tratamento das redes contratuais ... 79
        1.6.1. Modelos unitários ... 79
               1.6.1.1 Modelo de Möschel e Rohe: o contrato de rede
                       (*Netzvertrag*) ... 79
               1.6.1.2 O *contratto di rete* italiano ... 82
        1.6.2. Modelos estruturados em torno do fim da rede ... 84
               1.6.2.1. Teubner e a rede entre mercado e hierarquia.
                        Fim da rede (*Netzzweck*) e dupla atribuição seletiva ... 84
               1.6.2.2. Grundmann: o tratamento das redes a partir
                        de instrumentos dogmáticos já existentes. *Netzzweck*
                        e cláusulas gerais ... 85
               1.6.2.3. A teoria sistêmica de Ricardo Luis Lorenzetti ... 86
                        1.6.2.3.1. Plano interno: partes que compõem
                                   a rede contratual ... 87
                        1.6.2.3.2. Plano externo: os terceiros e o mercado ... 90

1.7. Sistema de governança nas redes contratuais dirigido à eficiência global 93
1.8. Espécies de redes contratuais: enquadramento 95
    1.8.1. Classificação das redes segundo sua configuração interna: a pluralidade de formas das redes contratuais 95
    1.8.2. Redes formadas por contratos bilaterais, plurilaterais e redes mistas 97
    1.8.3. Redes hierárquicas (verticais) e redes paritárias (horizontais) 104
    1.8.4. Redes na mesma e em diferentes fases do processo produtivo 107
    1.8.5. Classificação das redes quanto à finalidade 108
1.9. Figuras afins e distinções relevantes 109
    1.9.1 Cadeias contratuais 109
    1.9.2 Contratos mistos 110
    1.9.3 Contratos bilaterais de longa duração e sociedades 115
    1.9.4 Contratos plurilaterais 118
    1.9.5 Grupos de sociedades: de fato e de direito 119
    1.9.6 Contratos-quadro 122
    1.9.7 Contratos coligados, conexos e redes contratuais: há diferença? 124
        1.9.7.1 Abordagem doutrinária 125
        1.9.7.2 Abordagem jurisprudencial 138
1.10. Conclusão: proposta de definição de redes contratuais 150
1.11. Hipóteses costumeiramente identificadas como de redes contratuais 151
    1.11.1 Plano de saúde e medicina em grupo 152
    1.11.2 O caso dos shopping centers e supermercados 154
    1.11.3 Contrato de franquia 157
    1.11.4 Contratos de distribuição *stricto sensu* 162
    1.11.5 Cartão de crédito 164
    1.11.6 Consórcio de empresas 165

2. CONSEQUÊNCIAS DA APLICAÇÃO DAS REDES CONTRATUAIS 167
    2.1. Interpretação dos contratos em rede 168
    2.2. Deveres especiais de conduta entre os participantes da rede contratual 174
        2.2.1. Dever de cooperação em geral 179
        2.2.2. Dever de lealdade 183
        2.2.3. Dever de manter o sistema 185
        2.2.4 Dever de informar e dever de confidencialidade 187
        2.2.5 Dever de tratamento igualitário 191
        2.2.6 Dever de *profit-sharing* 195
    2.3. Os efeitos no plano da validade e da eficácia 199
        2.3.1. Plano da validade: comunicação das invalidades 200
        2.3.2. Plano da eficácia: comunicação das ineficácias 214

2.3.2.1.	Hipótese de resilição	217
2.3.2.2.	A exceção do contrato não cumprido	221
2.3.2.3.	Os efeitos no plano externo das redes contratuais	229
2.3.2.4.	O inadimplemento contratual no plano interno nas redes contratuais	237
	2.3.2.4.1. As condições para a caracterização de responsabilidade no plano interno das redes	241
	2.3.2.4.2. A possibilidade de ação direta no plano interno das redes contratuais	245
2.4. Danos que terceiros podem causar à rede		252

CONCLUSÕES 259
REFERÊNCIAS 267

INTRODUÇÃO

A percepção de que o Direito é um fenômeno social, que responde ao que é observado no mundo fático, não é novidade. Como bem explica Miguel Reale, o Direito é "um fato ou fenômeno social; não existe senão na sociedade e não pode ser concebido fora dela"[1]. No âmbito do direito contratual, o mesmo pode ser observado, na medida em que o contrato espelha, na maioria das vezes, uma operação econômica que é, por óbvio, observada anteriormente no mundo fático. Não é por nada que Enzo Roppo explica que o conceito de contrato se encontra indissoluvelmente ligado ao de operação econômica, sendo o contrato a veste jurídico-formal das mais diversas operações econômicas[2]. Isso significa dizer que o contrato reflete os mais diversos arranjos que a criatividade humana leva a cabo em seu cotidiano, não podendo ser compreendido isolado de sua sociedade particular[3].

---

[1] REALE, Miguel. **Lições preliminares de direito.** 24. ed. São Paulo: Saraiva, 1998, p. 2. No mesmo sentido: CREA, Camilla. Contractual business networks: interpretation criteria and axiological perspective. In: JUNG, Stefanie; KREBS, Peter; TEUBNER, Gunther. **Business networks reloaded.** Baden-Baden: Nomos, 2015, p. 354. Sobre a relação entre o mundo fático e o mundo jurídico, chama-se atenção para o posicionamento de Marcos Bernardes de Mello, que explica que "na sua finalidade de ordenar a conduta humana com vistas à distribuição dos bens da vida, a comunidade jurídica valora fatos e, através das normas jurídicas que adota, erige à categoria de fato jurídico aqueles que têm relevância para o relacionamento inter-humano". MELLO, Marcos Bernardes de. **Teoria do fato jurídico:** plano da existência. 17. ed. São Paulo: Saraiva, 2011, p. 38.

[2] ROPPO, Enzo. **O Contrato.** Tradução de Ana Coimbra e M. Januário C. Gomes. Coimbra: Almedina, 2009, p. 11 e 19.

[3] MACNEIL, Ian R. Relational Contract: What We Do and Do Not Know. **Wisconsin Law Review,** 1985, p. 483-525.

O mercado é, portanto, o local onde as empresas estabelecem as suas relações jurídicas das mais diversas formas, sendo que o feixe de contratos estabelecidos entre os diversos comerciantes pode tornar esse cenário mais ou menos complexo. As redes contratuais estão inseridas nesse cenário complexo, originando-se nesse panorama de liberdade contratual, com os limites da função social do contrato[4], e parecem ser hoje imprescindíveis para a sustentação e manutenção do próprio mercado. É cada vez mais comum observarmos empresas que decidem se vincular de alguma maneira umas às outras, por meio de diversos arranjos contratuais, que podem se encontrar conectados direta ou indiretamente.

O objetivo desses arranjos contratuais – que não chegam a constituir personalidade jurídica própria, na medida em que cada contratante preserva a sua individualidade – é viabilizar, em um mercado de consumo cada vez mais competitivo, uma melhoria qualitativa e quantitativa dos produtos e serviços que são oferecidos, aliada à redução de custos e riscos àqueles que se encontram naquela determinada transação. A presença das redes contratuais é de tal forma perceptível e importante em nossa sociedade que há quem afirme que "sem redes contratuais não existe economia de mercado"[5].

O interesse no estudo das redes contratuais não se limitou às ciências jurídicas. O seu caráter multidisciplinar é evidente, tendo sido bastante examinado também pelas ciências sociais[6] e econômicas[7], que vêm estudando o tema de maneira mais insistente nos últimos 30 anos[8]. Essa

---

[4] Liberdade contratual esta que é disposta no art. 421 do CC Brasileiro e que deve observar a função social do contrato. Ou seja, não se trata de liberdade ilimitada e irresponsável, na medida em que os seus limites devem ser igualmente observados. BRASIL. **Lei n. 10.406, de 10 de janeiro de 2002.** Institui o Código Civil. Disponível em: http://www.planalto.gov.br/ccivil_03/leis/2002/l10406.htm. Acesso em: 12 mai. 2019.

[5] GRUNDMANN, Stefan. Contractual networks in German private law. In: CAFAGGI, Fabrizio (Ed.). **Contractual networks, inter-firm cooperation and economic growth.** Cheltenham Glos: Edward Elgar, 2011, p. 112. No original: *"Without networks of contracts there is no market economy!"*

[6] CASTELLS, Manuel. **A sociedade em rede.** Tradução de Roneide Venancio Majer. 21. ed. rev. ampl. São Paulo: Paz e Terra, 2020.

[7] Para citar alguns: THORELLI, Hans. Networks: between markets and hierarchies. **Strategic Management Journal**, v. 7, n. 1, jan./fev. 1986; COASE, Ronald H. The nature of the firm. **Economica**, v. 4, n. 16, p. 386-405, 1937.

[8] MIRANDA, Joana Correia de. **Contratos de rede e rede de empresas.** Coimbra: Almedina. 2020, p. 33. "Dir-se-á, legitimamente, que rede *qua tale* não é um conceito específico e privativo do mundo do direito, sendo transversal a várias áreas do conhecimento".

interdisciplinaridade auxilia, indubitavelmente, o desenvolvimento e aprimoramento desse estudo também no domínio do Direito.

Em contraposição às vantagens acima apontadas, as redes contratuais são fonte de diversos questionamentos e dúvidas. Muito se debate sobre a existência de um conceito jurídico de redes contratuais – se é que existente. Para além disso, as redes contratuais por vezes se chocam com princípios clássicos do direito contratual – notadamente com o princípio da relatividade dos efeitos do contrato – e com a própria noção de parte e de terceiro dentro da rede contratual[9]. É comum também observarmos na doutrina brasileira e estrangeira o desenvolvimento de diferentes estudos sobre o assunto, cada um com um viés específico, que nem sempre refletem o mesmo fenômeno. Nesse cenário, as consequências resultantes da aplicação das redes contratuais parecem ainda ser incertas. Diante disso, a jurisprudência encontra dificuldades para responder – de maneira consistente e minimamente uniforme – aos diversos questionamentos advindos do mundo fático.

As redes contratuais causam o que ficou internacionalmente conhecido como *judicial irritation*[10]. Isso porque a estrutura e o conceito de redes contratuais – ainda não muito claros ao Direito (não apenas em solo nacional) – fazem com que os intérpretes tenham de se debater entre princípios contratuais clássicos e a situação fática que lhes é posta à análise. Não à toa, a doutrina[11] entende que o tema das redes contratuais é dos mais complexos na teoria do direito contratual contemporâneo.

A verdade é que as redes contratuais demonstram que a teoria dos contratos não vive um período de marasmo fático e intelectual. As últimas

---

[9] SOUZA, Antonio Pedro Garcia de. **Redes empresariais: a distribuição de bens e serviços e o seu propósito comum**. São Paulo: Quartier Latin, 2021. p. 21. "A noção jurídica individualizante, que consagrou os institutos da personalidade jurídica, da separação patrimonial e da relatividade dos efeitos do contrato – e impulsionou a atividade econômica a seu tempo –, vive agora uma profunda crise existencial. O contrato e a empresa isolados, individualizados, são realidades condenadas na economia moderna".

[10] A expressão é de Gunther Teubner. TEUBNER, Gunther. Coincidencia Oppositorum: Hybrid Networks Beyond Contract and Organisation. In: AMSTUTZ, Marc; TEUBNER, Gunther (Eds.). **Networks:** legal issues of multilateral co-operation. Bloomsbury Publishing, 2009, p. 7.

[11] PENTEADO, Luciano de Camargo. Redes contratuais e contratos coligados. In: HIRONAKA, Giselda Maria Fernandes Novaes; TARTUCE, Flávio (Coord.). **Direito contratual: temas atuais**. São Paulo: Método, 2007, p. 463.

décadas – notadamente as do final do século XX e início do século XXI – têm se demonstrado desafiadoras e instigantes. Isso porque a teoria contratual clássica deixou de responder a diversos questionamentos que foram e vêm surgindo diariamente nas relações contratuais celebradas entre os sujeitos de direito. O contrato deixou de ser visto e analisado de maneira isolada e seguindo apenas preceitos e princípios exclusivamente individualistas[12]. As redes contratuais encontram-se nesse setor.

No Direito brasileiro, o Código Civil (CC) Brasileiro[13] deu especial atenção ao princípio da função social do contrato, da boa-fé objetiva e do equilíbrio econômico do contrato; princípios esses (chamados de princípios sociais[14]) – que já eram de conhecimento da teoria geral dos contratos – e que se uniram ao princípio da autonomia privada, princípio da força obrigatória dos contratos e princípio da relatividade das convenções, ajudando a melhor analisar essa nova fase do direito contratual[15].

No plano fático, é comum nos depararmos em nosso dia a dia com relações contratuais que desafiam a nossa compreensão e que, ao nosso entender, podem ser definidas como redes contratuais. Em uma rede de franquia ou em um shopping center, por exemplo, é de fácil constatação a existência de diversos contratantes, que nem sempre se encontram vinculados direta e formalmente, mas que, ao mesmo tempo, almejam um

---

[12] Esse é o entendimento apresentado no prefácio da obra: AMSTUTZ, Marc; TEUBNER, Gunther, eds. **Networks:** legal issues of multilateral co-operation. Bloomsbury Publishing, 2009. *"This also indicates the difficulties with which the network phenomenon confronts the law. The legal institutions which have been at the centre of private law since the industrial revolution – contract and association – cannot cope with the risks and opportunities posed by networks. Numerous cases brought before the courts show that these institutions are not able to deal with the co-ordination and liability problems which go beyond the classical traditions of thinking in the dichotomy of contract and association – without being able to count on veritable support from legal doctrine in doing so".*
[13] BRASIL. **Lei n. 10.406, de 10 de janeiro de 2002.** Institui o Código Civil. Disponível em: http://www.planalto.gov.br/ccivil_03/leis/2002/l10406.htm. Acesso em: 12 mai. 2019.
[14] DIAS, Lucia Ancona Lopez de Magalhães. Onerosidade excessiva e revisão contratual no direito privado brasileiro. In: FERNANDES, Wanderley (Coord.). **Fundamentos e princípios dos contratos empresariais.** 2. ed. São Paulo: Saraiva, 2012, p. 385.
[15] Apenas para referência, ressalta-se que os novos princípios convivem com os antigos princípios. Ver: LOPEZ, Teresa Ancona. Princípios contratuais. In: FERNANDES, Wanderley (Coord.). **Fundamentos e princípios dos contratos empresariais.** 2. ed. São Paulo: Saraiva, 2012, p. 26. Como bem ressalta a autora, a contemporaneidade pede que esses princípios contratuais clássicos sejam estudados, analisados e interpretados, levando em consideração os novos princípios contratuais (quais sejam: princípio do equilíbrio contratual, boa-fé objetiva e função social dos contratos), bem como as particularidades do mundo moderno.

objetivo único, sofrendo as consequências positivas e negativas daqueles que se encontram de alguma maneira vinculados. Se cada um trabalhasse sozinho, de maneira isolada, cada uma das partes não seria capaz de obter as mesmas vantagens, ao menos com a mesma intensidade.

Desses arranjos contratuais nascem diversos questionamentos, que procuraremos responder ao longo desse estudo. O primeiro, e talvez mais tortuoso, diz respeito ao conceito de rede, se é que existente. Mas não é só: Haverá deveres entre aqueles que se encontram inseridos em uma rede contratual? Que deveres seriam esses e quais as suas fontes? Há fatos originários ou mesmo supervenientes que geram efeitos não apenas aos contratantes individualmente considerados, mas também àqueles que se encontram inseridos na rede? Qual o papel do consumidor nas redes contratuais e como os efeitos são sentidos por eles?

É por isso que sustentamos que, para enfrentar o tema a ser desenvolvido no presente estudo, o intérprete precisará analisar as questões a serem postas de espírito aberto e um tanto descolado da aplicação estrita do individualismo presente na teoria contratual clássica. Exige-se, portanto, uma análise com mente permeável à interdisciplinaridade e à observação atenta da realidade social, da qual o Direito não se pode divorciar, na medida em que reflete o que lá é empiricamente testado.

O **objetivo** desta obra é, portanto, estudar as redes contratuais, analisando seus fundamentos, suas características, suas espécies, bem como as consequências de sua aplicação. Duas serão as **metodologias** de investigação acadêmica utilizadas para o desenvolvimento desta obra. A primeira e principal metodologia utilizada será de natureza bibliográfica, recorrendo-se à doutrina nacional e, principalmente, à estrangeira acerca do tema das redes contratuais. A segunda metodologia, por sua vez, é refletida em pesquisa jurisprudencial, majoritariamente nacional, a fim de verificar se os tribunais vêm fazendo referência a redes contratuais e, mais importante, se ela vem ocorrendo de maneira adequada. Quanto à estrutura, a obra foi dividida fundamentalmente em duas partes, distribuídas da forma abaixo apresentada.

No **capítulo 1**, será desenvolvido o estudo das redes contratuais. Em um primeiro momento, buscaremos alcançar um conceito de redes contratuais, se é que existente, ou ao menos de suas características. Não poderemos deixar de tratar dos fundamentos das redes contratuais, bem como das diversas abordagens sobre o assunto, que foram desenvolvidas mundo afora. No que concerne à morfologia das redes, apresentaremos as diversas estruturas de redes contratuais, apontando as diferenças entre cada uma delas. Não poderíamos deixar de analisar também algumas figuras semelhantes às redes contratuais, que não raras as vezes são tratadas como sinônimos de redes contratuais, recrudescendo as dúvidas sobre o tema aqui discutido. Iremos propor, também, a nossa definição de redes contratuais, apresentando alguns tipos contratuais que julgamos como exemplos de redes contratuais e, ainda, analisaremos como os tribunais brasileiros têm abordado o tema.

No **capítulo 2**, apresentaremos as consequências da aplicação do estudo das redes contratuais não apenas em relação àqueles que se encontram no plano interno das redes (empresários em sua grande parte), mas também aos consumidores, que se situam no plano externo das redes contratuais.

O grande desafio do trabalho, para além da apresentação do conceito jurídico de redes contratuais (se é que existente), foi o de aprofundar o tema em questão, de modo a verificar as espécies de vinculação e quais as suas consequências, especialmente no que concerne à interpretação dos contratos, às situações de invalidade e de ineficácia (dentre elas o inadimplemento contratual). Pode-se notar que, quando a doutrina brasileira se debruçou sobre as consequências da aplicação das redes contratuais, ela abordou o tema – na sua esmagadora maioria – apenas levando em consideração casos e hipóteses em que o consumidor estava presente no caso analisado. Apesar de reconhecer certas consequências no plano interno, não nos pareceu que a doutrina, de fato, abordou a questão nesse plano. Em virtude disso, este trabalho debate as consequências não apenas no plano externo (que já é protegido por lei consumerista própria), mas também em relação àqueles que se encontram inseridos na rede contratual (em seu plano interno), estabelecendo entre si relações contratuais que devem respeitar o contexto de rede em que se encontram posicionados, sem descuidar do fato de que constituem relações interempresariais, que não podem, igualmente, fechar os olhos à segurança jurídica e à manutenção do vínculo.

Feitas essas considerações preliminares, podemos passar à exposição detalhada do estudo das redes contratuais, procurando estabelecer um método de identificação do fenômeno das redes contratuais, seus fundamentos, características, espécies, morfologia, alcance e implicações.

1
AS REDES CONTRATUAIS NO DIREITO BRASILEIRO

1.1. Ponto de partida: a alteração da conjuntura econômica. A especialização flexível e o direito contratual relacional

A partir das duas últimas décadas do século XX, o ambiente econômico passou por grandes modificações. Até então, predominada a "competição tradicional", espelhada em uma baixa velocidade de transformação dos mercados, causando pouco impacto nas organizações, o que favorecia a concentração empresarial pelos ganhos com a economia de escala e consolidação do mercado[16]. Todavia, a nova conjuntura do capitalismo encontra-se ancorada na extrema velocidade dos avanços tecnológicos e na maior facilidade de troca de informações, o que pede um sistema de flexibilidade produtiva, adaptabilidade, capacidade de inovação e colaboração[17].

---

[16] Ronaldo Porto Macedo Jr. e Marcelo De Nardi desenvolvem interessante estudo sobre alguns modos de produção industrial anteriores ao modo de produção que hoje observamos, qual seja, a especialização flexível. Nesse sentido, analisam a produção manufatureira e o seu contrato descontínuo (1840 a 1890), a produção em massa e o direito contratual neoclássico (1890 a 1975), bem como a especialização flexível e o direito contratual relacional (1975 até hoje). De todo modo, os supracitados autores bem explicam que essas fases constituem uma constante evolução do estudo do direito contratual que, de forma alguma, desconsidera o quanto apreendido na fase anterior. Na realidade – e como é comum de se verificar em uma análise empírica – as lições e os modelos contratuais desenvolvidos no passado encontram-se presentes em nossa sociedade até os dias de hoje. NARDI, Marcelo De. **Redes de contratos em perspectiva de interpretação sistêmica.** Porto Alegre: Verbo Jurídico, 2015, p. 49-76; MACEDO Jr., Ronaldo Porto. **Contratos Relacionais e Defesa do Consumidor.** 2. ed. rev. atual. e ampl. São Paulo: Revista dos Tribunais, 2007, p. 82-115.

[17] SOUZA, Antonio Pedro Garcia de. **Redes empresariais: a distribuição de bens e serviços e o seu propósito comum.** São Paulo: Quartier Latin, 2021, p.38-39.

É por isso que se diz que o estudo das redes contratuais pelas ciências sociais é relativamente recente[18], sendo o resultado, dentre outros motivos[19], da alteração do modo de produção industrial, com a crescente especialização das empresas no fornecimento e produção de determinados produtos e serviços[20] – próprio do modo de produção da especialização flexível[21] (que é observado eminentemente a partir das décadas de 1970 e 1980) –, que consiste em oferecer um produto com tecnologia única, qualidade única e serviço único[22], sendo necessária uma constante flexibilidade dos recursos humanos e equipamentos para atender a um mercado cada vez mais volátil.

Há quem defenda, todavia, que as redes não sejam uma figura recente. Segundo essa doutrina, as origens embrionárias das redes teriam sido observadas já na Idade Média, por meio das famosas guildas, que se constituiriam em relações comerciais independentes entre produtores, desen-

---

[18] DREWS, Rafael Induzzi. **Redes contratuais com função de distribuição**. Tese (Doutorado em Direito). Universidade de São Paulo, São Paulo, 2017, p. 23.

[19] Ainda que se faça essa correlação entre o estudo das redes contratuais com as novas fronteiras da produção industrial, não se está a pressupor uma abordagem economicista (entre forma modal de mercado e a teoria contratual), até porque, como afirma Ronaldo Porto Macedo Jr., o direito dos contratos se associa "intimamente a fontes não-econômicas que são determinantes para a experiência jurídica, como as mudanças nas práticas de racionalidade, de organização da solidariedade social e de criação de valores de bem-estar". MACEDO Jr., Ronaldo Porto. **Contratos Relacionais e Defesa do Consumidor**. 2. ed. rev. atual. e ampl. São Paulo: Revista dos Tribunais, 2007, p. 85-86. Isso para não mencionar o fato de que boa parte das transformações no direito contratual tem como substrato a imaginação de seus operadores estando, portanto, não necessariamente associada às alterações do mercado.

[20] BAGGIO, Andreza Cristina. A proteção da confiança e a formação de redes contratuais como fundamentos da responsabilidade dos sites de compras coletivas perante o consumidor. **Revista de Direito do Consumidor,** São Paulo, v. 97, p. 271-299, jan./fev. 2015, p. 11-12.

[21] Ronaldo Porto Macedo Jr. resume a especialização flexível da seguinte maneira: "(1) a redução do trabalho envolvido ("work-in-progress"), a medida em que o trabalho qualificado e a inovação tecnológica aumentam a produtividade e diminuem o número de trabalhadores diretamente envolvidos nas tarefas produtivas; (2) a redução do "lead time", isto é, tempo requerido desde o início da produção até o seu final, pois pelas mesmas razões acima o tempo demandado entre o início do processo produtivo até o seu final torna-se menor; (3) a redução do trabalho direto; e (4) a geração de um produto final de alta qualidade". MACEDO Jr., Ronaldo Porto. **Contratos Relacionais e Defesa do Consumidor**. 2. ed. rev. atual. e ampl. São Paulo: Revista dos Tribunais, 2007, p. 104.

[22] MACEDO Jr., Ronaldo Porto. **Contratos Relacionais e Defesa do Consumidor**. 2. ed. rev. atual. e ampl. São Paulo: Revista dos Tribunais, 2007, p. 103

volvidas por meio de uma combinação entre cooperação e competição[23]. Contra esse posicionamento, há doutrina, com a qual nos filiamos[24], que entende não ser possível o estabelecimento dessa correlação, na medida em que as funções das redes na atualidade são fundamentalmente diferentes das funções das guildas no período medieval. O que é relativamente recente, na realidade, é a redescoberta das redes pelas ciências sociais, principalmente pelas ciências jurídicas[25].

Nesse novo momento histórico, os industriais se depararam com o seguinte problema: como estabelecer um nível de confiança, de certeza de fornecimento dos produtos aos consumidores, sem engessar o processo produtivo a ponto de não mais atender às vontades efêmeras do mercado de consumo? E mais: como seria possível resolver o problema da contradição interna entre eficiência e flexibilidade, que se encontra evidente no processo de produção da especialização flexível?[26]

Para responder a essa indagação, Marcelo De Nardi explica que os industriais tiveram de estabelecer relações comerciais mais cooperativas entre as empresas fornecedoras dos produtos. Essas relações passaram a

---

[23] DEAKIN, Simon. The return of the guild? Network Relations in Historical Perspective. In: AMSTUTZ, Marc; TEUBNER, Gunther (Eds.). **Networks:** legal issues of multilateral co-operation. Bloomsbury Publishing, 2009, p. 53-54. *"Prior to the industrial revolution, the predominant form of economic organization in Western Europe and North America was the corporate guild. Guilds possessed many of the features now associated with networks. Guilds were neither firms nor markets, but loose associations of independent producers, with strong local or regional identities, in which co-operation and competition were combined, and the benefits of innovation shared by the trade as a whole. The values expressed by guild forms were those of communitarianism, producer solidarity, and the defense of the collective property of the trade as an intellectual commons"*.

[24] KJAER, Poul F. Post-hegelian networks: comments on the chapter by Simon Deakin. In: AMSTUTZ, Marc; TEUBNER, Gunther, eds. **Networks:** legal issues of multilateral co-operation. Bloomsbury Publishing, 2009, p. 75-85. Isso sem falar no fato de que, sob o nosso ponto de vista, não seria adequado tentar reler o passado a partir de uma lente construída séculos depois.

[25] DREWS, Rafael Induzzi. **Redes contratuais com função de distribuição**. Tese (Doutorado em Direito). Universidade de São Paulo, São Paulo, 2017, p. 23.

[26] Gunther Teubner bem ressalta essa contradição ao mencionar que, com o declínio da produção em massa, o mercado passou a demandar um processo de produção pautado na especialização flexível, uma *"client-specific mass production"*. Ou seja, a contradição entre flexibilidade e eficiência fica visível. Ver: TEUBNER, Gunther. Coincidencia Oppositorum: Hybrid Networks Beyond Contract and Organisation. In: AMSTUTZ, Marc; TEUBNER, Gunther (Eds.). **Networks:** legal issues of multilateral co-operation. Bloomsbury Publishing, 2009, p. 18.

se alongar no tempo, não havendo uma especificação rígida do produto objeto da transação. Assim sendo, "a contratação tornou-se relacional: estabelecem-se princípios de relacionamento, de modo que os fornecedores estejam vinculados aos industriais, sem que se possa, contudo, quantificar a operação"[27]. Em outras palavras, não há objetos específicos e perfeitamente quantificados e qualificados, já que os contratos se convertem em verdadeiras "cartas de princípios de relacionamento"[28].

Os nortes dessa nova forma de contratação – o contrato relacional – passam a ser a cooperação, a boa-fé, a solidariedade. Como defendido por Ian R. Macneil[29] – que diferencia os contratos descontínuos dos relacionais –, estes últimos levam em consideração a realidade social circundante[30]. Ou seja, o contrato relacional desgarra-se do mero consenso formalizado, para alcançar a relação formada e desenvolvida entre as partes como um todo unitário.

Esse contrato relacional exige, portanto, forte colaboração de seus integrantes[31]. Como explica Antônio Junqueira de Azevedo[32], são relacionais todos os contratos que, sendo de duração, tem por objeto a colaboração (como as sociedades, parcerias etc.), assim como todos aqueles que mesmo sem ter por objeto a colaboração, exigem intensa cooperação para poder atingir seus fins (como o contrato de distribuição *stricto sensu* e de franquia).

---

[27] NARDI, Marcelo De. **Redes de contratos em perspectiva de interpretação sistêmica.** Porto Alegre: Verbo Jurídico, 2015, p. 63-64.

[28] NARDI, Marcelo De. **Redes de contratos em perspectiva de interpretação sistêmica.** Porto Alegre: Verbo Jurídico, 2015, p. 64.

[29] Muitos foram os estudos de Ian R. Macneil sobre os contratos relacionais. Chama-se atenção para: MACNEIL. Ian R. The many futures of contracts. **Southern California Law Review 47**, n. 816, p. 691, 1974; MACNEIL, Ian R. **The New Social Contract:** an inquiry into modern contractual relations. New Haven, EEUU: Yale University Press, 1980.

[30] Ou seja, nos dizeres de Joana Correia de Miranda, "nos contratos relacionais existe uma intensa contextualização de relações sociais". Ver: MIRANDA, Joana Correia de. **Contratos de rede e rede de empresas.** Coimbra: Almedina. 2020, p. 197.

[31] TORRES, Andreza Cristina Baggio. **Teoria Contratual Pós-Moderna** – As Redes Contratuais na Sociedade de Consumo. Curitiba: Juruá, 2007, p. 107.

[32] AZEVEDO, Antonio Junqueira de. Natureza jurídica do contrato de consórcio. Classificação dos atos jurídicos quanto ao número de partes e quanto aos efeitos. Os contratos relacionais. A boa-fé nos contratos relacionais. Contratos de duração. Alteração das circunstâncias e onerosidade excessiva. Sinalagma e resolução contratual. Resolução parcial do contrato. Função social do contrato. **Revista dos Tribunais**, v. 832, p. 115-137, fev. 2005, p. 10. A análise do referido autor nesse artigo consiste fundamentalmente em aferir se o contrato de consórcio é ou não um contrato relacional.

Como leciona Ruy Rosado de Aguiar Jr., contrato relacional pode ser visto como "negócio jurídico perfeito e incompleto, no qual a determinação do seu conteúdo ou de alguns dos seus elementos essenciais se realiza mediante a remissão a elementos estranhos ao mesmo"[33]. Ou seja, para a teoria do contrato relacional, deve-se identificar um vínculo, que não necessariamente será contratual[34]. Muitas de suas cláusulas são abertas, trinchando-se grande espaço para a atuação dos princípios da boa-fé, função social do contrato e equidade[35].

As características do contrato relacional aproximam-se, portanto, do estudo das redes contratuais, conforme será demonstrado (sendo um interessante ponto de partida de análise), espelhando o processo produtivo e de fornecimento de produtos em nossa sociedade atual. Como explica Andreza Cristina Baggio Torres, os contratos relacionais envolvem inúmeros tipos de relações primárias em diversos níveis, organizados em diversas estruturas, assim como as redes contratuais, sendo que as formas de organização das '*networks*' de produção se encontram cada vez mais apoiadas "em elementos de confiança pessoal entre os agentes envolvidos na transação e negociação"[36].

Todavia, apesar de ser um importante ponto de partida para o estudo das redes contratuais, a teoria do contrato relacional não avança no estabelecimento de critérios dogmáticos minimamente claros para lidar com as

---

[33] AGUIAR JÚNIOR, Ruy Rosado de. Contratos relacionais, existenciais e de lucro. Revista Trimestral de Direito Civil: RTDC, Rio de Janeiro, ano 12, v. 45, p. 91-110, jan./mar. 2011, p. 98.
[34] MARQUES, Claudia Lima. **Contratos no Código de Defesa do Consumidor:** o novo regime das relações contratuais. 9. ed. rev. e atual. São Paulo: Thomson Reuters Brasil, 2019, p. 76. Inclusive, a autora comenta que por nem sempre haver vínculo contratual, a relação é baseada na confiança, solidariedade, cooperação, havendo, portanto, um contrato aberto, duradouro e modificável pelos usos e costumes.
[35] CALIXTO, Vinícius Machado. A teoria do contrato relacional de Ian Macneil e a necessidade de se rediscutir a sua compreensão e aplicação no contexto jurídico brasileiro. **Revista de Direito Civil Contemporâneo,** v. 9, p. 105-123, out./dez. 2016, p. 7.
[36] TORRES, Andreza Cristina Baggio. **Teoria Contratual Pós-Moderna** – As Redes Contratuais na Sociedade de Consumo. Curitiba: Juruá, 2007, p. 108. Rodrigo Xavier Leonardo também fala sobre essa proximidade. Ver: LEONARDO, Rodrigo Xavier. **Redes Contratuais no mercado habitacional.** São Paulo: Revista dos Tribunais, 2003, p. 136-137. "Olhando-se para um contrato de colaboração empresarial entre dois fornecedores, pode-se vislumbrar um contrato relacional. Um conjunto de contratos de colaboração empresarial voltados, por exemplo, para o fornecimento de um produto ou de um serviço forma uma rede de contratos. Dito isso, parece perfeitamente possível, assim, imaginar uma rede de contratos relacionais".

redes contratuais[37]. Tal teoria limita-se a descrever o problema, sem solucioná-lo[38]. Como afirma Rafael Induzzi Drews ao tratar do tema, "tudo se passa na proposição de um ideal de solidariedade e colaboração entre os membros do grupo que, embora dotado de grande valor descritivo, sobretudo sob o ponto de vista sociológico, fornece poucas ferramentas aplicativas (jurídicas)" às redes contratuais[39]. Estudar as redes contratuais passa a ser, portanto, fundamental.

1.2. A função social e a relatividade dos efeitos do contrato

No tópico antecedente, procurou-se demonstrar que as redes contratuais estão inseridas em um contexto de mudanças no modo de produção industrial. Mas não é só. As redes contratuais também se encontram vinculadas a sensíveis alterações verificadas na teoria contratual.

No direito brasileiro, essas alterações foram sentidas – e refletidas em nossa legislação – principalmente por meio da Constituição Federal de 1988 (CF/88) e do CC de 2002, que fortaleceram as características de socialidade, eticidade e operabilidade; características estas espelhadas ao longo da legislação pátria. Dentro desse contexto, ganhou-se proeminência o princípio da função social do contrato, que, certamente, sempre suscitou muitas dúvidas em relação a sua correta aplicação[40], inclusive em relação às suas origens[41].

---

[37] TEUBNER, Gunther. **Networks as connected contracts.** Translated by Michelle Everson. Oxford and Portland: Hart Publishing, 2011, p. 145-146. Ao analisar a teoria do contrato relacional, Marcelo Cama Proença Fernandes lembra que essa teoria é mais ampla quando comparada às demais teorias que igualmente partem da percepção de uma crise da teoria contratual clássica. Segundo o autor, "[a] teoria relacional procura explicar uma parcela bem mais ampla das relações contratuais, no âmbito das quais se estabelece um vínculo mais sólido entre as partes, em função da estabilidade da relação socioeconômica subjacente. Não necessariamente há um nexo entre vários contratos, mas pode perfeitamente existir um único negócio jurídico que contemple essas características". Ver: FERNANDES, Marcelo Cama Proença. **Contratos:** eficácia e relatividade nas coligações contratuais. São Paulo: Saraiva, 2014, p. 222.
[38] LORENZETTI, Ricardo Luis. **Tratado de los Contratos.** Tomo I. 2. ed. ampl. e atual. Santa Fé: Rubinzal – Culzoni, 2004, p. 49. *"Esta teoría está basada en una aproximación sociológica al tema y es descriptiva, razón por la cual se le puede criticar que no aporta elementos para resolver el problema, ya que no se advierte qué efectos produce esta cooperación, más allá de los ya conocidos".*
[39] DREWS, Rafael Induzzi. **Redes contratuais com função de distribuição.** Tese (Doutorado em Direito). Universidade de São Paulo, São Paulo, 2017, p.120.
[40] Neste contexto, referência dever ser feita a Claudio Luiz Bueno de Godoy: "Nesse contexto é que se sobressai a função social do contrato, o princípio que, positivado no art. 421 do Código

Tal como redigido o art. 421 no ano de 2002 (antes da redação conferida pela Lei n. 13.874, de 20.09.2019, portanto), "a liberdade de contratar será exercida em razão e nos limites da função social do contrato". Ou seja, o dispositivo em questão regulou dois princípios contratuais: um deles *(i)* o da autonomia privada ou da liberdade contratual; e outro *(ii)* da função social do contrato. Coube à jurisprudência e à doutrina a tarefa de entender como esses dois princípios seriam sopesados no caso concreto.

A verdade é que, como explica Véra Jacob de Fradera, o CC de 2002 passou a adotar uma figura mais intervencionista que, no campo da liberdade de estabelecer o conteúdo dos contratos, passou a contar com uma limitação da autonomia privada, na medida em que as partes foram instadas a observar a função social do contrato[42]. Esse artigo de lei tornou-se

Civil, recentemente editado, requer precisa configuração, para não se tornar apenas uma figura retórica do ordenamento, como se não traduzisse uma forma eficiente de prestígio às fontes axiológicas que iluminam todo o sistema jurídico". Ver: GODOY, Claudio Luiz Bueno de. **Função Social do Contrato**. 4. ed. São Paulo: Saraiva, 2012, p. 15.

[41] Entende-se que as bases dos novos princípios contratuais do CC de 2002 encontram fundamentação na CF/88. Isso seria verificado na aplicação direta e imediata dos princípios constitucionais como o da dignidade da pessoa humana (art. 1º, III), da solidariedade (art. 3º, I), do valor social do trabalho e da livre iniciativa (art. 1º, IV), assim como daqueles que regem a ordem econômica (art. 170). Sobre essa questão, Carlos Nelson Konder apresenta o posicionamento de diversos doutrinadores a respeito da origem da função social do contrato, todos eles pautados na lei maior de 1988. Ver: KONDER, Carlos Nelson. **Contratos Conexos:** grupos de contratos, redes contratuais e contratos coligados. Rio de Janeiro: Renovar, 2006, p. 48-49. Em contraposição a esse posicionamento, julgamos relevante citar o entendimento de Véra Jacob de Fradera, que afirma: "(...) a maioria dos doutrinadores nacionais confunde a socialidade com solidariedade, e buscam, erradamente, a sua origem na Constituição de 1988. Ora, basta atentar para os dados cronológicos para desmentir esta afirmativa. Com efeito, o projeto de CC data de 1975, a CF, de 1988". Ver: FRADERA, Véra Jacob de. Art. 7º: Liberdade contratual e função social do contrato – art. 421 do código civil. In: MARQUES NETO, Floriano Peixoto; RODRIGUES JR., Otavio Luiz; LEONARDO, Rodrigo Xavier (Org.). **Comentários à lei de liberdade econômica:** Lei n. 13.874/2019. São Paulo: Thomson Reuters Brasil, 2019, p. 297.

[42] Como explica a doutrinadora gaúcha, o contrato deixou de ser uma "selva" do juridicamente mais forte. "De acordo com o pensamento solidarista, uma relação contratual não pode ser concebida como uma *jungle*, onde vale a lei do juridicamente mais forte, mas deve se tornar um lugar civilizado, regulado por um mínimo de respeito mútuo entre os contratantes". Ver: FRADERA, Véra Jacob de. Art. 7º: Liberdade contratual e função social do contrato – art. 421 do código civil. In: MARQUES NETO, Floriano Peixoto; RODRIGUES JR., Otavio Luiz; LEONARDO, Rodrigo Xavier (Org.). **Comentários à lei de liberdade econômica:** Lei n. 13.874/2019. São Paulo: Thomson Reuters Brasil, 2019, p. 300. No mesmo sentido: ANTUNES, Marcelo Piazzetta. A causa sistemática e a teoria das redes contratuais: a influência

um registrador de cláusula geral[43], ampliando as considerações que o intérprete deve adotar quando estiver analisando a específica relação contratual.

A partir do reconhecimento da função social do contrato como cláusula geral, deixando de levar em consideração uma leitura puramente individualista para abrigar a compatibilização do contrato com o meio em que se encontra inserido, entende a doutrina que o contrato deixou de gerar efeitos apenas internamente (interpartes). O contrato passou também a gerar efeitos externos (ultra partes), permitindo que em determinadas situações "a relação contratual interfira na esfera jurídica de sujeitos que não são partes"[44], rompendo-se, portanto, por vezes, com o princípio da relatividade dos efeitos do contrato, uma vez que a função social do contrato possui abertura que possibilita a sua oponibilidade a terceiros[45], sem esquecer, contudo, que o princípio em questão também atua entre os contratantes (interpartes)[46].

---

do elemento causal na para-eficácia dos contratos. In: TEPEDINO, Gustavo; FACHIN, Luiz Edson (Org). **Diálogos sobre direito civil.** Volume III. Rio de Janeiro: Renovar, 2012, p. 595.

[43] MARTINS-COSTA, Judith. **A boa-fé no direito privado:** critérios para a sua aplicação. São Paulo: Marcial Pons, 2015, p. 158. "As cláusulas gerais têm por função auxiliar a abertura e a mobilidade do sistema jurídico, propiciando o seu progresso mesmo se ausente a inovação legislativa. A abertura diz respeito ao ingresso no *corpus* legislativo de princípios, máximas de conduta, *standards* e diretivas sociais e econômicas, viabilizando a captação e a inserção de elementos extrajurídicos de modo a promover a 'adequação valorativa' do sistema (abertura ou permeabilidade do sistema). A mobilidade diz respeito à acomodação no interior do sistema desses novos elementos, conectando-os, num movimento dialético, com outras soluções sistemáticas (ressistematização)".

[44] KONDER, Carlos Nelson. **Contratos Conexos:** grupos de contratos, redes contratuais e contratos coligados. Rio de Janeiro: Renovar, 2006, p. 64. Claudio Luiz Bueno de Godoy reconhece o princípio da função social do contrato em seus efeitos externos: "Não se nega, porém, que a tanto não se restrinja o princípio, que ocupa relevante papel *ultra partes*, vindo a espraiar efeitos sobre terceiros não integrantes da relação contratual. É o que se poderia dizer uma *eficácia social* do contrato, corolário de sua inserção no tecido social, no mundo das relações, da função que aí ocupa". Ver: GODOY, Claudio Luiz Bueno de. **Função Social do Contrato.** 4. ed. São Paulo: Saraiva, 2012, p. 148.

[45] FRADERA, Véra Jacob de. Art. 7º: Liberdade contratual e função social do contrato – art. 421 do código civil. In: MARQUES NETO, Floriano Peixoto; RODRIGUES JR., Otavio Luiz; LEONARDO, Rodrigo Xavier (Org.). **Comentários à lei de liberdade econômica:** Lei n. 13.874/2019. São Paulo: Thomson Reuters Brasil, 2019, p. 301.

[46] GODOY, Claudio Luiz Bueno de. **Função Social do Contrato.** 4. ed. São Paulo: Saraiva, 2012, p. 126-146.

Levando em consideração esses brevíssimos[47] apontamentos sobre a função social do contrato, a doutrina tem defendido que este não deve mais ser pautado apenas pela autonomia da vontade, tendo efeitos apenas em relação àqueles formalmente vinculados. Ao assim se posicionar, a relatividade dos efeitos do contrato acaba sendo mitigada pela função social do contrato[48]. Entende-se, portanto, que a função social é um ponto de partida para o estudo das redes contratuais[49]. O questionamento que surge, neste momento, é se as recentes modificações legislativas no tocante à função social do contrato poderão abalar essa que, sem sombra de dúvidas, é uma das fontes do estudo a ser desenvolvido.

Recentemente, por meio da Lei n. 13.874, de 20.09.2019 ("Lei da Liberdade Econômica"), o art. 421 sofreu alterações que não podem deixar de ser lembradas, ainda mais pelas incertezas e dúvidas que trouxeram e que, invariavelmente, poderão ser sentidas também nas redes contratuais.

---

[47] Não é o objetivo deste estudo – até por uma questão de corte de pesquisa e pela vastidão do tema da função social do contrato – desenvolver os conceitos e métodos de aplicação desse princípio contratual. O que pretendemos é apenas ressaltar a importância desse ao tema das redes contratuais. Para um estudo aprofundado sobre a função social do contrato, ver: *(i)* Godoy, Claudio Luiz Bueno de. **Função Social do Contrato.** 4. ed. São Paulo: Saraiva, 2012; *(ii)* Branco, Gerson Luiz Carlos. **Função Social dos Contratos:** interpretação à luz do código civil. São Paulo: Saraiva, 2009.

[48] "A autonomia da vontade é mitigada pela boa-fé objetiva, que impõe um agir ético por parte dos contratantes, limitando o exercício de direitos, impondo deveres de conduta laterais e atuando como parâmetro de interpretação do contrato. A força obrigatória do contrato, por sua vez, é ponderada como o equilíbrio econômico contratual, que sugere uma mínima equivalência entre as prestações convencionadas, garantida por meio dos institutos da lesão e da onerosidade excessiva. Enfim, a relatividade dos efeitos do contrato é contraposta à função social do contrato". Ver: Konder, Carlos Nelson. **Contratos Conexos:** grupos de contratos, redes contratuais e contratos coligados. Rio de Janeiro: Renovar, 2006, p. 61-62. No mesmo sentido: Rodrigues Jr, Otavio; Leonardo, Rodrigo Xavier; Prado, Augusto Cézar Lukascheck. A liberdade contratual e a função social do contrato – alteração do art. 421-A do código civil: art. 7º. In: Marques Neto, Floriano Peixoto; Rodrigues Jr., Otavio Luiz; Leonardo, Rodrigo Xavier (Org.). **Comentários à lei de liberdade econômica:** Lei n. 13.874/2019. São Paulo: Thomson Reuters Brasil, 2019, p. 311.

[49] Nardi, Marcelo De. **Redes de contratos em perspectiva de interpretação sistêmica.** Porto Alegre: Verbo Jurídico, 2015, p. 131. Em semelhante sentido: Konder, Carlos Nelson. **Contratos Conexos:** grupos de contratos, redes contratuais e contratos coligados. Rio de Janeiro: Renovar, 2006, p. 73. Ressalta-se apenas que Carlos Nelson Konder faz essa associação levando em consideração os contratos conexos que, em sua opinião, é conceito mais amplo, que abarca o de redes contratuais.

A nova redação do art. 421 assim dispôs: "A liberdade contratual será exercida nos limites da função social do contrato. Parágrafo único. Nas relações contratuais privadas, prevalecerão o princípio da intervenção mínima e a excepcionalidade da revisão contratual". Com o objetivo declarado de limitar a intervenção estatal, estimulando o empreendedorismo, o legislador – apesar de alguns acertos – agravou as dúvidas em relação à aplicação da função social do contrato. De fato, o *caput* do art. 421 teve uma notável melhoria de redação, ao substituir as referências à liberdade de contratar, por liberdade contratual[50], ao mesmo tempo em que extirpou a expressão "em razão"[51]. Seu parágrafo único, contudo, em que pese posicionamento contrário[52], é retrógrado e espelha uma antinomia.

Compartilhamos do posicionamento de Véra Jacob de Fradera quando afirma que o parágrafo único é contraditório com o *caput*. Isso porque, ao mesmo tempo em que o *caput* conservou a abertura às intervenções do sistema judiciário, o seu parágrafo único proclamou uma quase intangibilidade do contrato (tendo em vista as referências feitas ao princípio da intervenção mínima e da excepcionalidade da revisão[53]) – que ignora, inclusive, o direito constitucionalmente garantido às partes de recorrer

---

[50] FRADERA, Véra Jacob de. Art. 7º: Liberdade contratual e função social do contrato – art. 421 do código civil. In: MARQUES NETO, Floriano Peixoto; RODRIGUES JR., Otavio Luiz; LEONARDO, Rodrigo Xavier (Org.). **Comentários à lei de liberdade econômica:** Lei n. 13.874/2019. São Paulo: Thomson Reuters Brasil, 2019, p. 303. "Contudo, merece uma menção favorável a melhoria da redação do texto do art. 421 *caput*, pois a nova lei eliminou as referências à liberdade de contratar, tão duramente criticada desde o momento da apresentação do projeto de Código, antes mesmo de sua aplicação, por ser demasiado ampla, substituindo-a por liberdade contratual, sendo igualmente extirpada a expressão em razão, constituindo outro acerto, pois muitas são as razões conducentes à realização de uma contratação e não apenas a função social de um determinado contrato".

[51] FORGIONI, Paula A. **Contratos empresariais:** teoria geral e aplicação. 5. ed. rev., atual. ampl. São Paulo: Thomson Reuters Brasil, 2020, p. 274. "Ao contratar, as empresas não cogitam dos efeitos que aquele determinado negócio trará para a sociedade, porque todas, por definição, visam ao lucro. Não fazia sentido afirmar que a liberdade de contratar seria exercida "em razão" da função social do contrato, como se encontrava no texto original do art. 421. Sua atual redação veio a corrigir esse ponto, determinando que "[a] liberdade contratual será exercida nos limites da função social do contrato". Embora não atue "em razão" da função social, a empresa não pode aviltá-la com sua atuação".

[52] FORGIONI, Paula A. **Contratos empresariais:** teoria geral e aplicação. 5. ed. rev., atual. ampl. São Paulo: Thomson Reuters Brasil, 2020, p. 275-276.

[53] Princípios esses que a doutrina e a jurisprudência terão de especificar o seu campo de atuação na hipótese do dispositivo em questão.

ao judiciário, previsto no art. 5º, XXXV, da CF/88⁵⁴. Ou seja, como conclui a supracitada autora, o parágrafo único traz em si um posicionamento retrógrado, "de retorno a uma concepção liberal de contrato, malgrado a contrariedade ao posicionamento até agora esposado, pelo Código e pela doutrina"⁵⁵.

Disso se conclui que a função social do contrato – em virtude do posicionamento doutrinário e jurisprudencial desenvolvido nesses quase 20 anos de vigência do CC Brasileiro – será uma importante fonte do estudo das redes contratuais. As recentes alterações legislativas – de nítido caráter liberal – poderão impactar a aplicação no estudo das redes contratuais, muito em função de um possível uso retórico do princípio da intervenção mínima e da excepcionalidade da revisão. Mais do que nunca, julgamos importante estabelecer o conceito (ou ao menos as características) e os fundamentos das redes contratuais, até mesmo para evitar um também uso inadequado dessa cláusula geral na aplicação das redes contratuais.

1.3. O surgimento das redes contratuais: uma necessidade prática

O surgimento das redes contratuais encontra-se, portanto, imerso em um ambiente próprio da pós-modernidade⁵⁶, decorrente de um processo de globalização ancorado na "interdependência entre países e/ou agentes econômicos"⁵⁷.

A doutrina entende que o nascimento das redes contratuais, enquanto fenômeno socioeconômico, tem sido associado aos distritos industriais do século XX – em especial do século XXI – e caracteriza-se pela associação

---

⁵⁴ BRASIL. **Constituição da República Federativa do Brasil de 1988.** Disponível em: http://www.planalto.gov.br/ccivil_03/constituicao/constituicaocompilado.htm Acesso em: 08 dez. 2020.
⁵⁵ FRADERA, Véra Jacob de. Art. 7º: Liberdade contratual e função social do contrato – art. 421 do código civil. In: MARQUES NETO, Floriano Peixoto; RODRIGUES JR., Otavio Luiz; LEONARDO, Rodrigo Xavier (Org.). **Comentários à lei de liberdade econômica:** Lei n. 13.874/2019. São Paulo: Thomson Reuters Brasil, 2019, p. 303.
⁵⁶ MARQUES, Claudia Lima. **Contratos no Código de Defesa do Consumidor:** o novo regime das relações contratuais. 9. ed. rev. e atual. São Paulo: Thomson Reuters Brasil, 2019, p. 73-92. No mesmo sentido: TORRES, Andreza Cristina Baggio. **Teoria Contratual Pós-Moderna** – As Redes Contratuais na Sociedade de Consumo. Curitiba: Juruá, 2007, p. 66.
⁵⁷ BASSANI, Matheus Linck; SANTOS, Ceres Linck dos. Tratamento jurídico de negócios jurídicos inválidos, ineficazes e descumpridos por empresas coligadas. **Revista de Direito Recuperacional e Empresa,** v. 9, jul./set. 2018, p. 2.

de empresas/contratantes que decidem se fixar em um determinado local, na medida em que nesse local poderão partilhar da infraestrutura, beneficiando a empresa/contratante que lá se instala[58]. Ou seja, o enfoque do estudo das redes contratuais não está centrado na máxima utilização individual, centrada em apenas objetivos egoísticos – como verificado no direito contratual clássico dos séculos XVIII e XIX –, mas sim na maximização de ganhos e minimização de custos e riscos em prol de toda a rede[59]. Tais objetivos são alcançados em função da especialização da tarefa produtiva, aliada à troca de conhecimentos, tecnologia e *expertise* entre as empresas[60].

É justamente nesse contexto histórico que se tem verificado o crescimento exponencial das redes contratuais, as quais confrontam os dispositivos legais existentes no ordenamento jurídico – em especial aqueles relativos ao princípio da relatividade dos efeitos das convenções – tendo em vista o fato de que se mostram inaptos a lidar com questão tão complexa[61]. Isso significa dizer que o estudo das redes contratuais pede, portanto, um novo olhar à teoria clássica dos contratos[62], na medida em que esta[63]

---

[58] MIRANDA, Joana Correia de. **Contratos de rede e rede de empresas**. Coimbra: Almedina. 2020, p. 23-24.

[59] LEONARDO, Rodrigo Xavier. **Redes Contratuais no mercado habitacional.** São Paulo: Revista dos Tribunais, 2003, p. 135.

[60] MARQUES, Ricardo Dalmaso. Redes Empresariais e o Direito Comercial: os principais problemas teóricos e dogmáticos das redes empresariais. **Revista de Direito Empresarial,** v. 13, n. 545, p. 15-25, jan./fev. 2016, p. 2.

[61] TEUBNER, Gunther. Coincidencia Oppositorum: Hybrid Networks Beyond Contract and Organisation. In: AMSTUTZ, Marc; TEUBNER, Gunther (Eds.). **Networks:** legal issues of multilateral co-operation. Bloomsbury Publishing, 2009, p. 6.

[62] Gunther Teubner ressalta que o direito contratual seria o local adequado a partir do qual se desenvolveria o estudo das redes contratuais (em oposição ao direito societário). Contudo, o direito contratual deve ser reconsiderado em algumas de suas características. Ver: TEUBNER, Gunther. Coincidencia Oppositorum: Hybrid Networks Beyond Contract and Organisation. In: AMSTUTZ, Marc; TEUBNER, Gunther (Eds.). **Networks:** legal issues of multilateral co-operation. Bloomsbury Publishing, 2009, p. 14.

[63] O direito contratual clássico, eminentemente marcado pelas teorias individualistas do século XVIII e XIX, encontra-se ancorado em três princípios, quais sejam, (i) o princípio da autonomia privada, (ii) o princípio da obrigatoriedade dos contratos (pacta sunt servanda), bem como (iii) o princípio da relatividade das convenções. Ver: LOPEZ, Teresa Ancona. Princípios contratuais. In: FERNANDES, Wanderley (Coord.). **Fundamentos e princípios dos contratos empresariais.** 2. ed. São Paulo: Saraiva, 2012, p. 26. No mesmo sentido: TEPEDINO, Gustavo. **Relações obrigacionais e contratos.** São Paulo: Editora Revista dos Tribunais, 2012, v. II, p. 527; POTHIER, Robert Joseph. **Traité des obligations:** ouvres complètes. 2. ed. Paris: Marchal et Billard, 1861, t. 2, p. 46.

deixou de dar respostas satisfatórias aos diversos arranjos contratuais verificados no mundo fático[64].

Nesse sentido, fez-se e faz-se necessário revisitar alguns princípios da teoria contratual clássica, a fim de que se possa – em determinados casos – mitigar a sua aplicação, notadamente o princípio da relatividade das convenções[65], tendo em vista o fato de que – enquanto inserido no contexto social – o contrato também deve se preocupar com seus efeitos perante terceiros[66]. O universo das redes contratuais é justamente uma dessas hipóteses em que entendemos ser cabível a sua mitigação, seguindo determinados critérios que serão apresentados nessa obra. A doutrina brasileira bem ressalta que o fenômeno das redes contratuais reclama a compreensão do princípio da relatividade dos efeitos dos contratos. Isso porque, "quando em rede, os ajustes, malgrado entabulados entre partes não totalmente coincidentes, nem as faz, em relação a cada entabulação, realmente um terceiro"[67].

Com efeito, o modo de produção mudou. Se anteriormente o comum era uma pessoa celebrando um contrato com outra – em uma relação contratual sem grandes ramificações e na maioria das vezes instantânea – agora, a forma mais corriqueira é aquela em que se verifica um intrincado e complexo número de contratos que se relacionam entre si e se prolongam no tempo. Em que pese a estrutura seja complexa, Eduardo Takemi Kataoka esclarece que essas redes são organizadas de maneira racional,

---

[64] AMSTUTZ, Marc. The constitution of contractual networks. In: AMSTUTZ, Marc; TEUBNER, Gunther (Eds.). **Networks:** legal issues of multilateral co-operation. Bloomsbury Publishing, 2009, p. 309.

[65] GOMES, Rogério Zuel. A Nova Ordem Contratual: pós-modernidade, contratos de adesão, condições gerais de contratação, contratos relacionais e redes contratuais. **Revista de Direito do Consumidor,** n. 58, 2006, p. 19.

[66] THEODORO NETO, Humberto. **Efeitos externos do contrato: direitos e obrigações na relação entre contratantes e terceiros.** Rio de janeiro: Forense, 2007, p. 67, para quem "diante da moderna subdivisão da atividade de produção, construção e distribuição, que gera a multiplicação dos sujeitos participantes de uma operação econômica e, por conseqüência, daquela derivada das relações contratuais; em face do desenvolvimento do instituto da representação (particularmente quanto às pessoas jurídicas) e da estipulação a favor de terceiro; diante da prática da estipulação de contratos coletivos, e da existência de grupos de contratos ou de contratos coligados em situações diversas".

[67] GODOY, Claudio Luiz Bueno de. **Função Social do Contrato.** 4. ed. São Paulo: Saraiva, 2012, p. 168.

com o nítido objetivo de melhorar a produção, maximizando o ganho de todas as partes que se encontram vinculadas à rede[68].

Conforme explica Joana Correia de Miranda[69], os objetivos daqueles que se unem, direta ou indiretamente, em uma rede contratual, são diversos, dentre eles: *(i)* a partilha de custos e riscos, assim como redução destes; *(ii)* o ingresso em novos mercados; *(iii)* o compartilhamento de conhecimentos, habilidades, tecnologia, recurso essenciais; *(iv)* maior eficiência produtiva; *(v)* maior acesso a crédito; *(vi)* maior competitividade em face da concorrência do mercado; *(vii)* facilidade para difusão dos bens etc., preservando-se sempre a autonomia de cada um dos integrantes da rede.

O fenômeno das redes contratuais é eminentemente observado na sociedade de consumo. A empresa se dissolve em uma multiplicidade de acordos contratuais. Aparece um sujeito, fabricante ou não, que atua muitas vezes como coordenador dessa multiplicidade de fabricantes de parte do produto e prestadores de serviços, celebrando contratos que são a instrumentalização jurídica de um aglomeramento de atividades econômicas descentralizadas, com o objetivo de disponibilizar o produto final ao mercado[70]. E, para tanto, faz-se necessária a atuação em conjunto[71].

De todo modo, não se pode perder de vista o fato de que, como bem ressaltado por Rodrigo Xavier Leonardo, "as redes de contratos não foram criadas por puro altruísmo ou desejo de colaboração"[72]. Isso porque, se há alguma espécie de colaboração empresarial, se dá em virtude da necessidade de impulsionar o sistema criado pelas próprias partes, com o objetivo de maximizar os ganhos, ao mesmo tempo em que o risco e os custos do investimento são reduzidos.

Como bem ressalta Paula Forgioni, "a cooperação é mantida porque cada empresa compara o ganho imediato do comportamento oportunista

---

[68] KATAOKA, Eduardo Takemi. A coligação contratual. Rio de Janeiro: Ed. Lumen Juris, 2008, p. 25.

[69] MIRANDA, Joana Correia de. **Contratos de rede e rede de empresas**. Coimbra: Almedina. 2020, p. 34-37.

[70] LORENZETTI, Ricardo Luis. Contratos. Parte Especial. Tomo I. Santa Fé: Rubinzal – Culzoni, 2003, p. 29-30.

[71] LORENZETTI, Ricardo Luis. **Contratos**. Parte Especial. Tomo I. Santa Fé: Rubinzal – Culzoni, 2003, p. 29.

[72] LEONARDO, Rodrigo Xavier. A teoria das redes contratuais e a função social dos contratos: reflexões a partir de uma recente decisão do Superior Tribunal de Justiça. **Revista dos Tribunais,** v. 832, p. 100-111, fev. 2005, p. 5.

com as possíveis perdas causadas pela deslealdade"[73]. Não fosse esse o objetivo, uma conduta cooperativa dificilmente seria observada no caso concreto. A análise do empresário é, portanto, matemática. Se a conta pender positiva para a atitude cooperativa, a rede contratual estará segura.

Esse recente modo de produção industrial pode ser resumido em duas tendências chave: a desverticalização e a integração contratual. A desverticalização significa uma tendência, por meio da qual muitas empresas renunciam a uma integração vertical (*e.g.* fusões, aquisições ou controle societário) para adotarem relações contratuais estáveis e de longa duração com diversos parceiros contratuais[74]. Surgem, então, estruturas mais descentralizadas e flexíveis, capazes de dar respostas rápidas às constantes alterações mercadológicas e econômicas, que são próprias da era da especialização flexível.

Essas novas redes empresariais adotam uma estrutura que representa, nas palavras de Gunther Teubner[75], uma "*quasi-externalisation*" e uma "*quasi-internalisation*". Nem cá, nem lá. A desverticalização não é absoluta, tendo em vista o fato de que não surgem empresas absolutamente independentes e nem relações puras de mercado. Todavia, surgem empresas formalmente independentes, mas cada vez mais ligadas uma à outra, frente à necessidade de cooperação.

A consequência direta desse processo de desverticalização da estrutura societária das empresas é a integração contratual entre estas, que pode assumir diversas formas, mas que, fundamentalmente, se encontra ancorada em uma verdadeira rede de relações, na qual se divide conhecimento, recursos, tecnologia, de modo a vencer os desafios da competição[76].

Os contatos celebrados no cotidiano bem espelham o quanto exposto. Veja-se os seguintes exemplos, largamente observados na prática: *(i)* vendedor de aparelhos domésticos de alto valor e, portanto, de difícil comercialização, une-se à instituição financeira para aumentar as vendas. Nesse

---

[73] FORGIONI, Paula A. **Teoria Geral dos Contratos Empresariais**. 2. ed. São Paulo: Revista dos Tribunais, 2010, p. 180.
[74] DREWS, Rafael Induzzi. **Redes contratuais com função de distribuição**. Tese (Doutorado em Direito). Universidade de São Paulo, São Paulo, 2017, p. 23-24.
[75] TEUBNER, Gunther. **Networks as connected contracts**. Translated by Michelle Everson. Oxford and Portland: Hart Publishing, 2011, p. 96-97.
[76] DREWS, Rafael Induzzi. **Redes contratuais com função de distribuição**. Tese (Doutorado em Direito). Universidade de São Paulo, São Paulo, 2017, p. 24-25.

exemplo, mais produtos são vendidos, mais consumidores adquirem o produto (não só porque têm acesso a crédito, mas também porque o preço do produto cai) e mais serviço de crédito será contratado[77]; *(ii)* uma licenciadora de software de gestão empresarial quer adentrar o mercado brasileiro e, para tanto, necessita conjugar esforços com empresas locais especializadas na distribuição, customização do software e instalação/assistência. Aqui também todos sairão ganhando. Em quaisquer dos dois exemplos citados, conjugados pelas famosas redes de negócios, a cooperação será essencial para o sucesso do empreendimento[78]. Cooperar, nesses casos, reduz custos.

A verdade é que – assim como em qualquer relação contratual – problemas podem ser verificados ao longo do *iter* obrigacional. Suponhamos que, no primeiro exemplo, o eletrodoméstico venha a apresentar vícios redibitórios. Eventual anulação por vício redibitório afetaria o contrato de mútuo que foi celebrado para a aquisição do bem? Em relação ao segundo exemplo, se a parte contratada para customizar o *software* falhar, interrompendo a escala de produção daquele adquirente que pretendia sofisticar o seu sistema de gestão empresarial, poderia este se voltar também contra o licenciador do *software*?

Esses conflitos desembocaram, sem sombra de dúvida, nas portas do judiciário. É por isso que Gunther Teubner explica que a existência de redes contratuais entre empresas independentes e contratos distintos causa o que ele chama de *judicial irritation*. Isso porque um sistema de distribuição integrado – que engloba mais do que simples relações de mercado, mas que não chega a formar uma sociedade – faz com que os magistrados tenham de desconsiderar a relação contratual, encontrando dificuldades de justificar as suas decisões contrárias aos princípios contratuais clássicos[79]. Mais do que nunca, as circunstâncias fáticas devem ser meticulosamente analisadas pelo julgador.

---

[77] Esse é o exemplo que abre a discussão sobre as redes contratuais na obra de LORENZETTI, Ricardo Luis. **Tratado de los Contratos.** Tomo I. 2. ed. ampl. e atual. Santa Fé: Rubinzal – Culzoni, 2004, p. 41-42. No mesmo sentido: BASSANI, Matheus Linck; SANTOS, Ceres Linck dos. Tratamento jurídico de negócios jurídicos inválidos, ineficazes e descumpridos por empresas coligadas. **Revista de Direito Recuperacional e Empresa,** v. 9, jul./set. 2018, p. 4.

[78] O segundo exemplo foi extraído da obra de: LEONARDO, Rodrigo Xavier. Os contratos coligados. In: BRANDELLI, Leonardo. **Estudos em homenagem à Professora Véra Maria Jacob de Fradera.** Porto Alegre: Lejus, 2013.

[79] TEUBNER, Gunther. Coincidencia Oppositorum: Hybrid Networks Beyond Contract and Organisation. In: AMSTUTZ, Marc; TEUBNER, Gunther (Eds.). **Networks:** legal issues of

É por isso que se diz que, para perceber o fenômeno das redes contratuais, mostra-se necessário superar o tradicional enfoque do estudo do direito contratual, libertando-se de uma visão estanque dos princípios contratuais tradicionais. O estudo das redes contratuais situa-se, assim, no que pode ser chamado de novas perspectivas do direito dos contratos[80], demonstrando ser o seu estudo fundamental para que se reflita o que, na prática, vem sendo cotidianamente observado.

1.4. O conceito jurídico de rede contratual como ponto aberto: características das redes contratuais

O principal objetivo das redes contratuais, conforme demonstrado, é maximizar os ganhos daqueles que compõem a rede, reduzindo os custos e os riscos do investimento[81]. Em que pese o objetivo da rede contratual seja questão sem grandes questionamentos, o mesmo não pode ser dito em relação à definição do conceito jurídico[82] de redes contratuais.

A questão é de tal forma complexa (e, por que não dizer, cinzenta) que há inclusive quem sustente que o caráter multidirecional e complexo das redes não pode ser apreendido satisfatoriamente pelo Direito. Em virtude disso, rede não seria um conceito jurídico – conclusão famosa de Richard M. Buxbaum[83;84]. Os adeptos dessa corrente entendem que a tentativa de

---

multilateral co-operation. Bloomsbury Publishing, 2009, p. 7. No original: *"Thus, in conclusion, establishing a network between independent enterprises causes judicial irritation. An integrated distribution system which, on the one hand, entails more than simple marked relationships, but on the other, does not create any true organizational relationships, forces the judges to pierce the contractual veil, but, at the same time, causes them huge difficulties when they attempt to justify this decision. Judicial irritation has a double significance. Judges are irritated by networks, and are provoked to respond to anomalies with piercing the techniques that contradict the logic of their own system, In turn, judicial precedent on piercing irritates doctrine, which regards such seemingly equity-oriented, ad hoc exceptions to privity of contract as a challenge to the workability od doctrinal concepts"*.

[80] LEONARDO, Rodrigo Xavier. **Redes Contratuais no mercado habitacional.** São Paulo: Revista dos Tribunais, 2003, p. 19.

[81] WITTING, Christian A. **Liability of Corporate Groups and Networks.** Cambridge: Cambridge University Press, 2018, p. 05.

[82] A bem da verdade, não existe nem mesmo uma definição geral e unitária (e não jurídica, portanto) sobre o conceito de redes contratuais. Isso se deve, fundamentalmente, ao caráter absolutamente interdisciplinar do tema.

[83] BUXBAUM, Richard M. Is Network a Legal Concept. **Journal of Institutional and Theoretical Economics** 149(4): 698-705, 1993. Disponível em: https://www.jstor.org/stable/pdf/40751653.pdf?refreqid=excelsior%3A3fed950330da67ccec76f672e0ad810e. Acesso em:

introduzir um conceito jurídico é apenas motivada por um esforço para estabelecer e imputar responsabilidades[85]. De todo modo, parece-nos que esse é um motivo digno para justificar o estudo mais acurado do tema.

Outros afirmam que o conceito de redes contratuais seria meramente econômico (ao menos até o presente momento), a ensejar, portanto, insegurança jurídica frente às implicações legais para dentro e para fora da esfera da rede contratual[86]. Há ainda aqueles que entendem que os conceitos jurídicos existentes já dão conta de responder aos questionamentos advindos das redes contratuais. Contudo, mesmo quem defende esse último posicionamento, ressalta a necessidade de definição das características de uma rede contratual[87].

---

16 mar. 2019. No mesmo sentido: TEUBNER, Gunther. Coincidencia Oppositorum: Hybrid Networks Beyond Contract and Organisation. In: AMSTUTZ, Marc; TEUBNER, Gunther (Eds.). **Networks:** legal issues of multilateral co-operation. Bloomsbury Publishing, 2009, p. 14. No original: *"In my opinion, network is not suited to play the role of a technical legal concept. Networks traverse the private law concepts. Legally speaking, they can take form of corporate, contractual or tortious special relationships. For that reason alone, legal doctrine cannot simply adopt the term 'network' as a legal concept"*. Mas não é só: Marc Amstutz, Vaios Karavas e Gunther Teubner, no prefácio da obra *Networks: legal issues of multilateral co-operation* também afirmam que *"Network is not a legal concept"*. De todo modo, os referidos juristas esclarecem que essa constatação é apenas o ponto de partida para a pesquisa sobre a capacidade jurídica de refletir sobre esse fenômeno.

[84] No estudo de Richard M. Buxbaum, podemos inferir que o seu objetivo foi analisar as redes de empresas (e a sua dicotomia entre mercado e hierarquia). Ocorre que as redes de empresas não se estruturam, necessariamente, por meio de contratos. Nesse sentido – e para evitar confusão terminológica –, esclarece-se que a famosa afirmação de Richard M. Buxbaum diz respeito às redes (networks) e não às redes contratuais (contractual networks).

[85] KOLLER, Ingo. Grundstrukturen des Bankhaftungsrechts unter besonderer Berücksichtigung des Zahlungsverkehrs. In: KÖNDGEN, Johannes (Ed.). **Neue Entwicklungen in Bankhaftungsrecht.** Cologne: RWS Verlag Kommunikationsforum, 1987, p. 25.

[86] MARQUES, Ricardo Dalmaso. Redes Empresariais e o Direito Comercial: os principais problemas teóricos e dogmáticos das redes empresariais. **Revista de Direito Empresarial,** v. 13, n. 545, p. 15-25, jan./fev. 2016, p. 3.

[87] WELLENHOFER, Marina. Third Party Effects of Bilateral Contracts within the Network. In: AMSTUTZ, Marc; TEUBNER, Gunther (Eds.). **Networks:** legal issues of multilateral co-operation. Bloomsbury Publishing, 2009, p. 121. No original: *"From my point of view, the current legal concepts represent instruments which are basically flexible enough to provide appropriate solutions for network-specific problems. But this does not mean that law should ignore the network phenomenon. On the contrary. It is our task to clarify the characteristics of networks in order to take them carefully into consideration when it comes to the interpretation of contracts, to the determination of contractual duties, and/or the control of general terms and conditions".*

AS REDES CONTRATUAIS NO DIREITO BRASILEIRO

Se não bastasse, diversos são os autores e julgados – nacionais e estrangeiros – que fazem uso de outras nomenclaturas – como, por exemplo, contratos conexos, contratos coligados, grupos de contratos. A tendência, portanto, é a de adoção de várias definições para explicar, muitas vezes, o mesmo fenômeno ou, pior, fenômenos com diferenças importantes. O cenário é, então, nada uniforme e, portanto, a confusão terminológica encontra campo fértil.

Longe de ter a pretensão de esgotar o tema e a discussão tão vasta em torno do conceito de redes contratuais, buscaremos neste tópico fazer um apanhado doutrinário sobre o que se tem entendido pelo conceito jurídico de redes contratuais, se é que existente. De antemão, ressaltamos que a busca de um conceito jurídico de redes contratuais (ou ao menos as suas características) não pode ser alcançada sem uma análise, ainda que breve, sobre o conceito geral de redes abordado por outras ciências sociais, já que o conceito de redes não é exclusivo à ciência jurídica.

No campo da sociologia, Manuel Castells vê as redes como a nova forma organizacional da economia global e como unidade operacional real. O fundamento dessa forma organizacional da empresa é, na visão do sociólogo espanhol, a cooperação de vários atores independentes que perceberam que a rede será tanto mais forte quanto maior for o fluxo de informação e o compartilhamento de interesses dos atores envolvidos[88].

A definição em questão não diverge muito da visão dos teóricos das organizações. O economista Jörg Sydow, por exemplo, explica que as redes de empresas consistem em meios de organização da atividade produtiva, que são marcados "por relações complexas, recíprocas, mais cooperativas do que competitivas, e relativamente estáveis entre empresas juridicamente independentes, porém geralmente economicamente dependentes"[89]. Hans

---

[88] CASTELLS, Manuel. **A sociedade em rede.** Tradução de Roneide Venancio Majer. 21. ed. rev. ampl. São Paulo: Paz e Terra, 2020, p. 238, para quem a empresa em rede é "aquela forma específica de empresa cujo sistema de meios é constituído pela intersecção de segmentos de sistemas autônomos de objetivos. Assim, os componentes da rede tanto são autônomos quanto dependentes em relação à rede e podem ser uma parte de outras redes e, portanto, de outros sistemas de meios destinados a outros objetivos. Então o desempenho de uma determinada rede dependerá de dois de seus atributos fundamentais: conectividade, ou seja, a capacidade estrutural de facilitar a comunicação sem ruídos entre os seus componentes; coerência, isto é, na medida em que há interesses compartilhados entre os objetivos da rede e de seus componentes".

[89] SYDOW, Jörg. **Strategische Netzwerke:** Evolution und organization. Berlin: Springer Gabler, 1992, p. 79, para quem *"Ein Untenehmungsnetzwerk stellt eine auf die Realisierung von*

Thorelli lembra que as redes possuem três características principais: poder, influência e confiança. Além disso, ressalta a existência de uma interdependência, com alto fluxo de informações e um instável equilíbrio, que tem sua base na coexistência de cooperação e de competição[90].

Ainda no domínio da economia, vale a pena mencionar o estudo de Ronald H. Coase, que procurou explicar os motivos pelos quais as empresas adotam uma estrutura de hierarquia (internalizando todo o processo produtivo) ou uma estrutura de mercado (adquirindo impessoalmente o mesmo resultado, mas de outros agentes econômicos). A resposta para tanto estaria nos custos de transação. A solução de mercado envolve inúmeras contratações, com diversos custos, de forma que a empresa existe para atenuar tais fatores, tendo lugar quando os seus próprios custos forem inferiores[91].

Assim sendo, a depender dos custos envolvidos e de suas variantes, os empresários adotarão a estratégia mais adequada ao caso concreto. Para os economistas[92], dentre eles Oliver E. Williamson, as redes estariam, por-

---

Wettbewerbsvorteilen zielende Organisationsform ekonomischer Aktivitäten dar, die sich durch komplex-reziproke, eher kooperative den kompetitive und relativ stabile Beziehungen zwischen rechtlich selbständigen, wirtschaftlich jedoch zumeist abhängigen Unternehmungen auszeichnet".

[90] THORELLI, Hans. Networks: between markets and hierarchies. **Strategic Management Journal**, v. 7, n. 1, jan./fev. 1986. Gunther Teubner também fala sobre a aparente contradição entre competição e cooperação nas redes contratuais. Ver: TEUBNER, Gunther. Coincidencia Oppositorum: Hybrid Networks Beyond Contract and Organisation. In: AMSTUTZ, Marc; TEUBNER, Gunther (Eds.). Networks: legal issues of multilateral co-operation. Bloomsbury Publishing, 2009, p. 25.

[91] COASE, Ronald H. The nature of the firm. Economica, v. 4, n. 16, p. 386-405, 1937.

[92] DREWS, Rafael Induzzi. **Redes contratuais com função de distribuição**. Tese (Doutorado em Direito). Universidade de São Paulo, São Paulo, 2017, p. 27-31. Em sua tese de doutorado, Rafael Induzzi Drews apresenta interessante estudo sobre a chamada economia dos custos de transação (ECT). Baseando-se no estudo de Oliver E. Williamson, o autor explica que três atributos são aptos a diferenciar as transações e, portanto, os custos envolvidos: *(i)* a especificidade do ativo – que seriam os investimentos feitos por uma das partes em determinada relação contratual, que seriam imprestáveis ou perderiam muito do seu valor na hipótese de uso alternativo do bem, criando uma situação de mútua dependência ou mesmo de oportunismo por parte de um dos polos; *(ii)* a incerteza que permeia o desenvolvimento da relação; e *(iii)* a frequência com que ocorre a transação. Haveria, ainda, os pressupostos comportamentais, quais sejam, a racionalidade limitada e o oportunismo. Percebendo todas essas variáveis, o autor explica que os agentes adotarão aquela que melhor servir para governar a específica transação sob análise. Entre essas duas formas básicas de mercado (hierarquia e mercado), haveria as formas híbridas. As redes seriam essas formas híbridas, situadas entre

tanto, enquadradas como formas híbridas de organização, situadas entre dois polos antagônicos, quais sejam, construir ou comprar/mercado ou hierarquia[93].

No âmbito das ciências jurídicas, conclusões semelhantes são alcançadas a partir de uma noção interdisciplinar de rede. Em que pese não tenhamos ainda um conceito jurídico claro e uniforme (se é que existente) em relação ao termo – conforme será demonstrado –, é inegável que as ciências jurídicas se valem do estudo das ciências sociais e econômicas de redes para refinar as suas conclusões sobre redes contratuais[94].

No direito alemão, Gunther Teubner[95] procura desenvolver a definição jurídica do conceito de redes contratuais a partir da definição de "*connected*

---

tais formas básicas de mercado. Rafael Induzzi Drews desenvolve também estudo sobre os críticos desse enquadramento. Partindo do estudo de Mark Granovetter e Walter Powell, o autor explica que, para a sociologia econômica, as redes não estariam entre mercado e hierarquia, mas para além desses dois, constituindo uma categoria à parte. A explicação para tanto estaria ancorada no fato de que a economia dos custos de transação desconsideraria que os atores econômicos estão integrados em um particular contexto cultural e social, que também moldariam os seus comportamentos. Certas formas de trocas seriam mais sociais – ou seja, mais dependentes do relacionamento, de interesses mútuos e de cooperação.

[93] Comentando também sobre Oliver E. Williamson e Walter Powell, Gunther Teubner afirma que, uma vez que as redes não se encaixam completamente nem na categoria de mercado, nem na de organização, economistas e sociólogos respondem a essa questão com teorias que caracterizam as redes como institutos autônomos. Ver: TEUBNER, Gunther. Coincidencia Oppositorum: Hybrid Networks Beyond Contract and Organisation. In: AMSTUTZ, Marc; TEUBNER, Gunther (Eds.). **Networks:** legal issues of multilateral co-operation. Bloomsbury Publishing, 2009, p. 13.

[94] De todo modo, cabe a crítica de Gunther Teubner, no sentido de que as ciências jurídicas não podem simplesmente adotar elementos particulares das ciências sociais e econômicas em relação às redes contratuais. Para o autor alemão, as ciências jurídicas devem procurar a definição jurídica a partir de sua própria lógica. Ver: TEUBNER, Gunther. Coincidencia Oppositorum: Hybrid Networks Beyond Contract and Organisation. In: AMSTUTZ, Marc; TEUBNER, Gunther (Eds.). **Networks:** legal issues of multilateral co-operation. Bloomsbury Publishing, 2009, p. 14.

[95] TEUBNER, Gunther. Coincidencia Oppositorum: Hybrid Networks Beyond Contract and Organisation. In: AMSTUTZ, Marc; TEUBNER, Gunther (Eds.). **Networks:** legal issues of multilateral co-operation. Bloomsbury Publishing, 2009, p. 20, para quem as redes contratuais possuem três condições para serem observadas: "*1. Reciprocal reference of bilateral contracts to one another, either found within the document and/or distilled from contractual practice ('multilaterality'); 2. a contractual reference to the overall project of the connected contracts ('relational purpose'); and 3. a close and significant co-operation relationship between the participants within the multilateral relation ('economic unity')*". Outro doutrinador alemão afirma que as redes contratuais são formadas por

contracts" (em alemão, *Vertragsverbund*), disposto no § 358 BGB[96] – *Bürgerliches Gesetzbuch* (BGB)[97] -, parágrafo esse que se limita aos *Vertragsverbund* nas relações de financiamento para o consumo. Procurando encontrar um conceito mais amplo de *"connected contracts"*, que também abranja os *"network contracts"*, Gunther Teubner traz três condições que devem ser verificadas para a configuração de uma rede contratual. São elas: *(i)* unidade econômica, *(ii)* multilateralidade e *(iii)* propósito relacional[98].

No direito português, Joana Correia de Miranda apresenta definição de rede como sendo um "conjunto tendencialmente estável e duradouro de relações bilaterais ou multilaterais de colaboração entre empresas, juridicamente autônomas e independentes, que visam aumentar a competitivi-

---

relações contratuais multilaterais, que vinculam os contratos à rede. Esse vínculo, contudo, não provém de uma declaração de vontade, mas sim de obrigações dispostas em rede, que provém de contratos individuais que almejam um fim único. Ver: Möschel, Wernhard. Dogmatische Strukturen des bargeldlosen Zahlungsverkehrs. **Archiv für Civilistische Praxis**, v. 186, 1986, p. 223, apud Drews, Rafael Induzzi. **Redes contratuais com função de distribuição**. Tese (Doutorado em Direito). Universidade de São Paulo, São Paulo, 2017, p. 121-122.

[96] Ressalta-se que o título do § 358 do BGB é *"Mit dem widerrufenen Vertrag verbundener Vertrag"*, que é traduzido na versão em inglês do BGB como *"Connected contracts"*. A versão em inglês do CC Alemão pode ser encontrada em: ALEMANHA. **German Civil Code, of 18 August 1896.** Disponível em: http://www.fd.ulisboa.pt/wp-content/uploads/2014/12/Codigo-Civil-Alemao-BGB-German-Civil-Code-BGB-english-version.pdf. Acesso em: 21 mar. 2019.

[97] O referido parágrafo entrou em vigor na Alemanha, em 01.01.2002, por meio da Lei de Modernização do Direito Obrigacional alemão (*Gesetz zur Modernisierung des Schuldrechts*), que trouxe consigo uma série de alterações no campo obrigacional. A Lei de Modernização do Direito Obrigacional alemão pode ser encontrada em: ALEMANHA. **Gesetz zur Modernisierung des Schuldrechts.** Disponível em: https://www.bgbl.de/xaver/bgbl/start.xav#__bgbl__%2F%2F*%5B%40attr_id%3D%27bgbl101s3138.pdf%27%5D__1553180297403. Acesso em: 30 maio 2019.

[98] Reiteramos a nota de rodapé n. 96. No direito alemão, também podemos fazer referência à definição de redes dada por Peter Krebs, Katja Aedtner e Marion Schultes: *"A company network is every legally voluntary connection based on an economic and legal network aim of a minimum of three legally independent companies which induce a network-specific demand for organisation. The network companies at least partially exchange their economic independence for the co-ordination of their economic activities by means of concerned practices, agreements or the foundation of a corporation in order to implement the network aim through the bundling of resources"*. Ver: Krebs, Peter; Aedtner, Katja; Schultes, Marion. Company networks reloaded – putting a general functional approach to defining complex problems to the test. In: Jung, Stefanie; Krebs, Peter; Teubner, Gunther. **Business networks reloaded.** Baden-Baden: Nomos, 2015, p. 67. Cumpre ressaltar que a definição dada por esses autores diz respeito a redes e não a redes contratuais.

dade no mercado, coordenando as suas atividades econômicas de forma interdependente"[99]. A autora portuguesa trata em sua obra, essencialmente[100], das redes de empresas que, segundo ela, podem ser formadas por vários contratos bilaterais ou por um único contrato plurilateral.

Na presente obra, estamos a tratar das redes contratuais, que pressupõem a existência de mais de um contrato. Ou seja, ainda que venhamos a concordar que um contrato plurilateral pode vir a constituir uma rede de empresas (conforme posicionamento de Joana Correia de Miranda), ele certamente não formará, sozinho, uma rede contratual. Isso significa dizer que, como regra geral, todo a rede contratual será uma rede de empresas, mas não necessariamente uma rede de empresas será formada por uma rede de contratos.

Já no direito brasileiro, referência deve ser feita a Rodrigo Xavier Leonardo, que é, sem sombra de dúvidas, um dos maiores estudiosos do tema em questão. O referido autor define as redes contratuais como sendo a "coordenação de contratos diferenciados estruturalmente, porém interligados por um articulado e estável nexo econômico, funcional e sistêmico"[101].

---

[99] MIRANDA, Joana Correia de. **Contratos de rede e rede de empresas**. Coimbra: Almedina. 2020, p. 72.

[100] "No essencial, as redes de empresas podem resultar de dois grandes grupos contratuais: de um lado, constata-se a admissibilidade de rede como contrato plurilateral; de outro, a rede será o resultado da articulação de vários contratos bilaterais". MIRANDA, Joana Correia de. **Contratos de rede e rede de empresas**. Coimbra: Almedina. 2020, p. 265.

[101] LEONARDO, Rodrigo Xavier. **Redes Contratuais no mercado habitacional**. São Paulo: Revista dos Tribunais, 2003, p. 137. Em solo nacional, podemos também fazer referência a Marcelo De Nardi, que, em recente estudo dedicado exclusivamente às redes contratuais, enunciou uma listagem de condições para que se considere a existência de uma rede contratual já que, na visão do autor, uma característica isolada não poderia denotar uma rede contratual. O referido autor gaúcho resumiu os 6 requisitos específicos para o reconhecimento da existência de uma rede de contratos: "1. Contratos conexos com pluralidade de sujeitos. 2. Abandonar a preocupação com o ato contratual em si; identificar o efeito jurídico-econômico-social que subjaz aos atos formais praticados. 3. Identificar o objetivo comum perseguido pelos participantes, constatar que a troca de informações entre eles é intensa. 4. Concentrar-se na execução contratual, a formação é de menor relevância. 5. O tempo de vinculação é relevante. O adimplemento se alonga no tempo para além do encontro de vontades estabelecedor do vínculo inicial (contrato relacional ou cativo de longa duração). 6. Há multigraduação da intensidade do envolvimento solidário. Os marcos extremos do espectro de multigraduação da solidariedade são a independência e a dependência". Ver: NARDI, Marcelo De. **Redes de contratos em perspectiva de interpretação sistêmica**. Porto Alegre: Verbo Jurídico, 2015, p. 161.

Além da pluralidade de sujeitos e contratos conectados, a relação deve possuir o intuito de se prolongar no tempo, estando ela calcada na cooperação[102], com a persecução de um escopo econômico-empresarial comum[103]. No entanto, como ressalta Paulo Lôbo, o nexo entre os contratos é de interdependência, e não de acessoriedade (como ocorre entre o contrato principal e o contrato acessório)[104].

Ainda em solo nacional, Luciano Camargo Penteado explica que "rede contratual nada mais é do que uma interligação de relações jurídicas obrigacionais para atingir fins econômicos que não poderiam ser alcançados por relações jurídicas isoladamente consideradas", sendo que os pressupostos para a caracterização de uma rede contratual seriam "a existência de uma pluralidade de contratos, entendidos como negócios jurídicos formados por partes, um elo de conexão entre eles, que pode ser desde as partes até o objeto, ou mesmo uma prestação e uma causa final comum, entendida como causa da rede"[105].

---

[102] LORENZETTI, Ricardo Luis. **Fundamentos do direito privado.** Tradução de Véra Maria Jacob de Fradera. São Paulo: Revista dos Tribunais, 1998, p. 197. O autor argentino lembra que nas redes contratuais há uma pluralidade de vínculos típicos e atípicos, que se conectam entre si, sendo que o "cimento" é a colaboração para diminuir custos e aumentar a eficiência.

[103] CAPRIO, Marcos. Contratos em rede e racionalidade judicial. **Revista de Direito do Consumidor,** São Paulo, v. 113, p. 299-334, set./out. 2017, p. 9. No mesmo sentido: GODOY, Claudio Luiz Bueno de. **Função Social do Contrato.** 4. ed. São Paulo: Saraiva, 2012, p. 163-168, para quem há uma finalidade econômica comum, na medida em que os contratos em rede perseguem o mesmo objetivo.

[104] LÔBO, Paulo Luiz Netto. **Direito Civil.** Contratos. 4. ed. São Paulo: Saraiva, 2018, v. 3, p. 107. O referido autor não chega a fazer uso do termo "redes contratuais". A sua abordagem se dá para os contratos coligados, que são analisados como sinônimo de contratos conexos.

[105] PENTEADO, Luciano de Camargo. Redes contratuais e contratos coligados. In: HIRONAKA, Giselda Maria fernandes Novaes; TARTUCE, Flávio (Coord.). **Direito contratual: temas atuais.** São Paulo: Método, 2007, p. 467 e p. 484, respectivamente. Paula A. Forgioni também tratou de apresentar as características da rede contratual. Segundo ela, "[P]odemos apontar as seguintes características das redes: – trata-se de conjunto de vários contratos bilaterais, normalmente mantidos entre um líder e outras empresas, de forma que estas não mantêm relação [formal, tradicional] entre si; – há intensa colaboração entre as partes, normalmente catalisada pelo líder da rede e por sistemas de governança previstos em cada um dos contratos individuais, como o compartilhamento *online* de informações e eventual monitoramento exercido pelos próprios membros da rede sobre as atividades dos outros integrantes; – existe interdependência econômica entre os membros da rede; – verifica-se o aprendizado global, ainda que os integrantes da rede não estejam conectados entre si por contratos bilaterais; a experiência de uns aproveita aos outros; – há relação duradoura/estável e de longo prazo entre

Ressaltando as características de cooperação e objetivo único, John N. Adams e Roger Brownsword definem as redes contratuais (*network contracts*) como sendo um grupo de contratos que possuem como objetivo a realização de uma linha comum de propósitos, no qual cada contrato contribui para a consecução daquele objetivo comum da rede de contratos[106]. Mais adiante em seu estudo, os referidos autores apresentam o que seria para eles a definição exata de *network contracts*.

> 1. Uma rede contratual é constituída com um contrato fazendo parte de um conjunto de contratos. 2. O conjunto de contratos tem as seguintes características: (i) existe um contrato principal (ou, há um número de contratos principais) dentro do conjunto de contratos, dando a este conjunto um objetivo geral; (ii) outros contratos (contratos secundários e terciários, e assim por diante) são celebrados, e o objetivo de cada qual – direta ou indiretamente – é promover a consecução desse objetivo geral; e, (iii) a rede de contratos se expande até que um número suficiente de contratantes esteja vinculado, seja perante as partes do contrato principal, seja perante outros contratantes dentro da rede de contratos, para atingir o objetivo geral.[107]

Adotando uma visão semelhante àquela defendida pelo economista Oliver E. Williamson, Marina Wellenhofer afirma que as redes contratuais seriam uma nova categoria contratual, que se encontraria entre mercado

---

as partes dos contratos bilaterais; – a eficiência econômica e o sucesso produtivo requerem intensiva cooperação e níveis elevados de confiança superiores às transações normais de mercado; – todos os integrantes comungam um propósito comum de sucesso da atividade global, porque, no longo prazo, o valor de cada negócio será maximizado pelo sucesso da produção/operação como um todo; – cada membro da rede tem personalidade jurídica autônoma; e – os lucros são auferidos separada e individualmente; inexiste um ente global que os coleta e distribui". Ver: FORGIONI, Paula A. **Contratos empresariais:** teoria geral e aplicação. 5. ed. rev., atual. ampl. São Paulo: Thomson Reuters Brasil, 2020, p. 71.

[106] ADAMS, John N.; BROWNSWORD, Roger. Privity and the Concept of a Network Contract. **Legal Studies 10.1,** 1990, p. 12.

[107] No original: *"1. A network contract is a contract forming part of a set of contracts. 2. The set of contracts has the following characteristics: (i) there is a principal contract (or, there are a number of principal contracts) within the set giving the set an overall objective; (ii) other contracts (secondary and tertiary contracts, and so on) are entered into, an object of each of which is – directly or indirectly – to further the attainment of this overall objective; and, (iii) the network of contracts expands until a sufficiency of contractors are obligated, whether to the parties to the principal contract or to other contractors within the set, to attain the overall objective".* Ver: ADAMS, John N.; BROWNSWORD, Roger. Privity and the Concept of a Network Contract. **Legal Studies 10.1,** 1990, p. 27-28.

e hierarquia[108], bem como entre um mero contrato e a formação de uma sociedade. Segundo a autora alemã, haveria nessa espécie contratual uma colisão entre interesses comuns e interesses exclusivos de cada um dos integrantes da rede, sendo que aqueles seriam apenas secundários, já que os individuais prevaleceriam. De todo modo, a supracitada autora esclarece que a cooperação sistemática e de longo prazo, baseada em confiança mútua, é fundamental para o sucesso da rede contratual[109].

Dessa colisão de interesses comuns e privados decorre a conclusão de que, por vezes, a rede contratual terá parcialmente interesses comuns, sem desconsiderar os interesses privados. As partes podem, por exemplo, definir interesses comuns no que concerne à alocação de riscos, ao mesmo tempo em que garantem independência e autonomia total em outras questões[110].

No afã de procurar definir o conceito de redes contratuais, a doutrina italiana tem, por vezes, procurado exaurir as características de uma rede contratual. Tarefa hercúlea, sem sombra de dúvidas. Nesse sentido, Fabrizio Cafaggi entende que as características das redes contratuais seriam as seguintes: *(i)* interdependência; *(ii)* estabilidade; *(iii)* relações contratuais

---

[108] Jonatan Prosenjak também entende que as redes se encontram entre mercado e hierarquia, possuindo características de ambos. Ver: PROSENJAK, Jonatan. Economic analysis of value-added networks: a holistic approach to the competitive effects of vertical agreements. In: JUNG, Stefanie; KREBS, Peter; TEUBNER; Gunther. **Business Networks Reloaded.** Nomos: Baden-Baden, 2015, p. 237.

[109] WELLENHOFER, Marina. Third Party Effects of Bilateral Contracts within the Network. In: AMSTUTZ, Marc; TEUBNER, Gunther (Eds.). **Networks:** legal issues of multilateral cooperation. Bloomsbury Publishing, 2009, p. 120-122. No mesmo sentido: ROHE, Mathias. **Netzverträge.** Rechtsprobleme komplexer Vertragsverbindungen. Tübingen: Mohr Siebeck, 1998, p. 491; CAFAGGI, Fabrizio. Contractual Networks and the Small Business Act: Towards European Principles? Badia Fiesolana: European University Institute. **EUI Working Paper Law,** n. 15, 2008, p. 01, que também asseveram esse caráter híbrido das redes contratuais, entre contrato e sociedade, entre mercado e hierarquia. No mesmo sentido: ASENSIO, Carlos Gómez. A frame for business networks governance. In: JUNG, Stefanie; KREBS, Peter; TEUBNER; Gunther. **Business Networks Reloaded.** Nomos: Baden-Baden, 2015, p. 324-325, que também afirma que as redes contratuais são uma nova estrutura que se encontra entre mercado e hierarquia, sendo o modelo ideal para a organização dos negócios. Suas características principais seriam: a interdependência, estabilidade, relações contratuais duradouras baseadas na confiança e a criação e/ou compartilhamento de conhecimentos e *know-how*.

[110] CAFAGGI, Fabrizio. Contractual Networks and the Small Business Act: Towards European Principles? Badia Fiesolana: European University Institute. **EUI Working Paper Law,** n. 15, 2008, p. 07.

duradouras; *(iv)* multiplicidade de relações; e *(v)* combinação entre cooperação e competição. A interdependência diz respeito à busca por um objetivo comum a todos, tornando os integrantes da rede unilateral ou reciprocamente dependentes. A estabilidade, por sua vez, refere-se a toda rede contratual, não necessariamente à relação contratual individual. Disso decorre que a estabilidade da rede pode ser verificada, mesmo quando existe um nível alto de rotatividade de contratantes individualmente considerados. A duração das relações deve ser contínua, apesar de não ser um elemento decisivo. Deve haver multiplicidade de relações, algumas formais e outras informais. Por fim, haverá sempre, entre os contratantes em rede, uma tensão entre a cooperação e a competição[111].

Ademais, a constatação de que determinada relação contratual se encontra em rede não é desprovida de consequências jurídicas. Se assim fosse, as tentativas de conceituação (ou de estabelecimento de características) seriam de todo desprovidas de propósitos. Não se trata de apenas um emaranhado de contratos de alguma maneira vinculados. As consequências devem ser igualmente observadas. Nesse contexto, Ricardo Luis Lorenzetti lembra que os contratos em rede se mantêm unidos pelo interesse de colaboração, que se traduz em uma série de obrigações de cooperação, bem como na noção de causa sistemática[112]. Essas obrigações serão melhor detalhadas mais à frente.

Como se pode perceber, as referências às redes contratuais são predominantemente doutrinárias. No campo legislativo, poucos são os sistemas jurídicos mundo afora que possuem normas legisladas a respeito, ainda que em temas relacionados. Esse não é o caso da Itália que, conforme afirma Camilla Crea, "recentemente introduziu legislação *ad hoc* a respeito das redes contratuais"[113]. A legislação em questão é regulada pelo Decreto-Lei n. 05, de 2009 e alterações posteriores, mediante a qual, pelo *contratto di rete*, os empresários perseguem um objetivo de aumentar seus ganhos indi-

---

[111] CAFAGGI, Fabrizio. Contractual Networks and the Small Business Act: Towards European Principles? Badia Fiesolana: European University Institute. **EUI Working Paper Law**, n. 15, 2008, p. 02.
[112] LORENZETTI, Ricardo Luis. **Fundamentos do direito privado**. Tradução de Véra Maria Jacob de Fradera. São Paulo: Revista dos Tribunais, 1998, p. 197.
[113] CREA, Camilla. Contractual business networks: interpretation criteria and axiological perspective. In: JUNG, Stefanie; KREBS, Peter; TEUBNER, Gunther. **Business networks reloaded**. Baden-Baden: Nomos, 2015, p. 367.

viduais e coletivos, com base em um programa de rede comum[114]. Em que pese o dispositivo não apresente um conceito estanque de redes contratuais, ele possui um norte similar aos conceitos aqui apresentados. Chama-se atenção para o fato de que há, no dispositivo em questão, a previsão da possibilidade de surgimento de um fundo comum e de uma organização centralizada, ainda que não obrigatório[115].

A Argentina também possui legislação que se aproxima do tema tratado nessa obra. O novo CC Argentino faz menção aos requisitos necessários para a configuração dos contratos conexos – que, como afirma a majoritária doutrina brasileira,[116] – seriam uma categoria mais ampla, que abrangeria as redes contratuais[117]. A respeito do tema, no ano de 2014, a Argentina promulgou o seu novo CC[118] – o *Codigo Civil y Comercial de La Nación Argentina* – por meio do qual trouxe um capítulo específico para tratar dos contratos conexos (arts. 1.073[119], 1.074[120] e 1.075[121]). A atuação de nosso vizinho foi

---

[114] ITÁLIA. **Leggi Correlate** – Art. 3 Comma 4-Ter D.L. 10.02.2009 n. 5 (Misure Urgenti a Sostegno Dei Settori Industriali in Crisi). Disponível em: https://www.sentenzeappalti.it/2012/09/22/art-3-comma-4-ter-d-l-10-02-2009-n-5-misure-urgenti-a-sostegno-dei-settori-industriali-in-crisi/. Acesso em: 22 nov. 2020.

[115] Para uma análise mais aprofundada sobre o *contratto di rete* italiano, ver: CREA, Camilla. Contractual business networks: interpretation criteria and axiological perspective. In: JUNG, Stefanie; KREBS, Peter; TEUBNER, Gunther. **Business networks reloaded**. Baden-Baden: Nomos, 2015. Parece-nos que o *contratto di rete* italiano está mais próximo de uma noção de rede de empresas, e não tanto de redes contratuais, na medida em que se fala sobre a celebração de um único contrato. Remete-se o leitor para o tópico 1.6.1.2, no qual abordamos, ainda que suscintamente, o *contratto di rete* italiano.

[116] Nesse sentido: KONDER, Carlos Nelson. **Contratos Conexos:** grupos de contratos, redes contratuais e contratos coligados. Rio de Janeiro: Renovar, 2006; LEONARDO, Rodrigo Xavier. **Redes Contratuais no mercado habitacional**. São Paulo: Revista dos Tribunais, 2003.

[117] Apesar de reconhecermos que contrato conexo é conceito mais amplo em relação às redes contratuais (não são sinônimos, portanto), entendemos que a menção à legislação argentina neste tópico é importante, especialmente em virtude dos importantes doutrinadores lá nascidos, que estudam as redes contratuais com bastante pioneirismo.

[118] Para uma análise sobre o processo legislativo de promulgação do novo CC na Argentina, bem como sobre os principais aspectos da nova legislação, ver: RODRIGUES JUNIOR, Otávio Luiz. **Argentina promulga seu novo Código Civil e Comercial**. Disponível em: https://www.conjur.com.br/2014-out-15/direito-comparado-argentina-promulga-codigo-civil-parte. Acesso em: 20 mar. 2019.

[119] O art. 1.073 do CC Argentino trata dos requisitos e será analisado neste tópico.

[120] O art. 1.074 do CC Argentino diz respeito à interpretação e será analisado no tópico 2.1 deste trabalho.

[121] O art. 1.075 do CC Argentino diz respeito aos efeitos e será analisado no tópico 2.3.2 deste trabalho.

realmente inovadora. Em seu recente estudo, no qual analisa o novo CC Argentino[122], Ricardo Luis Lorenzetti bem ressalta esse fato[123].

Segundo o art. 1.073[124] do CC Argentino, haveria conexão quando dois ou mais contratos autônomos se vinculam entre si por uma finalidade econômica comum previamente estabelecida, de modo que um deles tenha sido determinante do outro para a consecução do resultado pretendido. Tal finalidade pode ser definida por lei, expressamente pactuada ou derivar da interpretação.

A partir do art. 1.073 do CC Argentino, Carlos Alberto Albano resume os requisitos que seriam necessários para a configuração de uma conexão contratual. Os requisitos seriam: *(i)* haver dois ou mais contratos; *(ii)* existir autonomia entre os contratos; *(iii)* devem estar vinculados entre si com distintos graus de conexidade; *(iv)* deve haver uma finalidade econômica comum, também conhecida como finalidade supracontratual, que não se confunde com a causa de cada contrato; *(v)* deve estar previamente estabelecida por um desenho anterior, por convenção das partes, pela lei ou pelos fatos[125].

Nesse contexto, Jorge Horacio Alterini traz alguns exemplos observados na jurisprudência argentina referentes ao fenômeno da conexão contratual. Cita, portanto, a Lei n. 25.065, referente ao cartão de crédito, por meio da qual a aquisição de um bem via cartão de crédito implica relações

---

[122] O *Codigo Civil y Comercial de La Nación Argentina* foi promulgado em 8 de outubro de 2014 e foi elaborado por uma comissão designada pelo Decreto 191/2011, presidida pelo civilista Ricardo Luis Lorenzetti e integrada por Elena Highton de Nolasco e Aída Kemelmajer de Carlucci.

[123] LORENZETTI, Ricardo Luis. **Fundamentos de derecho privado:** Código Civil y Comercial de la Nación Argentina. Ciudad Autónoma de Buenos Aires: La Ley, 2016, p. 255.

[124] "*Capítulo 12. Contratos conexos Artículo 1073. Definición Hay conexidad cuando dos o más contratos autónomos se hallan vinculados entre sí por una finalidad económica común previamente establecida, de modo que uno de ellos ha sido determinante del otro para el logro del resultado perseguido. Esta finalidad puede ser establecida por la ley, expresamente pactada, o derivada de la interpretación, conforme con lo que se dispone en el artículo 1074*". ARGENTINA. **Código Civil y Comercial de la Nación.** Disponível em: http://www.saij.gob.ar/docs-f/codigo/Codigo_Civil_y_Comercial_de_la_Nacion.pdf. Acesso em: 19 mar. 2019.

[125] ALBANO, Carlos Alberto. Comentários aos arts. 1.069-1.075. In: MEDINA, Graciela; RIVERA, Julio César. **Código Civil y Comercial de na Nación comentado.** Ciudad Autónoma de Buenos Aires: La Ley, 2015, p. 628. Para uma análise mais aprofundada sobre esses 5 requisitos, ver: ALTERINI, Jorge Horacio. **Código Civil y Comercial comentado.** Tratado Exegético. Tomo V. 2. ed. Ciudad Autónoma de Buenos Aires: La Ley, 2016, p. 683-686.

contratuais do consumidor com o emissor, com o provedor e, por último, com a instituição financeira que fornece o crédito. Outros exemplos mencionados são o do *leasing financeiro* (que autoriza o não prosseguimento do pagamento à instituição financeira se houver inadimplemento por parte do prestador de serviço), da compra e venda de um veículo, conjugada com o contrato de mútuo[126].

Ao que pode ser verificado, os autores argentinos não chegam a fazer uma diferenciação entre contratos conexos (ou mesmo os coligados) e as redes contratuais[127]. O fenômeno é tratado como sinônimo um do outro. Tanto isso é verdade que, ao explicarem as implicações do art. 1.073 do CC Argentino por meio de exemplos práticos de contratos conexos, tanto Carlos Alberto Albano[128], quanto Jorge Horacio Alterini[129] fazem menção a redes contratuais (*"redes contractuales"*), utilizando, para tanto, o exemplo do shopping center, da franquia e da distribuição de mercadorias, ressaltando que todas as partes, tanto os organizadores de tais sistemas, quanto todos os seus participantes, devem colaborar para a realização da causa supracontratual.

Pode-se perceber, portanto, que o esforço de criar um conceito jurídico de redes contratuais passa por uma evidente tentativa de caracterização de eventos fáticos observados no caso concreto. Sendo o termo "conceito" uma estrutura de cognição – que esquematiza uma organização interna a um determinado fenômeno que é objeto do conceito – e não um somatório descritivo de características, julgamos que redes contratuais ainda não chegam a formar um conceito jurídico.

Diante da diversidade de enfoques doutrinários para o fenômeno em questão e da ausência de uma consistente legislação a respeito das redes

---

[126] ALTERINI, Jorge Horacio. **Código Civil y Comercial comentado**. Tratado Exegético. Tomo V. 2. ed. Ciudad Autónoma de Buenos Aires: La Ley, 2016, p. 687.

[127] Essa diferenciação será tratada no tópico 1.9.7.

[128] ALBANO, Carlos Alberto. Comentários aos arts. 1.069-1.075. In: MEDINA, Graciela; RIVERA, Julio César. **Código Civil y Comercial de na Nación comentado**. Ciudad Autónoma de Buenos Aires: La Ley, 2015, p. 629.

[129] ALTERINI, Jorge Horacio. **Código Civil y Comercial comentado**. Tratado Exegético. Tomo V. 2. ed. Ciudad Autónoma de Buenos Aires: La Ley, 2016, p. 687: "*Em las redes contractuales propias de la colaboración empresaria, tanto el organizador del sistema como los participantes, debem tender a mantener el funcionamiento de la red contractual, dando acciones a sus integrantes contra otros por su comportamiento que pudiera prejudicar al grupo, siempre em pos del cumplimiento de los fines supracontratuales. Como es el caso de los negocios que integram um shopping, o los franquiciados o distribuidores entre sí*".

contratuais não só no Brasil, mas também em outros sistemas jurídicos, entendemos que seria ainda precipitado fixar um conceito jurídico estanque de redes contratuais[130]. Todavia, isso não significa que não possamos resumir as suas principais características, que contribuirão para a análise do caso concreto, auxiliando o intérprete na difícil tarefa de explicar os seus efeitos. Disso decorre a conclusão de que, dificilmente, uma estrutura contratual poderá ser considerada, de antemão, como uma rede contratual. Ou seja, será fundamental analisar o caso concreto, de modo a buscar as evidências de que aquela relação contratual se encontra em rede.

Nesse sentido, de tudo que foi analisado, entendemos que algumas característica deverão estar presentes para a configuração de uma rede contratual: *(i)* os contratos devem ser estruturalmente diferenciados, mantendo-se as suas respectivas causas objetivas; *(ii)* deve haver uma interdependência entre os contratantes, espelhada em um objetivo comum, que é verificado por meio de um nexo econômico; *(iii)* existência de um nexo funcional e sistêmico entre os contratos; *(iv)* surgimento de uma causa supracontratual diferente daquela observada nos contratos individuais e que guia o comportamento de todos os integrantes da rede (que se encontram, em geral, emulados pelo mesmo objetivo econômico); *(v)* deve haver estabilidade na rede como um todo, representada em uma relação duradoura; *(vi)* as relações contratuais devem ser múltiplas; *(vii)* haverá uma combinação entre cooperação e competição entre os integrantes da rede[131].

Parece-nos, portanto, que a definição – ao menos das características das redes contratuais – se faz imprescindível, de modo a evitar insegurança jurídica, já que, como será demonstrado ao longo desse estudo, a constatação da existência de uma rede contratual pode ter sérias consequências, tanto no plano da validade, como no plano da eficácia.

---

[130] Esse entendimento é também compartilhado por Antonio Pedro Garcia de Souza, para quem: "O amplo alcance de seu significado representa enorme desafio à literatura jurídica, impedindo-se uma conceituação precisa, que alcance suas variadas formas". Ver: SOUZA, Antonio Pedro Garcia de. **Redes empresariais: a distribuição de bens e serviços e o seu propósito comum**. São Paulo: Quartier Latin, 2021. p. 52.

[131] Não é objetivo desta obra analisar tema tão vasto e rico quanto o da teoria da causa. De todo modo, o conceito de causa que está sendo utilizado neste estudo é aquele explicado no item 1.5.2.1.

1.5. Fundamentos das redes contratuais

Definidas as características das redes contratuais, resta fundamental a abordagem detalhada dos fundamentos que norteiam a sua criação[132]. Como bem leciona Marcelo De Nardi[133], as redes de contratos pressupõem a existência de mais de dois intervenientes na relação de vínculos jurídicos que se está a analisar. É necessária, portanto, uma multiplicidade de sujeitos.

De todo modo, o autor gaúcho esclarece que dita pluralidade não pode ser confundida com uma pluralidade de sujeitos em um dos polos contratuais. Isso porque, se houver múltiplos sujeitos em cada um dos dois polos contratuais, o que haverá é um grupo com interesses comuns em cada polo, mas não uma multiplicidade de relações jurídicas. O diferencial da pluralidade seria, então, a existência de mais de duas posições contratuais. Em outras palavras, "três ou mais vontades relevantes e diferentes entre si para a percepção do fenômeno contrato"[134].

Mas não é apenas a pluralidade de posições contratuais que se demonstra necessária para a formação da rede de contratos. A doutrina entende que a configuração de uma rede contratual dependeria da existência de um "articulado e estável nexo econômico, funcional e sistemático"[135]. Esse conjunto de *nexos* dariam origem, então, a deveres laterais de conduta provenientes da ordem sistêmica criada. Tais deveres são voltados não apenas às partes que compõem a rede, mas também a todos aqueles que com ela interagem, tendo em vista a eficácia paracontratual dos contratos em rede. Analisemos, então, esses fundamentos.

---

[132] Para traçar os fundamentos das redes contratuais, adotou-se o quanto proposto por Rodrigo Xavier Leonardo na obra "Redes Contratuais no Mercado Habitacional". De todo modo, ressalta-se, desde já, que não se seguiu à risca o quanto proposto na referida obra. Isso porque nos pareceu mais adequado separar os tópicos conforme os *nexos* aduzidos por Rodrigo Xavier Leonardo (nexo econômico, funcional e sistemático). Justamente por isso, este tópico 1.5 encontra-se subdividido em: *(i)* nexo econômico e funcional (tópico 1.5.1); e *(ii)* nexo sistêmico (tópico 1.5.2).

[133] NARDI, Marcelo De. **Redes de contratos em perspectiva de interpretação sistêmica.** Porto Alegre: Verbo Jurídico, 2015, p. 141-145. No mesmo sentido: CAFAGGI, Fabrizio. Contractual Networks and the Small Business Act: Towards European Principles? Badia Fiesolana: European University Institute. **EUI Working Paper Law,** n. 15, 2008, p. 02.

[134] NARDI, Marcelo De. **Redes de contratos em perspectiva de interpretação sistêmica.** Porto Alegre: Verbo Jurídico, 2015, p. 143.

[135] LEONARDO, Rodrigo Xavier. **Redes Contratuais no mercado habitacional.** São Paulo: Revista dos Tribunais, 2003, p. 137.

1.5.1. A necessária configuração de um nexo econômico e funcional

Jorge Mosset Iturraspe[136] assevera que a economia da pós-modernidade fez surgir uma maior complexidade nas relações comerciais. As empresas não mais se limitam a oferecer um produto ou serviço diretamente aos consumidores. Pelo contrário, elas procuram parceiros que possam maximizar os seus ganhos, reduzindo os seus custos e riscos; o que faz surgir uma gama de contratos relacionados entre si. Como bem lembra Paula A. Forgioni, "o mercado identifica-se por um emaranhado de relações contratuais, tecido pelos agentes econômicos"[137].

Nesse contexto, são celebrados contratos estruturalmente individualizados e, portanto, aptos a entabular processos obrigacionais que se subsumiriam à teoria contratual clássica, obrigando, portanto, apenas as partes contratantes. Contudo, esses referidos contratos estão, na realidade, incluídos em uma operação econômica única, a qual se convencionou chamar de redes[138].

Dita operação econômica única ("*economic unity*") é, então, um dos fundamentos das redes contratuais[139]. O Direito deixa de se limitar a apenas uma análise sobre a estrutura do contrato, de maneira isolada (individualismo contratual) e passa a se focar em uma análise de toda a operação

---

[136] ITURRASPE, Jorge Mosset. Contratos conexos: grupos y redes de contratos. Buenos Aires: Rubinzal-Culzoni Editores, 1999, p. 13. No mesmo sentido: LEONARDO, Rodrigo Xavier. **Redes Contratuais no mercado habitacional.** São Paulo: Revista dos Tribunais, 2003, p. 137, para quem as redes contratuais surgem em um contexto de necessária potencialização de benefícios, acompanhado da necessária diminuição de riscos em um mercado essencialmente marcado pela competitividade e pela especialização de seus integrantes. Isso significa dizer que, por meio das redes contratuais, os fornecedores, que teriam maior dificuldade de apresentar o seu produto de maneira isolada, vinculam-se a demais empresários, de modo a facilitar o recebimento do seu produto no mercado consumidor.

[137] FORGIONI, Paula A. Contratos empresariais: teoria geral e aplicação. 5. ed. rev., atual. ampl. São Paulo: Thomson Reuters Brasil, 2020, p. 24.

[138] LEONARDO, Rodrigo Xavier. **Redes Contratuais no mercado habitacional.** São Paulo: Revista dos Tribunais, 2003, p. 138.

[139] TEUBNER, Gunther. Coincidencia Oppositorum: Hybrid Networks Beyond Contract and Organisation. In: AMSTUTZ, Marc; TEUBNER, Gunther (Eds.). Networks: legal issues of multilateral co-operation. Bloomsbury Publishing, 2009, p. 15. "*It is the 'economic unity' of several bipolar contracts which is determinant for the connected contracts*". É bem verdade que o autor faz menção a "*connected contracts*" (tradução: contratos coligados) e não a "*network contracts*" (tradução: redes contratuais). Contudo, como já demonstrado no tópico 1.4, *supra*, Gunther Teubner explica que é a partir do conceito legal de "*connected contracts*", que hoje se encontra positivado no CC Alemão (§ 358), que deriva o estudo das redes contratuais na Alemanha.

econômica e que, portanto, abarcará, muito provavelmente, uma pluralidade de contratos, que possuem um nexo econômico comum, baseado na persecução de uma mesma operação econômica[140] e, consequentemente, um mesmo objetivo funcional.

Valendo-se do direito alemão, em especial do estudo desenvolvido por Gunther Teubner a partir dos *"connected contracts"* (em alemão, *"Vertragsverbund"*), dispostos no § 358 (3) do BGB, é possível encontrarmos bases para defender que o nexo econômico e funcional, espelhado em uma operação econômica única, é um dos fundamentos das redes contratuais. Resta, portanto, imprescindível a análise do mencionado artigo de lei.

Segundo Hugh Collins, o § 358, do BGB, introduz, então, a ideia de redes contratuais na Alemanha, no sentido de que é a partir deste dispositivo legal que o estudo das redes contratuais começa a se desenvolver. A ideia central é a de que dois contratos – que normalmente são analisados como inteiramente distintos – serão considerados como interdependentes para certos objetivos[141]. O § 358 (3), do BGB[142], sob a perspectiva

---

[140] ITURRASPE, Jorge Mosset. **Contratos conexos:** grupos y redes de contratos. Buenos Aires: Rubinzal-Culzoni Editores, 1999, p. 9. *"El individualismo contractual viene dejando paso a la contratación grupal. Y ello no resulta caprichoso, puesto que lo perseguido es ahora un resultado negocial, una operación económica global, buscada a través de un "programa" que una o varias empresas se proponen. Se trata ahora de contratos entrelazados em un conjunto económico, persiguiendo lo que se ha dado em llamar una "misma prestación esencial", un "todo" contractual para um mismo y único negocio. El acento aparece puesto en el "negocio" y no en el "contrato". Y de allí la conexidad, vinculación, relación o colegiación. Con las mismas "partes" o con "partes" que sólo coinciden a medias".* É bem verdade que o referido autor traz essa afirmação no contexto dos contratos coligados. De todo modo, entendemos que a argumentação em questão também se presta para as redes contratuais.

[141] COLLINS, Hugh. Introduction to networks as connected contracts. In: TEUBNER, Gunther. **Networks as connected contracts.** Translated by Michelle Everson. Oxford: Hart Publishing, 2011, p. 32.

[142] No original: *"§ 358. (...) (3) Ein Vertrag über die Lieferung einer Ware oder über die Erbringung einer anderen Leistung und ein Darlehensvertrag nach den Absätzen 1 oder 2 sind verbunden, wenn das Darlehen ganz oder teilweise der Finanzierung des anderen Vertrags dient und beide Verträge eine wirtschaftliche Einheit bilden. Eine wirtschaftliche Einheit ist insbesondere anzunehmen, wenn der Unternehmer selbst die Gegenleistung des Verbrauchers finanziert, oder im Falle der Finanzierung durch einen Dritten, wenn sich der Darlehensgeber bei der Vorbereitung oder dem Abschluss des Darlehensvertrags der Mitwirkung des Unternehmers bedient. Bei einem finanzierten Erwerb eines Grundstücks oder eines grundstücksgleichen Rechts ist eine wirtschaftliche Einheit nur anzunehmen, wenn der Darlehensgeber selbst dem Verbraucher das Grundstück oder das grundstücksgleiche Recht verschafft oder wenn er über die Zurverfügungstellung von Darlehen hinaus den Erwerb des Grundstücks oder grundstücksgleichen Rechts durch Zusammenwirken mit dem Unternehmer fördert, indem er sich dessen Veräußerungsinteressen ganz*

do financiamento concedido para a aquisição de bens ou contratação de serviços[143] (contratos de obtenção de crédito), apresenta disposição acerca dos contratos tidos por *verbundener*[144] *Vertrag*, que se encontram vinculados por um objetivo econômico único.

Procurando encontrar um conceito mais amplo de "*connected contracts*", que também abranja os "*network contracts*" (ou seja, que não esteja limitado apenas para situações de contratos para obtenção de crédito ao consumo), Gunther Teubner traz três condições que devem ser verificadas para a configuração de uma rede contratual. Um desses requisitos seria, justamente, o da unidade econômica. Mas não é só. Também deveriam ser observados a multilateralidade e o propósito relacional[145].

---

oder teilweise zu Eigen macht, bei der Planung, Werbung oder Durchführung des Projekts Funktionen des Veräußerers übernimmt oder den Veräußerer einseitig begünstigt". ALEMANHA. **Bürgerliches Gesetzbuch.** Disponível em: https://www.gesetze-im-internet.de/bgb/. Acesso em: 21 mar. 2019. Tradução livre: "Um contrato de fornecimento de bens ou de prestação de alguma outra prestação e um contrato de empréstimo de acordo com as subseções (1) ou (2) estão coligados se o empréstimo servir total ou parcialmente para financiar o outro contrato e ambos os contratos constituírem uma unidade econômica. Deve ser considerada uma unidade econômica, em particular se o próprio comerciante financiar a contrapartida do consumidor ou, no caso de financiamento por terceiros, se o credor, ao preparar ou celebrar o contrato de empréstimo, utilizar os serviços do comerciante. No caso de uma aquisição financiada de um terreno ou de um direito equivalente, uma unidade econômica só deve ser presumida se o próprio credor fornecer o terreno ou o direito equivalente ao consumidor, ou se ele, além da prestação do empréstimo, promover a aquisição do lote de terreno ou direito equivalente em cooperação com o comerciante, tornando-se próprio o interesse do comerciante na sua alienação, total ou parcial, assumindo funções de alienante no planeamento, publicidade ou execução do projeto, ou favorecendo unilateralmente o alienante".

[143] Analisando o referido artigo, Laís Bergstein afirma que haveria conexão nas hipóteses em que o empréstimo serve, total ou parcialmente, para o financiamento de outro contrato e ambos constituem uma unidade econômica. Ver: Bergstein, Laís. Conexidade contratual, redes de contratos e contratos coligados. **Revista de Direito do Consumidor,** v. 109, n. 229, p. 159-183, jan./fev. 2017, p. 9.

[144] A melhor tradução para "*verbunden*" é a de coligado, ligado, relacionado.

[145] Teubner, Gunther. Coincidencia Oppositorum: Hybrid Networks Beyond Contract and Organisation. In: Amstutz, Marc; Teubner, Gunther (Eds.). **Networks:** legal issues of multilateral co-operation. Bloomsbury Publishing, 2009, p. 20: "*1. Reciprocal reference of bilateral contracts to one another, either found within the document and/or distilled from contractual practice ('multilaterality'); 2. a contractual reference to the overall project of the connected contracts ('relational purpose'); and 3. a close and significant co-operation relationship between the participants within the multilateral relation ('economic unity')*".

Hugh Collins, em excelente artigo por meio do qual introduziu a versão em inglês da obra *"Networks as connected contracts"*, de Gunther Teubner[146], ressalta – a partir do estudo do autor alemão – que o conceito de *network contracts* no mencionado parágrafo (§ 358 (3)) vem acompanhado da noção de fim econômico único (*wirtschaftliche Einheit*), que seria distinta dos demais contratos individualmente considerados[147].

No mesmo sentido, a doutrina alemã[148] explica que uma unidade econômica entre dois contratos ocorre quando ambos estão ligados por certos elementos (elementos de conexão), de tal forma que nenhum teria sido concluído sem o outro. Como afirma Mathias Habersack, o requisito da unidade econômica já era observado quando da redação do § 9º, abs.1, do *Verbraucherkreditgesetz*[149]. O § 358 (3) retoma, então, a definição legal lá já desenvolvida[150].

---

[146] A versão original em alemão da obra *"Networks as connected contracts"*, de Gunther Teubner (*"Netzwerk als Vertragsverbund"*) é datada do ano de 2004. A tradução para o inglês, que é utilizada para fins desse trabalho e que possui o artigo de introdução de Hugh Collins, é datada de 2011.

[147] COLLINS, Hugh. Introduction to networks as connected contracts. In: TEUBNER, Gunther. **Networks as connected contracts.** Translated by Michelle Everson. Oxford: Hart Publishing, 2011, p. 33. *"This provision is undoubtedly attractive to advocates for the legal recognition of a concept of networks. Notice in particular that the subsection creates the idea of an 'economic unit', which is distinct from the individual contracts involved, but somehow embraces them all".*

[148] MÖLLER, Cosima; WENDEHORST, Christiane. In: BAMBERGER, Heinz Georg; ROTH, Herbert. **Kommentar zum Bürgerlichen Gesetzbuch.** Band 1. München: Verlag C.H. Beck, 2003, p. 1417. *"Eine wirtschaftliche Einheit zwischen beiden Verträgen liegt vor, wenn beide Verträge durch bestimmte Elemente (Verbindungselemente) derart mieinander verbunden sind, dass keiner ohne den anderen geschlossen worden wäre oder jeder der Verträge seinen Sinn erst durch den anderen erhält".*

[149] A Verbraucherkreditgesetz (lei de crédito para consumo) trazia, em seu § 9º, abs.1, a definição de coligamento entre a operação de compra e venda e a de obtenção de crédito. Segundo a redação do mencionado parágrafo, dois requisitos teriam de ser verificados para a sua aplicação: *(i)* que o crédito servisse para o financiamento da compra; *(ii)* que os contratos constituíssem uma unidade econômica. A lei ainda dispunha, em seu § 9º, abs. 3, a possibilidade de penetração de exceções (*einwendungsdurchgirff*), determinando que o consumidor pode recusar o recebimento do crédito na medida em que exceções do contrato de compra vinculado lhe conferem direito frente ao vendedor a não realizar sua prestação. Ressalta-se que a lei não se encontra mais vigente desde 01.01.2002, quando entrou em vigor a lei de modernização do direito obrigacional alemão (*Gesetz zur Modernisierung des Schuldrechts*). Para a versão original do § 9º da Verbraucherkreditgesetz, ver: ALEMANHA. **Verbraucherkreditgesetz – § 9 Verbundene Geschäfte.** Disponível em: https://dejure.org/gesetze/VerbrKrG/9.html. Acesso em: 21 mar. 2019. Ver também: MARÍN LÓPEZ, Manuel Jesús. La protección del consumidor de crédito em Alemania. Análisis de la Verbraucherkreditgesetz. In: NIETO CAROL, Ubaldo. **Credito al consumo y transparencia bancaria.** Madrid: Civitas, 1998, p. 454, para quem

Ricardo Luis Lorenzetti[151], em sentido semelhante, afirma que os vínculos das relações particulares continuam a ser individuais. De todo modo, a existência de uma igualdade de finalidade econômica objetivada pelas partes faria surgir um interesse que não seria intracontratual, mas sim supracontratual. Ou seja, é imprescindível a existência de um nexo econômico e funcional entre os contratos que se encontram em rede.

Sobre a necessidade da configuração de uma unidade econômica, pode-se encontrar menção em diversos julgados sobre financiamento bancário para aquisição de um determinado bem pelo consumidor[152], decidindo-se, por vezes, pela necessidade de extensão dos efeitos do inadimplemento do contrato de compra e venda ao contrato de financiamento[153].

"El consumidor puede recusar el reembolso del crédito en la medida em que excepciones del contrato de compra vinculado le rieram derecho frente a vendedor a no realizar su prestación".
[150] HABERSACK, Mathias. In: KRÜGER, Wolfgang. **Münchener Kommentar zum Bürgerlichen Gesetzbuch.** Band 3. Schuldrecht 'Allgemeiner Teil II. München: Verlag C.H. Beck, 2019, p. 994: *"Damit übernimmt das Gesetz insoweit die Legaldefinition des § 9 Abs.1 S 1 VerbrKrG, die ihrerseits buwusst die zum finanzierten Abzahlungskauf entwickelte Formel des BGB aufgegriffen hatte".*
[151] LORENZETTI, Ricardo Luis. **Tratado de los Contratos.** Tomo I. 2. ed. ampl. e atual. Santa Fé: Rubinzal – Culzoni, 2004, p. 59. No mesmo sentido: MARTINEZ, Pedro Romano. **O subcontrato.** Coimbra: Almedina, 1989, p. 194; LEONARDO, Rodrigo Xavier. A teoria das redes contratuais e a função social dos contratos: reflexões a partir de uma recente decisão do Superior Tribunal de Justiça. **Revista dos Tribunais,** v. 832, p. 100-111, fev. 2005, p. 4.
[152] Sobre essa questão, pertinente se faz a análise de Rodrigo Xavier Leonardo em relação a dois julgados do STJ (REsp n. 187.940-SP. Rel. Min. Ruy Rosado de Aguiar Júnior, 4ª Turma. Julgado em 21.06.1999; REsp n. 316.640-PR. Rel(a). Min. Nancy Andrighi, 3ª Turma. Julgado em 18.05.2004). Esses julgados diziam respeito à colaboração empresarial entre instituição bancária e incorporadoras para a edificação e comercialização de imóveis, tendo a incorporadora (que se tornou mais tarde insolvente) dado o imóvel em hipoteca ao Banco. O consumidor paga todas as parcelas, mas não consegue levantar a hipoteca em função de dívida da incorporadora com a instituição bancária. Analisando as decisões – que foram favoráveis ao consumidor comprador – Rodrigo Xavier Leonardo conclui: "Nas duas decisões acima citadas do STJ afirma-se a diversidade de relações jurídicas existentes entre incorporador, instituição financeira e consumidor. A despeito da diferença estrutural entre essas relações jurídicas, os acórdãos citados reconhecem a existência de uma única operação econômica levada a cabo pela cadeia de fornecedores que, por força do inadimplemento em um dos polos e da negligência em outro polo, venham a causar danos ao destinatário final do produto ofertado". Ver: LEONARDO, Rodrigo Xavier. A teoria das redes contratuais e a função social dos contratos: reflexões a partir de uma recente decisão do Superior Tribunal de Justiça. **Revista dos Tribunais,** v. 832, p. 100-111, fev. 2005, p. 7.
[153] Esse é o caso, por exemplo, do julgado: *(i)* TJSP. Apelação Cível n. 1008322-68.2017.8.26.0269. Rel. Enéas Costa Garcia, 1ª Câmara de Direito Privado. Julgado em 06.04.2020, que dizia

Tem-se, portanto, que, aliada aos demais fundamentos adiante abordados, é imprescindível que, para a configuração de uma rede contratual, seja detectada a existência de um objetivo econômico comum a todos aqueles que se encontram em rede, que se encontra refletido, igualmente, em um objetivo funcional semelhante. Não se nega a possibilidade de haver objetivos econômicos privados e afetos à relação bilateral (exclusiva daqueles contratantes – no sentido da teoria contratual clássica), mas estes devem estar insertos em um contexto maior, buscando o mesmo objetivo econômico-financeiro almejado pela rede sistêmica. Do contrário, não há que se falar em redes contratuais.

Julgamos importante ressaltar que a existência de um nexo econômico (que entendemos ser um dos fundamentos das redes contratuais) não se confunde, todavia, com a eventual existência de um patrimônio comum da rede. Isso porque inexiste, nas redes contratuais – como regra – a obrigação de realização de aportes iniciais ou subsequentes, em que pese tal dever possa ser verificado em algumas estruturas, como a franquia, por exemplo. De todo modo, é possível que os integrantes façam contribuições iniciais e periódicas, as quais comporão um patrimônio comum da rede, que tem como objetivo a "apresentação de um conjunto de bens destinados a suportar a atividade desenvolvida pelos membros ou a financiar a estrutura de coordenação da rede"[154].

---

respeito ao inadimplemento pela construtora do contrato de compra e venda de um imóvel. O inadimplemento da construtora teve os efeitos estendidos ao contrato de financiamento feito pelo consumidor pelo programa "Minha casa, minha vida". O julgado em questão fez referência à existência de uma operação econômica única, de conhecimento de todos. Ainda, referência pode ser feita ao julgado *(ii)* TJSP. Apelação Cível n. 1008517-87.2016.8.26.0269. Rel. Andrade Neto, 30ª Câmara de Direito Privado. Julgado em 13.03.2019. Neste caso, o consumidor havia adquirido automóvel com vício de qualidade. No ponto que diz respeito ao fundamento que ora se analisa, assim se manifestou o TJSP: "É exatamente esta a hipótese dos autos: o contrato de financiamento do bem e o contrato de compra e venda, embora estruturalmente independentes entre si, encontram-se funcionalmente interligados, têm um fim unitário comum, sendo ambos, em essência, partes integrantes de uma mesma operação econômica global, de tal arte que cada qual é a causa do outro, um não seria realizado isoladamente, sem o outro".

[154] MIRANDA, Joana Correia de. **Contratos de rede e rede de empresas**. Coimbra: Almedina. 2020, p. 307. A autora também explica que esse patrimônio comum, quando existente nas redes contratuais, não pode ser confundido com o capital social do direito societário. Segundo alega Joana Correia de Miranda, "as contribuições dos membros da rede não formam um capital comum, mas um acervo patrimonial comum, a que não se aplicam, nem tão-pouco

1.5.2. A necessária configuração de um nexo sistêmico

Mas não é apenas necessária a existência de um nexo econômico e funcional entre os contratos – uma operação econômica comum. Para que uma rede contratual seja formada é preciso mais. Como ressalta Rodrigo Xavier Leonardo, é essencial a existência de um nexo sistemático entre dois ou mais contratos, "cuja ligação entre os contratos unitários não dependa da vontade manifestada pelas partes"[155].

Reporta-se, pois, ao entendimento de Ricardo Luis Lorenzetti[156], que explica que a teoria sistêmica das redes contratuais não se baseia apenas em um contrato, mas no grupo de contratos que atua de forma organizada, visando a um objetivo econômico comum. Esse mesmo objetivo faria surgir uma causa supracontratual (*i.e.*, a causa da rede, que se diferencia da causa de cada contrato[157]). Sendo assim, não haveria como se analisar a rede contratual, senão por meio de uma análise sistêmica, ou seja, que deixasse de lado a análise individual de cada contrato que se encontra em rede. Em outras palavras, é necessária a existência de um nexo sistêmico, um nexo objetivo, que justifique a percepção de uma rede. Resta, então, fundamental a apresentação do conceito de sistema.

A filosofia moderna se ocupou de analisar a ideia de sistema. Nesse sentido, de acordo com Tercio Sampaio Ferraz Junior[158], sistema significa o que

analogicamente, as disposições legais concebidas para o capital social nas sociedades comerciais, as quais prosseguem finalidades diversas, designadamente porque falha, segundo cremos, ao capital comum da rede a função de garantia que se reconhece ao capital social".

[155] LEONARDO, Rodrigo Xavier. **Redes Contratuais no mercado habitacional.** São Paulo: Revista dos Tribunais, 2003, p. 140.

[156] LORENZETTI, Ricardo Luis. **Tratado de los Contratos.** Tomo I. 2. ed. ampl. e atual. Santa Fé: Rubinzal – Culzoni, 2004, p. 52. No mesmo sentido, GOMES, Rogério Zuel. A Nova Ordem Contratual: pós-modernidade, contratos de adesão, condições gerais de contratação, contratos relacionais e redes contratuais. **Revista de Direito do Consumidor,** n. 58, 2006, p. 21, para quem o caráter sistêmico da rede impede que ela seja confundida com um simples conjunto de contratos.

[157] "A causa, entretanto, como traduz a específica ligação entre prestações, permite identificar cada relação contratual e a rede como um todo, decompondo as diferentes segmentações em que se divide a operação econômica unitária. Assim, podemos ver a causa de cada contrato que integra a rede e a causa da rede". PENTEADO, Luciano de Camargo. Redes contratuais e contratos coligados. In: HIRONAKA, Giselda Maria fernandes Novaes; TARTUCE, Flávio (Coord.). **Direito contratual: temas atuais.** São Paulo: Método, 2007, p. 482.

[158] FERRAZ JUNIOR, Tercio Sampaio. **Conceito de sistema no direito.** Uma investigação histórica a partir da obra jusfilosófica de Emil Lask. São Paulo: Revista dos Tribunais, 1976,

é composto; é uma totalidade construída de várias partes. A essa noção, o referido autor salienta que se somou o sentido de ordem, de organização.

Claus-Wilhelm Canaris[159], por sua vez, destaca duas características que seriam incontroversas e essenciais para a configuração de um sistema. São elas: a ordenação e a unidade. Com a ordenação, pretende-se exprimir um estado de coisas intrínseco racionalmente apreensível. Com a unidade, procura-se impedir a dispersão em uma multiplicidade de singularidades desconexas.

Sendo assim, fundamentando-se no estudo de Claus-Wilhelm Canaris, Rodrigo Xavier Leonardo afirma que a unidade e o objetivo de ordenação[160] também seriam pressupostos para o surgimento de um nexo sistêmico nas redes contratuais. Em virtude disso, passemos à análise individualizada desses dois requisitos.

---

p. 9, para quem "a palavra sistema, etimologicamente do grego systema, provém de syn-istemi e significa o composto, o construído. Na sua significação mais extensa, o conceito aludia, de modo geral, à ideia e uma totalidade construída, composta de várias partes. O uso posterior configurou, porém, uma compreensão mais restrita. Conservando a conotação originária de conglomerado, a ela agregou-se o sentido específico de ordem, de organização". Walter Buckley, por exemplo, apresenta uma definição de sistema na sociologia como "um complexo de elementos ou componentes direta ou indiretamente relacionados numa rede causal, de sorte que cada componente se relaciona pelo menos com alguns outros, de modo mais ou menos estável, dentro de determinado período". Ver: BUCKLEY, Walter. **A sociologia e a moderna teoria dos sistemas.** Tradução de Octavio Mendes Cajado. São Paulo: Cultrix/Edusp, 1981, p. 68, apud LEONARDO, Rodrigo Xavier. **Redes Contratuais no mercado habitacional.** São Paulo: Revista dos Tribunais, 2003, p. 141.

[159] CANARIS, Claus-Wilhelm. **Pensamento sistemático e conceito de sistema na ciência do direito.** 4. ed. Tradução de Antônio Menezes Cordeiro. Lisboa: Fundação Calouste Gulbenkian, 2008, p. 12-13. O referido autor ainda afirma: "Qualquer outra precisão sobre o significado da ideia de sistema na Ciência do Direito e sobre o correspondente conceito de sistema pressupõe, por isso, o esclarecimento da questão sobre se e até onde possui o Direito aquelas ordenação e unidade, indispensáveis como fundamento de sistema".

[160] A unidade e o objetivo de ordenação também são mencionados por Marcos Caprio, para quem, "em uma rede de contratos pode-se perceber um conjunto dotado de ordem e união. Um conjunto não é um simples agregado de elementos, mas uma totalidade dotada de sentido próprio". Ver: CAPRIO, Marcos. Contratos em rede e racionalidade judicial. **Revista de Direito do Consumidor,** São Paulo, v. 113, p. 299-334, set./out. 2017, p. 10.

1.5.2.1. A unidade dos elementos das redes contratuais

No âmbito do conceito da teoria sistêmica, é necessário que haja uma unidade entre os contratos que se encontram em rede. Rodrigo Xavier Leonardo ressalta que é necessário que se estabeleça uma interligação entre esses contratos, a fim de que se forme um todo unitário "que transcenda suas estruturas e funções individualizadas. Em outras palavras, para que a interligação contratual forme um sistema, mostra-se necessário que seus elementos (os contratos) se encontrem em conexão"[161].

Contudo, para o estudo das redes contratuais, não interessa a conexão proveniente da vontade das partes (conexão subjetiva) – e que não gera maiores problemas –, já que nada impede que as partes exerçam a sua autonomia, estabelecendo ligações expressas entre contratos autônomos[162]. Ademais, não interessa também às redes contratuais aquela conexão necessária, quando um contrato não pode perdurar sem o outro. Como bem ressalta o professor paranaense, "o nexo que une os diversos contratos em rede deve ser objetivo, deve ser um reflexo da formulação de uma operação econômica unitária, propiciada ou potencializada pela união daqueles contratos"[163].

Ademais, citando Lorenzetti, Francesco Galgano, Adams e Brownsword, Rodrigo Xavier Leonardo[164] afirma que, além da rede contratual unificada, seria necessária a formação de uma finalidade econômico-social supracontratual, apta a conferir juridicidade ao vínculo entre os contratos. Além disso, seria fundamental a existência de um propósito comum. Assim sendo, haveria a formação de uma causa sistemática, que seria diversa daquela existente em cada um dos contratos individualmente analisados.

---

[161] LEONARDO, Rodrigo Xavier. **Redes Contratuais no mercado habitacional.** São Paulo: Revista dos Tribunais, 2003, p. 146.

[162] Sobre esse ponto, interessante o estudo de Roger Brownsword, que distingue as redes contratuais entre voluntárias e impostas. No caso das redes contratuais voluntárias, estaríamos diante da clássica e pura teoria contratual, baseada na liberdade de contratar e no *pacta sunt servanda*. Ver: BROWNSWORD, Roger. Network Contracts Revised. In: AMSTUTZ, Marc; TEUBNER, Gunther (Eds.). **Networks:** legal issues of multilateral co-operation, Bloomsbury Publishing, 2009, p. 31-52.

[163] LEONARDO, Rodrigo Xavier. **Redes Contratuais no mercado habitacional.** São Paulo: Revista dos Tribunais, 2003, p. 146.

[164] LEONARDO, Rodrigo Xavier. **Redes Contratuais no mercado habitacional.** São Paulo: Revista dos Tribunais, 2003, p. 146-148.

Como ressalta Marcelo Piazzetta Antunes, a causa sistemática – descolada da causa de cada um dos contratos – permitiria a defesa da para-eficácia dos contratos em rede. O supracitado autor faz um breve estudo sobre a teoria da causa[165], chegando à conclusão de que a causa concreta está vinculada à finalidade do negócio jurídico[166] (que, no caso das redes, seria a finalidade supracontratual), que, portanto, sustentaria o sistema dos contratos em rede. Quando a causa sistemática é afetada, quebra-se o equilíbrio do sistema, o que autorizaria, por exemplo, a exceção do contrato não cumprido como instrumento de defesa[167].

---

[165] O autor conceitua a teoria causal subjetiva, a anticausalista, bem como a causa objetiva. Ver: ANTUNES, Marcelo Piazzetta. A causa sistemática e a teoria das redes contratuais: a influência do elemento causal na para-eficácia dos contratos. In: TEPEDINO, Gustavo; FACHIN, Luiz Edson (Org). **Diálogos sobre direito civil.** Volume III. Rio de Janeiro: Renovar, 2012, p. 605-610. Na sua vertente/teoria objetiva, Antônio Junqueira de Azevedo afirma: "Predomina, atualmente, na verdade, o que se chama de sentido objetivo da causa, isto é, um terceiro sentido da palavra, pelo qual se vê, na causa, a função prático-social, ou econômico-social do negócio" Ver: AZEVEDO, Antônio Junqueira de. **Negócio jurídico:** existência, validade e eficácia. 4. ed. atual. de acordo com o novo Código Civil (Lei n. 10.406, de 10-1-2002). São Paulo: Saraiva, 2002, p. 153. Não é proposta desta obra analisar tema tão vasto e rico quanto o da teoria da causa. Apresentou-se esse conceito apenas para contextualizar o leitor.

[166] Sobre essa questão, bem explicou Antônio Junqueira de Azevedo: "A causa concreta é, na verdade, o 'fim do negócio jurídico'. Esta é a melhor expressão. É importante que os juristas se deem conta do fim último. Tem ele diversas funções: a) se ilícito, é, por ele, que se pode decidir pela 'nulidade' dos negócios jurídicos simulados, fraudulentos, etc., como já dissemos; b) se se torna impossível, o negócio deve ser considerado ineficaz; [...] c) é ainda o fim último que explica a pós eficácia das obrigações; d) serve, finalmente, para interpretar corretamente o negócio concreto realizado pelos declarantes". Ver: AZEVEDO, Antônio Junqueira de. **Negócio jurídico e declaração negocial.** (noções gerais e formação da declaração negocial). Tese para o concurso de professor titular de Direito Civil da Faculdade de Direito da Universidade de São Paulo. São Paulo, 1986, p. 129. Em sentido semelhante: PENTEADO, Luciano de Camargo. Redes contratuais e contratos coligados. In: HIRONAKA, Giselda Maria fernandes Novaes; TARTUCE, Flávio (Coord.). **Direito contratual: temas atuais.** São Paulo: Método, 2007, p. 482. "O instrumento mais adequado da teoria dos contratos que permite decompor e recompor as relações jurídicas por ele engendradas é a causa contratual, em sua acepção concreta. Nenhum dos outros elementos, como partes, vínculo, objeto, garantia, serve para conceituar a rede, na medida em que geralmente esta é formada por várias partes, em torno de vários vínculos, com objetos distintos e várias garantias, correlatas a esses objetos".

[167] ANTUNES, Marcelo Piazzetta. A causa sistemática e a teoria das redes contratuais: a influência do elemento causal na para-eficácia dos contratos. In: TEPEDINO, Gustavo; FACHIN, Luiz Edson (Org). **Diálogos sobre direito civil.** Volume III. Rio de Janeiro: Renovar, 2012, p. 611-614.

A noção de causa sistemática nas redes contratuais já foi abordada, inclusive, em julgado proveniente do Tribunal de Justiça do Estado do Rio Grande do Sul (TJRS). Este caso[168] dizia respeito à compra de um bem por um consumidor por meio do sistema disponibilizado pelo Mercado Livre. O consumidor A havia efetuado uma compra de uma câmera filmadora, pelo referido site, que estava anunciada por B (proprietário do bem). O objeto não foi entregue e, por isso, A ajuizou ação judicial em face do Mercado Livre, apenas.

Em que pese a tentativa do Mercado Livre de imputar responsabilidade apenas em B, inclusive com o pedido de denunciação da lide a este (que não foi acatado), o TJRS ressaltou que as redes contratuais no mundo contemporâneo são formadas por contratos destituídos de vinculação formal, mas funcionalmente vinculados por uma causa sistemática, justificando não apenas a permanência do Mercado Livre no polo passivo da ação, mas também a sua condenação.

Conclui-se disso que "a unidade dos elementos pertencentes ao sistema criado por uma rede contratual se dá mediante: a) conexão entre contratos; b) surgimento de uma causa sistemática; c) verificação de um propósito comum"[169]. A falta de qualquer desses elementos impediria a verificação de uma verdadeira rede contratual.

---

[168] Vale a pena conferir alguns trechos do julgado: "Com efeito, dada a complexidade da operação negocial global subjacente à compra e venda celebrada e não cumprida, não se mostra possível, para o deslinde da controvérsia analisada, a utilização pura e simples dos esquemas conceituais e legais clássicos de direito privado e processo civil, concebidos para operarem em uma realidade econômica bastante diversa e mais simples daquela que ora se vislumbra". (...) "Nesse diapasão, verifica-se que o contrato de intermediação por site eletrônico, individualmente considerado – ou seja, na relação entre o site intermediador e os usuários-consumidores, se afigura como um contrato atípico, que apresenta alguns pontos de contato com os contratos de compra e venda e colaboração empresária, mas que não pode ser enquadrado dentro das referidas tipologias contratuais. Mas o que não pode em nenhum momento ser esquecido é que a operação econômica desenvolvida pela Mercadolivre.com Atividades de Internet Ltda., considerada em sua globalidade caracteriza o fenômeno que a doutrina mais recente vem denominando de "rede contratual". As redes contratuais partem da consideração de que no mundo atual não se pode pensar nas relações contratuais de maneira estanque e uniforme, e podem ser definidas como uma "comunidade" de contratos destituídos de vinculação formal com relação aos interesses individualmente perseguidos pelos demais contratos, funcionalmente vinculados a uma causa sistemática". TJRS. Agravo de Instrumento n. 70020865069. Rel. Jorge Alberto Schreiner Pestana, 10ª Câmara Cível. Julgado em 25.10.2007.

[169] LEONARDO, Rodrigo Xavier. **Redes Contratuais no mercado habitacional**. São Paulo: Revista dos Tribunais, 2003, p. 148. O autor também defende isso em: LEONARDO, Rodrigo

1.5.2.2. A ordem dos elementos das redes contratuais

Além da unidade dos elementos do contrato, é necessário que eles também se encontrem vinculados de forma organizada e sistêmica[170]. Essa ordem seria estabelecida por meio de deveres paracontratuais ou sistemáticos que ordenam os diversos contratos para o alcance do objetivo comum[171].

Nesse sentido, Rodrigo Xavier Leonardo faz o seguinte questionamento: se nas redes contratuais não há a necessidade de manifestação expressa no sentido de que dois ou mais contratos possuam uma inter-relação funcional, econômica e sistêmica, como seria possível propiciar aos contratos em rede "não apenas eficácia interna negocial, mas também a estabilidade, a persistência temporal e o equilíbrio próprios à realidade sistêmica por eles constituído?"[172] De acordo com o autor, tais atributos seriam alcançados pelo reconhecimento da existência de deveres laterais de conduta, que não surgiriam da manifestação de vontade das partes, mas da "realidade objetiva sistêmica por eles criada"[173].

É hoje um dado adquirido da ciência jurídica que a relação obrigacional abriga em seu seio não apenas um dever de prestar – simétrico a uma prestação creditícia. Na realidade, a relação obrigacional, vista hodiernamente, abarca uma pluralidade de elementos autonomizáveis[174], constituindo, por isso, uma realidade bastante complexa[175].

Xavier. A teoria das redes contratuais e a função social dos contratos: reflexões a partir de uma recente decisão do Superior Tribunal de Justiça. **Revista dos Tribunais,** v. 832, p. 100-111, fev. 2005, p. 4.

[170] WELLENHOFER, Marina. Third Party Effects of Bilateral Contracts within the Network. In: AMSTUTZ, Marc; TEUBNER, Gunther (Eds.). Networks: legal issues of multilateral co-operation. Bloomsbury Publishing, 2009, p. 123.

[171] LEONARDO, Rodrigo Xavier. A teoria das redes contratuais e a função social dos contratos: reflexões a partir de uma recente decisão do Superior Tribunal de Justiça. **Revista dos Tribunais,** v. 832, p. 100-111, fev. 2005, p. 04.

[172] LEONARDO, Rodrigo Xavier. **Redes Contratuais no mercado habitacional.** São Paulo: Revista dos Tribunais, 2003, p. 148.

[173] LEONARDO, Rodrigo Xavier. **Redes Contratuais no mercado habitacional.** São Paulo: Revista dos Tribunais, 2003, p. 149.

[174] CORDEIRO, Antônio Manuel da Rocha e Menezes. **Da boa-fé no direito civil.** Coimbra: Almedina, 1984, v. 1, p. 586-660. O referido autor português se debruça, na parte final do primeiro volume de sua aclamada obra "Da boa-fé no direito civil", para falar sobre os deveres acessórios decorrentes da boa-fé objetiva. Segundo o autor, esses deveres acessórios seriam divididos em deveres de proteção, de esclarecimento e de lealdade.

[175] COSTA, Mário Júlio de Almeida. **Direito das obrigações.** 12. ed. rev. e atual. Coimbra: Almedina, 2009, p. 113-124.

Resta primordial, então, a explicação do que vem a ser deveres laterais de conduta. Segundo Manuel Antônio Carneiro da Frada[176], envolvendo os deveres de prestar, haveria uma outra série de deveres essenciais, que não estariam focados, pura e simplesmente, no dever de prestar, mas na salvaguarda de outros interesses que devem ser observados pelas partes no decurso de sua relação. Tais deveres, segundo o referido autor, exprimem a necessidade de se considerarem os interesses justificados na contraparte, bem como o de adotar uma postura que se espera do parceiro contratual honesto e leal, fundamentando-se no princípio da boa-fé objetiva. Ainda, os deveres laterais seriam verificados em qualquer relação obrigacional, especificando-se apenas no desenrolar da vida contratual.

Nesse sentido, ressalta Rodrigo Xavier Leonardo, se os agentes privados decidem maximizar os seus ganhos, formando uma rede de contratos, além de se encontrarem adstritos às obrigações decorrentes de seu específico contrato, também deverão observar deveres que surgem em virtude da realidade sistêmica, de modo a preservar os objetivos mínimos de estabilidade, persistência temporal e equilíbrio do sistema. Reconhece-se, então, mais do que um simples plexo de direitos e deveres para o adimplemento da obrigação principal. Reconhece-se, na realidade, um plexo de direitos e deveres para a manutenção da própria operação econômica. Esses deveres, por serem voltados ao regramento da relação entre as partes, são conhecidos como deveres laterais, por se tratar de direitos que surgem lateralmente, ou seja, ao lado dos direitos e deveres principais[177].

Rodrigo Xavier Leonardo ressalta, então, que podem ser verificadas, nas redes contratuais, três deveres laterais correspondentes aos três objetivos próprios ao ideal de ordem no sistema, conforme acima citados. Esses deveres laterais seriam os seguintes: "a) dever lateral de contribuição para

---

[176] FRADA, Manuel Antônio Carneiro da. **Contrato e deveres de proteção.** Coimbra: Coimbra Editora, 1994, p. 39. No mesmo sentido: WELLENHOFER, Marina. Third Party Effects of Bilateral Contracts within the Network. In: AMSTUTZ, Marc; TEUBNER, Gunther (Eds.). **Networks:** legal issues of multilateral co-operation. Bloomsbury Publishing, 2009, p. 129. A referida autora menciona que, no âmbito das redes contratuais, não é possível estabelecer-se um catálogo fixo de "deveres fiduciários" (como ela chamou os deveres aqui nomeadas de laterais). No original: *"However, as far as I can see, it is not possible to set up a fixed catalogue of fiduciary duties within networks. The existing variety of network concepts – such as just-in-time contracts on the one hand, and franchising contracts on the other – makes it quite difficult to define general network duties".*
[177] LEONARDO, Rodrigo Xavier. **Redes Contratuais no mercado habitacional.** São Paulo: Revista dos Tribunais, 2003, p. 150.

a manutenção do sistema; b) dever lateral de observação da reciprocidade sistemática das obrigações; c) dever lateral de proteção das relações contratuais internas ao sistema"[178].

O dever lateral de contribuição para a manutenção do sistema corresponde à indispensável necessidade de preservação da estabilidade e persistência da rede. Por se tratar de contratos estruturalmente distintos, mas que dependem dos outros para a persecução de um objetivo comum, estes contratos não podem viver um sem o outro, ou seja, não funcionam se o sistema fracassar. Disso resulta a indispensável necessidade de cumprimento não apenas dos deveres decorrentes da relação bilateral, mas também daqueles deveres laterais de preservação do sistema[179].

Um dever de colaboração para a manutenção do sistema pode ser mencionado naqueles casos em que os contratantes envolvidos não podem modificar injustamente ou intempestivamente os vínculos sistemáticos, caso isso resulte em prejuízo ao sistema[180].

O bom funcionamento da rede depende, pois, da atividade de todos os seus integrantes[181]. Citemos, por exemplo, o caso julgado pelo *Bundesgerichtshof* (BGH)[182], relativo ao término do contrato de franquia do McDonald's com um franqueado que não observava a exata temperatura do cozimento do hambúrguer. Visto este caso fora do âmbito de uma rede contratual, o término do contrato por conta disso poderia ser considerado medida extrema. Contudo, como ressalta Marina Wellenhofer ao comentar esse julgado, se levarmos em consideração a obrigação geral de manter

---

[178] LEONARDO, Rodrigo Xavier. **Redes Contratuais no mercado habitacional.** São Paulo: Revista dos Tribunais, 2003, p. 151. Esses e demais deveres laterais serão melhor abordados no capítulo 2 deste estudo.
[179] LORENZETTI, Ricardo Luis. **Fundamentos do direito privado.** Tradução de Véra Maria Jacob de Fradera. São Paulo: Revista dos Tribunais, 1998, p. 199.
[180] LORENZETTI, Ricardo Luis. **Tratado de los Contratos.** Tomo I. 2. ed. ampl. e atual. Santa Fé: Rubinzal – Culzoni, 2004, p. 82-83.
[181] WELLENHOFER, Marina. Third Party Effects of Bilateral Contracts within the Network. In: AMSTUTZ, Marc; TEUBNER, Gunther (Eds.). **Networks:** legal issues of multilateral co-operation. Bloomsbury Publishing, 2009, p. 123: "*Individual profit may be very important, but the overlapping interest of all companies is, nevertheless, geared towards successful cooperation in order to create a competitive product, a great building project, etc, because the existence of the individual companies depends on the common success*".
[182] BGH (1985) 38 NJW 1894 e 1895, apud WELLENHOFER, Marina. Third Party Effects of Bilateral Contracts within the Network. In: AMSTUTZ, Marc; TEUBNER, Gunther (Eds.). **Networks:** legal issues of multilateral co-operation. Bloomsbury Publishing, 2009, p. 124.

o sistema, chega-se à conclusão de que o término do contrato é medida necessária para proteger a reputação da marca, evitando prejuízo não só para o franqueador, mas também para todos os demais franqueados, ainda que indiretamente[183].

O segundo dever que pode ser observado é o da reciprocidade sistemática das obrigações. Esse dever visa a promover ou manter o equilíbrio entre as partes do sistema, já que não estamos diante de uma relação contratual individual. Assim sendo, "as prestações de uma parte não são correspectivas apenas às prestações da contraparte dos contratos singulares. A relação de correspectividade que deve se estabelecer envolve os demais contratos coligados em rede"[184].

Nesse sentido, um exemplo que pode ser ressaltado é aquele dos contratos de saúde[185]. Uma empresa oferece um plano de saúde que possui preços que variam, *inter alia,* conforme a idade e o histórico médico do paciente. Além disso, é comum que a empresa imponha um período de carência (no qual o segurado paga, mas não pode usar os serviços). Esse é o período de maior rentabilidade da empresa. Contudo, essa rentabilidade cai drasticamente à medida em que o paciente (já inserto no plano) passa a usar mais os serviços em função de enfermidade surgida ao longo de sua vida.

Ao analisar o caso acima trazido por um viés unicamente bilateral (sem entendê-lo como uma rede), poder-se-ia chegar à conclusão de que a relação contratual é desequilibrada, já que haverá momentos em que o segurado não vai usar os serviços, mas seguirá pagando, e outros momentos em que utilizará muitos dos serviços oferecidos pelo plano de saúde, onerando demasiadamente este último. Todavia, ao se analisar a relação contratual como uma relação global, a reciprocidade entre as prestações se fará presente.

O terceiro dever seria o de proteger as relações contratuais internas ao sistema. Segundo Rodrigo Xavier Leonardo, esse dever seria repartido em três: *(i)* dever lateral de proteção em sentido estrito; *(ii)* dever de lealdade; *(iii)* dever de transparência.

---

[183] WELLENHOFER, Marina. Third Party Effects of Bilateral Contracts within the Network. In: AMSTUTZ, Marc; TEUBNER, Gunther (Eds.). Networks: legal issues of multilateral co-operation. Bloomsbury Publishing, 2009, p. 124-125.
[184] LEONARDO, Rodrigo Xavier. **Redes Contratuais no mercado habitacional.** São Paulo: Revista dos Tribunais, 2003, p. 152.
[185] Esse exemplo é tratado na seguinte obra: LORENZETTI, Ricardo Luis. **Tratado de los Contratos.** Tomo I. 2. ed. ampl. e atual. Santa Fé: Rubinzal – Culzoni, 2004, p. 66-67.

Na visão de Menezes Cordeiro[186], os deveres laterais de proteção consistem naqueles em que se busca evitar, durante todo o fenômeno contratual, que sejam verificados danos mútuos nas partes ou em seus patrimônios. Tais deveres são dirigidos não apenas às partes figurantes dos contratos isoladamente considerados, mas também às partes que compõem o sistema[187].

Já os deveres de lealdade dizem respeito àqueles que "obrigam as partes a, na pendência contratual, absterem-se de comportamentos que possam falsear o objetivo do negócio ou desequilibrar o jogo das prestações por ela consignado"[188].

Por fim, com base no dever de transparência, entende-se que todos os contratantes em rede têm o dever de "fornecer aos demais contratantes todas as informações relevantes para o bom funcionamento do sistema"[189].

Assim sendo, para a configuração de uma rede contratual, será imprescindível a existência de um nexo sistêmico, que não dependa nem da vontade das partes, nem de eventual obrigatoriedade legal ou mesmo da própria natureza dos contratos. O nexo ora mencionado sustenta, portanto, a necessidade de uma unidade entre os contratos, que se relacionam de modo ordenado, visando a um objetivo comum, sendo que esse objetivo comum faria surgir uma causa supracontratual. Além disso, a constatação de tal nexo faria surgir deveres laterais de conduta a serem obrigatoriamente observados por todos aqueles que interagem com a rede, estando ou não nela inseridos.

Outrossim, como lembra Luciano de Camargo Penteado[190], identificada a causa da rede (*i.e.*, a causa supracontratual), pode-se colacionar os

---

[186] CORDEIRO, Antônio Manuel da Rocha e Menezes. **Da boa-fé no direito civil.** Coimbra: Almedina, 1984, v. 1, p. 604.

[187] WELLENHOFER, Marina. Third Party Effects of Bilateral Contracts within the Network. In: AMSTUTZ, Marc; TEUBNER, Gunther (Eds.). **Networks:** legal issues of multilateral cooperation. Bloomsbury Publishing, 2009, p. 130: "*But there may be particular arrangements of relationships which raise the question of whether there are direct duties of protections (...). This problem refers to the internal relationships within the network as well as to the external relationship with other persons and companies outside the network*".

[188] CORDEIRO, Antônio Manuel da Rocha e Menezes. **Da boa-fé no direito civil.** Coimbra: Almedina, 1984, v. 1, p. 604.

[189] LEONARDO, Rodrigo Xavier. **Redes Contratuais no mercado habitacional.** São Paulo: Revista dos Tribunais, 2003, p. 153.

[190] PENTEADO, Luciano de Camargo. Redes contratuais e contratos coligados. In: HIRONAKA, Giselda Maria fernandes Novaes; TARTUCE, Flávio (Coord.). **Direito contratual: temas**

remédios sinalagmáticos, como a exceção do contrato não cumprido, por exemplo, levando em consideração a causa da rede e não a de cada um dos contratos.

1.6. Modelos dogmáticos para o tratamento das redes contratuais

Com alguma antecedência em relação ao Brasil, a doutrina estrangeira já propôs alguns modelos dogmáticos para tratamento das redes contratuais. Alguns deles estão centrados em um modelo unitário (propostos por Wernhard Möschel e Mathias Rohe) e outros se encontram estruturados em torno da ideia de um fim único (propostos por Gunther Teubner, Stefan Grundmann e Ricardo Luis Lorenzetti). Parece-nos relevante abordar estes modelos – ainda que sucintamente – de modo a demonstrar o posicionamento neste trabalho defendido.

1.6.1. Modelos unitários
1.6.1.1. Modelo de Möschel e Rohe: o contrato de rede (*Netzvertrag*)

Wernhard Möschel[191] é considerado o primeiro autor a propor o contrato de rede (*Netzvertrag*) como sendo uma nova categoria dogmática. Essa proposição encontra-se em sua obra *Dogmatische Strukturen des bargeldlosen Zahlungsverkehrs*, datada de 1986. Para explicar o seu posicionamento, o autor alemão parte do exemplo do contrato de transferência bancária, que ocorre a partir de uma cadeia de contratos bilaterais, que possibilitam que o numerário chegue na conta do banco destinatário. A questão seria, então, entender quem seria o responsável pelos danos causados em caso de má execução da transferência, isto é, se somente o banco do cliente lesado ou todos os bancos da cadeia.

---

atuais. São Paulo: Método, 2007, p. 482. "Quando se identifica a causa da rede, podem-se colacionar os remédios normalmente relacionados à ideia de causa, especialmente à noção de causa sinalagmática, como a rescisão lesionária, a revisão judicial dos contratos, a resolução por onerosidade excessiva, a exceção do contrato não cumprido. Os remédios tradicionais que mantêm a co-respectividade entre as prestações podem, portanto, ser plenamente utilizados nas redes contratuais; entretanto, não devem ser invocados para cada um dos segmentos, mas apenas em torno da causa da rede, denominada por alguns autores de causa sistemática".

[191] MÖSCHEL, Wernhard. Dogmatische Strukturen des bargeldlosen Zahlungsverkehrs. **Archiv für Civilistische Praxis**, v. 186, 1986, p. 187-236, apud DREWS, Rafael Induzzi. **Redes contratuais com função de distribuição**. Tese (Doutorado em Direito). Universidade de São Paulo, São Paulo, 2017, p. 120.

Wernhard Möschel observou que o caso em questão era analisado pela doutrina e jurisprudência alemã de maneira atomizada. Seu posicionamento, contudo, questionando o entendimento aplicado até então, foi no sentido de que esses contratos representam um todo, sem os quais a transferência bancária não seria possível[192]. Em sua avaliação, "os contratos individuais constituem um sistema em suas relações sucessivas recíprocas, com fim unitário de execução do pagamento"[193], significando que o todo deve ser avaliado conjuntamente. Todavia, segundo o autor, o *Netzvertrag* não criaria novos deveres, mas apenas os já existentes, o que implicaria um alargamento dos deveres de proteção entre partes não contratantes diretamente, do exercício de direitos e da possibilidade de ações diretas dentro da rede entre partes que não são contratantes entre si[194].

Foi Mathias Rohe[195], contudo, que aprimorou o estudo inicial de Wernhard Möschel, desenvolvendo dogmaticamente o conceito de *Netzvertrag*, analisando estruturas descentralizadas (como o próprio sistema de transferência interbancária, comentado por Möschel) e hierarquizadas (como o contrato de franquia e a produção *just-in-time*).

Segundo o autor, o *Netzvertrag* caracteriza-se *(i)* pela presença de transações principais (que formam o arranjo contratual) e acessórias (que viabilizam a realização das principais por um menor custo), bem como *(ii)* pelo fato de a redução de custos visada pela rede apenas poder ser alcançada com a cooperação coordenada de todos os integrantes da rede[196]. Prosse-

---

[192] MÖSCHEL, Wernhard. Dogmatische Strukturen des bargeldlosen Zahlungsverkehrs. **Archiv für Civilistische Praxis**, v. 186, 1986, p. 211, apud DREWS, Rafael Induzzi. **Redes contratuais com função de distribuição**. Tese (Doutorado em Direito). Universidade de São Paulo, São Paulo, 2017, p. 121.

[193] No original: *"(...) die Einzelverträge in ihrer wechselseitigen Aufeinanderbezogenheit ein System konstituiren mit dem einheitlichen Zweck der Zahlungsdurchführung"*. MÖSCHEL, Wernhard. Dogmatische Strukturen des bargeldlosen Zahlungsverkehrs. **Archiv für Civilistische Praxis**, v. 186, 1986, p. 222, apud DREWS, Rafael Induzzi. **Redes contratuais com função de distribuição**. Tese (Doutorado em Direito). Universidade de São Paulo, São Paulo, 2017, p. 121.

[194] MÖSCHEL, Wernhard. Dogmatische Strukturen des bargeldlosen Zahlungsverkehrs. **Archiv für Civilistische Praxis**, v. 186, 1986, p. 222, apud DREWS, Rafael Induzzi; FORGIONI, Paula Andrea. **Redes contratuais com função de distribuição**. 2017. Universidade de São Paulo, São Paulo, 2017, p. 121-122.

[195] ROHE, Mathias. **Netzverträge**. Rechtsprobleme komplexer Vertragsverbindungen. Tübingen: Mohr Siebeck, 1998, p. 1998.

[196] ROHE, Mathias. **Netzverträge**. Rechtsprobleme komplexer Vertragsverbindungen. Tübingen: Mohr Siebeck, 1998, p. 66.

gue o autor afirmando que, em qualquer estrutura – hierarquizada ou não –, haveria uma constante, traduzida em um fim unitário (*Netzzweck*), o qual constituiria o elemento de ligação entre todos os contratos e que se traduziria na redução de custos[197]. Em relação à formação, cada participante seria mandatário dos demais participantes da rede, presentes e futuros. É a partir dessa fundamentação de mandatário que Mathias Rohe defende que qualquer integrante da rede poderia contratar com os demais. Em seu entendimento, haveria um mandato pressuposto por comportamento concludente, nos termos do § 151 do BGB[198].

A tese de Mathias Rohe não foi aceita, contudo, pela doutrina alemã[199]. A principal crítica – correta sob o nosso ponto de vista – foi a de que o *Netzvertrag*, tal qual como concebido (por meio de mandatos recíprocos pressupostos e por meio de comportamento concludente), não respeitaria a autonomia privada, não passando de uma mera ficção jurídica[200]. Logo,

---

[197] ROHE, Mathias. **Netzverträge.** Rechtsprobleme komplexer Vertragsverbindungen. Tübingen: Mohr Siebeck, 1998, p. 65.

[198] ROHE, Mathias. **Netzverträge.** Rechtsprobleme komplexer Vertragsverbindungen. Tübingen: Mohr Siebeck, 1998, p. 171.

[199] Rafael Induzzi Drews, analisando a obra de Mathias Rohe, bem resume as críticas de outros doutrinadores em relação à sugestão dogmática de Mathias Rohe. Segundo Rafael Induzzi Drews: "É quanto à formação, entretanto, que o *Netzvertrag* de Rohe mostra-se mais polêmico. À sua existência basta a celebração de um contrato com um participante da rede, que é considerado mandatário de todos os demais participantes presentes e futuros. Com esse contrato, o novo integrante estará ligado não só ao seu efetivo contratante, mas também a todos os demais membros. E mais: torna-se também mandatário como todos eles. Trata-se, em todo caso, de mandato pressuposto por comportamento concludente, nos termos do § 151 do BGB. Consequentemente, também a própria vontade dos membros da rede em constituir o *Netzvertrag* seria meramente pressuposta – não expressamente declarada –, sendo inferida do tráfego jurídico e do objetivo interesse das partes". DREWS, Rafael Induzzi. **Redes contratuais com função de distribuição.** Tese (Doutorado em Direito). Universidade de São Paulo, São Paulo, 2017, p. 123.

[200] Gunther Teubner menciona muitos doutrinadores que se manifestaram de maneira contrária às proposições de Rohe e afirma: *"This is obviously a grandiose fiction. Implicit, mutual and multilateral representation of members of the network by one another and the creation of a large number of implied powers of agency for dealing with parties external to the net (in all their implicit delineation as secondary contractual claims) – this bears no relation to the real bargaining and agreement processes of networks with outsiders. Were powers of representation and agency be said to exist, they would simply be legal fictions set against the very different real-world operations of networks. The characterization of 'network' contract on the basis of the implied representation of all the other members of the network, a status which is itself derived from a number of equally implicit powers of agency, is a total misunderstanding of network co-ordination. It is not founded upon the mutual contractual agreement of*

o modelo dogmático unitário, proposto por Wernhard Möschel e desenvolvido por Mathias Rohe, não encontrou muita repercussão. Todavia, a doutrina que seguiu[201] ressaltou a importância dos estudos até então desenvolvidos por Wernhard Möschel e, mais tarde, por Mathias Rohe, uma vez que se inaugurou o entendimento – ainda incipiente, é claro – no sentido de que um simples contrato bilateral pode criar consequências legais aos demais integrantes de uma rede contratual.

1.6.1.2. O *contratto di rete* italiano

Outro modelo unitário é aquele fornecido pela legislação italiana. A legislação em questão é regulada pelo art. 3º, comma 4-ter, da Lei n. 33, de 9 de abril de 2009, que converteu em lei o Decreto-Lei n. 05, de 2009[202] e alterações posteriores, estando inserida no âmbito de um conjunto de medidas concebidas para fazer frente à situação de crise por que atravessavam empresas italianas.

Estabelece o artigo 3º, comma 4-ter, da referida lei que, "através do contrato de rede, vários empresários, com a finalidade de aumentar, individual ou coletivamente, a sua capacidade inovativa e a própria competitividade no mercado, obrigam-se, com base em um programa comum de rede, a colaborar de modo e em âmbitos pré-determinados, atinentes ao exercício das próprias empresas ou a trocar informações ou prestações de natureza industrial, comercial, técnica ou tecnológica ou, ainda, a exercer em comum uma ou mais atividades no âmbito do objeto da própria empresa"[203]. Ou seja, esse contrato de rede comporta diversas naturezas

---

all participants. Instead, a bilateral transaction (mostly, but not always contractual) is concluded with only one network member – accompanied by the legitimate expectation that this network member is connected with other members of the network. With this, social expectations emerge that are binding upon participants. Representation and agency powers are clearly the wrong legal categories to take account of those expectations". Ver: TEUBNER, Gunther. **Networks as connected contracts.** Translated by Michelle Everson. Oxford and Portland: Hart Publishing, 2011, p. 141-142.

[201] TEUBNER, Gunther. **Networks as connected contracts.** Translated by Michelle Everson. Oxford and Portland: Hart Publishing, 2011, p. 143-144.

[202] ITÁLIA. **Leggi Correlate** – Art. 3 Comma 4-Ter D.L. 10.02.2009 n. 5 (Misure Urgenti a Sostegno Dei Settori Industriali in Crisi). Disponível em: https://www.sentenzeappalti.it/2012/09/22/art-3-comma-4-ter-d-l-10-02-2009-n-5-misure-urgenti-a-sostegno-dei-settori-industriali-in-crisi/. Acesso em: 22 nov. 2020.

[203] Tradução nossa do original italiano, que assim dispõe: "Con il contratto di rete piu' imprenditori perseguono lo scopo di accrescere, individualmente e collettivamente, la propria

de relações de colaboração interempresarial, que vão desde a simples troca de informações até o exercício em comum de determinadas atividades.

Para que esse objetivo seja alcançado pele rede, é facultado às partes a instituição de um fundo patrimonial comum e de um órgão comum, que é responsável por gerir, em nome e por conta dos contratantes, a execução do contrato, bem como representá-los.

No que diz respeito à forma, Joana Correia Miranda[204] explica que esse contrato deve ser celebrado por escritura pública ou documento privado autenticado ou, ainda, por ato celebrado digitalmente. Ademais, deve-se indicar, *inter alia*, *(i)* o nome, empresa, razão social de cada integrante da rede (original ou integrante subsequente), bem como o nome e a sede da rede a ser formada; *(ii)* a indicação dos objetivos estratégicos; *(iii)* a definição de um programa de rede (com a enunciação dos direitos e obrigações assumidos pelos participantes), assim como os critérios de avaliação e das entradas iniciais e das eventuais contribuições sucessivas que cada um se obriga a entregar ao fundo; *(iv)* a duração do contrato, as modalidades de adesão a outros empresários e, caso seja convencionado, as causas facultativas da rescisão antecipada e as condições de exercício deste direito.

Como explica Rafael Induzi Drews[205], "o contrato de rede tem uma feição preponderantemente associativa, assemelhando-se ao contrato de consórcio", sendo que a própria lei que o rege determina a aplicação das regras gerais válidas para os contratos plurilaterais com comunhão de escopo.

Parece-nos que o contrato *di rete* italiano difere da noção de redes contratuais nesse estudo apresentado, dentre outros motivos, pelo fato de haver apenas um contrato e não vários contratos, como no caso das redes contratuais. Isso para não mencionar o formalismo em sua constituição, que não é comum às redes contratuais.

---

capacita' innovativa e la propria competitivita' sul mercato e a tal fine si obbligano, sulla base di un programma comune di rete, a collaborare in forme e in ambiti predeterminati attinenti all'esercizio delle proprie imprese ovvero a scambiarsi informazioni o prestazioni di natura industriale, commerciale, tecnica o tecnologica ovvero ancora ad esercitare in comune una o piu' attivita' rientranti nell'oggetto della propria impresa". Disponível em: https://www.sentenzeappalti.it/2012/09/22/art-3-comma-4-ter-d-l-10-02-2009-n-5-misure-urgenti-a-sostegno-dei-settori-industriali-in-crisi/. Acesso em: 22 nov. 2020.

[204] MIRANDA, Joana Correia de. **Contratos de rede e rede de empresas**. Coimbra: Almedina. 2020, p. 280.

[205] DREWS, Rafael Induzzi. **Redes contratuais com função de distribuição**. Tese (Doutorado em Direito). Universidade de São Paulo, São Paulo, 2017, p. 126-127.

1.6.2. Modelos estruturados em torno do fim da rede
1.6.2.1. Teubner e a rede entre mercado e hierarquia. Fim da rede (*Netzzweck*) e dupla atribuição seletiva

Já os modelos baseados em torno do fim único da rede parecem ter sido mais aceitos pela doutrina mundo afora. Como ressaltamos nos tópicos antecedentes, o fim único é um dos requisitos indispensáveis para a caracterização das redes contratuais. Gunther Teubner, por exemplo, ressalta que as redes contratuais são estruturas de coordenação da atividade econômica, que são formadas por contratos bilaterais, as quais geram efeitos multilaterais. Por conta disso, não se encaixam na tradicional dicotomia contrato/sociedade, mercado/hierarquia. Para este autor, a moldura híbrida das redes transpareceria as suas inevitáveis ambivalências e paradoxos: entre interesses individuais e coletivos, entre cooperação e competição[206]. O autor busca responder como devemos reagir a esse fenômeno.

O propósito de Gunther Teubner foi tratar o tema a partir de uma perspectiva contratual e não societária, e desenvolver um "direito da organização contratual que incorpore elementos organizacionais, isto é, elementos relacionais e multilaterais, dentro da categoria do direito contratual"[207]. Para alcançar esse fim, como já abordamos neste estudo, ele parte da definição de *connected contracts* (em alemão, *Vertragsverbund*), dispostos no § 358 BGB. Procurando encontrar um conceito mais amplo de *"connected contracts"*, que também abranja os *"network contracts"*, Gunther Teubner traz três condições que devem ser verificadas para a configuração de uma rede contratual. São elas: *(i)* unidade econômica, *(ii)* multilateralidade e *(iii)* propósito relacional[208].

Ademais, no centro de tudo isso, estaria o fim da rede (*Netzzweck*), que não se confunde com o fim societário, na medida em que ele é direcionado à orientação individual e coletiva (de dupla atribuição seletiva, por-

---

[206] TEUBNER, Gunther. **Networks as connected contracts.** Translated by Michelle Everson. Oxford and Portland: Hart Publishing, 2011, p. 73 e ss.

[207] No original: "(...) law of contractual organisation that incorporates organizational elements, that is, relational and multilateral elements, within the category of contract law". TEUBNER, Gunther. **Networks as connected contracts.** Translated by Michelle Everson. Oxford and Portland: Hart Publishing, 2011, p. 145.

[208] TEUBNER, Gunther. Coincidencia Oppositorum: Hybrid Networks Beyond Contract and Organisation. In: AMSTUTZ, Marc; TEUBNER, Gunther. (Eds.). Networks: legal issues of multilateral co-operation. Bloomsbury Publishing, 2009, p. 20.

tanto), o que não ocorre nas sociedades[209]. Essa dupla orientação levaria a uma "dupla atribuição seletiva", ou seja, em cada contexto, o *Netzzweck* é medida de identificação de qual orientação deve ser privilegiada (leia-se: a orientação individual ou coletiva), embora ambas devam ser observadas[210].

1.6.2.2. Grundmann: o tratamento das redes a partir de instrumentos dogmáticos já existentes. *Netzzweck* e cláusulas gerais

O modelo de Gunther Teubner também foi objeto de críticas por possuir pouca aderência dogmática. Stefan Grundmann[211] afirma, por exemplo, que no modelo de Teubner, a previsibilidade, a segurança jurídica e a estrutura dogmática seriam inexistentes. Para Stefan Grundmann, o *Netzzweck* e a dupla atribuição seletiva – apesar de significarem uma ruptura aos princípios contratuais tradicionais – não contariam com suficiente justificação dogmática, o que conduziria a soluções imprevisíveis, sem uma base legal e de forma inteiramente subjetiva.

Grundmann afirma que, embora a fenomenologia das redes seja variada, o que se torna indispensável é o estabelecimento do nexo das redes (*Netzzweck*), que não se confunde com o fim comum societário. Segundo ele, "é característica das redes de contratos que uma pluralidade de contratos, na acepção das partes, seja ligada de forma que somente a sua interação possa garantir o sucesso para todos"[212]. Assim, os contratos tornam-se interligados, em que pese nem todas as partes estabeleçam ligações contratuais entre si.

Ao contrário dos doutrinadores alemães estudados (*i.e.*, Möschel, Rohe e Teubner) – que procuraram apresentar modelos dogmáticos para o tratamento das redes –, Grundmann é do posicionamento de que a análise

---

[209] TEUBNER, Gunther. Networks as connected contracts. Translated by Michelle Everson. Oxford and Portland: Hart Publishing, 2011, p. 186.

[210] TEUBNER, Gunther. Networks as connected contracts. Translated by Michelle Everson. Oxford and Portland: Hart Publishing, 2011, p. 155 e 184-186.

[211] GRUNDMANN, Stefan. Contractual networks in German private law. In: CAFAGGI, Fabrizio (Ed.). **Contractual networks, inter-firm cooperation and economic growth.** Cheltenham Glos: Edward Elgar, 2011, p. 121-122.

[212] No original: "(...) it is characteristic of networks of contracts that a plurality of contracts, in the perception of the partners, are linked in such a way that only their interaction can guarantee success for all". GRUNDMANN, Stefan. Contractual networks in German private law. In: CAFAGGI, Fabrizio (Ed.). **Contractual networks, inter-firm cooperation and economic growth.** Cheltenham Glos: Edward Elgar, 2011, p. 111.

das redes contratuais deve basear-se nos instrumentos dogmáticos disponíveis[213]. Seu estudo concentra-se, fundamentalmente, em dois problemas das redes contratuais, quais sejam: *(i)* a questão das ações diretas entre membros não ligados contratualmente e *(ii)* a questão da alteração das relações individuais em razão da existência das redes.

Sobre o primeiro problema, o doutrinador alemão afirma que as ações diretas seriam autorizadas apenas ao longo da cadeia de contratos, e não entre membros não ligados contratualmente[214]. Sobre o segundo problema, Grundmann afirma que a existência da rede contratual terá efeitos principalmente apenas nos contratos individuais. São eles, portanto, que formam "o ponto de partida no qual as partes podem de fato assumir o fim da rede (*Netzzweck*) no sentido de que todos os participantes querem o sucesso da rede"[215]. Conclui, então, afirmando que a chave para desvendar e aplicar esse fim da rede é recorrer às cláusulas gerais, que servem como porta de entrada para várias formas de efeitos nos contratos individualmente considerados.

1.6.2.3. A teoria sistêmica de Ricardo Luis Lorenzetti

Conforme já abordado, as redes contratuais devem ser analisadas sob a teoria sistêmica, cujo enfoque é a interação de um grupo de contratos que atuam de maneira relacionada, de forma que o contrato seja um instrumento para realização de negócios (finalidade negocial). Essa finalidade negocial supracontratual justificaria o surgimento e funcionamento da rede[216].

Para que seja possível extrair as consequências jurídicas das redes contratuais, Ricardo Luis Lorenzetti explica ser imprescindível organizar os

---

[213] GRUNDMANN, Stefan. Contractual networks in German private law. In: CAFAGGI, Fabrizio (Ed.). **Contractual networks, inter-firm cooperation and economic growth.** Cheltenham Glos: Edward Elgar, 2011, p. 124-125.

[214] GRUNDMANN, Stefan. Contractual networks in German private law. In: CAFAGGI, Fabrizio (Ed.). **Contractual networks, inter-firm cooperation and economic growth.** Cheltenham Glos: Edward Elgar, 2011, p. 130-132.

[215] No original: "(...) the starting point, at which the parties may indeed assume a network aim in the sense that all participants want the success of the network". GRUNDMANN, Stefan. Contractual networks in German private law. In: CAFAGGI, Fabrizio (Ed.). **Contractual networks, inter-firm cooperation and economic growth.** Cheltenham Glos: Edward Elgar, 2011, p. 133.

[216] LORENZETTI, Ricardo Luis. **Tratado de los Contratos.** Tomo I. 2. ed. ampl. e atual. Santa Fé: Rubinzal – Culzoni, 2004, p. 52.

problemas que podem surgir a partir da configuração de uma rede contratual. Tais problemas, de acordo com o supracitado autor[217], podem ser verificados levando em consideração dois planos, quais sejam: *(i)* o interno, que diz respeito apenas às partes que compõem a rede; bem como o *(ii)* externo, no qual o enfoque se dá em relação a terceiros, em especial aos consumidores finais, e como estes se relacionam com um ou todos os integrantes da rede[218].

1.6.2.3.1. Plano interno: partes que compõem a rede contratual

No plano interno das redes contratuais, Ricardo Luis Lorenzetti explica que a rede aparece como uma unidade, cujo elemento unificador é a conexidade, que deve ser diferenciada das formas de integração total ou parcial de origem societária. Segundo o autor argentino, essa conexão é o componente que fundamenta a existência dos elementos da rede contratual, assim como a causa sistemática, a finalidade supracontratual e a reciprocidade das obrigações. Ao mesmo tempo, nascem obrigações sistemáticas para os integrantes da rede[219].

Segue o autor explicando que, na conexidade, haveria um elemento de interesse associativo[220] (refletido em uma mesma causa econômica) que se

---

[217] LORENZETTI, Ricardo Luis. **Tratado de los Contratos.** Tomo I. 2. ed. ampl. e atual. Santa Fé: Rubinzal – Culzoni, 2004, p. 48 e 52.

[218] CAFAGGI, Fabrizio. Contractual Networks and the Small Business Act: Towards European Principles? Badia Fiesolana: European University Institute. **EUI Working Paper Law,** n. 15, 2008, p. 09. O referido autor explica que as redes contratuais possuem uma dupla dimensão: uma interna, concernente ao relacionamento entre os membros da rede, e uma externa, relativa ao relacionamento com terceiros.

[219] LORENZETTI, Ricardo Luis. Redes contractuales: conceptualización jurídica, relaciones internas de colaboración, efectos frente a terceros. **Revista de Direito do Consumidor,** v. 28, p. 22-58, out./dez. 1998, p. 8. *"En las relaciones internas, las redes presentan un nexo que está vinculado a la colaboración entre las partes que la integran. El elemento unificador es la conexidad, que debemos diferenciar claramente de la integración total o parcial, de naturaleza societaria. La referida conexidad es un componente que fundamenta la existencia de elementos propios de la red como la causa sistemática, la finalidad supracontractual y la reciprocidad sistemática de las obligaciones. Asimismo, da origen a obligaciones sistemáticas, de modo que las partes tienen entre sí obligaciones principales, accesorias y deberes secundarios de conducta, y además, deberes referidos al sistema que integran".*

[220] Somos do posicionamento de que o uso da expressão "interesse associativo", utilizado por Ricardo Luis Lorenzetti, não é a melhor escolha, tendo em vista uma possível confusão entre esse "interesse associativo" (mencionado por Ricardo Luis Lorenzetti) e o "fim comum societário", que não se encontra presente nas redes contratuais, mas sim, nas sociedades. De todo modo, sob o nosso ponto de vista, em que pese o uso da expressão pelo autor argentino

traduz em um negócio que requer vários contratos unidos em um sistema. Esse interesse associativo tem a importante função de vincular sujeitos que são partes de distintos contratos, situando-se fora da relação bilateral, mas dentro da relação de rede contratual[221].

Assim sendo, tal interesse é elemento indispensável da conexidade; é o cimento que une os contratos, que são estruturalmente distintos quando analisados individualmente. Esse interesse sistemático, contudo, não se confunde com o interesse de um contratante individualmente, nem mesmo daquele que deu origem à rede. Quando se fala em interesse sistemático, a noção perde o seu caráter subjetivo. Ainda que tenha surgido por vontade de alguém, dela se separa, funcionando objetivamente[222].

Aliado ao interesse sistemático no plano interno das redes contratuais, Ricardo Luis Lorenzetti explica que deve ser também observado o princípio da coordenação. Esse princípio de coordenação faz surgir obrigações e deveres de conduta àqueles que fazem parte da rede, no sentido de colaborar para o funcionamento dela[223].

---

não seja o mais adequado, é inegável que Ricardo Luiz Lorenzetti não deixa dúvidas de que redes contratuais e sociedades não se confundem.

[221] LORENZETTI, Ricardo Luis. Redes contractuales: conceptualización jurídica, relaciones internas de colaboración, efectos frente a terceros. **Revista de Direito do Consumidor,** v. 28, p. 22-58, out./dez. 1998, p. 11. *"En la conexidad hay un interés asociativo que se satisface a través de un negocio que requiere varios contratos unidos en sistema; la causa en estos supuestos vincula a sujetos que son partes de distintos contratos situandose* (sic) *fuera del vínculo bilateral pero dentro del sistema o red contractual. Ello significa que hay una finalidad económico-social que trasciende la individualidad de cada contrato y que constituye la razón de ser de su unión; si se desequilibra la misma se afecta todo el sistema y no un sólo contrato".*

[222] LORENZETTI, Ricardo Luis. **Tratado de los Contratos.** Tomo I. 2. ed. ampl. e atual. Santa Fé: Rubinzal – Culzoni, 2004, p. 62. *"En los supuestos de conexidad que examinamos también existe la noción de interés, pero con algunas particularidades: – El interés es el centro de unión, es el "cemento" que une a los distintos contratos. – No se trata de interés de un titular individual sino del grupo o agrupamiento; es el interés em el funcionamiento del sistema".*

[223] LORENZETTI, Ricardo Luis. **Tratado de los Contratos.** Tomo I. 2. ed. ampl. e atual. Santa Fé: Rubinzal – Culzoni, 2004, p. 64. *"El principio de la coordinación que se deriva de la existencia conexa de contratos em torno a un interés sistemático, causa la existencia de obligaciones. No se trata de contratos de coordinación, sino de obligaciones o deberes secundarios de conducta que se adosan a contratos que conviven entre sí de modo sistemático. Ello significa que todos los integrantes de una red contractual tienen una obligación de colaborar en el funcionamiento del sistema, obrando de modo tal que su conducta sirva para el mantenimiento del mismo. Aquí la causa asociativa del negocio grupal se hace presente, se solidifica, para fundar una pretensión de colaboración".*

No que concerne à estrutura interna das redes contratuais, é de se ressaltar, conforme leciona Ricardo Luis Lorenzetti[224], que a estrutura autocrática – mediante a qual uma empresa central planifica a conduta de todos as demais, controlando-as – encontra-se destinada ao desuso, levando em consideração a sociedade atual, de economia competitiva e especializada, que requer a participação decisória descentralizada de todos os integrantes da rede. Nesse sentido, a configuração das redes contratuais – no plano interno – pode se dar por meio de uma concentração vertical ou horizontal de empresas.

A concentração vertical supõe uma estrutura piramidal de rede, tendo em vista o fato de que há uma empresa que se encontra no cume da pirâmide, controlando as demais. Um exemplo típico de estrutura como essa pode ser observado no caso de rede de concessionárias de automóveis, na qual há o fornecedor da mercadoria, bem como uma multiplicidade de concessionárias, que se situam em uma escala inferior de subordinação econômica.

Já a concentração horizontal – que não possui uma configuração piramidal – diz respeito àqueles casos em que não há um centro de comando de onde partem as decisões. Assim sendo, todos os integrantes da rede contratual se encontram, em maior ou menor medida, em igualdade de posição, atuando conjuntamente no processo decisório. De todo modo, como bem leciona Ricardo Luis Lorenzetti[225], uma estrutura como essa é difícil de ser observada na prática, na medida em que é muito comum a existência de uma empresa estabelecendo um controle um pouco superior sobre as demais.

A partir desses elementos, o autor sugere a observância de uma reciprocidade sistemática das prestações. Essa reciprocidade sistemática deve considerar toda a duração da relação contratual (e não apenas uma fotografia circunstancial da relação), bem como deve pretender atingir o equilíbrio a partir de uma comutatividade das prestações – comutatividade essa que não decorre dos contratos individualmente considerados, mas sim destes inseridos no sistema, ou seja, "reciprocidade existentes entre o que cada

---

[224] LORENZETTI, Ricardo Luis. **Tratado de los Contratos.** Tomo I. 2. ed. ampl. e atual. Santa Fé: Rubinzal – Culzoni, 2004, p. 72.
[225] LORENZETTI, Ricardo Luis. **Tratado de los Contratos.** Tomo I. 2. ed. ampl. e atual. Santa Fé: Rubinzal – Culzoni, 2004, p. 74.

um dos integrantes do sistema paga e o que o sistema pode satisfazer de acordo com sua racionalidade econômica"[226].

Por fim, ainda no plano interno das redes contratuais, Ricardo Luis Lorenzetti[227] ressalta que, na rede contratual, há o surgimento de um dever lateral, que consiste na necessidade de que as partes contribuam para a manutenção da rede, já que as redes possuem uma vocação de estabilidade e permanência ao longo do tempo.

1.6.2.3.2. Plano externo: os terceiros e o mercado

Ricardo Luis Lorenzetti debruçou-se também sobre os efeitos das redes contratuais no plano externo. Para tanto, o referido autor subdividiu o seu estudo em relação ao plano externo levando em consideração os efeitos observados. Analisou, portanto, os efeitos observados perante terceiros[228], bem como perante o mercado[229].

Diante as redes contratuais, os consumidores são vistos como terceiros[230]. Muito embora sejam eles, na maior parte das vezes, os destinatários finais dos produtos criados por essas redes, não fazem parte dos contratos entre as empresas que se uniram. Foge deles, por conta disso, a consciência de que há uma organização, quanto menos de como ela funciona[231].

---

[226] LORENZETTI, Ricardo Luis. Redes contractuales: conceptualización jurídica, relaciones internas de colaboración, efectos frente a terceros. **Revista de Direito do Consumidor,** v. 28, p. 22-58, out./dez. 1998, p. 15. *"Por ello entendemos que hay que hablar de una 'correspectividad bilateral' y de una 'correspectividad sistemática de las prestaciones'. Esta última debería ser entendida como la reciprocidad existente entre lo que cada uno de los integrantes del sistema paga y lo que sistema puede satisfacer de acuerdo con su racionalidad económica".*

[227] LORENZETTI, Ricardo Luis. **Tratado de los Contratos.** Tomo I. 2. ed. ampl. e atual. Santa Fé: Rubinzal – Culzoni, 2004, p. 80-83.

[228] LORENZETTI, Ricardo Luis. **Tratado de los Contratos.** Tomo I. 2. ed. ampl. e atual. Santa Fé: Rubinzal – Culzoni, 2004, p. 84-98.

[229] LORENZETTI, Ricardo Luis. **Tratado de los Contratos.** Tomo I. 2. ed. ampl. e atual. Santa Fé: Rubinzal – Culzoni, 2004, p. 98-103.

[230] LORENZETTI, Ricardo Luis. **Tratado de los Contratos.** Tomo I. 2. ed. ampl. e atual. Santa Fé: Rubinzal – Culzoni, 2004, p. 89.

[231] MARQUES, Claudia Lima. **Contratos no Código de Defesa do Consumidor:** o novo regime das relações contratuais. 9. ed. rev. e atual. São Paulo: Thomson Reuters Brasil, 2019, p. 86. No mesmo sentido: BAGGIO, Andreza Cristina. A proteção da confiança e a formação de redes contratuais como fundamentos da responsabilidade dos sites de compras coletivas perante o consumidor. **Revista de Direito do Consumidor,** São Paulo, v. 97, p. 271-299, jan./fev. 2015, p. 12., para quem o consumidor, "(...) muitas vezes, sequer tem noção da existência de uma cadeia de fornecedores".

De todo modo, considerando o fato de que as redes são normalmente direcionadas ao mercado de consumo, esses consumidores – terceiros em relação à rede – sofrem os efeitos de contratações e disfunções ocorridas entre os integrantes da rede. Nesse contexto, a doutrina[232] entende ser necessário um novo olhar ao princípio da relatividade dos efeitos das convenções, uma vez que a complexidade das relações atuais faz envolver terceiros com interesses no objeto contratual, sem que esses terceiros tenham estabelecido uma relação contratual. No direito brasileiro, a possibilidade de oponibilidade do contrato em face de terceiros encontra suporte no princípio da função social do contrato (art. 421 do CC), na repressão aos atos ilícitos e abusivos (arts. 186, 187 e 927 do CC), bem como na boa-fé objetiva (art. 422 do CC)[233].

É bem verdade que a lei brasileira, em especial o CDC, não apresenta um tratamento nominal às redes contratuais. De todo modo, uma análise atenta dos dispositivos do CDC permite verificar mecanismos de reconhecimento e atribuição de efeitos[234].

Tanto as hipóteses de responsabilidade por fato do produto e serviço (dispostas nos arts. 12 e 14 do CDC[235]) quanto por vício destes (reguladas

---

[232] GOMES, Rogério Zuel. A Nova Ordem Contratual: pós-modernidade, contratos de adesão, condições gerais de contratação, contratos relacionais e redes contratuais. **Revista de Direito do Consumidor**, n. 58, 2006, p. 19.

[233] THEODORO NETO, Humberto. **Efeitos externos do contrato: direitos e obrigações na relação entre contratantes e terceiros**. Rio de janeiro: Forense, 2007, p. 152-153. No mesmo sentido: NEGREIROS, Teresa. **Teoria do contrato: novos paradigmas**. Rio de Janeiro: Renovar, 2002, p. 259-267. Ambos os autores fazem a diferenciação entre relatividade dos efeitos do contrato e oponibilidade. Em resumo, asseveram que as obrigações contratuais não são exigíveis de terceiros (é o que a relatividade impede), mas impõem aos terceiros (e às partes em relação a terceiros) o respeito a situações jurídicas dignas de tutela (é o que a oponibilidade exige).

[234] MARQUES, Claudia Lima. **Contratos no Código de Defesa do Consumidor:** o novo regime das relações contratuais. 9. ed. rev. e atual. São Paulo: Thomson Reuters Brasil, 2019, p. 88.

[235] Art. 12. O fabricante, o produtor, o construtor, nacional ou estrangeiro, e o importador respondem, independentemente da existência de culpa, pela reparação dos danos causados aos consumidores por defeitos decorrentes de projeto, fabricação, construção, montagem, fórmulas, manipulação, apresentação ou acondicionamento de seus produtos, bem como por informações insuficientes ou inadequadas sobre sua utilização e riscos (...). Art. 14. O fornecedor de serviços responde, independentemente da existência de culpa, pela reparação dos danos causados aos consumidores por defeitos relativos à prestação dos serviços, bem como por informações insuficientes ou inadequadas sobre sua fruição e riscos (...). BRASIL.

nos arts. 18 e 20 do CDC[236]), são caracterizadas pela solidariedade, atingindo os diversos sujeitos integrantes da rede de contratos, que viabilizam o fornecimento de produtos/serviços em massa. Verifica-se, assim, a existência de uma cadeia de responsabilidades[237].

Ainda que não seja necessária a existência de uma rede para a caracterização da solidariedade de obrigações, se ela existir, há justificativa legal para a propagação da responsabilidade por danos causado ao consumidor[238]. Ou seja, do ponto de vista do consumidor, há contaminação de invalidades e/ou ineficácias. Assim, os vícios ou inadimplementos de um contrato podem repercutir sobre os demais[239].

Lei n. 8.078, de 11 de setembro de 1990. Dispõe sobre a proteção do consumidor e dá outras providências. Disponível em: http://www.planalto.gov.br/ccivil_03/leis/l8078compilado.htm. Acesso em: 30 maio 2019.

[236] Art. 18. Os fornecedores de produtos de consumo duráveis ou não duráveis respondem solidariamente pelos vícios de qualidade ou quantidade que os tornem impróprios ou inadequados ao consumo a que se destinam ou lhes diminuam o valor, assim como por aqueles decorrentes da disparidade, com a indicações constantes do recipiente, da embalagem, rotulagem ou mensagem publicitária, respeitadas as variações decorrentes de sua natureza, podendo o consumidor exigir a substituição das partes viciadas (...). Art. 20. O fornecedor de serviços responde pelos vícios de qualidade que os tornem impróprios ao consumo ou lhes diminuam o valor, assim como por aqueles decorrentes da disparidade com as indicações constantes da oferta ou mensagem publicitária, podendo o consumidor exigir, alternativamente e à sua escolha: (...). BRASIL. **Lei n. 8.078, de 11 de setembro de 1990.** Dispõe sobre a proteção do consumidor e dá outras providências. Disponível em: http://www.planalto.gov.br/ccivil_03/leis/l8078compilado.htm. Acesso em: 30 maio 2019.

[237] Algo semelhante pode ser observado no direito argentino, que, em seu art. 40, da Lei n. 24.240, assim dispõe: "*Si el daño al consumidor resulta del vicio o riesgo de la cosa o de la prestación del servicio, responderán el productor, el fabricante, el importador, el distribuidor, el proveedor, el vendedor y quien haya puesto su marca en la cosa o servicio. El transportista responderá por los daños ocasionados a la cosa con motivo o en ocasión del servicio. La responsabilidad es solidaria, sin perjuicio de las acciones de repetición que correspondan. Sólo se liberará total o parcialmente quien demuestre que la causa del daño le ha sido ajena*". Em relação a isso, Ricardo Luis Lorenzetti explica que o fundamento da responsabilização é a aparência jurídica. Haveria, então, um sistema de responsabilidade objetiva derivada do vício do produto ou serviço, ampliando, portanto, a legitimidade passiva. LORENZETTI, Ricardo Luis. **Tratado de los Contratos.** Tomo I. 2. ed. ampl. e atual. Santa Fé: Rubinzal – Culzoni, 2004, p. 89.

[238] LEONARDO, Rodrigo Xavier. Os contratos coligados. In: BRANDELLI, Leonardo. **Estudos em homenagem à Professora Véra Maria Jacob de Fradera.** Porto Alegre: Lejus, 2013, p. 374.

[239] LEONARDO, Rodrigo Xavier. Os contratos coligados. In: BRANDELLI, Leonardo. **Estudos em homenagem à Professora Véra Maria Jacob de Fradera.** Porto Alegre: Lejus, 2013, p. 376-382.

Além disso, as redes contratuais também geram efeitos perante o mercado, notadamente em relação ao direito concorrencial. Sobre esse tema, Ricardo Luis Lorenzetti afirma que as redes contratuais podem ser vistas como acordos para violação de regras que protegem a livre concorrência, tendo esse tema sido muito discutido no âmbito dos contratos de franquia[240]. Adverte o supracitado autor, contudo, que, de modo geral, as redes de franquia não violam o direito de concorrência, já que não se trata de um acordo entre concorrentes; não são consideradas um grupo (mas uma rede contratual), não impedindo a existência de outros *players* no mercado[241].

Percebe-se, pois, com base no estudo de Ricardo Luis Lorenzetti, que as redes contratuais possuem dois planos: um de caráter eminentemente empresarial e outro de caráter eminentemente consumerista, que devem seguir critérios de análise distintos. Seus efeitos e consequências jurídicas são evidentemente diversos, clamando por um estudo a esse respeito. É o que buscaremos abordar no capítulo 2 deste estudo.

1.7. Sistema de governança nas redes contratuais dirigido à eficiência global

Por sistema de governança, fazemos referência a alguma estrutura de organização e administração das relações. Nessas situações, os integrantes da rede cedem parcela de sua liberdade – sem perder a sua independência – com o objetivo de reduzir custos, bem como potencializar as chances de alcançar o fim comum almejado pela rede. Essa situação fomenta a sensação de pertencimento a um grupo, facilitando o funcionamento da rede.

Ainda que não seja pressuposto das redes a existência de um líder, a verdade é que, na prática, na imensa maioria das vezes, haverá uma parte com uma posição de destaque frente às demais. A esse líder é conferido tarefas de governança, que variam muito de caso a caso, mas que possuem,

---

[240] LORENZETTI, Ricardo Luis. **Tratado de los Contratos.** Tomo I. 2. ed. ampl. e atual. Santa Fé: Rubinzal – Culzoni, 2004, p. 99.

[241] LORENZETTI, Ricardo Luis. **Tratado de los Contratos.** Tomo I. 2. ed. ampl. e atual. Santa Fé: Rubinzal – Culzoni, 2004, p. 100. "*- No se trata de un acuerdo entre competidores, porque la franquicia se conforma cuando un negociante exitoso intenta reproducirlo incorporando a otras personas que no eran comerciantes competitores. – El sistema de franquicia no es un grupo sino una red, lo que implica que nos es una fusión sino una cantidad de contratos conectados. La conexidad contractual se da em virtud de una finalidad económica general que los relaciona, pero no es un acuerdo cuya finalidad sea anticoncurrencial. – La red em sí misma no impide la existencia de otros oferentes en el mercado*".

em geral, prerrogativas necessárias para que esse líder mantenha uma política comercial uniforme.

Tratando sobre as redes com função de distribuição, Rafael Induzzi Drews faz referência aos estudos de Valérie Marx[242], a qual explica que a coordenação e organização feita pelo líder da rede é exercida primordialmente de três formas distintas.

A primeira delas diz respeito à instituição de regras comuns, seja de nível administrativo, contábil ou comercial, para todos os integrantes da rede. Essas cláusulas contratuais são abertas, especialmente para que possam ser alteradas ao longo do desenvolvimento da relação. Geralmente, essas normas estão contidas em manuais, programas de qualidade e gestão, circulares, códigos de ética e de conduta, que são modificados pelo líder segundo sua visão de *marketing* e segundo as necessidades do mercado. Um exemplo disso pode ser observado em um julgado relativo à rede de distribuição de cervejas. Para se defender de alegação de abusividade em suas práticas, o líder fez menção à existência de normas gerais de distribuição, conhecidas e aplicáveis a todos os distribuidores[243].

A segunda forma é a imposição, pelo líder, de métodos de comercialização e de difusão da marca da rede, na medida em que incumbe ao líder a uniformização das políticas de *marketing* e a adoção de novas estratégias, quando necessárias. Como explica Rafael Induzzi Drews, "o mote é possibilitar a manutenção da competitividade da marca e da rede, disponibilizando meios para que os distribuidores possam enfrentar a concorrência entre marcas"[244].

A terceira forma diz respeito ao fato de que cabe ao líder a tarefa de promover a rede, de modo a manter a sua eficácia e competitividade, o que

---

[242] MARX, Valérie. **La dimension collective des réseaux de distribution.** Paris: Atelier National de Reproduction des Thèses, 2008, p. 59-60, apud DREWS, Rafael Induzzi. **Redes contratuais com função de distribuição.** Tese (Doutorado em Direito). Universidade de São Paulo, São Paulo, 2017, p. 69.

[243] TJRS. Apelação Cível n. 70004456059. Rel. Miguel Ângelo da Silva, 9ª Câmara Cível. Julgado em 21.09.2005. Trecho do acórdão: "Acresce lembrar que o contrato de revenda e distribuição firmado entre as partes contém regras gerais aplicáveis a toda a rede de revendedores e distribuidores BRAHMA no país, como o fazem certo as 'normas gerais de distribuição' que dele fazem parte integrante (fls. 413/426), motivo por que ficam órfãs de credibilidade as queixas de abusividade lançadas na inicial".

[244] DREWS, Rafael Induzzi. **Redes contratuais com função de distribuição.** Tese (Doutorado em Direito). Universidade de São Paulo, São Paulo, 2017, p. 70.

denotaria uma reorganização mais profunda. Essa seria a hipótese de o líder determinar aos demais integrantes da rede a modernização de seus sistemas (adoção de um novo *software*, por exemplo), de modo a colaborar para que a rede não perca parcela do mercado.

Todavia, mesmo em estruturas mais hierarquizadas, como é o caso do contrato de franquia e distribuição *stricto sensu* (em que há um líder), é possível que esse poder decisório seja parcialmente transferido aos integrantes da rede por meio de centros de deliberação coletiva. A competência, composição e poderes desses centros irão variar de acordo com o poder econômico das partes, as necessidades de governança, bem como os limites da autonomia privada.

Esses centros de deliberação coletiva proliferaram no Brasil nas redes de franquia. Como explicam Patrícia Vance, Vivian Silva e Paulo Furquim de Azevedo, houve uma mudança no comportamento dos franqueados, que passaram a participar "no planejamento estratégico da rede, bem como nas atividades de tomada de decisão e de desenvolvimento de novos produtos, serviços e tecnologia"[245].

Nesse formato de rede, o franqueador abdica de parte de seus poderes, conferindo maior autonomia aos franqueados, que se reúnem em três espécies de centros de participação coletiva: *(i)* assembleias plenárias ou congressos organizados pelo líder; *(ii)* comitês temáticos de trabalhos; e *(iii)* conselho de franqueados. Todavia, esses grupos terão competência consultiva e não deliberativa, cabendo ao franqueador acatá-las ou não. De todo modo, como afirma Rafael Induzzi Drews[246], o caso concreto deverá sempre ser analisado, visto que tudo dependerá das particularidades da rede e do sistema de governança criado pelas próprias partes.

1.8. Espécies de redes contratuais: enquadramento
1.8.1. Classificação das redes segundo sua configuração interna: a pluralidade de formas das redes contratuais

As redes contratuais de fato se apresentam com uma pluralidade de formas, que procuram dar conta da inventividade e necessidade dos agentes

---

[245] VANCE, patrícia de Salles; SILVA, Vivian Lara dos Santos; AZEVEDO, Paulo Furquim de. Origens, evolução e prática do *franchising*. In: SILVA, Vivian Lara dos Santos; AZEVEDO, Paulo Furquim de. (Orgs.). **Teoria e prática do franchising:** estratégia e organização de redes de franquias. São Paulo: Atlas, 2012, p. 33-34.

[246] DREWS, Rafael Induzzi. **Redes contratuais com função de distribuição**. Tese (Doutorado em Direito). Universidade de São Paulo, São Paulo, 2017, p. 81.

econômicos. É por conta disso que se fala que as redes contratuais podem se apresentar na forma de "cadeias", "estrelas", "teias", "circulares" e, até mesmo, sob a forma de "linhas de ônibus"[247].

De todo modo, como bem explica Stefan Grundmann, esses modelos são meramente ilustrativos. Sob o ponto de vista jurídico, é mais importante entender as características básicas da rede contratual, como, por exemplo, se a rede se encontra ancorada em um contrato único para todos os integrantes (exemplo do contrato interbancário) ou em diversos contratos bilaterais similares (exemplo do contrato de franquia, de distribuição *stricto sensu*), ou mesmo se as disposições contratuais, na hipótese de serem distintas, são de conhecimento ou são reveladas a todos os membros da rede[248]. Resta, portanto, fundamental analisar as redes contratuais em sua estrutura propriamente dita.

Sobre esse ponto, Joana Correia de Miranda[249] chama a atenção para duas vertentes: aquela referente ao plano de governo da rede e aquela relativa ao incumprimento por parte de um dos integrantes.

Nas redes em cadeia (que resultam da combinação sequencial de vários contratos bilaterais, sendo que os contratantes do extremo são os únicos que não possuem dois contratos contíguos celebrados) ou mesmo nas

---

[247] HUNE, Michel. **Netzwerkverträge in der Transportwirtschaft:** wirtchaftliche und rechtliche Dimensionen einer modernen Vertragsverbindung Zwischen Wettbewerb und Kooperation. Berlin: Wissenschaftlicher Verlag Berlin, 2010, p. 25-26. No mesmo sentido: GRUNDMANN, Stefan; CAFAGGI, Fabrizio; VETTORI, Giuseppe. The contractual basis of long-term organization – the overall architecture. In: GRUNDMANN, Stefan; CAFAGGI, Fabrizio; VETTORI, Giuseppe (Ed). **The organizational contract: from exchange to long-term network cooperation in European contract law.** New York: Routledge, 2016, p 19. Ainda no mesmo sentido: WELLENHOFER, Marina. Third Party Effects of Bilateral Contracts within the Network. In: AMSTUTZ, Marc; TEUBNER, Gunther (Eds.). **Networks:** legal issues of multilateral co-operation. Bloomsbury Publishing, 2009, p. 119. Entendemos, inclusive, que a própria ideia de subcontratação pode estar inserida nesses diversos formatos de rede contratual. Ver: ITURRASPE, Jorge Mosset. **Contratos conexos:** grupos y redes de contratos. Buenos Aires: Rubinzal-Culzoni Editores, 1999, p. 50, para quem o subcontrato *"no se trata, pues, de un tipo o supuesto específico de contrato, sino de un modo de desdoblamiento de aquellos contratos que llevan en sí mismos la posibilidad de esa subcontratación sucesiva, porque su naturaleza lo consiente y nada hay que lo impida en las condiciones concretas de la primera relación".*

[248] GRUNDMANN, Stefan. Contractual networks in German private law. In: CAFAGGI, Fabrizio (Ed.). **Contractual networks, inter-firm cooperation and economic growth.** Cheltenham Glos: Edward Elgar, 2011, p. 113-115.

[249] MIRANDA, Joana Correia de. **Contratos de rede e rede de empresas.** Coimbra: Almedina. 2020, p. 178.

redes circulares (nas quais ocorre uma conexão entre todos os integrantes de modo unidirecional) não haverá um centro coordenador, sendo que os integrantes não terão vínculos com os demais. Já as redes em estrela ou teia (exemplos dessa, a franquia) haverá uma figura central, que torna a coordenação mais profícua, na medida em que os integrantes possuem vínculos com todos os demais, "sendo que essa circunstância assenta, frequentemente, na titularidade de uma vantagem no mercado em face dos concorrentes"[250].

A outra vertente concerne à relevância de cada integrante da rede. Nas redes em cadeia e circulares, e principalmente naquelas em que apenas a um membro incumbe determinada tarefa, o seu incumprimento ou atraso comprometerá, em regra, a prestação dos serviços a serem realizados por aqueles que se encontram a jusante na cadeia produtiva. Já em relação à cadeia em estrela ou teia, o incumprimento de uma obrigação assume maior relevância, em princípio, se for praticado pelo líder da rede e não por um integrante específico desta.

Ademais, há ainda as conhecidas *"double/sided networks"* (produção e consumo), que são exemplificadas nas bolsas de valores mobiliários e outros *marketplaces*, como shopping centers. Como explica Antonio Pedro Garcia de Souza, essa configuração integra "tanto agentes ofertantes (vendedores), quanto adquirentes (consumidores), que se retroalimentam e se substituem em suas posições de vendedores e compradores"[251].

1.8.2. Redes contratuais formadas por contratos bilaterais, plurilaterais e redes mistas

As redes contratuais também podem ser observadas em uma infinidade de arranjos contratuais[252]. As mais comuns são aquelas formadas por contratos bilaterais ou por contratos plurilaterais. Pode haver também a combinação dessas duas estruturas, apresentando-se na configuração de redes

---

[250] MIRANDA, Joana Correia de. **Contratos de rede e rede de empresas**. Coimbra: Almedina. 2020, p. 178.
[251] SOUZA, Antonio Pedro Garcia de. **Redes empresariais: a distribuição de bens e serviços e o seu propósito comum**. São Paulo: Quartier Latin, 2021. p. 49.
[252] Fabrizio Cafaggi explica que o número de estruturas das redes contratuais pode ser infinito. As redes no formato bilateral, multilateral e mista seriam apenas as mais observadas nos sistemas jurídicos mundo afora. Ver: CAFAGGI, Fabrizio. Contractual Networks and the Small Business Act: Towards European Principles? Badia Fiesolana: European University Institute. **EUI Working Paper Law**, n. 15, 2008, p. 12, nota de rodapé n. 46.

mistas²⁵³. Frente à ausência de regulação das redes contratuais nos sistemas jurídicos mundo afora, deve-se sempre atentar para o princípio da autonomia privada, na vertente de sua liberdade contratual para definir e conformar a relação contratual a ser desenhada pelos integrantes da rede²⁵⁴.

Dentre todas, as redes contratuais formadas por contratos bilaterais são as mais frequentes²⁵⁵. Elas são observadas quando atores individuais celebram contratos bilaterais interdependentes, com um interesse comum, almejando um objetivo comum. Nessa formatação de rede contratual existe um nível maior de flexibilidade – quando comparada às demais formas – sem haver, é claro, a criação de uma nova pessoa jurídica²⁵⁶. Como ressalta Fabrizio Cafaggi, a intenção das partes é importante, mas apenas ela não é suficiente. A definição da interdependência não fica a cargo tão somente da intenção das partes, na medida em que há também elementos objetivos a serem apreciados, especialmente para evitar a constituição de redes contratuais fraudulentas²⁵⁷.

---

²⁵³ CAFAGGI, Fabrizio. Contractual networks and contract theory: a research agenda for European contract law. In: CAFAGGI, Fabrizio. **Contractual networks, inter-firm cooperation and economic growth.** Cheltenham Glos: Edward Elgar, 2011, p. 66 e ss. No mesmo sentido: MIRANDA, Joana Correia de. **Contratos de rede e rede de empresas.** Coimbra: Almedina. 2020, p. 164: "Entendemos, todavia, que as redes não são estanques, isto é, não têm de resultar ou de contratos bilaterais ou de contratos multilaterais, porquanto podem coexistir, e é mais provável que coexistam, redes formadas, simultaneamente, por contratos bilaterais e por contratos multilaterais".

²⁵⁴ MIRANDA, Joana Correia de. **Contratos de rede e rede de empresas.** Coimbra: Almedina. 2020, p. 280

²⁵⁵ MIRANDA, Joana Correia de. **Contratos de rede e rede de empresas.** Coimbra: Almedina. 2020, p. 286.

²⁵⁶ CAFAGGI, Fabrizio. Contractual networks and contract theory: a research agenda for European contract law. In: CAFAGGI, Fabrizio. **Contractual networks, inter-firm cooperation and economic growth.** Cheltenham Glos: Edward Elgar, 2011, p. 71-72. No mesmo sentido: DREWS, Rafael Induzzi. **Redes contratuais com função de distribuição.** Tese (Doutorado em Direito). Universidade de São Paulo, São Paulo, 2017, p. 34.

²⁵⁷ CAFAGGI, Fabrizio. Contractual networks and contract theory: a research agenda for European contract law. In: CAFAGGI, Fabrizio. **Contractual networks, inter-firm cooperation and economic growth.** Cheltenham Glos: Edward Elgar, 2011, p. 74. "*Thus, for example, fraudulent contractual links that make performances dependent upon each other may be qualified as illegal. More commonly in practice, the opposite occurs. Parties, especially those with greater contractual power, try to fragment the contracts and make them legally independent even if they are economically linked. This often occurs to circumvent labour or tax provisions, but also reduce legal interdependence which may be costly for the main contractor or the distributor*".

Geralmente, esse tipo de rede contratual possui, em seu início, um baixo nível de interdependência, sendo que as partes desejam dispor de maior liberdade e autonomia para, inclusive, retirar-se da rede contratual. Elas surgem também quando o nível de coordenação não precisa ser elevado. Necessitam, contudo, arcar com custos de coordenação mais altos (quando comparadas àquelas formadas por contratos plurilaterais). Ademais, são estruturas descentralizadas, com um comando geralmente nas mãos do principal contratante, que subcontrata com diversas outras partes que não estão vinculadas contratualmente uma com a outra[258].

Joana Correia de Miranda[259] leciona que há duas modalidades de redes contratuais formadas por contratos bilaterais. A mais usual é aquela modalidade em que existe um líder, que padroniza os contratos a serem celebrados. A segunda modalidade manifesta-se na celebração de contratos em cadeia, podendo ou não existir um cume da rede. Esses contratos não são padronizados, ainda que possa haver cláusulas ou obrigações iguais.

Um exemplo clássico, e muito comum de rede contratual formada por contratos bilaterais, é o das cadeias de suprimentos (*suply chain*). Mas não é só. Os contratos de distribuição *stricto sensu*, de franquia, de produção *just-in-time* também se encaixam nessa formatação[260]. A coordenação entre esses contratos geralmente se dá por meio de cláusulas contratuais, tornando as atividades unilateral ou mutuamente dependentes[261].

A configuração contratual também deve ser atentamente observada, uma vez que ela pode ser reveladora da existência de uma rede contratual formada por contratos bilaterais[262]. Nesse sentido, a doutrina faz referência a 5 hipóteses que, isolada ou coletivamente, podem dar indícios da

---

[258] CAFAGGI, Fabrizio. Contractual networks and contract theory: a research agenda for European contract law. In: CAFAGGI, Fabrizio. **Contractual networks, inter-firm cooperation and economic growth.** Cheltenham Glos: Edward Elgar, 2011, p. 92-93.

[259] MIRANDA, Joana Correia de. **Contratos de rede e rede de empresas.** Coimbra: Almedina. 2020, p. 286-287.

[260] CAFAGGI, Fabrizio. Contractual Networks and the Small Business Act: Towards European Principles? Badia Fiesolana: European University Institute. **EUI Working Paper Law,** n. 15, 2008, p. 13.

[261] CAFAGGI, Fabrizio. Contractual networks and contract theory: a research agenda for European contract law. In: CAFAGGI, Fabrizio. **Contractual networks, inter-firm cooperation and economic growth.** Cheltenham Glos: Edward Elgar, 2011, p. 69.

[262] DREWS, Rafael Induzzi. **Redes contratuais com função de distribuição.** Tese (Doutorado em Direito). Universidade de São Paulo, São Paulo, 2017, p. 35.

existência dessa formatação. São elas: *(i)* deveres mútuos de cooperação de atividade entre partes que não se encontram contratualmente ligadas; *(ii)* o uso de múltiplas condições quando a *performance* contratual é simultânea ou sequencial; *(iii)* cláusulas de exclusividade e de não concorrência; *(iv)* cláusulas de atribuição e exoneração de responsabilidade; *(v)* cláusulas de extinção dos contratos[263]. Fabrizio Cafaggi ilustra essa espécie de rede contratual – na modalidade cadeia contratual – da seguinte forma[264]:

Figura 1 – Rede contratual formada por contratos bilaterais – na modalidade cadeia contratual

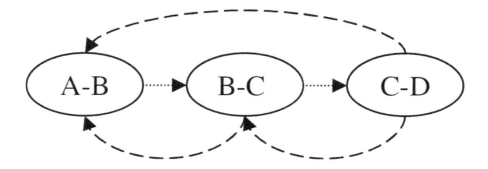

Legenda:
Formas circulares: Contratos.
Pontilhado: Fluxo das mercadorias.
Tracejado: vínculo contratual.

Fonte: CAFAGGI, Fabrizio. Contractual Networks and the Small Business Act: Towards European Principles? Badia Fiesolana: European University Institute. **EUI Working Paper Law,** n. 15, 2008, p. 13.

---

[263] CAFAGGI, Fabrizio. Contractual networks and contract theory: a research agenda for European contract law. In: CAFAGGI, Fabrizio. **Contractual networks, inter-firm cooperation and economic growth.** Cheltenham Glos: Edward Elgar, 2011, p. 75-83.
[264] CAFAGGI, Fabrizio. Contractual Networks and the Small Business Act: Towards European Principles? Badia Fiesolana: European University Institute. **EUI Working Paper Law,** n. 15, 2008, p. 13.

Já a utilização de contratos plurilaterais[265] implica um nível maior de coordenação e são observados quando as partes estão empenhadas em um único projeto, sendo que a contribuição de cada uma não apenas é relevante, como também é difícil de ser substituída. Nessa espécie de formatação, as partes contribuem por meio de sua *expertise*, que inclui fontes financeiras e não financeiras, como no caso de *project financing* e *venture capital*. Contudo, como estamos, por vezes, diante de apenas um contrato, não convém falar de rede contratual, mas sim de rede de empresas (*network of firms*)[266].

Nem todos os contratos multilaterais constituirão uma rede de contratos. Para que isso ocorra, deverá ser observado um certo grau de estabilidade, complementariedade e interdependência das atividades desenvolvidas por cada um dos contratantes[267]. Os exemplos mais comuns são observados nos contratos de pesquisa e de desenvolvimento de produtos, quando: *(i)* múltiplas contribuições são necessárias para geração do novo produto; *(ii)* é mais eficiente dividir os riscos relacionados à incerteza do negócio e; *(iii)* os custos de coordenação são altos. Exemplos típicos são representados por meio de alianças, consórcios[268].

Diferentemente das redes contratuais formadas por contratos bilaterais, as formadas por contratos plurilaterais necessitam de um maior nível de coordenação, por meio de troca de informações centralizadas por meio de plataformas. A tomada de decisões é geralmente baseada no consenso, mas há também a alternativa de votação por maioria. Ou seja, nessa formatação há maior distribuição dos poderes aos participantes, em oposição àquela formada por contratos bilaterais, na qual geralmente a liderança

---

[265] A menção a contratos plurilaterais remete àqueles contratos firmados com mais de duas partes e com comunhão de escopo, conforme noção introduzida em solo nacional por Tullio Ascarelli. Ver: ASCARELLI, Tullio. O contrato plurilateral. In: **Problemas das sociedades anônimas e direito comparado**. São Paulo: Saraiva, 1945. p. 271-332.

[266] CAFAGGI, Fabrizio. Contractual networks and contract theory: a research agenda for European contract law. In: CAFAGGI, Fabrizio. **Contractual networks, inter-firm cooperation and economic growth**. Cheltenham Glos: Edward Elgar, 2011, p. 70.

[267] CAFAGGI, Fabrizio. Contractual Networks and the Small Business Act: Towards European Principles? Badia Fiesolana: European University Institute. **EUI Working Paper Law**, n. 15, 2008, p. 17-18.

[268] CAFAGGI, Fabrizio. Contractual networks and contract theory: a research agenda for European contract law. In: CAFAGGI, Fabrizio. **Contractual networks, inter-firm cooperation and economic growth**. Cheltenham Glos: Edward Elgar, 2011, p. 84.

é daquele que possui maior poder contratual[269]. Fabrizio Cafaggi ilustra essa espécie de rede contratual da seguinte forma[270]:

Figura 2 – Rede contratual formada por contratos plurilaterais

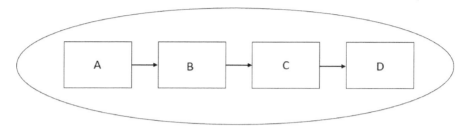

Legenda:
Forma circular: Contrato.
Flechas: Fluxo das mercadorias.

Fonte: CAFAGGI, Fabrizio. Contractual Networks and the Small Business Act: Towards European Principles? Badia Fiesolana: European University Institute. **EUI Working Paper Law,** n. 15, 2008, p. 12.

As redes contratuais também podem ser formadas por uma combinação entre contratos bilaterais e plurilaterais. Nesse caso, as partes celebram um contrato plurilateral, que estabelecerá os direitos e obrigações básicas a serem observados por todos, bem como as balizas a serem observadas para a celebração dos contratos bilaterais que se fizerem necessários no futuro (isso ocorre por meio de um contrato "guarda-chuva", "*framework*"). Em complemento, as partes celebram, então, os contratos bilaterais para a execução específica da transação que almejam[271].

[269] CAFAGGI, Fabrizio. Contractual networks and contract theory: a research agenda for European contract law. In: CAFAGGI, Fabrizio. **Contractual networks, inter-firm cooperation and economic growth.** Cheltenham Glos: Edward Elgar, 2011, p. 94.
[270] CAFAGGI, Fabrizio. Contractual Networks and the Small Business Act: Towards European Principles? Badia Fiesolana: European University Institute. **EUI Working Paper Law,** n. 15, 2008, p. 12. Faz-se apenas a ressalva de que essa ilustração sugerida por Fabrizio Cafaggi possui somente um contrato, sendo mais prudente defini-la, sob o nosso ponto de vista, como uma rede de empresas e não de contratos (na medida em que inexiste pluralidade de contratos). Todavia, essa mesma estrutura poderá estar de alguma maneira relacionada a outro contrato plurilateral, estabelecendo uma rede contratual formada por contratos plurilaterais.
[271] DREWS, Rafael Induzzi. **Redes contratuais com função de distribuição.** Tese (Doutorado em Direito). Universidade de São Paulo, São Paulo, 2017, p. 38.

A vantagem desse modo de estruturação é constatável ao analisarmos, ao menos, duas das características das estruturas bilaterais e plurilaterais, que são, aparentemente, contraditórias entre si. São elas: *(i)* flexibilidade e *(ii)* coordenação. As redes mistas possuem uma maior flexibilidade, quando comparadas àquelas formadas por contratos plurilaterais, dado que as regras comuns estarão dispostas no contrato guarda-chuva, garantindo maior liberdade às partes nas contratações bilaterais. Ao mesmo tempo, a estrutura mista garante um maior nível de coordenação, quando comparada à estrutura das redes puramente bilaterais. Para além disso, uma vez que as partes celebram o contrato *framework*, assumindo obrigações e adquirindo direitos, terão elas a possibilidade de reclamar eventuais danos mesmo naquelas relações contratuais de execução em que não sejam partes[272]. Fabrizio Cafaggi ilustra essa espécie de rede contratual da seguinte forma[273]:

Figura 3 – Rede contratual mista

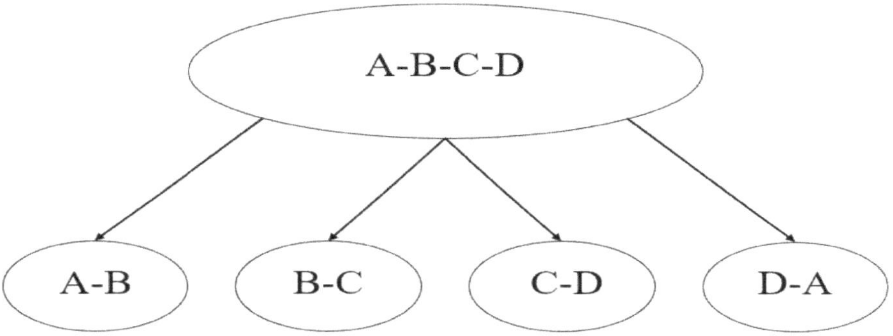

Legenda:
Forma circular maior: Contrato guarda-chuva.
Formas circulares menores: Contratos de execução.

Fonte: CAFAGGI, Fabrizio. Contractual Networks and the Small Business Act: Towards European Principles? Badia Fiesolana: European University Institute. **EUI Working Paper Law,** n. 15, 2008, p. 14.

[272] CAFAGGI, Fabrizio. Contractual Networks and the Small Business Act: Towards European Principles? Badia Fiesolana: European University Institute. **EUI Working Paper Law,** n. 15, 2008, p. 13-14.
[273] CAFAGGI, Fabrizio. Contractual Networks and the Small Business Act: Towards European Principles? Badia Fiesolana: European University Institute. **EUI Working Paper Law,** n. 15, 2008, p. 14.

1.8.3. Redes hierárquicas (verticais) e redes paritárias (horizontais)

Uma das principais características das redes contratuais quando comparadas aos grupos societários é certamente o fato de que as redes contratuais não chegam a formar uma nova sociedade[274]. Em função disso, os membros da rede contratual mantêm a sua independência enquanto entes individualizados. Essa independência significa também uma autonomia legal em relação aos outros membros da rede e à própria rede contratual. Ou seja, estão autorizados a manter a sua estratégia comercial única, porquanto cada parte segue tendo os seus interesses únicos, que não são necessariamente semelhantes aos dos demais contratantes e aos da própria rede. Essas características (*i.e.*, independência e autonomia legal dos membros da rede contratual) são um dos motivos pelos quais as redes não podem ser vistas como estruturas hierárquicas puras, eis que carece às redes contratuais um controle irrestrito de um dos contratantes sobre os demais[275].

Contudo, as decisões dos contratantes em rede podem afetar – ou mesmo ser afetadas – pela própria existência da rede contratual. A autonomia dos integrantes em rede cria – paradoxalmente – um dever destes de se engajar para o sucesso do empreendimento; algo bastante distinto daqueles acionistas/sócios que possuem, de maneira geral, o mero objetivo de auferir lucros com os dividendos da pessoa jurídica formada.

Nesse contexto de evidente paradoxalidade entre, de um lado, independência e autonomia, e, de outro lado, imposição de respeito a deveres para com a rede, é possível identificarmos duas formas de redes contratuais sob o viés das relações de poder. As redes podem ser divididas, então, em hierárquicas e paritárias[276], ou, como outros doutrinadores[277] nomeiam, verticais ou horizontais.

---

[274] CAFAGGI, Fabrizio. Contractual Networks and the Small Business Act: Towards European Principles? Badia Fiesolana: European University Institute. **EUI Working Paper Law**, n. 15, 2008, p. 9-10.

[275] ASENSIO, Carlos Gómez. A frame for business networks governance. In: JUNG, Stefanie; KREBS, Peter; TEUBNER; Gunther. **Business Networks Reloaded**. Nomos: Baden-Baden, 2015, p. 340-341.

[276] Alguns doutrinadores nomeiam essas redes de rede assimétrica e simétrica; vertical e horizontal. Entendemos que essas nomenclaturas também são suficientemente claras para explicar os critérios dessa classificação.

[277] MIRANDA, Joana Correia de. **Contratos de rede e rede de empresas**. Coimbra: Almedina. 2020, p. 171. A referida autora usa as expressões vertical e horizontal. Vejamos:

As redes contratuais hierárquicas são, portanto, marcadas por uma assimetria de poder, que garanta a um dos integrantes da rede uma posição de destaque em relação aos demais, uma vez que este líder detém consideráveis e importantes ativos indispensáveis à rede, tais quais: modelo empresarial consolidado, *know how*, propriedade dos direitos intelectuais, poder econômico (mas não necessariamente) etc., exercendo a sua influência para determinar as políticas econômicas e administrativas sobre os demais e sobre os rumos da rede contratual[278]. Como ressalta Rafael Induzzi Drews, "embora não se esteja diante de um verdadeiro controle societário, observam-se efeitos semelhantes àqueles derivados da hierarquia"[279]. De todo modo, em que pese a existência de um comando centralizado, isso não muda o fato de que seguirá havendo conexões entre os contratos que circundam o líder[280].

Conforme prossegue o autor, essa assimetria pode derivar de diversas fontes formais ou não. Ou seja, pode ser exercida de fato, em função da superioridade tecnológica, econômica etc. (que não é apropriada formalmente) de um de seus membros, ou mesmo pode decorrer de expressa previsão contratual ou mesmo por outros instrumentos de governança[281]. Ademais, essa estrutura é geralmente observada naquelas redes contratuais

---

"Quanto existisse uma entidade com o mencionado poder de coordenação ou conformação – para não utilizar o termo direção – teríamos uma rede vertical. Nas situações em que estivéssemos ante uma relação paritária entre os membros, assume-se a existência de uma rede horizontal".

[278] ASENSIO, Carlos Gómez. A frame for business networks governance. In: JUNG, Stefanie; KREBS, Peter; TEUBNER; Gunther. **Business Networks Reloaded.** Nomos: Baden-Baden, 2015, p. 343-344. O autor prefere usar o termo "hegemônica" e não "hierárquica", uma vez que o termo "hierárquica" deveria ser reservado aos grupos societários de subordinação. No mesmo sentido: MARTINEK, Michael. Networks of contracts and competition law. In: GRUNDMANN, Stefan; CAFAGGI, Fabrizio; VETTORI, Giuseppe (Ed). **The organizational contract: from exchange to long-term network cooperation in European contract law.** New York: Routledge, 2016, p. 164.

[279] DREWS, Rafael Induzzi. **Redes contratuais com função de distribuição.** Tese (Doutorado em Direito). Universidade de São Paulo, São Paulo, 2017, p. 40.

[280] TEUBNER, Gunther. **Networks as connected contracts.** Translated by Michelle Everson. Oxford and Portland: Hart Publishing, 2011, p. 222. *"Thus, the real defining characteristic of hierarchical networks is the fact that they permit the combination of centralised co-ordination with intense mutual operational interconnections".*

[281] DREWS, Rafael Induzzi. **Redes contratuais com função de distribuição.** Tese (Doutorado em Direito). Universidade de São Paulo, São Paulo, 2017, p. 40.

formadas por contratos bilaterais[282] como, por exemplo, nos contratos de franquia e distribuição *stricto sensu* de produtos.

Essa estrutura levanta interessantes questionamentos em relação à validade e à licitude das prerrogativas contratuais conferidas ao líder, "diante de incompletude contratual, do eventual abuso de dependência econômica perpetrado no curso da relação e da existência ou não de deveres fiduciários para o líder"[283].

Já as redes paritárias são aquelas em que, ainda que haja uma assimetria de poder entre os participantes da rede contratual, essa disparidade não chega a ser significativa, já que "a coordenação entre os agentes é obtida por meios mais democráticos, como a instituição de comitês decisórios ou órgãos comuns, em que o peso de participação de cada membro é mais equilibrado, se não igualitário"[284].

As redes contratuais paritárias são geralmente observadas entre empresas do mesmo setor e nível de produção, em estruturas com alto grau de colaboração, por partes desenvolvendo o mesmo projeto, onde os benefícios e a complementariedade são de tal forma necessárias que é difícil distinguir os benefícios de cada parte dos benefícios de toda a rede. Ou seja, essas estruturas são mais observáveis nas redes formadas por contratos plurilaterais para pesquisa e tecnologia para desenvolvimento de novos produtos[285]. As questões mais relevantes são tomadas por consenso e não por maioria, a não ser que o contrato preveja algo distinto[286].

Admite-se, também, que nem todas as redes sejam subsumíveis a uma rede paritária ou hierárquica. Isso porque é possível que existam relações de

---

[282] ASENSIO, Carlos Gómez. A frame for business networks governance. In: JUNG, Stefanie; KREBS, Peter; TEUBNER; Gunther. **Business Networks Reloaded.** Nomos: Baden-Baden, 2015, p. 344.

[283] DREWS, Rafael Induzzi. **Redes contratuais com função de distribuição.** Tese (Doutorado em Direito). Universidade de São Paulo, São Paulo, 2017, p. 40.

[284] DREWS, Rafael Induzzi. **Redes contratuais com função de distribuição.** Tese (Doutorado em Direito). Universidade de São Paulo, São Paulo, 2017, p. 40.

[285] ASENSIO, Carlos Gómez. A frame for business networks governance. In: JUNG, Stefanie; KREBS, Peter; TEUBNER; Gunther. **Business Networks Reloaded.** Nomos: Baden-Baden, 2015, p. 346.

[286] CAFAGGI, Fabrizio. Contractual Networks and the Small Business Act: Towards European Principles? Badia Fiesolana: European University Institute. **EUI Working Paper Law,** n. 15, 2008, p. 20.

paridade entre alguns membros e relações hierárquicas entre outros. Essas seriam, no entender de parte da doutrina, as "redes multidirecionais"[287].

1.8.4. Redes na mesma e em diferentes fases do processo produtivo

De acordo com Fabrizio Cafaggi, no que concerne à cadeia produtiva, as redes contratuais podem ser horizontais ou verticais. A rede será horizontal quando os contratos em rede operarem dentro de uma mesma fase do processo produtivo (apenas na fabricação ou na distribuição de um produto, por exemplo). A tendência, portanto, é que nas redes horizontais seja observado um maior nível de concorrência entre os contratantes. Já as redes verticais são aquelas em que os contratantes se encontram situados em diferentes fases do processo produtivo (exemplo dos fabricantes e dos distribuidores), não concorrendo entre si[288].

Em que pese a classificação proposta por Fabrizio Cafaggi, há que se ressaltar que grande parte da doutrina[289] – com a qual nos filiamos – alude a rede vertical e horizontal com base em outros critérios, quais sejam, a existência ou não de um contratante assumindo o poder de coordenação em relação aos demais; matéria já abordada no tópico 1.8.3, *supra*.

Menos importante do que eventuais discordâncias em relação ao nome dado, os apontamentos de Fabrizio Cafaggi são importantes, visto que este autor observa as redes contratuais em fases distintas do processo produtivo, ressaltando sensíveis diferenças entre elas, principalmente no que concerne ao binômio cooperação vs. competição. Ratificamos as conclusões de Fabrizio Cafaggi nesse tocante e apenas nomeamos essas redes de "redes na mesma fase produtiva" e "redes em diferentes fases produtivas", a fim de evitar desnecessárias confusões terminológicas com outras classificações sugeridas por outros doutrinadores.

---

[287] MIRANDA, Joana Correia de. **Contratos de rede e rede de empresas**. Coimbra: Almedina. 2020, p. 172.
[288] CAFAGGI, Fabrizio. Contractual Networks and the Small Business Act: Towards European Principles? Badia Fiesolana: European University Institute. **EUI Working Paper Law,** n. 15, 2008, p. 06.
[289] MIRANDA, Joana Correia de. **Contratos de rede e rede de empresas**. Coimbra: Almedina. 2020, p. 169-175; LORENZETTI, Ricardo Luis. **Tratado de los Contratos.** Tomo I. 2. ed. ampl. e atual. Santa Fé: Rubinzal – Culzoni, 2004, p. 72-74.

1.8.5. Classificação das redes quanto à finalidade

As redes também podem ser classificadas levando em consideração a sua finalidade. Para tanto, fazemos referência à classificação sugerida por Gunther Teubner[290], que as subdividiu em redes de inovação, redes de fornecimento, redes de produtores, redes de distribuição, redes de clientes e redes de criação de riqueza.

Segundo o autor alemão, as redes de inovação teriam em vista a concepção de tecnologias de *design* e produção e a facilitação da investigação e desenvolvimento. Essas redes não estariam sujeitas a uma cooperação muito clara, mas sim às prioridades políticas e estatais, que são levadas a cabo em relações de longo prazo que não possuem o objetivo de ganho econômico imediato. Em virtude da participação de órgãos políticos – que trazem a sua perspectiva estatal e não de mercado –, problemas de coordenação são geralmente verificáveis. No sistema jurídico brasileiro, podemos fazer referência à Lei 10.973, de 02 de dezembro de 2004[291], bem como ao decreto que a regulamenta (Decreto n. 9.283, de 07 de novembro de 2018[292]).

As redes de fornecimento, por sua vez, seriam hierárquicas, por essência, estabelecendo-se entre empresas e fornecedores de componentes. A produção *just-in-time* seria um exemplo dessa rede, tendo drasticamente reduzido os custos de inventário/estoque, ao mesmo tempo em que trouxe grande dependência aos sistemas de informação. Já as redes de produtores seriam aquelas estabelecidas entre produtores concorrentes, que conjugam as suas capacidades de produção, a fim de maximizar a sua gama de produtos e o seu alcance geográfico.

---

[290] TEUBNER, Gunther. **Networks as connected contracts.** Translated by Michelle Everson. Oxford: Hart Publishing, 2011, p. 98-100.

[291] BRASIL. **Lei nº 10.973, de 02 de dezembro de 2004**. Dispõe sobre incentivos à inovação e à pesquisa científica e tecnológica no ambiente produtivo e dá outras providências. Disponível em: http://www.planalto.gov.br/ccivil_03/_ato2004-2006/2004/lei/l10.973.htm. Acesso em: 07 set. 2021.

[292] BRASIL. **Decreto n. 9.283, de 07 de fevereiro de 2018**. Regulamenta a Lei nº 10.973, de 2 de dezembro de 2004, a Lei nº 13.243, de 11 de janeiro de 2016, o art. 24, § 3º, e o art. 32, § 7º, da Lei nº 8.666, de 21 de junho de 1993, o art. 1º da Lei nº 8.010, de 29 de março de 1990, e o art. 2º, caput, inciso I, alínea "g", da Lei nº 8.032, de 12 de abril de 1990, e altera o Decreto nº 6.759, de 5 de fevereiro de 2009, para estabelecer medidas de incentivo à inovação e à pesquisa científica e tecnológica no ambiente produtivo, com vistas à capacitação tecnológica, ao alcance da autonomia tecnológica e ao desenvolvimento do sistema produtivo nacional e regional. Disponível em: http://www.planalto.gov.br/ccivil_03/_Ato2015-2018/2018/Decreto/D9283.htm. Acesso em: 07 set. 2021.

Segundo Gunther Teubner, as redes de distribuição traduzir-se-iam em relações hierárquicas, que se criam entre os vários elementos da cadeia, desde o produtor até o consumidor final. No entender do doutrinador alemão, um exemplo dessa rede seria a franquia, que teria desenvolvido um eficiente mecanismo de distribuição em comparação aos mecanismos tradicionais de distribuição.

Por fim, as redes de clientes seriam aquelas que incorporam os clientes no processo produtivo e as redes de criação de riqueza as que agregam várias fases produtivas numa empresa quase-integrada por meio de cooperação contratual.

1.9. Figuras afins e distinções relevantes

Ao se debruçar sobre as páginas do presente estudo, o leitor certamente deve ter – e em mais de uma oportunidade – feito associações entre o tema aqui desenvolvido e outras figuras afins. O presente tópico, portanto, tem o objetivo de demonstrar as semelhanças, bem como as diferenças (quando existentes) entre algumas figuras afins, de modo a facilitar a compressão (por meio da diferenciação) das redes contratuais.

1.9.1. Cadeias contratuais

É comum observarmos na doutrina uma tentativa de diferenciar as redes contratuais das cadeias contratuais. Como ressalta Marcelo Polo, a cadeia contratual é uma ordenação de contratos sucessivos, na qual é possível ser percebida uma dependência do contrato posterior em relação ao anterior. Assim sendo, a cadeia apresenta-se com uma estrutura de concatenação verticalizada[293]. Como exemplo, podemos mencionar as cadeias translativas

---

[293] POLO, Marcelo. **Os contratos de distribuição em rede:** análise da discriminação de preço entre os distribuidores. Curitiba: Blanche, 2013, v. 1, p. 225. No mesmo sentido: LORENZETTI, Ricardo Luis. **Tratado de los Contratos.** Tomo I. 2. ed. ampl. e atual. Santa Fé: Rubinzal – Culzoni, 2004, p. 43: *"La cadena es el enlazamiento de un miembro inicial, otros intermediarios, y uno final que se relaciona con el adquirente. La cadena es lineal, vertical, según algunos autores. Lo característico es que se advierte em ella una sucesión temporal de actos jurídicos, de uno al otro y así sucesivamente"*. Ver também: WOLF, Manfred. The protection of contractual networks against interference by third parties. In: AMSTUTZ, Marc; TEUBNER, Gunther. (Eds.). **Networks:** legal issues of multilateral co-operation. Bloomsbury Publishing, 2009, p. 226. *"The characteristic of such a chain contract is that one contract is put behind the other and the antecedent contract must be performed in order for the successive contract to be implemented"*.

de bens, por uma sucessão de contratos de compra e venda[294], ou mesmo o contrato de distribuição de um determinado bem[295].

No caso das redes contratuais, contudo, conforme já demonstrado, verifica-se não apenas uma concatenação verticalizada, mas também uma horizontalizada, em que, em um mesmo plano de contratação (entre o fornecedor e os agentes de distribuição, por exemplo), surgem diversos outros contratos laterais, como no caso do contrato celebrado entre franqueador e franqueados[296].

Em que pese a diferenciação acima abordada, entendemos que, estando preenchidos os requisitos, a cadeia de contratos poderá ser caracterizada como uma rede contratual. Isso porque, como já abordado no tópico 1.8.1, *supra*, a cadeia de contratos (se caracterizada como rede contratual) não passa de uma forma de rede, não havendo qualquer influência em seu tratamento legal[297]. Em outras palavras, a cadeia contratual espelha um dos diversos formatos de rede contratual que são verificados na prática.

1.9.2. Contratos mistos

Uma das diferenciações mais usuais quando se estuda o fenômeno das redes contratuais diz respeito àquela que procura estabelecer a distinção com os contratos mistos[298] que, como reconhecido por Antunes Varela,

---

[294] KONDER, Carlos Nelson. **Contratos Conexos:** grupos de contratos, redes contratuais e contratos coligados. Rio de Janeiro: Renovar, 2006, p. 100.

[295] BASSANI, Matheus Linck; SANTOS, Ceres Linck dos. Tratamento jurídico de negócios jurídicos inválidos, ineficazes e descumpridos por empresas coligadas. **Revista de Direito Recuperacional e Empresa**, v. 9, jul./set. 2018, p. 3. No mesmo sentido: WELLENHOFER, Marina. Third Party Effects of Bilateral Contracts within the Network. In: AMSTUTZ, Marc; TEUBNER, Gunther (Eds.). **Networks:** legal issues of multilateral co-operation. Bloomsbury Publishing, 2009, p. 119-136.

[296] POLO, Marcelo. **Os contratos de distribuição em rede:** análise da discriminação de preço entre os distribuidores. Curitiba: Blanche, 2013, v. 1, p. 225.

[297] GRUNDMANN, Stefan. Contractual networks in German private law. In: CAFAGGI, Fabrizio (Ed.). **Contractual networks, inter-firm cooperation and economic growth.** Cheltenham Glos: Edward Elgar, 2011, p. 111. *"The term 'network of contracts' is used in the following for all such combinations of contracts irrespective of whether it is in form of stars, chains, triangles or circles (see below 1.2), because, as explained below, the form does not really influence the legal treatment"*.

[298] Rodrigo Xavier Leonardo menciona que a terminologia "contratos mistos", "mesclados" ou "complexos" é amplamente discutida, com certo favorecimento pela expressão contratos mistos, que é a utilizada pelo autor em sua obra. Ver: LEONARDO, Rodrigo Xavier. **Redes Contratuais no mercado habitacional.** São Paulo: Revista dos Tribunais, 2003, p. 97. Em que

estariam insertos (como espécie) dentro da vasta categoria do gênero contratos atípicos[299], juntamente com os contratos atípicos em sentido estrito. Esse também é o entendimento de António Menezes Cordeiro[300].

Na base da discussão, como afirma Pedro Pais de Vasconcelos, está a distinção entre unidade e pluralidade negocial. Enquanto a existência de mais de um negócio – embora ligados entre si – é elemento essencial para a conexão contratual, nos contratos mistos, a união de elementos de vários contratos estará reunida em um único negócio jurídico[301].

Na linha do que expõe a doutrina brasileira, o contrato misto resulta da combinação de elementos de diferentes contratos típicos, resultando em uma nova espécie contratual (um contrato unitário) – com unidade de causa, que não se encontra esquematizada em lei[302]. O que importa nos

pese Rodrigo Xavier Leonardo não chegue a afirmar, expressamente, que as expressões sejam sinônimas, parece ter sido essa a intenção do autor ao trazer as diferentes expressões. Como contrapartida a isso, ver: MARINO, Francisco Paulo De Crescenzo. **Contratos coligados no direito brasileiro.** São Paulo: Saraiva, 2009, p. 110-111. Francisco Paulo De Crescenzo Marino ressalta haver uma diferenciação entre as expressões contratos mistos e contratos complexos. Segundo Marino: "Afigura-se possível, à luz dessas observações, distinguir contrato misto de contrato complexo. Enquanto o contrato complexo pode sê-lo do ponto de vista subjetivo (ao menos uma das partes é subjetivamente complexa), volitivo (ao menos uma das partes realiza diversas manifestações de vontade) ou objetivo (ao menos uma das partes efetua diversas prestações, ou as prestações das partes correspondem a tipos contratuais distintos), o contrato misto diz respeito, por um lado, somente à complexidade objetiva e, por outro, a uma hipótese específica de complexidade objetiva, na qual as prestações das partes aludem a tipos contratuais distinto".
[299] VARELA, João de Matos Antunes. **Das obrigações em geral.** 10. ed. rev. e actual. Coimbra: Almedina, 2000, v. I, p. 279. No mesmo sentido: AZEVEDO, Álvaro Villaça. **Contratos inominados atípicos.** São Paulo: Bushatsky, 1975, p. 99, para quem o contrato misto seria um *tertium genus* entre contratos atípicos e típicos. Entende o autor, então, que os contratos mistos seriam uma espécie de contratos inominados (classificados como contratos inominados mistos).
[300] CORDEIRO, António Menezes. **Tratado de direito civil.** 7. ed. Coimbra: Almedina, 2014, p. 209. O autor ressalta que o contrato misto seria aquele que envolveria regras próprias de um tipo contratual e regras que lhes são estranhas (seja por pertencerem a outro tipo, seja por não pertencerem a qualquer um), ao passo que os contratos atípicos em sentido estrito seriam aqueles que nada tem a ver com qualquer tipo legal.
[301] VASCONCELOS, Pedro Pais de. **Contratos atípicos.** 2. ed. Coimbra: Almedina, 2009, p. 218-226. No mesmo sentido: KONDER, Carlos Nelson. **Contratos Conexos:** grupos de contratos, redes contratuais e contratos coligados. Rio de Janeiro: Renovar, 2006, p. 149.
[302] GOMES, Orlando. **Contratos.** 27. ed. rev. e atual. por Edvaldo Brito e Reginalda Paranhos de Brito. Rio de Janeiro: Forense, 2019, p. 100. No mesmo sentido: PENTEADO, Luciano de

contratos mistos é que "o conteúdo contratual seja formado por elementos típicos de vários contratos"[303]. A doutrina também se ocupou de estudar as categorizações desse tipo contratual[304].

O entendimento doutrinário em relação ao conceito de contratos mistos é, na realidade, baseado na construção teórica formulada por Ludwig Enneccerus e Heinrich Lehmann, por meio da qual os autores alemães explicam que o contrato misto é o contrato unitário, cujos elementos essenciais são regulados, em tudo ou em parte, por disposições relativas a diversas espécies típicas de contratos[305]. Karl Larenz também apresenta o mesmo entendimento[306].

Camargo. Redes contratuais e contratos coligados. In: HIRONAKA, Giselda Maria fernandes Novaes; TARTUCE, Flávio (Coord.). **Direito contratual: temas atuais.** São Paulo: Método, 2007, p. 471.

[303] MARINO, Francisco Paulo De Crescenzo. **Contratos coligados no direito brasileiro.** São Paulo: Saraiva, 2009, p. 112.

[304] De um modo geral, entende-se que há três espécies de contratos mistos: *(i)* contratos combinados; *(ii)* contratos acoplados ou de tipo duplo; e os *(iii)* contratos mistos em sentido estrito. Por não ser o escopo central do estudo os contratos mistos, remete-se o leitor a alguns doutrinadores, de modo a obter maiores explicações sobre essa classificação. Ver: VARELA, João de Matos Antunes. **Das obrigações em geral.** 10. ed. rev. e actual. Coimbra: Almedina, 2000, v. I, p. 286-287; COSTA, Mário Júlio de Almeida. **Direito das obrigações.** 12. ed. rev. e atual. Coimbra: Almedina, 2009, p. 374. Salienta-se, contudo, que na obra Tratado de Direito Civil, de Enneccerus, Kipp e Wolff, há referência ainda a uma 4ª espécie, os chamados contratos típicos com prestações subordinadas de outra espécie. Contudo, a doutrina não parece ter aceitado essa 4ª espécie, conforme entendimento de Orlando Gomes, Rodrigo Xavier Leonardo e António Menezes Cordeiro. Ver: GOMES, Orlando. **Contratos.** 27. ed. rev. e atual. por Edvaldo Brito e Reginalda Paranhos de Brito. Rio de Janeiro: Forense, 2019, p. 102; LEONARDO, Rodrigo Xavier. **Redes Contratuais no mercado habitacional.** São Paulo: Revista dos Tribunais, 2003, p. 103; CORDEIRO, António Menezes. **Tratado de direito civil.** 7. ed. Coimbra: Almedina, 2014, p. 212. João de Matos Antunes Varela e Mário Júlio de Almeida Costa não chegam a comentar essa 4ª suposta subespécie. Ressalta-se, ainda, que Rodrigo Xavier Leonardo também discorda que a 3ª espécie seja, de fato, contrato misto.

[305] ENNECCERUS, Ludwig; LEHMANN, Heinrich. Derecho de obligaciones. In: ENNECCERUS, Ludwig; KIPP; Theodor; WOLF, Martin. **Tratado de derecho civil.** Tradução de Blas Perez Gonzales e Jose Alguer e atualizado por Eduardo Valenti Fiol. 3. ed. Doctrina Especial. Primeira Parte. Barcelona: Bosch, 1966, v. 2, p. 9.

[306] LARENZ, Karl. **Lehrbuch des Schuldrechts.** Zweiter Band. Besonderer Teil. München und Berlin: C. H. Beck´sche Verlagsbuchhandlung, 1956, p. 4. *"Die Warnung vor einer schematischen Anwendung der gesetzlichen Regelung ist besonders da am Platz, wo der konkrete Vertrag Elemente enthält, die, jedes für sich genommen, einem anderem Vertargstypus zugehören, in dem konkreten Vertrage aber so miteinanderer verbunden sind, dass dieser nach dem Willen der Parteien ein einheitliches Ganze bildet. Man spricht hier vor „gemischten", besser von gemischten Verträgen".*

Jorge Mosset Iturraspe traz então um critério simples de diferenciação: se houver um contrato único, será contrato misto; se houver uma reunião de contratos, estaremos no campo da conexão contratual[307]. Nos contratos mistos, então, ao invés de justaposição de contratos, verifica-se a fusão deles[308], com o surgimento de uma nova causa – a causa mista[309].

De todo modo, como ressalta Antunes Varela, em que pese o contrato misto esteja disposto em um único negócio jurídico, ele não pode ser confundido com o que ele chamou de simples "junção de contratos", tendo em vista o fato de que, na "junção de contratos", o que se verifica é um vínculo puramente exterior ou acidental, resultando por vezes do simples fato de os negócios jurídicos terem sido celebrados ao mesmo tempo (entre as mesmas partes) ou de constarem no mesmo instrumento[310].

Retornando à diferenciação entre contratos mistos e conexos, Jorge Mosset Iturraspe leciona que a grande problemática dos contratos mistos diz respeito àquela que procura buscar, frente à atipicidade e à semelhança, qual a regra que deve ser aplicada àquele negócio jurídico que é único. No caso dos contratos conexos, prossegue o referido autor, a questão central seria outra, qual seja: o nexo funcional que lhe serve de base e as consequências jurídicas[311].

Para lidar com a problemática dos contratos mistos – conforme afirmado no parágrafo acima –, algumas teorias foram desenvolvidas. A primeira delas foi a *teoria da absorção*, segundo a qual se procura descobrir dentre as diversas prestações no contrato misto, aquela que prepondera dentro da

---

[307] ITURRASPE, Jorge Mosset. **Contratos conexos:** grupos y redes de contratos. Buenos Aires: Rubinzal-Culzoni Editores, 1999, p. 45.

[308] LÔBO, Paulo Luiz Netto. **Direito Civil.** Contratos. 4. ed. São Paulo: Saraiva, 2018, v. 3, p. 107.

[309] LEONARDO, Rodrigo Xavier. **Redes Contratuais no mercado habitacional.** São Paulo: Revista dos Tribunais, 2003, p. 103.

[310] VARELA, João de Matos Antunes. **Das obrigações em geral.** 10. ed. rev. e actual. Coimbra: Almedina, 2000, v. I, p. 281-282. Para exemplificar a junção de contratos, o autor traz os seguintes exemplos: "A compra um relógio e manda consertar um outro ao mesmo relojoeiro. Certa empresa encomenda um projeto moroso a determinados arquitectos, ao mesmo tempo que lhes arrenda as instalações onde eles vão trabalhar. O dono de uma fábrica contrata um técnico para a realização de certa tarefa, comprando-lhe ao mesmo tempo o direito de utilizar certas patentes de sua invenção". Afirma, então, o autor que, nos casos de "junção de contratos", como os contratos não apenas são distintos, mas também autônomos, aplica-se a cada um deles o regime que lhe próprio.

[311] ITURRASPE, Jorge Mosset. **Contratos conexos:** grupos y redes de contratos. Buenos Aires: Rubinzal-Culzoni Editores, 1999, p. 45.

economia da transação. Assim, definir-se-ia uma prestação principal, sendo que o regime dessa seria aplicado ao contrato misto. Em outras palavras, o tipo contratual preponderante absorveria os demais tanto na qualificação como na disciplina do negócio[312].

Todavia, como explica Carlos Nelson Konder, por vezes não é possível apreender o elemento preponderante de um contrato misto e, mesmo nos que há tal elemento, é possível questionar-se sobre a desconsideração dos elementos das demais prestações. Em virtude disso, surgiu uma segunda teoria, chamada de teoria da combinação[313]. De acordo com essa teoria, deve-se decompor o contrato em tantas quantas sejam as prestações pertinentes aos contratos que se encontram mesclados, aplicando o regramento que é próprio de cada uma dessas prestações[314]. O problema é que ao se aplicar tal teoria, sacrifica-se a unidade orgânica e funcional do contrato[315].

Haveria ainda uma terceira teoria, a chamada *teoria da aplicação analógica*, a qual considera os contratos mistos como espécies omissas na lei, sendo necessário, portanto, apelar para o poder de colmatação de lacunas do negócio, que é atribuído ao julgador. Contudo, como ressalta Carlos Nelson Konder, essa teoria aplicaria os mesmos critérios de analogia utilizados para os contratos atípicos de maneira geral, conduzindo à negação da autonomia conceitual dos contratos mistos em relação aos contratos atípicos[316].

Com base no quanto exposto, entendemos que contratos mistos e redes contratuais sequer podem ser considerados institutos similares[317]. Suas diferenças são perceptíveis por diversos motivos. A primeira delas se encon-

---

[312] VARELA, João de Matos Antunes. **Das obrigações em geral.** 10. ed. rev. e actual. Coimbra: Almedina, 2000, v. I, p. 287-288.

[313] KONDER, Carlos Nelson. **Contratos Conexos:** grupos de contratos, redes contratuais e contratos coligados. Rio de Janeiro: Renovar, 2006, p. 156.

[314] LEONARDO, Rodrigo Xavier. **Redes Contratuais no mercado habitacional.** São Paulo: Revista dos Tribunais, 2003, p. 110.

[315] KONDER, Carlos Nelson. **Contratos Conexos:** grupos de contratos, redes contratuais e contratos coligados. Rio de Janeiro: Renovar, 2006, p. 156.

[316] KONDER, Carlos Nelson. **Contratos Conexos:** grupos de contratos, redes contratuais e contratos coligados. Rio de Janeiro: Renovar, 2006, p. 156.

[317] Apesar de entendermos que redes contratuais e contratos mistos são figuras absolutamente distintas (por diversas razões), julgamos necessário apresentar essa diferenciação neste tópico, tendo em vista o fato de que, por vezes, observou-se na jurisprudência brasileira a prolação de acórdãos trazendo os conceitos nas mesmas razões de decidir. Em que pese esses julgados não tenham apresentado os dois conceitos como sinônimos (o que seria absolutamente equivocado, se tivesse ocorrido), eles foram tratados nas mesmas razões de decidir, podendo gerar alguma

tra na pluralidade de negócios jurídicos nas redes contratuais, ao contrário dos contratos mistos. A segunda delas se encontra na causa: enquanto os contratos mistos possuem apenas uma causa do negócio, as redes contratuais possuem tantas causas quanto o número de contratos celebrados, havendo ainda o surgimento de uma causa sistemática em função da existência da rede contratual. A terceira diferença permite que surja, nos contratos mistos, novos contratos com base nos contratos anteriormente tipificados. Isso não se observa nas redes contratuais.

1.9.3. Contratos bilaterais de longa duração e sociedades

Como afirma Rafael Induzzi Drews, as redes contratuais são mais do que um mero conjunto de contratos bilaterais; não são, por outro lado, uma organização societária[318]. Diferem dos contratos bilaterais de longa duração, tendo em vista o alto grau de interdependência das redes, que frequentemente requerem algum sistema de governança[319]. Isso não é observado nos contratos bilaterais de longa duração; ao menos não com a mesma intensidade[320]. É por isso que se afirma que as redes contratuais não são uma simples justaposição de contratos bilaterais. É necessário haver um entrelaçamento das relações[321].

---

confusão. Justamente por isso, decidimos apresentar a diferenciação entre um conceito e outro.

[318] DREWS, Rafael Induzzi. **Redes contratuais com função de distribuição**. Tese (Doutorado em Direito). Universidade de São Paulo, São Paulo, 2017, p. 60.

[319] CAFAGGI, Fabrizio. Contractual Networks and the Small Business Act: Towards European Principles? Badia Fiesolana: European University Institute. **EUI Working Paper Law**, n. 15, 2008, p. 9.

[320] De todo modo, nos contratos bilaterais de longa duração haverá também interdependência e necessidade de cooperação. Como explica Mireia Artigot i Golobardes e Fernando Gómez Pomar, qualquer relação contratual requer algum nível de cooperação – mesmo as de execução instantânea. Nesse sentido, os referidos autores, versando sobre os contratos de longa duração (e não sobre redes contratuais), explicam que a cooperação é fundamental, especialmente porque a característica dessa forma de contratação é pautada em três fundamentos: (i) existência de investimentos específicos; (ii) inerente incompletude dos contratos; e (iii) complexidade em lidar com questões como o inadimplemento contratual. Ver: GOLOBARDES, Mireia Artigot i; POMAR, Fernando Gómez. Dissecting Long-Term Contracts: A Law and Economics Approach. In: GRUNDMANN, Stefan; CAFAGGI, Fabrizio; VETTORI, Giuseppe (Ed). **The organizational contract: from exchange to long-term network cooperation in European contract law**. New York: Routledge, 2016, p. 39-74.

[321] FERRIER, Didier. La considération juridique du réseau. In: **Mélanges en l'honneur de Christian Mouly** [publié par le Centre du Droit de l'Entreprise]. Paris: Litec, 1998, v. 2, p. 95-113; p. 97.

A diferenciação entre sociedades e redes contratuais também não parece muito difícil de ser observada na prática. Embora se assemelhem em alguns pontos[322], as redes e sociedades exprimem realidades bem distintas. Como afirma Rafael Induzzi Drews, essa distinção recai muito "sobre a tensão entre interesses individuais e comuns, entre unidade e pluralidade, que marcam as redes"[323], mas não as sociedades.

Isso porque, ao contrário das redes contratuais, as sociedades possuem um fim comum societário que é supraindividual ao interesse dos sócios, prevalecendo sobre interesses particulares fora da sociedade[324]. Já as redes contratuais possuem um fim comum (que não se identifica com o fim societário), e os membros mantêm a sua individualidade, não havendo coincidência total de interesses, nem repartição conjunta dos benefícios e perdas, tal qual observado nas sociedades.

Outro ponto de diferença diz respeito ao fato de que as sociedades constituem, na grande maioria dos casos[325], uma nova personalidade jurídica[326], com agrupamento de recursos e tomada de decisões conjuntas,

---

[322] Hugh Collins resume alguns desses pontos que aproximam as redes contratuais das sociedades. De todo modo, o autor lembra que apesar as semelhanças, são conceitos absolutamente distintos: *"(1) Networks features that resemble an organisation: (a) multi-party arrangements, though without a comprehensive network of bilateral contracts between all the parties; (b) intensive co-operation between the parties, which is often achieved by hierarchical administrative or governance systems authorised in bilateral contracts and facilitated by computerised sharing of information and monitoring; (c) economic interdependence and mutual learning between the businesses, even those not connected to each other through explicit bilateral contracts; (d) a long-term stable relationship between the parties; (e) economic efficiency and productive success requires intensive co-operation, flexible adaptation to sharing conditions, and relies upon higher levels of trust than is characteristic of ordinary market transactions; (f) the independent businesses share a common purpose in the success of the overall co-ordinated activity, not just in maximising their own separable residual profits, because in the long term the value of each business depends on and will be maximised by the success of the production operation as a whole"*. COLLINS, Hugh. Introduction to networks as connected contracts. In: TEUBNER, Gunther. **Networks as connected contracts.** Translated by Michelle Everson. Oxford: Hart Publishing, 2011, p. 11.

[323] DREWS, Rafael Induzzi. **Redes contratuais com função de distribuição.** Tese (Doutorado em Direito). Universidade de São Paulo, São Paulo, 2017, p. 96.

[324] DREWS, Rafael Induzzi. **Redes contratuais com função de distribuição.** Tese (Doutorado em Direito). Universidade de São Paulo, São Paulo, 2017, p. 97.

[325] Exceção que é feita, por exemplo, às sociedades não personificadas, como a sociedade em comum e a sociedade em conta de participação (arts.986/996 CC).

[326] CAFAGGI, Fabrizio. Contractual networks and contract theory: a research agenda for European contract law. In: CAFAGGI, Fabrizio. **Contractual networks, inter-firm cooperation and economic growth.** Cheltenham Glos: Edward Elgar, 2011, p. 66.

não se adequando ao que se observa nas redes contratuais[327]. Ao criar uma personalidade jurídica, a sociedade passa a ser titular de direitos e obrigações[328], com caixa individual e separado de cada um, bem como com tomada de decisões que podem ser impostas pelo líder ou pelos seus próprios membros[329].

Nas redes contratuais, todavia, não se verifica a criação de uma nova personalidade jurídica (*i.e.* os contratos que se encontram em rede são legalmente independentes), sendo que, quando essa rede contratual entra em negociação com terceiros, ela terá de se valer de arranjos contratuais – como o mandato, por exemplo – para viabilizar a celebração de contratos em seu nome[330].

---

[327] TEUBNER, Gunther. Coincidencia Oppositorum: Hybrid Networks Beyond Contract and Organisation. In: AMSTUTZ, Marc; TEUBNER, Gunther (Eds.). **Networks:** legal issues of multilateral co-operation. Bloomsbury Publishing, 2009, p. 14, para quem: "*company law is inappropriate for market networks, since the pooling of resources and joint decision-making do not suit the decentralized network structures*". No mesmo sentido: AEDTNER, Katja; TEUBNER, Gunther. Virtual enterprises: liability problems in one- and multi-level networks. In: JUNG, Stefanie; KREBS, Peter; TEUBNER, Gunther. **Business networks reloaded.** Baden-Baden: Nomos, 2015, p. 383, para quem: "*Entering such a network cannot be compared to joining a corporation, which means concluding a contract with the whole corporate entity*".

[328] COLLINS, Hugh. Introduction to networks as connected contracts. In: TEUBNER, Gunther. **Networks as connected contracts.** Translated by Michelle Everson. Oxford: Hart Publishing, 2011, p. 9.

[329] Peter Krebs, Katja Aedtner e Marion Schultes compartilham desse entendimento e concluem da seguinte maneira: "a corporate group cannot be, generally speaking, a company network. Corporate group companies can, however, be part of the network outside of the group". Ver: KREBS, Peter; AEDTNER, Katja; SCHULTES, Marion. Company networks reloaded – putting a general functional approach to defining complex problems to the test. In: JUNG, Stefanie; KREBS, Peter; TEUBNER, Gunther. **Business networks reloaded.** Baden-Baden: Nomos, 2015, p. 69.

[330] CAFAGGI, Fabrizio. Contractual Networks and the Small Business Act: Towards European Principles? Badia Fiesolana: European University Institute. **EUI Working Paper Law,** n. 15, 2008, p. 9-10, para quem: "*Contractual networks also differ from companies because they do not constitute a separate legal entity. Thus, when they enter into contractual relationship with third parties they must use contractual arrangements, such as agency or mandate, to enable conclusion of contracts by a representative, acting on behalf of the network. This 'external dimension' is also related to asset-partitioning and creditors rights. The literature on asset-partitioning has showed quite clearly that there is a continuum between contracts and organisations, but differences in the two polar models are significant. Generally, the member of the contractual network are fully liable for obligations undertaken by the network. Different devices for shielding their assets and separating them form that of the network can be used*". Antonio Pedro Garcia de Souza também explica essas similitudes e diferenças. "Por

1.9.4. Contratos plurilaterais

Assim como nas redes contratuais, os contratos plurilaterais contam com duas ou mais partes – dois ou mais centros de interesses – que se encontram reunidos com uma finalidade comum[331]. No entender de Tullio Ascarelli[332], costuma-se afirmar que o contrato plurilateral é um contrato de organização, em oposição ao contrato de permuta, na medida em que inexiste uma relação sinalagmática estrita entre as prestações, mas sim uma união de interesses na busca de um ideal comum.

A diferença entre as redes contratuais e o contrato plurilateral reside, fundamentalmente, na impossibilidade de considerar que os membros da rede tenham firmado um único contrato, com direitos e deveres iguais a todos. Nesse sentido é o posicionamento de Carlos Nelson Konder, quando afirma que o contrato plurilateral se assemelha ao de redes contratuais, mas deles se afasta, tendo em vista que "a causa sistemática não se concretizaria a partir de um único negócio jurídico nem os deveres sistemáticos por ela gerados seriam decorrentes da existência de um único contrato"[333].

Isso não muda o fato de que a rede contratual pode ser formada por contratos plurilaterais – assim como é por contratos bilaterais (conforme já demonstrado no tópico 1.8.2, *supra*). Essa realidade apenas demonstra a dimensão coletiva das redes contratuais. Todavia, disso não resulta a possibilidade de considerarmos a rede contratual como um único contrato

---

um lado, a organização dos contratos em rede assemelha-se à dos contratos de sociedades, pois, em ambos os casos, em maior ou menor escala, constatam-se: (i) pluralidade de partes; (ii) necessidade de intensa cooperação entre os agentes; (iii) governança por parte do agente dotado de maior poder; (iv) interdependência econômica e troca de informações entre os participantes; (v) relações estáveis; (vi) eficiência e produtividade econômica decorrente de intensa cooperação; (vii) propósito comum dos participantes e interesse comum no sucesso global da operação. Por outro lado, contratos em rede distinguem-se de contratos em sociedade, assemelhando-se a meras contratações bilaterais, porque cada participante (i) preserva personalidade jurídica própria; (ii) possui patrimônio próprio; (iii) detém autonomia para gerir internamente seu negócio; (iv) percebe lucros individualizados; (v) arca com risco e áleas individuais; e (vi) mantém com os demais participantes relações interdependentes". SOUZA, Antonio Pedro Garcia de. **Redes empresariais: a distribuição de bens e serviços e o seu propósito comum**. São Paulo: Quartier Latin, 2021. p. 22-23.

[331] KONDER, Carlos Nelson. **Contratos Conexos:** grupos de contratos, redes contratuais e contratos coligados. Rio de Janeiro: Renovar, 2006, p. 174-175.

[332] ASCARELLI, Tullio. **Problemas das sociedades anônimas e direito comparado.** 2. ed. Rio de Janeiro: Saraiva, 1969, p. 292.

[333] KONDER, Carlos Nelson. **Contratos Conexos:** grupos de contratos, redes contratuais e contratos coligados. Rio de Janeiro: Renovar, 2006, p. 177.

plurilateral. Ou seja, os contratos plurilaterais – assim como os contratos bilaterais e as sociedades acima estudadas – não constituem institutos fronteiriços às redes contratuais, mas sim potenciais fontes delas.

1.9.5. Grupos de sociedades: de fato e de direito

Pode-se também indagar se os grupos de sociedades comerciais (sejam eles de fato ou de direito) seriam qualificáveis como redes contratuais. Parece-nos que a resposta é negativa para ambas as situações, em que pese a existência de inegáveis pontos em comum.

Como já restou demonstrado nessa obra, independentemente da definição que vem sendo proposta pela doutrina, jurisprudência e pela lei, a noção de rede tem sua gênese na tensão entre competição e cooperação, entre mercado e hierarquia. Ou seja, não é coincidente com qualquer um desses polos, acolhendo, no entanto, notas de cada um deles.

Os grupos de sociedades de fato, por sua própria natureza, não recebem tratamento legislativo expresso, sendo que a eles se aplicam as regras gerais de controle e coligação societária, tais quais dispostas no Capítulo XX da Lei n. 6404, de 15.12.1976[334]. Tais grupos são integrados por meio de participação acionária[335], sem que haja entre eles uma convenção de grupo formalizada. As relações jurídicas mantidas entre as sociedades devem ser fundamentadas nos princípios e regras que regem as companhias isoladamente consideradas[336].

Sobre esse ponto, Joana Correia de Miranda lembra que as redes "não pressupõem qualquer relação de participação societária entre as entidades envolvidas"[337], nada impedindo, é claro, que essa participação seja observada no caso concreto. Aqui, parece-nos residir uma distinção facilmente aferível entre redes contratuais e grupos de sociedade de fato[338].

---

[334] LUCENA, José Waldecy. **Das sociedades anônimas** – comentários à lei (arts. 189 a 300). Volume 3. Rio de Janeiro: Renovar, 2012, p. 1000.

[335] LAMY FILHO, Alfredo; PEDREIRA, José Luiz Bulhões. **A lei das S.A.** Volume I. 3ª Ed. Rio de Janeiro: Renovar, 1997, p. 70. "O conjunto formado por duas ou mais sociedades interligadas por relações de participação constitui uma estrutura de sociedades, que é hierarquizada – e referida com o "grupo de sociedades" – quando as relações são de controle".

[336] EIZIRIK, Nelson. **A lei das S/A Comentada**. Volume III. São Paulo: Quartier Latin. 2011, p. 515-516.

[337] MIRANDA, Joana Correia de. **Contratos de rede e rede de empresas**. Coimbra: Almedina. 2020, p. 148.

[338] Ressaltamos que essa diferenciação também é observável nos grupos de sociedade de direito, na medida em que neles a controladora participará do capital da controlada, mas

As diferenças também são sentidas quando analisada a cooperação em cada uma delas. Nelson Eizirik lembra que nos grupos de sociedades de fato as relações entre seus integrantes devem ocorrer em bases equitativas, "como seriam as relações entre companhias distintas, sem favorecimento entre acionista controlador e sua controlada"[339]. Isso afasta os grupos de fato da noção de rede aqui apresentada, já que esta tem na cooperação uma de suas características mais acentuadas.

As discrepâncias também são observadas nos grupos de sociedades de direito. Nosso ordenamento jurídico expressamente regula o grupo de sociedades de direito (artigos 265 a 277 da Lei n. 6404, de 15.12.1976[340]) que se caracteriza, fundamentalmente, pela existência de uma convenção aprovada pelas sociedades participantes, sendo necessário o arquivamento dessa convenção no Registro de Comércio. O vínculo, portanto, é de natureza obrigacional, pelo qual os participantes se obrigam a combinar recursos ou esforços para a realização dos objetivos do grupo, ou a participar de empreendimentos e atividades comuns[341], estando submetidos a um controle comum[342].

Sobre este ponto, a diferença entre os grupos de sociedade de direito com as redes contratuais também é de fácil observação, uma vez que inexiste qualquer obrigação (como de arquivamento de uma convenção no Registro de Comércio) para que uma rede contratual seja formada. Pelo contrário, isso desnaturaria a rede contratual.

Outras distinções podem ser sentidas quando analisamos a autonomia e independência, que não estão presentes nos grupos de sociedades (seja

---

não oposto, em função da vedação à participação recíproca, nos termos do art. 244 da Lei n. 6404, de 15.12.1976.

[339] EIZIRIK, Nelson. **A lei das S/A Comentada**. Volume III. São Paulo: Quartier Latin. 2011, p. 517.

[340] BRASIL. **Lei n. 6.404, de 15 de dezembro de 1976.** Dispõe sobre as Sociedades dos Ações. Disponível em: http://www.planalto.gov.br/ccivil_03/leis/l6404compilada.htm#:~:text=LEI%20No%206.404%2C%20DE%2015%20DE%20DEZEMBRO%20DE%201976.&text=Disp%C3%B5e%20sobre%20as%20Sociedades%20por%20A%C3%A7%C3%B5es.&text=Art.,das%20a%C3%A7%C3%B5es%20subscritas%20ou%20adquiridas. Acesso em: 06 out. 2021.

[341] EIZIRIK, Nelson. **A lei das S/A Comentada**. Volume III. São Paulo: Quartier Latin. 2011, p. 519.

[342] LUCENA, José Waldecy. **Das sociedades anônimas** – comentários à lei (arts. 189 a 300). Volume 3. Rio de Janeiro: Renovar, 2012, p. 1002.

nas de fato ou nas de direito), ao menos não na mesma intensidade que são observados nas redes contratuais. Os grupos de sociedades caracterizam-se por subordinação a um controle comum e possuem evidente rigidez quanto à desvinculação de seus integrantes. Todavia, nas redes contratuais, apesar de poderem ter regras quanto à subordinação, adesão e saída de seus integrantes, a desvinculação tende a ser aceita – até por inexistir vínculo societário –, traduzindo-se em uma relativa flexibilidade conferida aos integrantes da rede[343].

Adicionalmente, nos grupos de sociedade encontra-se evidente uma direção unitária, a qual tem por consequência a limitação da autonomia das sociedades integrantes do grupo. Nas redes contratuais, por sua vez, ainda que possa existir certa desigualdade na distribuição do poder, os poderes atribuídos ao líder da rede (quando existente) "são ao nível de coordenação, sendo característica das redes a salvaguarda da autonomia e independência das entidades que integram a rede"[344].

Sobre a cooperação, parece-nos que há semelhanças entre os grupos de direito e as redes contratuais. A doutrina nacional assevera – até por própria disposição legal do *caput* do artigo 265 da Lei n. 6404, de 15.12.1976[345] que o grupo de sociedades possui objeto próprio, refletido no interesse geral do grupo, sendo que esse interesse se sobrepõe aos respectivos interesses das sociedades participantes[346]. O mesmo pode ser observado nas redes contratuais.

---

[343] MIRANDA, Joana Correia de. **Contratos de rede e rede de empresas.** Coimbra: Almedina. 2020, p. 150.
[344] MIRANDA, Joana Correia de. **Contratos de rede e rede de empresas.** Coimbra: Almedina. 2020, p. 153-154.
[345] "Art. 265. A sociedade controladora e suas controladas podem constituir, nos termos deste Capítulo, grupo de sociedades, mediante convenção pela qual se obriguem a combinar recursos ou esforços para a realização dos respectivos objetos, ou a participar de atividades ou empreendimentos comuns". BRASIL. **Lei n. 6.404, de 15 de dezembro de 1976.** Dispõe sobre as Sociedades dos Ações. Disponível em: http://www.planalto.gov.br/ccivil_03/leis/l6404compilada.htm#:~:text=LEI%20No%206.404%2C%20DE%2015%20DE%20DEZEMBRO%20DE%201976.&text=Disp%C3%B5e%20sobre%20as%20Sociedades%20por%20A%C3%A7%C3%B5es.&text=Art.,das%20a%C3%A7%C3%B5es%20subscritas%20ou%20adquiridas. Acesso em: 06 out. 2021.
[346] "Assim, o grupo de sociedades possui objeto próprio, consubstanciado na promoção do interesse geral do grupo, o qual se sobrepõe aos respectivos objetos das sociedades componentes e que deve ser por estas perseguido, por força da obrigação assumida na

Somado a essa semelhança afeta aos grupos de direito, entendemos que há outras semelhanças das redes contratuais com as duas configurações de grupos de sociedades (de direito e de fato). Tais similitudes podem ser sentidas na "convivência entre unidade e multiplicidade, entre o individual e o coletivo"[347], existindo uma inegável ligação entre os participantes. De todo modo, compartilhamos do entendimento de Joana Correia de Miranda, no sentido de que "os aspectos em que as figuras se aproximam constituem, sob o prisma das redes, elemento marginais e não essenciais"[348]. Isso significa dizer que, apesar dos pontos em comum, as evidentes diferenças existentes entre grupos de sociedade e redes contratuais faz com que devam ser analisadas como figuras distintas.

1.9.6. Contratos-quadro

O termo contrato-quadro ou acordo guarda-chuva (*"umbrella agreement"*, na tradição anglo-saxã, "*framework agreement*", na *civil law*) é comumente utilizado pela doutrina para fazer referência a um contrato que serve como marco de ligação entre as partes, predeterminando os parâmetros gerais do relacionamento contratual dessas partes, mas que não exaure as prestações concretas, que serão, na realidade, minuciadas em uma série de contratos mais específicos (os contratos satélites); todos fazendo referência ao contrato-quadro[349].

---

convenção. Ao aprovarem a constituição do grupo de direito, os acionistas das companhias associadas concordam, nos termos da convenção, em subordinar a consecução de seus interesses particulares aos interesses do grupo como um todo". Ver: EIZIRIK, Nelson. **A lei das S/A Comentada**. Volume III. São Paulo: Quartier Latin. 2011, p. 519. p. 523

[347] MIRANDA, Joana Correia de. **Contratos de rede e rede de empresas**. Coimbra: Almedina. 2020, p. 148.

[348] MIRANDA, Joana Correia de. **Contratos de rede e rede de empresas**. Coimbra: Almedina. 2020, p. 149.

[349] KONDER, Carlos Nelson. **Contratos Conexos:** grupos de contratos, redes contratuais e contratos coligados. Rio de Janeiro: Renovar, 2006, p. 161. No mesmo sentido: FORGIONI, Paula A. **Contratos empresariais:** teoria geral e aplicação. 5. ed. rev., atual. ampl. São Paulo: Thomson Reuters Brasil, 2020, p. 54. Os contratos-quadro possuem, fundamentalmente, duas categorias, segundo análise de Paula Forgioni: "*(i) aqueles de visam a organizar a operação econômica como um todo, com contratos satélites celebrados concomitantemente; e (ii) aqueles que ditam as regras e os princípios que deverão imperar em contratos, que serão futuramente celebrados*". Ver: FORGIONI, Paula A. **Contratos empresariais:** teoria geral e aplicação. 5. ed. rev., atual. ampl. São Paulo: Thomson Reuters Brasil, 2020, p. 55.

Entende-se o contrato de concessão comercial como um exemplo de contrato-quadro (muitas das vezes), em que "as sucessivas compra e vendas de produtos são meros contratos de execução ou realização"[350].

A partir dessas linhas gerais, a expressão "contratos-quadro" assume diversos significados, segundo a jurisdição analisada.

A doutrina francesa, por exemplo, costuma valer-se da figura para explicar uma realidade econômica e jurídica afeta ao contrato de distribuição. Busca-se superar uma dificuldade prática enfrentada pelo Código de Napoleão, que determina ser o preço elemento essencial do contrato. Sobre essa questão, Paula Forgioni[351] pergunta como seria possível admitir uma vinculação na ausência de acordo sobre o preço a ser praticado nas operações futuras? Justamente por isso, a doutrina francesa – a partir do contrato-quadro – encontrou a solução a partir da consideração do contrato de distribuição como contrato-quadro, em que o preço não figuraria como elemento essencial, o qual seria exigível apenas quando da celebração dos contratos futuros.

Na Inglaterra, o *umbrella agreement* é visto como um acordo que costuma tratar de princípios que regerão negócios futuros. Portanto, geralmente não especifica preços e volumes, por exemplo. Sua função é a de "fornecer as cláusulas que poderão ser futuramente usadas em determinado conjunto de operações"[352]. Ou seja, o *umbrella agreement* não está preocupado com as operações econômicas concretamente consideradas, "mas sim com as regras contratuais que orientam a criação de ganhos conjuntos"[353].

Na doutrina nacional, Carlos Nelson Konder leciona que o contrato-quadro seria um contrato relacional, sendo que, em regra, haverá uma conexão entre o contrato-quadro e os contratos de execução e realização[354].

---

[350] SILVA, João Calvão da. Concessão comercial e direito da concorrência. **Estudos Jurídicos** – Pareceres. Coimbra: Almedina, 2001, p. 194.
[351] FORGIONI, Paula A. **Contratos empresariais:** teoria geral e aplicação. 5. ed. rev., atual. ampl. São Paulo: Thomson Reuters Brasil, 2020, p. 54.
[352] No original: "to supply clauses that can be used in a defined set of transactions". MOUZAS, Stefanos; BLOIS, Keith. **Relational Contract Theory: Confirmations and Contradictions**. Disponível em: https://www.impgroup.org/uploads/papers/6417.pdf. Acesso em: 06. set.2021.
[353] No original: "but rather with contract rules that guide the creation of joint gains". MOUZAS, Stefanos; BLOIS, Keith. **Relational Contract Theory: Confirmations and Contradictions**. Disponível em: https://www.impgroup.org/uploads/papers/6417.pdf. Acesso em: 06 set. 2021.
[354] KONDER, Carlos Nelson. **Contratos Conexos:** grupos de contratos, redes contratuais e contratos coligados. Rio de Janeiro: Renovar, 2006, p. 162.

Do exposto, entendemos que contratos-quadro (juntamente com os satélites) não são sinônimos de redes contratuais, apesar de haver entre eles (leia-se: entre contratos-quadro e satélites) uma inegável interdependência recíproca. Na realidade, somos do posicionamento de que os contratos-quadro constituem uma forma de organização contratual que pode ser utilizada pela rede contratual em sua formatação (mas não necessariamente). E mesmo que essa forma de organização seja utilizada, isso não garante que todos os requisitos estarão preenchidos para a configuração de uma rede contratual. Justamente por isso – apesar das semelhanças –, entendemos que os temas não devem ser tratados como se sinônimos fossem, havendo que sempre se analisar o caso concreto.

Ou seja, os contratos de rede não pressupõem a celebração de uma contrato-quadro. No entender de Joana Correia de Miranda, nas redes contratuais, o contrato-quadro "não se apresenta como um elemento constitutivo da figura, como surge no contrato de concessão, em que o acordo-quadro é não só um documento que contém os direitos e obrigações essenciais de cada uma das partes mas também a fonte de obrigações de execução, *maxime* ao nível das compras e vendas mínimas a realizar pelo concessionário"[355].

1.9.7. Contratos coligados, conexos e redes contratuais: há diferença?

A categoria que talvez mais se assemelhe às redes contratuais (e que mais gere dúvidas, por consequência lógica) é a dos contratos coligados e a dos contratos conexos. Justamente por isso, julgamos necessário tecer breves comentários sobre os conceitos de contratos coligados e conexos para que, em um segundo momento, possamos traçar as semelhanças e as distinções em relação às redes contratuais. Para tanto, será abordado o posicionamento doutrinário e jurisprudencial sobre o tema.

Essa abordagem se faz importante, especialmente porque nem todas as ligações entre contratos se dão da mesma maneira e tampouco produzem os mesmos efeitos. Nesse sentido, as tentativas de tratar de todas as espécies de maneira conjunta estará fadada ao fracasso, "justamente pelas diferenças entre origem, intensidade e efeitos do vínculo"[356].

---

[355] MIRANDA, Joana Correia de. **Contratos de rede e rede de empresas**. Coimbra: Almedina. 2020, p. 193.
[356] LEONARDO, Rodrigo Xavier. Os contratos coligados. In: BRANDELLI, Leonardo. **Estudos em homenagem à Professora Véra Maria Jacob de Fradera.** Porto Alegre: Lejus, 2013, p. 363.

1.9.7.1. Abordagem doutrinária

A diferença conceitual existe, de fato, quando analisamos o posicionamento doutrinário a respeito do tema. A verdade é que a doutrina brasileira não utiliza de forma uniforme os conceitos de contratos coligados, contratos conexos e redes contratuais. Para alguns autores, essas seriam expressões intercambiáveis[357], o que afirmarmos, desde já, não nos parecer ser o entendimento mais adequado.

Para outros, a conexão contratual seria noção mais ampla[358], abarcando as hipóteses de coligação contratual e de redes contratuais[359]. Há outros

---

[357] FERNANDES, Marcelo Cama Proença. **Contratos:** eficácia e relatividade nas coligações contratuais. São Paulo: Saraiva, 2014, p. 203 e ss.

[358] KONDER, Carlos Nelson. **Contratos Conexos:** grupos de contratos, redes contratuais e contratos coligados. Rio de Janeiro: Renovar, 2006, p. 142-143.

[359] Por exemplo, Cláudia Lima Marques afirma que "a conexidade é, pois, o fenômeno operacional econômico de multiplicidade de vínculos, contratos, pessoas e operações para atingir um fim econômico unitário, e nasce da especialização das tarefas produtivas, da formação de redes de fornecedores no mercado e, eventualmente, da vontade das partes. Na doutrina, distinguem-se três tipos de contratos conexos de acordo com as suas características básicas de possuírem fim unitário (elemento objetivo), de existe uma eventual vontade de conexão ou união (elemento subjetivo) ou de a conexão ter sido determinada por lei (compra e venda com financiamento do art. 52 do CDC). São eles: 1. Grupo de contratos – contratos vários que incidem de forma paralela e cooperativa para a realização do mesmo fim. Cada contrato (por exemplo, contratos com um banco múltiplo popular e um consumidor com conta corrente) tem objetivo diferente (cartão de extratos, crédito imediato limitado ao cheque especial, depósito bancário simples), mas concorrem todos para um mesmo objetivo (conta corrente especial do consumidor) e somente unidos podem prestar adequadamente. 2. Rede de contratos – em que cada contrato tem sucessivamente por objeto a mesma coisa, o mesmo serviço, o mesmo objeto da prestação. É a estrutura contratual mais usada pelos fornecedores ao organizarem suas cadeias de prestação ao consumidor com fornecedores diretos e indiretos, como no caso do seguro-saúde, também usada nas colaborações entre fornecedores para a produção (e terceirizações) e distribuição no mercado. 3. Contratos conexos stricto sensu – são aqueles contratos autônomos que, por visarem a realização de um negócio único (nexo funcional), se celebram entre as mesmas partes ou entre partes diferentes e se vinculam por esta finalidade econômica supracontratual comum, identificável seja na causa, no consentimento, no objeto ou nas bases do negócio. Assim, se a finalidade supracontratual comum é de consumo, todos os contratos são de consumo por conexidade ou acessoriedade. Essa nova visão qualificada e ampliadora das relações de consumo é necessária para uma boa aplicação do CDC. A conexidade é o método de comercialização e marketing, é a consequência, que hoje pode ser facilmente fotografada no mercado nacional". Ver: MARQUES, Claudia Lima. **Contratos no Código de Defesa do Consumidor:** o novo regime das relações contratuais. 9. ed. rev. e atual. São Paulo: Thomson Reuters Brasil, 2019, p. 89-90. No mesmo sentido: BERGSTEIN, Laís. Conexidade contratual, redes de contratos e contratos

que entendem que conexão contratual e redes contratuais seriam espécies de coligação contratual[360].

Em relação ao conceito de contratos coligados, é famosa a definição dada por Francisco Paulo De Crescenzo Marino, no sentido de que estes seriam "contratos que, por força de disposição legal, da natureza acessória de um deles ou do conteúdo contratual (expresso ou implícito), encontram-se em relação de dependência unilateral ou recíproca"[361].

Com base nesse conceito de contratos coligados, entende a doutrina que dois elementos teriam de ser verificados para a sua configuração. Tais elementos seriam: *(i)* pluralidade de contratos, compostos pelas mesmas partes ou por diversas partes; e *(ii)* vínculo de dependência unilateral ou recíproca, sendo que esse vínculo poderia ser instaurado por disposição legal, pela natureza acessória de um dos contratos, ou pela vontade das partes (por meio de cláusula contratual expressa ou implícita)[362]. Do conceito de contratos coligados, extrai-se, portanto, a sua tradicional classificação em *(i)* coligação contratual *ex lege*; *(ii)* coligação voluntária expressa ou implícita; e *(iii)* coligação natural.

A coligação contratual *ex lege* diz respeito às hipóteses de coligação contratual entre dois ou mais contratos, que decorre da simples aplicação da lei[363].

---

coligados. **Revista de Direito do Consumidor,** v. 109, n. 229, p. 159-183, jan./fev. 2017, p. 8. Laís Bergstein apresenta uma classificação muito semelhante à de Claudia Lima Marques. Contudo, em que pese Laís Bergstein tenha dedicado tópico intitulado "contratos conexos (stricto sensu) e redes de contratos", a referida autora não desenvolve uma diferenciação entre as duas figuras. Na verdade, o tópico é dedicado para tecer comentários sobre os contratos conexos (stricto sensu), seguindo o entendimento de Cláudia Lima Marques.

[360] LEONARDO, Rodrigo Xavier. Os contratos coligados. In: BRANDELLI, Leonardo. **Estudos em homenagem à Professora Véra Maria Jacob de Fradera.** Porto Alegre: Lejus, 2013; BALBELA, João Rubens Pires. **Inadimplemento nos contratos coligados:** o descumprimento e seus efeitos para além do contrato. Dissertação (Mestrado). Universidade Federal do Paraná, Setor de Ciências Jurídicas, Programa de Pós-Graduação em Direito. Curitiba, 2014.

[361] MARINO, Francisco Paulo De Crescenzo. **Contratos coligados no direito brasileiro.** São Paulo: Saraiva, 2009, p. 99. Eduardo Takemi Kataoka, em sentido semelhante – mas não idêntico – coloca que "a coligação negocial é o resultado do exercício de autonomia privada (coligação voluntária), de imposição legal (coligação legal), ou da incidência da boa-fé (coligação necessária)". Ver: KATAOKA, Eduardo Takemi. **A coligação contratual.** Rio de Janeiro: Ed. Lumen Juris, 2008, p. 4.

[362] MARINO, Francisco Paulo De Crescenzo. **Contratos coligados no direito brasileiro.** São Paulo: Ed. Saraiva, 2009, p. 99.

[363] BERGSTEIN, Laís. Conexidade contratual, redes de contratos e contratos coligados. **Revista de Direito do Consumidor,** v. 109, n. 229, p. 159-183, jan./fev. 2017, p. 8.

Ao tratar de determinado tipo contratual, o próprio legislador previu a coligação, bem como a própria operação econômica a ser perseguida conjuntamente por esses contratos[364]. Eduardo Takemi Kataoka[365] esclarece que essa espécie de coligação é estabelecida quando o legislador prevê que dois contratos devem produzir efeitos recíprocos ou que um deles deve produzir efeitos no outro. No primeiro caso, a coligação seria bilateral e, no segundo, unilateral. A fonte dessa forma de ligação é a própria lei[366].

Um exemplo clássico de coligação contratual *ex lege*, trazido por Rodrigo Xavier Leonardo[367], pode ser observado entre os contratos de interconexão celebrados entre as diversas operadoras de telefonia no Brasil, quando da abertura do mercado de telecomunicações no Brasil, que se deu pela Emenda Constitucional n. 8, de 15.08.1995[368].

---

[364] LEONARDO, Rodrigo Xavier. Os contratos coligados. In: BRANDELLI, Leonardo. **Estudos em homenagem à Professora Véra Maria Jacob de Fradera.** Porto Alegre: Lejus, 2013, p. 364.

[365] KATAOKA, Eduardo Takemi. **A coligação contratual.** Rio de Janeiro: Ed. Lumen Juris, 2008, p. 156.

[366] LEONARDO, Rodrigo Xavier. Os contratos coligados. In: BRANDELLI, Leonardo. **Estudos em homenagem à Professora Véra Maria Jacob de Fradera.** Porto Alegre: Lejus, 2013, p. 364. Nesse contexto, importante se faz ressaltar o fato de que cada coligação legal será diferente das demais, já que proveniente das considerações do legislador, levando em conta o caso específico, bem como a conjuntura política, econômica e social presente no momento da outorga da determinada lei. Justamente por isso, Eduardo Takemi Kataoka ressalta que a coligação legal é "composta por um caleidoscópio de fundamentos que não possibilitam a construção de uma teoria material, ou seja, que explique abstratamente os motivos que levam o legislador a escolher todos os casos". Ver: KATAOKA, Eduardo Takemi. **A coligação contratual.** Rio de Janeiro: Ed. Lumen Juris, 2008, p. 157.

[367] LEONARDO, Rodrigo Xavier. Os contratos coligados. In: BRANDELLI, Leonardo. **Estudos em homenagem à Professora Véra Maria Jacob de Fradera.** Porto Alegre: Lejus, 2013, p. 367-368.

[368] Segue o inteiro teor dos dispositivos da Emenda Constitucional n. 8: Art.1º O inciso XI e a alínea "a" do inciso XII do art. 21 da CF/88 passam a vigorar com a seguinte redação: "Art. 21. Compete à União:
XI – explorar, diretamente ou mediante autorização, concessão ou permissão, os serviços de telecomunicações, nos termos da lei, que disporá sobre a organização dos serviços, a criação de um órgão regulador e outros aspectos institucionais;
XII – ....
a) explorar, diretamente ou mediante autorização, concessão ou permissão: a) os serviços de radiodifusão sonora e de sons e imagens; "
Art. 2º É vedada a adoção de medida provisória para regulamentar o disposto no inciso XI do art. 21 com a redação dada por esta emenda constitucional. BRASIL. **Emenda Constitucional**

Ao consumidor foi garantido, então, a possibilidade de escolha da companhia telefônica (art. 3º, da Lei n. 9.472, de 16.07.1997). Nesse cenário, surge a ideia de interconexão entre as diversas operadoras de telefonia. Levando em consideração o fato de que foi garantido aos consumidores a sua livre escolha de operadoras, teria de ser garantida igualmente a possibilidade de que o consumidor que fizesse uso da operadora A pudesse efetuar e receber ligações daquele outro consumidor que utilizasse a operadora B, C, D etc. Se esse direito não fosse garantido, duas consequências desastrosas eventualmente seriam observadas, quais sejam: ou o sistema de telefonia seria absolutamente limitado – o que dificultaria as conexões entre os consumidores – ou, com o passar do tempo, o mercado se acomodaria, no sentido de aniquilar todas as operadoras, deixando sobreviver apenas uma, que teria o monopólio do mercado.

É justamente por isso que o parágrafo único do art. 146[369] da Lei n. 9.472 já determinou que seria garantido ao consumidor de uma determinada operadora a possibilidade de ligar para diversos consumidores de diversas operadoras, sendo, inclusive, incentivada a apresentação de uma cobrança única ao consumidor[370].

Já na coligação contratual voluntária, as próprias partes estabelecem cláusulas que, em maior ou menor medida, vincularão uma relação contratual a outra[371]. Nesse sentido, a vontade de estabelecer o nexo contratual

---

nº 8, de 15 de agosto de 1995. Altera o inciso XI e a alínea "a" do inciso XII do art. 21 da CF/88. Disponível em: http://www.planalto.gov.br/ccivil_03/constituicao/emendas/emc/emc08.htm. Acesso em: 12 maio 2019.

[369] Art. 146. As redes serão organizadas como vias integradas de livre circulação, nos termos seguintes: I – é obrigatória a interconexão entre as redes, na forma da regulamentação; II – deverá ser assegurada a operação integrada das redes, em âmbito nacional e internacional; III – o direito de propriedade sobre as redes é condicionado pelo dever de cumprimento de sua função social. Parágrafo único. Interconexão é a ligação entre redes de telecomunicações funcionalmente compatíveis, de modo que os usuários de serviços de uma das redes possam comunicar-se com usuários de serviços de outra ou acessar serviços nela disponíveis. BRASIL. **Lei n. 9.472, de 16 de julho de 1997**. Dispõe sobre a organização dos serviços de telecomunicações, a criação e funcionamento de um órgão regulador e outros aspectos institucionais, nos termos da Emenda Constitucional nº 8, de 1995. Disponível em: http://www.planalto.gov.br/ccivil_03/leis/l9472.htm. Acesso em: 12 maio 2019.

[370] SALOMÃO FILHO, Calixto. **Regulação da atividade econômica (princípios e fundamentos jurídicos)**. São Paulo: Malheiros, 2001, p. 65.

[371] LEONARDO, Rodrigo Xavier. Os contratos coligados. In: BRANDELLI, Leonardo. **Estudos em homenagem à Professora Véra Maria Jacob de Fradera**. Porto Alegre: Lejus, 2013, p. 369.

– a autonomia privada[372] – será a fonte da própria coligação[373]. Ou seja, a coligação nesse caso não deriva da lei nem na natureza acessória de um dos contratos.

Segundo Francisco Paulo De Crescenzo Marino[374], a coligação voluntária pode ser subdividida em expressa (quando há cláusulas contratuais expressamente vinculando um contrato ao outro) e em implícita (a ser aferida a partir do fim contratual concreto e das circunstâncias interpretativas). A distinção entre coligação voluntária expressa e implícita traduz um problema de interpretação, na medida em que na coligação implícita será fundamental recorrer a um processo interpretativo mais intenso, de modo a entender e delimitar o vínculo existente entre os contratos[375]. Rodrigo Xavier Leonardo[376] menciona como exemplo uma relação contratual típica do mercado imobiliário, qual seja, a realização de contratos de arras com cláusulas de condição resolutiva para a hipótese de o potencial comprador não conseguir financiamento para o adimplemento do contrato de compra e venda que pretende celebrar com a incorporadora. De todo modo, somos do posicionamento de que os exemplos desse tipo de coligação são variados, uma vez que decorrem da vontade e da criatividade das partes.

Por sua vez, a coligação natural seria aquela espécie de união contratual afeta àqueles casos em que a coligação surge a partir da própria natureza acessória típica de um dos contratos envolvidos na coligação. Em outras palavras, a coligação natural ocorreria quando o próprio tipo contratual pressupõe a existência de um contrato acessório[377], não decorrendo, portanto, da vontade das partes ou da própria lei[378].

---

[372] BALBELA, João Rubens Pires. **Inadimplemento nos contratos coligados:** o descumprimento e seus efeitos para além do contrato. Dissertação (Mestrado). Universidade Federal do Paraná, Setor de Ciências Jurídicas, Programa de Pós-Graduação em Direito. Curitiba, 2014, p. 29.
[373] MARINO, Francisco Paulo De Crescenzo. **Contratos coligados no direito brasileiro.** São Paulo: Saraiva, 2009, p. 107.
[374] MARINO, Francisco Paulo De Crescenzo. **Contratos coligados no direito brasileiro.** São Paulo: Saraiva, 2009, p. 107.
[375] MARINO, Francisco Paulo De Crescenzo. **Contratos coligados no direito brasileiro.** São Paulo: Saraiva, 2009, p. 107.
[376] LEONARDO, Rodrigo Xavier. Os contratos coligados. In: BRANDELLI, Leonardo. **Estudos em homenagem à Professora Véra Maria Jacob de Fradera.** Porto Alegre: Lejus, 2013, p. 369.
[377] MARINO, Francisco Paulo De Crescenzo. **Contratos coligados no direito brasileiro.** São Paulo: Saraiva, 2009, p. 105-106. Segundo Francisco Paulo De Crescenzo Marino, são

Para a definição de contratos conexos, por sua vez, lança-se mão apenas da existência de uma finalidade supracontratual (*i.e.*, sem estar assentada na noção de dependência, como acontece nos contratos coligados), alargando os limites da figura. Carlos Nelson Konder afirma, por exemplo, que "são conexos os contratos que, para além da sua função individual específica, apresentam juntos uma função ulterior"[379], sendo uma categoria mais ampla, que abarcaria tanto os contratos coligados da doutrina italiana[380],

---

exemplos de coligação natural o contrato principal e o contrato de garantia típico (fiança, penhor, hipoteca, dentre outros), o contrato preliminar e o contrato definitivo, o contrato-base e o subcontrato. Há quem sustente que esses exemplos de coligação seriam na modalidade *ex lege*. Ver: KATAOKA, Eduardo Takemi. **A coligação contratual.** Rio de Janeiro: Ed. Lumen Juris, 2008, p. 156.

[378] CASCAES, Amanda Celli. A interpretação dos contratos coligados. **RJLB – Revista Jurídica Luso-Brasileira,** ano 4, 2018. Disponível em: http://www.veirano.com.br/upload/content_attachments/662/519277_RJLBUL_3_interpretacao_dos_contratos_original.pdf. Acesso em: 19 maio 2019.

[379] KONDER, Carlos Nelson. **Contratos Conexos:** grupos de contratos, redes contratuais e contratos coligados. Rio de Janeiro: Renovar, 2006, p. 189 e 277-278.

[380] A discussão sobre coligação contratual surgiu na Itália na década de 1930, sob a denominação de *collegamento negoziale*. Segundo afirma Jorge Mosset Iturraspe, Nicolò teria aberto a discussão sobre o tema no ano de 1937 com a obra *"Deposito in funzione di garanzia e inadempimento del depositário"*, tendo sido seguido por demais autores italianos. Ver: ITURRASPE, Jorge Mosset. **Contratos conexos:** grupos y redes de contratos. Buenos Aires: Rubinzal-Culzoni Editores, 1999, p. 14. Mais tarde, na edição de 1952 da obra *Dottrina Generale del Contratto*, Francesco Messineo trata dos contratos recíprocos (*"contratti reciproci"*) e dos contratos coligados (*"contratti collegati"*). Segundo tal nomenclatura, os contratos recíprocos teriam a característica de serem autônomos, porém interdependentes, fazendo parte de uma unidade econômica, sendo eles celebrados pelas mesmas partes. Do ponto de vista legal, cada contrato constituiria a causa do outro. Para designar os contratos recíprocos, o autor italiano explica que também poderia ser utilizada a expressão contratos coligados. Essa expressão seria mais ampla, revelando-se como reciprocidade ou com a existência de uma subordinação unilateral de um contrato em relação a outro. Ver: MESSINEO, Francesco. **Dottrina generale del contrato.** 3. Edizione ampliata e in parte riffata. Milano: Dott. A. Giuffrè Editore, 1952, p. 231. *"La caratteristica dei contratti reciproci (i quali, del resto, sono autonomi, sebbene interdipendenti) deriva dall'intento delle parti, le quali concepiscono i due contratti come unità economica. Dal punto di vista giuridico, la loro caratteristica sta in questo: che ciascuno contituisce come la causa dell'altro".* (...) *"Per designare i contratti reciproci, può adoperarsi anche l'espressione contratti collegati. Senonchè, questa allude a qualcosa di più vasto, nel senso che il collegamento può non configurarsi come reciprocità, ma, ad esempio, come subordinazione unilaterale di un contratto alláltro. inoltre, il collegamento può verificarsi anche fuori del contratti. Infatti, si parla, puù che di contratti collegati, di negozi colegati".* Em uma definição mais recente do direito italiano, podemos fazer referência a Francesco Galgano, que define os contratos coligados como uma pluralidade coordenada de contratos

quanto o grupo de contratos da doutrina francesa[381]. Como conclui Rafael Induzzi Drews, apesar de haver certa sobreposição entre os conceitos de

na qual cada contrato conserva a sua causa autônoma, ao mesmo tempo em que envidam esforços para a consecução de uma operação econômica una. A relevância desse estudo, segundo o autor, seria a possibilidade da invalidação, ineficácia ou resolução de um contrato repercutir nos demais. Ver: GALGANO, Francesco. **Trattato di Diritto Civile.** 2. ed. Padova: Wolters Kluver, 2010, v. II, p. 217-218, apud BERGSTEIN, Laís. Conexidade contratual, redes de contratos e contratos coligados. **Revista de Direito do Consumidor,** v. 109, n. 229, p. 159-183, jan./fev. 2017, p. 3-4. No mesmo sentido: Giovanni Schizerotto, para quem *"quando si parla di collegamento in senso proprio, si fa riferimento a quel nesso teleologico esistente tra due o più negozi (...) Ricorre il fenomeno del collegamento negoziale quando si è in presenza di una pluralità di contratti coesistenti a tra loro astretti da un nesso di tale natura da rendere i negozi tra loro dipendenti o interdipendenti per cui la validità e l'efficacia dell'uno sono condizionate dalla eficácia e validità dell'altro"*. Ver: SCHIZZEROTO, Giovanni. **Il collegamento negoziale.** Napoli: Jovene, 1993, p. 101, apud LEONARDO, Rodrigo Xavier. **Redes Contratuais no mercado habitacional.** São Paulo: Revista dos Tribunais, 2003, p. 129.

[381] A doutrina francesa dos contratos coligados surgiu de maneira independente da italiana. Estudá-la pressupõe a análise inicial da obra "Les Groupes de Contrats", de Bernard Teyssie. No ano de 1975, Bernard Teyssie delineou a noção de grupos de contratos a partir de dois critérios alternativos, os quais teriam a mesma razão de ser. Esses dois critérios seriam: (i) a identidade de objeto; ou (ii) o fim comum, que seria equiparado à identidade de causa. Ver: TEYSSIE, Bernard. **Les groupes de contrats.** Paris: Libraire Genérale de Droit et de Jurisprudence, 1975, p. 36. Ao fim comum, ressalta o autor francês que cada contrato teria individualmente o seu próprio fim jurídico. Contudo, em função da conjugação, haveria também uma causa remota – idêntica a todos os contratos do grupo – sendo ela a causa do complexo contratual, globalmente considerado. Ver: TEYSSIE, Bernard. **Les groupes de contrats.** Paris: Libraire Genérale de Droit et de Jurisprudence, 1975, p. 96. (*"celle-ci contitue la causa du complexe contractuel, globalment envisagé"*). Com base nessa dicotomia, Bernard Teyssie classifica os grupos de contratos em (i) cadeias contratuais (*chaînes de contrats*), subdivididas em cadeias de contratos por adição (que poderiam ser formadas pelas mesmas partes ou partes distintas, de forma organizada ou não) e cadeias de contratos por difração (correspondente à sucessão de contrato base e subcontrato, por meio da qual haveria uma espécie de ruptura do primitivo acordo frente à estipulação do subcontrato); (ii) conjunto de contratos (*emsembles contractueles*), que poderiam ser divisíveis e indivisíveis, sendo que esses últimos poderiam ainda ser sub classificados em conjuntos de contratos indivisíveis com dependência unilateral ou bilateral. Ver: TEYSSIE, Bernard. **Les groupes de contrats.** Paris: Libraire Genérale de Droit et de Jurisprudence, 1975, p. 39-184. Relevante ainda ressaltar – em especial para os fins do presente estudo – que Bernard Teyssie aponta o surgimento de relações contratuais novas entre partes figurantes do grupo, mas que não possuem relação contratual direta entre si. Propõe, então, a generalização da responsabilidade contratual às partes que não possuem ligação contratual direta, mas que se encontram inseridas dentro do grupo contratual. Não seriam, portanto, terceiros, na acepção clássica do termo, podendo agir contra o outro com fundamento contratual. Contudo, segundo o autor, tal proposição

contratos coligados e conexos, quanto às consequências, seria possível afirmar "que o tratamento dispensado pela doutrina parece não divergir muito"[382].

A doutrina brasileira[383] que se deteve ao estudo das redes contratuais, conforme demonstrado nos tópicos acima, entende que para a formação de uma rede contratual é necessária a configuração de alguns requisitos. Os requisitos seriam: *(i)* coexistência de dois ou mais contratos, estruturalmente distintos, mantendo cada um deles a sua causa objetiva; *(ii)* existência de um nexo econômico e funcional entre os contratos; bem como *(iii)* existência de um nexo sistêmico, com o surgimento de uma causa supracontratual.

Além disso, constatou-se que as redes contratuais estão presentes em relações massificadas, em contratos essencialmente voltados ao mercado de consumo. O consumidor, por sua vez, não compõe a rede, sendo visto como um terceiro[384]. De todo modo, a esse consumidor são viabilizadas medidas protetivas – essencialmente reguladas em legislação consumerista específica –, não apenas em face daquele com quem contrata, mas também de todos os demais integrantes da rede.

---

não poderia vir desacompanhada de uma revisão do princípio de relatividade das convenções, bem como da noção tradicional de terceiro. Ver: TEYSSIE, Bernard. **Les groupes de contrats.** Paris: Libraire Genérale de Droit et de Jurisprudence, 1975, p. 281-298. O autor reconhece o arrojo da proposta apresentada e conclui, na parte final da Segunda Parte de sua obra, que seria necessária uma profunda reviravolta na lei de responsabilidade, mas que isso seria menos ousado se reconhecêssemos a responsabilidade contratual (e não a extracontratual) como regime de princípio. *"Semblable solution suppose, évidemment, un profond bouleversement de notre Droit de la Responsabilité, mais une telle évolution paraîtrait peut-être moins audacieuse se l'on reconnaissait à la responsabilité contractuelle – et non plus à la responsabilité délictuelle – le caractère de régime de principe".* Ver: TEYSSIE, Bernard. **Les groupes de contrats.** Paris: Libraire Genérale de Droit et de Jurisprudence, 1975, p. 291.

[382] DREWS, Rafael Induzzi. **Redes contratuais com função de distribuição.** Tese (Doutorado em Direito). Universidade de São Paulo, São Paulo, 2017, p. 108. O autor demonstra a similitude de consequências no que concerne (i) à interpretação; (ii) à qualificação e derrogação do regime contratual; (iii) à propagação das invalidades e ineficácias de um contrato sobre o outro; e (iv) aos remédios sinalagmáticos.

[383] LEONARDO, Rodrigo Xavier. **Redes Contratuais no mercado habitacional.** São Paulo: Revista dos Tribunais, 2003.

[384] LORENZETTI, Ricardo Luis. Redes contractuales: conceptualización jurídica, relaciones internas de colaboración, efectos frente a terceros. **Revista de Direito do Consumidor,** v. 28, p. 22-58, out./dez. 1998, p. 24.

Sendo assim, analisando os conceitos de contratos coligados e o de redes contratuais, Francisco Paulo De Crescenzo Marino[385] afirma ser possível identificar ao menos três pontos de diferença, não autorizando, na visão do autor, o uso dessas duas expressões como se sinônimos fossem.

O primeiro deles seria em relação ao mercado em que cada uma dessas atua. Segundo o supracitado autor, as redes contratuais correspondem, necessariamente, à contratação empresarial em massa. Tal particularidade não se estenderia aos contratos coligados, uma vez que estes "podem mostrar-se totalmente desvinculados da realidade empresarial e da contratação em massa"[386]. Nesse sentido, é de se ressaltar o fato de que contratos de locação e de sublocação são claramente contratos coligados, na conceituação de Francisco Paulo De Crescenzo Marino, mas não formam uma rede contratual, tendo em vista o fato de que entre eles inexiste uma causa sistêmica, uma operação econômica única e muito menos uma noção de cooperação que almeje a maximização de lucros e a redução de custos e riscos.

Já o segundo ponto de diferenciação estaria assentado no fato de que a rede contratual seria, necessariamente, estruturada por uma figura central, que contrata com diversos outros contratantes. Assim sendo, a rede contratual teria uma configuração aberta, a fim de abarcar uma multiplicidade de contratos, fungíveis sob a ótica dessa figura central. Contudo, isso não seria observado nos contratos coligados, já que a coligação seria fechada, não sendo costumeira a presença de uma figura centralizadora.

A terceira diferenciação, segundo Francisco Paulo De Crescenzo Marino, estaria no campo da contaminação de invalidades e ineficácias. Por serem compostas de contratos fungíveis, as redes contratuais seriam divisíveis, "no sentido de a invalidade ou a ineficácia de um dos contratos da rede não afetar os demais, pois ela permanece, via de regra, perfeitamente viável na perspectiva do empresário organizador da rede"[387].

---

[385] MARINO, Francisco Paulo De Crescenzo. **Contratos coligados no direito brasileiro.** São Paulo: Saraiva, 2009, p. 96-97.

[386] MARINO, Francisco Paulo De Crescenzo. **Contratos coligados no direito brasileiro.** São Paulo: Saraiva, 2009, p. 96.

[387] Para sustentar a diferenciação, Francisco Paulo De Crescenzo Marino menciona a abordagem dada por cada uma da teorias para o exemplo do financiamento para venda para consumo: "a possibilidade de o consumidor opor ao financiador o inadimplemento do vendedor é tratada, sob a perspectiva da coligação, como efeito verificado entre os contratos coligados, ao passo que a teoria das redes contratuais o analisa como efeito da rede frente a terceiros, na medida em que o consumidor é, perante a rede de contratos empresariais, um

No caso da coligação, contudo, um dos seus principais efeitos é a referida contaminação.

Mas há ainda outros motivos que diferenciam as redes contratuais dos contratos coligados. É inegável que as redes contratuais são formas mais complexas, quando comparadas aos contratos coligados e conexos. Como explica Francesco Macario, a teoria dos contratos coligados parte de uma observação mais estática dos contratos, sob uma perspectiva da bilateralidade e da troca. Essa perspectiva não é observada, necessariamente, nas redes contratuais que, muitas das vezes, são formadas por ligações informais e organizacionais de longa duração, que não espelham o sistema contratual tradicional[388]. Para além disso, a imensidão de formas das redes contratuais – que podem ser formadas por contratos bilaterais, plurilaterais, bem como por formas mistas – contribui ainda mais para a diferenciação em relação aos demais conceitos.

No mesmo sentido do autor italiano, Camilla Crea explica que as redes – quando comparadas aos contratos coligados – representam uma verdadeira forma evolutiva em termos de complexidade. Segundo a referida autora, as redes contratuais vão além da função típica de troca (como é observada nos contratos coligados). Nelas observa-se uma organização multilateral com competição colaborativa, que consiste no exponencial crescimento de centros de interesses, pautados em uma pluralidade de contratos e demais relações, por vezes informais. O resultado disso é uma grande indefinição estrutural e comportamental, com imprevisíveis interações e conflitos entre os participantes da rede[389]. Outros motivos foram também apresentados por outros doutrinadores[390].

---

terceiro". Ver: MARINO, Francisco Paulo De Crescenzo. **Contratos coligados no direito brasileiro.** São Paulo: Saraiva, 2009, p. 97.

[388] MACARIO, Francesco. Reti di imprese, "contratto di rete" e individualizazione delle tutele: appunti per uma riflessione metodológica. In: IAMICELI, Paola (a cura di). **Le reti di imprese e i contratti di rete.** Torino: Giappichelli, 2009, p. 287-288.

[389] CREA, Camilla. Contractual business networks: interpretation criteria and axiological perspective. In: JUNG, Stefanie; KREBS, Peter; TEUBNER, Gunther. **Business networks reloaded.** Baden-Baden: Nomos, 2015, p. 360-361.

[390] Mesmo sem desenvolver o tema, Francisco Rosito também afirma que haveria uma diferenciação entre as redes contratuais e contratos conexos. O autor utiliza a expressão contratos conexos, e não contratos coligados. Salienta-se, ainda, que o referido autor não chega a explicar se entende que os conceitos de "contratos conexos" e "contratos coligados" seriam sinônimos ou não. A diferenciação feita, portanto, é tão somente entre os contratos

Rodrigo Xavier Leonardo, por outro lado, afirma que as redes contratuais seriam uma espécie de união de contratos, que demandaria a formulação de uma nova teoria[391]. Em que pese a afirmação pudesse levar o leitor a concluir que o referido autor apresentaria as duas teorias de maneira distinta, contraditoriamente, em sua obra "Redes Contratuais no Mercado Habitacional", datada do ano de 2003, em mais de uma oportunidade[392], o autor paranaense afirma que o conceito de redes contratuais seria sinônimo ao de contratos conexos.

Mais tarde, no ano de 2013[393], contudo, Rodrigo Xavier Leonardo apresenta classificação, por meio da qual entende que os contratos conexos *lato sensu* seriam uma espécie de contratos coligados, que se dividiria em duas subespécies, quais sejam, as redes contratuais (afeta ao mercado de consumo), e os contratos conexos *stricto sensu* (que seriam "distantes da proteção ao consumidor, e próximos à experiência empresarial"[394]). Em outras palavras, o autor deixa de afirmar que os contratos conexos seriam

conexos e as redes contratuais. Segundo o autor, nas redes contratuais, as partes visam a "atender um interesse associativo, mediante um contrato de integração total ou parcial". Nos contratos conexos também haveria um interesse associativo. Contudo, esse interesse não seria alcançado mediante um contrato, mas na busca de uma causa econômica, fazendo com que os diversos vínculos funcionassem como um sistema. Conclui, então, afirmando que, nas redes, o interesse na integração é intracontratual, ao passo que, na conexão contratual, esse interesse é supracontratual. Ver: ROSITO, Francisco. Os contratos conexos e sua interpretação. **Revista dos Tribunais,** v. 866, p. 24-27, dez. 2007. Em que pese concordemos com a necessária diferenciação entre os dois conceitos, ao menos por dois motivos não podemos concordar com os fundamentos apresentados por Francisco Rosito para tanto. Em primeiro lugar, porque inexiste vínculo contratual que una os contratos em rede, não nos parecendo correto, portanto, afirmar que a rede se daria mediante um contrato associativo. Em segundo lugar, porque a noção apresentada para a conexão contratual é justamente aquela que defendemos ser a de redes contratuais, que possui um interesse supracontratual e não intracontratual, como defendido pelo supracitado autor.

[391] LEONARDO, Rodrigo Xavier. **Redes Contratuais no mercado habitacional.** São Paulo: Revista dos Tribunais, 2003, p. 127.

[392] LEONARDO, Rodrigo Xavier. **Redes Contratuais no mercado habitacional.** São Paulo: Revista dos Tribunais, 2003, p. 21 e p. 132. Essa contradição também é apontada por Francisco Paulo De Crescenzo Marino. Ver: MARINO, Francisco Paulo De Crescenzo. **Contratos coligados no direito brasileiro.** São Paulo: Saraiva, 2009, p. 96, nota de rodapé 465.

[393] LEONARDO, Rodrigo Xavier. Os contratos coligados. In: BRANDELLI, Leonardo. **Estudos em homenagem à Professora Véra Maria Jacob de Fradera.** Porto Alegre: Lejus, 2013.

[394] LEONARDO, Rodrigo Xavier. Os contratos coligados. In: BRANDELLI, Leonardo. **Estudos em homenagem à Professora Véra Maria Jacob de Fradera.** Porto Alegre: Lejus, 2013, p. 365.

sinônimo de redes contratuais para afirmar que estas seriam uma espécie de contratos conexos *lato sensu*.

Matheus Linck Bassani e Ceres Linck dos Santos[395], por sua vez, em artigo dedicado aos efeitos verificados nas redes contratuais, apresentam uma outra classificação. Segundo os autores, as redes contratuais (tratadas como sinônimo de contratos coligados) vinculam-se de forma horizontal, concorrente e simultânea. Os contratos conexos (como sinônimos de cadeias contratuais) apresentam-se de forma vertical, constituída em um processo temporal[396]. Em conclusão, os referidos autores entendem que o conceito de redes contratuais seria sinônimo ao de contratos coligados, mas diferente de contratos conexos e, por sua vez, que os contratos conexos se diferenciariam dos contratos coligados.

Analisando os posicionamentos apresentados, adotamos a conclusão de Francisco Paulo De Crescenzo Marino, no sentido de que o conceito de redes contratuais difere do de contratos coligados[397]. Compartilhamos também do entendimento do referido autor ao afirmar ser discutível a afirmação de que redes contratuais seriam uma espécie de coligação (como defendido por Rodrigo Xavier Leonardo[398] mais recentemente)[399]. No entanto, discordamos de Francisco Paulo De Crescenzo Marino em um dos três fundamentos por ele apresentados para sustentar a diferenciação e julgamos necessário o desenvolvimento mais aprofundado de outro dos fundamentos.

---

[395] BASSANI, Matheus Linck; SANTOS, Ceres Linck dos. Tratamento jurídico de negócios jurídicos inválidos, ineficazes e descumpridos por empresas coligadas. **Revista de Direito Recuperacional e Empresa**, v. 9, jul./set. 2018, p. 6.

[396] Os referidos autores não chegam a explicar o porquê da adoção dessa classificação. De todo modo, pode-se perceber que fazem referência à classificação apresentada por Marcelo Polo. Ver: POLO, Marcelo. **Os contratos de distribuição em rede:** análise da discriminação de preço entre os distribuidores. Curitiba: Blanche, 2013, v. 1.

[397] A crítica de Francisco Paulo De Crescenzo Marino foi, inclusive, aceita por Rodrigo Xavier Leonardo, em artigo publicado no ano de 2013. Ver: LEONARDO, Rodrigo Xavier. A conexão contratual no mercado publicitário e o julgamento da APN 470/MG (Mensalão). **Revista dos Tribunais**, v. 933, p. 415-443, jul. 2013. O acolhimento da crítica de Marino pode ser encontrado na nota de rodapé 19 do artigo em questão.

[398] LEONARDO, Rodrigo Xavier. Os contratos coligados. In: BRANDELLI, Leonardo. **Estudos em homenagem à Professora Véra Maria Jacob de Fradera**. Porto Alegre: Lejus, 2013.

[399] MARINO, Francisco Paulo De Crescenzo. **Contratos coligados no direito brasileiro.** São Paulo: Saraiva, 2009, p. 97. De todo modo, assevera o autor que essa afirmação estaria correta tão somente se fosse dada à coligação contratual uma conceituação amplíssima, nos mesmos moldes daquela observada nos grupos de contratos da doutrina francesa.

Discordamos da afirmação de que as redes contratuais teriam necessariamente uma figura central. É bem verdade, contudo, que a grande maioria das redes contratuais contará com uma figura central. Todavia, como afirma Paula A. Forgioni[400], as redes contratuais normalmente (e não necessariamente) mantêm um líder, mas isso não é um requisito para a sua configuração[401]. Esse é o caso, por exemplo, de redes contratuais formadas por empresas no mesmo nível e setor de produção, geralmente formadas por contratos plurilaterais para a pesquisa e desenvolvimento tecnológico de um produto[402].

Em relação ao ponto sobre a comunicação de invalidades e ineficácias, concordamos com Francisco Paulo De Crescenzo Marino, no sentido de que, muitas vezes, a comunicação não será possível, uma vez que a rede seguirá sendo viável ao organizador. Todavia, entendemos que a discussão sobre a comunicação das invalidades e ineficácias é muito mais complexa nas redes contratuais (e demanda um estudo mais aprofundado, que pretendemos desenvolver no capítulo 2), na medida em que, como explica Camilla Crea, existem imprevisíveis conflitos e interações entre os integrantes da rede, em especial quando colidem com as dimensões individuais e globais da rede[403].

---

[400] FORGIONI, Paula A. **Contratos empresariais:** teoria geral e aplicação. 5. ed. rev., atual. ampl. São Paulo: Thomson Reuters Brasil, 2020, p. 70.

[401] Inclusive Gunther Teubner afirma que apesar de grande parte das redes contratuais possuírem uma figura central, isso não retira das redes contratuais a característica de ser formada por uma gama de contratos descentralizados, com intensa troca de informações. TEUBNER, Gunther. **Networks as connected contracts.** Translated by Michelle Everson. Oxford and Portland: Hart Publishing, 2011, p. 221. *"Social science analyses repeatedly emphasise that, whilst many networks are hierarchically co-ordinated by a 'hub firm', this never undermines characteristics that define networking, that is, decentralized co-ordination of network nodes, intensive informal contacts between nodes, and mutual provision of information and co-operation between nodes".*

[402] Fazemos referência ao tópico 1.8.3, no qual tratamos das redes hierárquicas e paritárias. No mesmo sentido: MIRANDA, Joana Correia de. **Contratos de rede e rede de empresas.** Coimbra: Almedina. 2020, p. 54. "Não constitui elemento constitutivo da noção de redes de empresas que acolhemos a existência de um poder de direção a favor de um dos sujeitos integrantes da rede; no entanto, em algumas redes, como as de distribuição, esse poder é reconhecido à entidade com quem todos os demais contratam".

[403] CREA, Camilla. Contractual business networks: interpretation criteria and axiological perspective. In: JUNG, Stefanie; KREBS, Peter; TEUBNER, Gunther. **Business networks reloaded.** Baden-Baden: Nomos, 2015, p. 360-361.

Como será desenvolvido no próximo capítulo, entendemos que, nas redes contratuais, também poderemos observar a contaminação de invalidades e de ineficácias a depender do caso específico analisado. Em que pese inexista um vínculo contratual entre os contratantes, a noção de nexo econômico, funcional e sistêmico pode autorizar – em algumas situações – a verificação de tais fenômenos. Fechar as portas a essa possibilidade significaria dar uma carta branca aos integrantes da rede contratual, que poderiam agir em desacordo com os deveres laterais e os de proteção, ambos decorrentes da boa-fé objetiva, inviabilizando, por conta disso, a persecução do objetivo comum almejado.

De todo modo, concordamos que as redes contratuais são afetas à contratação em massa, essencialmente voltadas ao mercado de consumo, ao passo que os contratos coligados não possuem essa particularidade, já que podem se encontrar desvinculados da realidade empresarial e da contratação em massa. Mas não é só por esse motivo que a diferenciação se faz necessária.

A teoria dos contratos coligados centra-se na existência de um nexo finalístico, de uma unidade funcional e econômica, da qual resultariam os seus efeitos. As redes, para além dessas características, e ao contrário do que se observa na coligação contratual, são marcadas por uma situação conflitiva, na qual interesses individuais e coletivos devem ser considerados pelo Direito. Como explica Rodrigo Octávio Bróglia Mendes, não nos parece adequado suprimir essa situação conflitiva sob o mesmo enfoque dado pela teoria dos contratos coligados[404].

Ou seja, nas redes contratuais há uma diversidade de relações contratuais, ditadas por elementos formais e informais, posicionando-as como uma categoria descolada dos contratos coligados e conexos. Justamente por isso, os conceitos não devem ser tratados de maneira intercambiável.

1.9.7.2. Abordagem jurisprudencial

Como tentamos demonstrar no tópico antecedente, julgamos que os conceitos de contratos coligados, contratos conexos e o de redes contratuais não são intercambiáveis. Apesar de serem institutos similares, sem sombra de dúvidas, as suas diferenças impossibilitam que sejam tratados como

---

[404] MENDES, Rodrigo Octávio Broglia. A empresa em rede: a empresa virtual como mote para reflexão no direito comercial. **Revista do Advogado**, v. 32, n. 115, p. 133-134, 2012.

se sinônimos fossem. Mas será que os tribunais brasileiros têm observado essa diferença? Ou então o tema das redes contratuais é por eles abordado como sinônimo de contratos coligados ou contratos conexos? É o que procuraremos demonstrar neste momento.

Para tanto, foi realizada pesquisa de jurisprudência nos tribunais mais atuantes do Brasil. O critério regional adotado foi pelos Tribunais de Justiça dos cinco estados da federação de maior Produto Interno Bruto (PIB), segundo as mais atualizadas informações disponibilizadas pelo Instituto Brasileiro de Geografia e Estatística (IBGE)[405]. O resultado alcançado foi o de que os estados de São Paulo, Rio de Janeiro, Minas Gerais, Rio Grande do Sul e Paraná são, respectivamente, os de maior PIB. Além disso, realizou-se pesquisa jurisprudencial no Superior Tribunal de Justiça (STJ), em função do seu papel de uniformizador da legislação infraconstitucional[406].

Começando pelo STJ, foram analisados todos os julgados disponibilizados em seu sítio eletrônico oficial na data de realização dessa pesquisa[407], fazendo uso dos seguintes termos de pesquisa: "rede contratual"[408], "redes contratuais"[409] e "rede de contratos"[410].

A conclusão a que se chegou foi a de que a Corte em questão ainda não se manifestou em relação à existência ou não de diferenciação entre os conceitos de redes contratuais, contratos conexos e contratos coligados.

Na realidade, nenhuma das decisões discutiu essa questão, mesmo que indiretamente. Isso se deve, em grande parte, à impossibilidade de a Corte analisar a interpretação de cláusulas contratuais; óbice disposta na

---

[405] IBGE. Instituto Brasileiro de Geografia e Estatística. **Produto Interno Bruto – PIB.** O que é o PIB? Disponível em: https://www.ibge.gov.br/explica/pib.php. Acesso em: 16 jun. 2020.

[406] Não se apresentará neste tópico os trechos dos julgados analisados, tendo em vista o fato de que se entende que não apenas seria improdutivo ao estudo, mas também tornaria a leitura extremamente cansativa. Este tópico também não analisará o mérito propriamente dito dos casos, tendo em vista o fato de que tal análise estará envolvida ao longo de todos os capítulos e tópicos deste trabalho.

[407] BRASIL. **STJ.** Superior Tribunal de Justiça. Disponível em: http://www.stj.jus.br/sites/portalp/Inicio. Acesso em: 15 jun. 2020.

[408] Com esse termo de pesquisa, foram encontradas 45 (quarenta e cinco) decisões monocráticas e 1 (um) acórdão. Essa pesquisa foi realizada até o dia 15.06.2020.

[409] Com esse termo de pesquisa, foram encontradas 16 (dezesseis) decisões monocráticas e nenhum acórdão. Essa pesquisa foi realizada até o dia 15.06.2020.

[410] Com esse termo de pesquisa, foram encontradas 8 (oito) decisões monocráticas e nenhum acórdão. Essa pesquisa foi realizada até o dia 15.06.2020.

Súmula 5[411] do STJ. Em alguns julgados[412], observou-se, contudo, que o STJ copiou trechos das decisões dos tribunais de origem, tendo estas decisões abordado o conceito das redes contratuais como sinônimo de contratos coligados ou conexos. Apesar disso, não é possível concluir qualquer posicionamento do STJ nesse tocante.

No Tribunal de Justiça do Estado de São Paulo (TJSP), em virtude da quantidade de acórdãos encontrados, optou-se por realizar um recorte de pesquisa nos últimos 5 anos (de 20.06.2015 a 20.06.2020). Fazendo uso das palavras-chave "redes contratuais" e "rede contratual", foram encontrados e analisados 264 acórdãos[413]. O número de julgados foi obtido no site oficial do referido tribunal na data de realização dessa pesquisa jurisprudencial e não abrangeu decisões monocráticas.

Desses 264 julgados, foram retirados todos aqueles em que o TJSP apenas reproduziu trecho da sentença de primeiro grau, ou mesmo de alguma doutrina (que mencionava "redes contratuais" ou "rede contratual"), não analisando, portanto, o caso concreto. Outrossim, procurou-se suprimir, escolhendo apenas um, os julgados que diziam respeito a questões fáticas semelhantes. Isso porque, não raras as vezes, os julgados possuíam fundamentação absolutamente igual (o que já demonstra um problema de precisão técnica do tribunal). Tendo em vista esses critérios, selecionou-se 33 julgados para análise.

A conclusão de dita análise é a de que o TJSP utiliza, na grande maioria dos casos (mais precisamente em 29 dos 33 julgados), as expressões "redes contratuais", "contratos coligados", "contratos conexos", "grupo de contratos", "negócios coligados" como se fossem sinônimos do mesmo fenômeno jurídico[414].

[411] Súmula 5: A simples interpretação de cláusula contratual não enseja recurso especial.
[412] Referências podem ser feitas aos seguintes julgados: *(i)* STJ, AREsp n. 1.646.462-SP. Rel. Min. Marco Aurélio Bellizze. Decisão Monocrática, 3ª Turma. Julgado em 04.05.2020; *(ii)* STJ, AREsp n. 92.525-SP. Rel(a). Min. Maria Isabel Gallotti. Decisão Monocrática, 4ª Turma. Julgado em 31.03.2015.
[413] Entre o período de 20.06.2015 e 19.06.2016, encontrou-se 62 acórdãos. Entre o período de 20.06.2016 e 19.06.2017, encontrou-se também 62 acórdãos. Entre o período de 20.06.2017 e 19.06.2018, encontrou-se 65 acórdãos. Entre o período de 20.06.2018 e 19.06.2019, encontrou-se 41 acórdãos. Entre o período de 20.06.2019 e 19.06.2020, encontrou-se 34 acórdãos. SÃO PAULO. **TJSP.** Tribunal de Justiça do Estado de São Paulo. Disponível em: http://www.tjsp.jus.br/. Acesso em: 21 jun. 2020.
[414] Julgados retirados dos 33: *(i)* TJSP. Apelação Cível n. 1011302-04.2013.8.26.0309. Rel. Francisco Loureiro, 1ª Câmara de Direito Privado. Julgado em 26.01.2016; *(ii)* TJSP. Apelação

Foi possível constatar algumas expressões comuns que permeiam muitas das decisões do TJSP, quais sejam: *(i)* "parceiras de negócios coligados

Cível n. 1011385-41.2014.8.26.0032. Rel. Luiz Antonio Costa, 7ª Câmara de Direito Privado. Julgado em 16.11.2015; *(iii)* TJSP. Apelação Cível n. 0010397-67.2013.8.26.0001. Rel. Andrade Neto, 30ª Câmara de Direito Privado. Julgado em 11.11.2015; *(iv)* TJSP. Apelação Cível n. 0189569-65.2010.8.26.0100. Rel. Francisco Loureiro, 1ª Câmara de Direito Privado. Julgado em 20.11.2015; *(v)* TJSP. Apelação Cível n. 0016736-76.2012.8.26.0001. Rel. Matheus Fontes, 22ª Câmara de Direito Privado. Julgado em 08.10.2015; *(vi)* TJSP. Apelação Cível n. 0078167-11.2012.8.26.0002. Rel. Alexandre Bucci, 9ª Câmara de Direito Privado. Julgado em 06.10.2015; *(vii)* TJSP. Apelação Cível n. 1000785-33.2014.8.26.0590. Rel. Ferreira da Cruz, 8ª Câmara de Direito Privado. Julgado em 03.09.2015; *(viii)* TJSP. Apelação Cível n. 0025793-05.2012.8.26.0071. Rel. Ferreira da Cruz, 8ª Câmara de Direito Privado. Julgado em 12.08.2015; *(ix)* TJSP. Apelação Cível n. 0071760-02.2012.8.26.0224. Rel. Ferreira da Cruz, 8ª Câmara de Direito Privado. Julgado em 29.07.2015; *(x)* TJSP. Apelação Cível n. 1000419-87.2016.8.26.0019. Rel(a). Carmen Lucia da Silva, 18ª Câmara de Direito Privado. Julgado em 14.02.2017; *(xi)* TJSP. Apelação Cível n. 0199442-21.2012.8.26.0100. Rel. Francisco Loureiro, 1ª Câmara de Direito Privado. Julgado em 31.01.2017; *(xii)* TJSP. Apelação Cível n. 4021646-54.2013.8.26.0224. Rel(a). Carmen Lucia da Silva, 25ª Câmara de Direito Privado. Julgado em 14.07.2016; *(xiii)* TJSP. Apelação Cível n. 1001019-85.2018.8.26.0004. Rel(a). Carmen Lucia da Silva, 25ª Câmara de Direito Privado. Julgado em 12.05.2020; *(xiv)* TJSP. Apelação Cível n. 1101421-85.2015.8.26.0100. Rel(a). Daniela Menegatti Milano, 16ª Câmara de Direito Privado. Julgado em 15.05.2018; *(xv)* TJSP. Apelação Cível n. 1019865-82.2016.8.26.0114. Rel. Ruy Coppola, 32ª Câmara de Direito Privado. Julgado em 24.05.2018; *(xvi)* TJSP. Apelação Cível n. 1003040-03.2014.8.26.0286. Rel. Matheus Fontes, 22ª Câmara de Direito Privado. Julgado em 17.04.2018; *(xvii)* TJSP. Apelação Cível n. 1004274-32.2015.8.26.0400. Rel(a). Carmen Lucia da Silva, 33ª Câmara de Direito Privado. Julgado em 04.04.2018; *(xviii)* TJSP. Apelação Cível n. 1022854-69.2016.8.26.0564. Rel. Francisco Loureiro, 1ª Câmara de Direito Privado. Julgado em 15.03.2018; *(xix)* TJSP. Apelação Cível n. 0056063-31.2013.8.26.0506. Rel(a). Carmen Lucia da Silva, 18ª Câmara de Direito Privado. Julgado em 06.02.2018; *(xx)* TJSP. Apelação Cível n. 0007711-05.2013.8.26.0001. Rel. Enéas Costa Garcia, 1ª Câmara de Direito Privado. Julgado em 20.06.2017; *(xxi)* TJSP. Apelação Cível n. 1004362-25.2017.8.26.0554. Rel. Andrade Neto, 30ª Câmara de Direito Privado. Julgado em 29.05.2019; *(xxii)* TJSP. Apelação Cível n. 1008517-87.2016.8.26.0269. Rel. Andrade Neto, 30ª Câmara de Direito Privado. Julgado em 13.03.2019; *(xxiii)* TJSP. Apelação Cível n. 1022638-11.2017.8.26.0100. Rel. Francisco Loureiro, 1ª Câmara de Direito Privado. Julgado em 17.01.2019; *(xxiv)* TJSP. Apelação Cível n. 1009847-10.2017.8.26.0100. Rel(a). Carmen Lucia da Silva, 25ª Câmara de Direito Privado. Julgado em 14.01.2019; *(xxv)* TJSP. Apelação Cível n. 1005073-23.2016.8.26.0309. Rel. Enéas Costa Garcia, 1ª Câmara de Direito Privado. Julgado em 27.05.2020; *(xxvi)* TJSP. Apelação Cível n. 1003720-95.2017.8.26.0572. Rel. Enéas Costa Garcia, 1ª Câmara de Direito Privado. Julgado em 18.05.2020; *(xxvii)* TJSP. Apelação Cível n. 1008322-68.2017.8.26.0269. Rel. Enéas Costa Garcia, 1ª Câmara de Direito Privado. Julgado em 06.04.2020; *(xxviii)* TJSP. Apelação Cível n. 1000720-33.2018.8.26.0126. Rel. Andrade Neto, 30ª Câmara de Direito Privado. Julgado em 16.10.2019; *(xxix)* TJSP. Apelação Cível n. 1044325-73.2019.8.26.0100. Rel. Sergio Gomes, 37ª Câmara de Direito Privado. Julgado em 20.09.2019.

por certo vínculo de reciprocidade econômica, em verdade, formam uma autêntica rede contratual"[415]; *(ii)* "ao que tudo indica entre as requeridas há o que a moderna doutrina denomina de rede contratual. Não há, no caso, autonomia entre os contratos. Há, por assim dizer, um verdadeiro grupo de contratos" (...) "Tal situação, comum no mundo contemporâneo, é fenômeno negocial de grande importância, denominado de contratos de colaboração, ou por conexidade, ou coligados"[416]; *(iii)* "os negócios jurídicos celebrados entre as partes configuram contratos coligados, também denominados de 'redes contratuais', uma vez que há interligação sistemática, funcional e econômica"[417].

Em algumas outras decisões (mais precisamente 4 das 33)[418], contudo, – todas elas relacionadas a casos em que se discutia contrato de assistên-

---

[415] *(i)* TJSP. Apelação Cível n. 0078167-11.2012.8.26.0002. Rel. Alexandre Bucci, 9ª Câmara de Direito Privado. Julgado em 06.10.2015; *(ii)* TJSP. Apelação Cível n. 1011385-41.2014.8.26.0032. Rel. Luiz Antonio Costa, 7ª Câmara de Direito Privado. Julgado em 16.11.2015; *(iii)* TJSP. Apelação Cível n. 1000785-33.2014.8.26.0590. Rel. Ferreira da Cruz, 8ª Câmara de Direito Privado. Julgado em 03.09.2015; *(iv)* TJSP. Apelação Cível n. 0025793-05.2012.8.26.0071. Rel. Ferreira da Cruz, 8ª Câmara de Direito Privado. Julgado em 12.08.2015; *(v)* TJSP. Apelação Cível n. 0071760-02.2012.8.26.0224. Rel. Ferreira da Cruz, 8ª Câmara de Direito Privado. Julgado em 29.07.2015; *(vi)* TJSP. Apelação Cível n. 1044325-73.2019.8.26.0100. Rel. Sergio Gomes, 37ª Câmara de Direito Privado. Julgado em 20.09.2019.

[416] *(i)* TJSP. Apelação Cível n. 1011302-04.2013.8.26.0309. Rel. Francisco Loureiro, 1ª Câmara de Direito Privado. Julgado em 26.01.2016; *(ii)* TJSP. Apelação Cível n. 0189569-65.2010.8.26.0100. Rel. Francisco Loureiro, 1ª Câmara de Direito Privado. Julgado em 20.11.2015; *(iii)* TJSP. Apelação Cível n. 0199442-21.2012.8.26.0100. Rel. Francisco Loureiro, 1ª Câmara de Direito Privado. Julgado em 31.01.2017; *(iv)* TJSP. Apelação Cível n. 1022854-69.2016.8.26.0564. Rel. Francisco Loureiro, 1ª Câmara de Direito Privado. Julgado em 15.03.2018; *(v)* TJSP. Apelação Cível n. 1022638-11.2017.8.26.0100. Rel. Francisco Loureiro, 1ª Câmara de Direito Privado. Julgado em 17.01.2019.

[417] *(i)* TJSP. Apelação Cível n. 1000419-87.2016.8.26.0019. Rel(a). Carmen Lucia da Silva, 18ª Câmara de Direito Privado. Julgado em 14.02.2017; *(ii)* TJSP. Apelação Cível n. 4021646-54.2013.8.26.0224. Rel(a). Carmen Lucia da Silva, 25ª Câmara de Direito Privado. Julgado em 14.07.2016; *(iii)* TJSP. Apelação Cível n. 1001019-85.2018.8.26.0004. Rel(a). Carmen Lucia da Silva, 25ª Câmara de Direito Privado. Julgado em 12.05.2020; *(iv)* TJSP. Apelação Cível n. 1101421-85.2015.8.26.0100. Rel(a). Daniela Menegatti Milano, 16ª Câmara de Direito Privado. Julgado em 15.05.2018; *(v)* TJSP. Apelação Cível n. 1004274-32.2015.8.26.0400. Rel(a). Carmen Lucia da Silva, 33ª Câmara de Direito Privado. Julgado em 04.04.2018; *(vi)* TJSP. Apelação Cível n. 0056063-31.2013.8.26.0506. Rel(a). Carmen Lucia da Silva, 18ª Câmara de Direito Privado. Julgado em 06.02.2018; *(vii)* TJSP. Apelação Cível n. 1009847-10.2017.8.26.0100. Rel(a). Carmen Lucia da Silva, 25ª Câmara de Direito Privado. Julgado em 14.01.2019.

[418] Julgados retirados dos 33: *(i)* TJSP. Agravo de Instrumento n. 2172794-37.2016.8.26.0000. Rel. Percival Nogueira, 6ª Câmara de Direito Privado. Julgado em 29.11.2016; *(ii)* TJSP.

cia à saúde e contrato de prestação de serviços – a utilização da expressão "redes contratuais" apareceu de maneira autônoma, sem haver referência às expressões "contratos coligados", "contratos conexos", "grupo de contratos", por exemplo. De todo modo, não há discussão nesses julgados sobre uma eventual independência das redes contratuais. Apenas não houve referência às outras expressões. Isso dificulta concluir se nesses julgados o Tribunal quis diferenciar os conceitos ou a ausência das outras expressões foi apenas uma coincidência.

A falta de precisão técnica do TJSP é sensivelmente relevante, tendo em vista o fato de que provém do maior Tribunal de Justiça (TJ) do país[419] que, por consequência lógica, tem grande influência sobre todos os tribunais estaduais.

Apesar da ausência de precisão técnica, a verdade é que os julgados analisados reconheceram a possibilidade de conjugação de diversos contratos para uma determinada finalidade sem que haja previsão contratual expressa. Outrossim, restaram reconhecidos e aplicados os efeitos da rede perante os consumidores, na medida em que, na hipótese de vício do produto/serviço, todos os integrantes da rede foram considerados solidariamente responsáveis perante o consumidor, independentemente de contratação expressa[420].

O principal problema que detectamos, contudo, é a ausência de julgados que discutam a aplicação das redes contratuais no que concerne às obrigações e aos direitos àqueles que integram a rede contratual para com os demais integrantes dessa mesma rede. Ou seja, no que diz respeito ao

---

Agravo de Instrumento n. 1106855-84.2017.8.26.0100. Rel. José Joaquim dos Santos, 2ª Câmara de Direito Privado. Julgado em 18.06.2018; *(iii)* TJSP. Apelação Cível n. 1004244-82.2018.8.26.0564. Rel. José Joaquim dos Santos, 2ª Câmara de Direito Privado. Julgado em 22.05.2019; *(iv)* TJSP. Apelação Cível n. 1066954-80.2015.8.26.0100. Rel. Piva Rodrigues, 9ª Câmara de Direito Privado. Julgado em 15.08.2017.

[419] "O Tribunal de Justiça do Estado de São Paulo é considerado o maior Tribunal do mundo em volume de processos. O número de ações demandadas no judiciário estadual paulista corresponde a 26% do total de processos em andamento em toda a Justiça brasileira, incluindo cortes federais e tribunais superiores (dados do relatório "Justiça em Números 2018", produzido pelo Conselho Nacional de Justiça). Consequentemente, é o tribunal com a maior força de trabalho: 2,6 mil magistrados e aproximadamente 43 mil servidores, em 319 comarcas do Estado". SÃO PAULO. TJSP. Tribunal de Justiça do Estado de São Paulo. **Quem somos?** Disponível em: https://www.tjsp.jus.br/QuemSomos. Acesso em: 21 jun. 2020.

[420] Esse tema será mais profundamente debatido no tópico 2.3.2.3, *infra*.

plano interno das redes contratuais. Na realidade, as redes contratuais não foram analisadas fora das relações de consumo.

No Tribunal de Justiça do Estado de Minas Gerais (TJMG), a pesquisa jurisprudencial contou com os termos de pesquisa "redes contratuais" e "rede contratual". A pesquisa analisou todos os 81 julgados disponibilizados no sítio eletrônico do referido tribunal na data de realização dessa pesquisa[421]. Desse total de 81 julgados, retirou-se aqueles em que os termos "redes contratuais" e "rede contratual" foram citados de maneira aleatória, sem haver discussão aprofundada sobre o tema. Ademais, como muitos dos julgados diziam respeito a situações fáticas semelhantes, optou-se por escolher alguns dos julgados. Seguindo esses critérios, chegou-se a um total de 18 julgados. A pesquisa também não abrangeu decisões monocráticas.

Diferentemente do TJSP, a Corte mineira não parece tratar as redes contratuais como sinônimo de contratos coligados, contratos conexos ou grupo de contratos, na medida em que, em 15 dos 18 julgados selecionados, a rede contratual aparece sozinha, sem qualquer menção a contratos coligados / conexos / grupo de contratos[422].

Na realidade, as redes contratuais, no TJMG, foram utilizadas em 14 dos 18 julgados para fins de justificar o reconhecimento da legitimidade passiva de um dos réus, que não necessariamente encontrava-se diretamente – e contratualmente – vinculado ao consumidor.

A rede contratual mais usualmente verificada nos julgados foi aquela referente aos planos de saúde, em especial ao sistema da Confederação Nacional das Cooperativas Médicas (UNIMED). Em muitos casos, algum integrante

---

[421] MINAS GERAIS. TJMG. Tribunal de Justiça do Estado de Minas Gerais. **Jurisprudência.** Disponível em: https://www5.tjmg.jus.br/jurisprudencia/pesquisaPalavrasEspelhoAcordao.do?numeroRegistro=1&totalLinhas=1&palavras=%22redes+contratuais%22&pesquisarPor=acordao&orderByData=2&codigoOrgaoJulgador=&codigoCompostoRelator=&classe=&codigoAssunto=&dataPublicacaoInicial=&dataPublicacaoFinal=&dataJulgamentoInicial=&dataJulgamentoFinal=&siglaLegislativa=&referenciaLegislativa=&numeroRefLegislativa=&anoRefLegislativa=&legislacao=&norma=&descNorma=&complemento_1=&listaPesquisa=&descricaoTextosLegais=&observacoes=&linhasPorPagina=10&pesquisaPalavras=Pesquisar. Acesso em: 21 jun. 2020.

[422] Três julgados mencionaram em suas razões de decidir os termos redes contratuais e contratos coligados. Todavia, mesmo nesses três julgados o TJMG não afirmou se tratar de conceitos iguais. Ver: *(i)* TJMG. Apelação Cível n. 1.0079.12.067745-9/001. Rel. Ramom Tácio, 16ª Câmara Cível. Julgado em 02.10.2019; *(ii)* TJMG. Apelação Cível n. 1.0145.10.045864-8/001. Rel. Pedro Bernardes, 9ª Câmara Cível. Julgado em 06.09.2011; *(iii)* TJMG. Apelação Cível n. 1.0074.09.043217-0/001. Rel. Cabral da Silva, 10ª Câmara Cível. Julgado em 01.12.2009.

da rede UNIMED alegava que não havia celebrado qualquer contrato com o consumidor e que, portanto, não poderia ser incluído no polo passivo da ação, tendo em vista o fato de que a sua unidade gozava de plena independência em relação à outra unidade, que efetivamente celebrou o contrato com o consumidor. Contudo, em todos esses julgados, a Corte mineira entendeu pela responsabilidade solidária daquele que não estava contratualmente vinculado, fazendo uso, para tanto, da noção de redes contratuais[423].

O mesmo racional foi utilizado pelo TJMG em outras relações contratuais, tais quais, *(i)* consumidor que contrata com seguradora que presta serviço por meio de terceiro que cobra o prêmio[424]; *(ii)* responsabilidade em ação de prestação de contas de plano de previdência privada transferido a outra instituição[425]; *(iii)* aquisição de aparelho celular com acesso a servidor de telefonia móvel[426]; *(iv)* celebração de contrato de cessão de direitos (entre associado – consumidor – e associação) de plano corporativo de serviço pessoal móvel de telefonia celebrado entre a associação e outro[427]; *(v)* contratação do consumidor com loja, que disponibilizou direito de uso de cartão de outra empresa[428]; *(vi)* revendedora de veículos e financeira[429].

---

[423] *(i)* TJMG. Apelação Cível n. 1.0024.14.211048-5/001. Rel. Cabral da Silva, 10ª Câmara Cível. Julgado em 04.06.2019; *(ii)* TJMG. Apelação Cível n. 1.0479.12.010615-4/003. Rel. Arnaldo Maciel, 18ª Câmara Cível. Julgado em 12.02.2019; *(iii)* TJMG. Apelação Cível n. 1.0105.14.014607-4/001. Rel. Cabral da Silva, 10ª Câmara Cível. Julgado em 04.12.2018; *(iv)* TJMG. Apelação Cível n. 1.0324.15.003809-3/002. Rel. Luiz Carlos Gomes da Mata, 13ª Câmara Cível. Julgado em 23.02.2018; *(v)* TJMG. Apelação Cível n. 1.0220.15.001653-7/001. Rel. Sérgio André da Fonseca Xavier, 18ª Câmara Cível. Julgado em 16.05.2017; *(vi)* TJMG. Apelação Cível n. 1.0145.14.038235-2/002. Rel. Arnaldo Maciel, 18ª Câmara Cível. Julgado em 10.11.2015; *(vii)* TJMG. Apelação Cível n. 1.0432.12.000754-2/002. Rel. Cabral da Silva, 10ª Câmara Cível. Julgado em 02.12.2014; *(viii)* TJMG. Apelação Cível n. 1.0145.12.032428-3/001. Rel. Cabral da Silva, 10ª Câmara Cível. Julgado em 25.06.2013.
[424] TJMG. Apelação Cível n. 1.0024.11.145895-6/001. Rel. Cabral da Silva, 10ª Câmara Cível. Julgado em 02.06.2015.
[425] TJMG. Apelação Cível n. 1.0720.11.002890-2/001. Rel. Cabral da Silva, 10ª Câmara Cível. Julgado em 21.05.2013.
[426] TJMG. Apelação Cível n. 1.0210.09.064432-4/001. Rel. Cabral da Silva, 10ª Câmara Cível. Julgado em 11.09.2012.
[427] TJMG. Apelação Cível n. 1.0145.08.449755-4/001. Rel. Cabral da Silva, 10ª Câmara Cível. Julgado em 05.07.2011.
[428] TJMG. Apelação Cível n. 1.0684.07.001099-7/001. Rel. Cabral da Silva, 10ª Câmara Cível. Julgado em 19.02.2008.
[429] TJMG. Apelação Cível n. 1.0000.18.111115-4/001. Rel. Cabral da Silva, 10ª Câmara Cível. Julgado em 05.02.2019.

Em 1 (um) julgado[430], a Corte mineira expressamente mencionou que rede contratual não é sinônimo de contratos coligados. Nesse julgado, afirmou-se que as redes possuem maior amplitude em função do seu elemento de sistematicidade. O caso dizia respeito à celebração de um empréstimo consignado entre um consumidor e a empresa Filadelphia Empréstimo Consignados Ltda., correspondente bancária da também ré Banco Intermedium S.A. Contudo, após ação policial, a ré Filadelphia Empréstimo Consignados Ltda. interrompeu suas atividades e, por conta disso, o autor ajuizou ação, requerendo a anulação do negócio jurídico com a devolução das parcelas pagas. A ação foi ajuizada em face de Filadelphia Empréstimo Consignados Ltda. e do Banco Intermedium S.A. Em sua apelação, o Banco Intermedium S.A. alegou ser parte ilegítima. Um dos argumentos utilizados pelo Tribunal para manter o Banco Intermedium S.A. no polo passivo da ação, com condenação solidária, foi justamente o da existência de uma rede contratual entre os réus, desiderato comum, que é a operação econômica unificada[431].

Em que pese o avanço do entendimento do TJMG no sentido de separar os conceitos, verificou-se uma completa ausência de discussão jurisprudencial em relação às redes contratuais no plano interno, na medida em que todas as decisões diziam respeito a relações de consumo. Nesse ponto, a conclusão é a mesma verificada no TJSP.

No Tribunal de Justiça do Estado do Rio Grande do Sul (TJRS), realizou-se a pesquisa jurisprudencial fazendo uso do termo de pesquisa "redes contratuais". Analisou-se todos os 35 julgados (acórdãos e decisões monocráticas) disponibilizados no site oficial[432] do referido tribunal na data de realização da pesquisa (ou seja, dia 23.06.2020). Desse total de 35 julga-

---

[430] TJMG. Apelação Cível n. 1.0148.12.002677-5/002. Rel. José Marcos Vieira, 16ª Câmara Cível. Julgado em 02.05.2018.

[431] "Cada contrato da rede contribui para a efetivação do desiderato comum, que é a operação econômica unificada. Pela via das redes contratuais vários fornecedores conjugam esforços para conjuntamente, com maior competitividade e menor margem de risco, oferecer produtos e serviços aos consumidores. Há uma sutil distinção entre a locução redes contratuais e a coligação negocial. As redes possuem maior amplitude em virtude do elemento da sistematicidade". Ver: TJMG. Apelação Cível n. 1.0148.12.002677-5/002. Rel. José Marcos Vieira, 16ª Câmara Cível. Julgado em 02.05.2018.

[432] RIO GRANDE DO SUL. TJRS. Tribunal de Justiça do Estado do Rio Grande do Sul. **Jurisprudência**. Disponível em: https://www.tjrs.jus.br/site/busca-solr/index.html?aba=jurisprudencia. Acesso em: 23 jun. 2020.

dos, foram retirados aqueles em que não houve discussão, de fato, sobre as redes contratuais. Dessa forma, chegou-se ao total de 10 julgados.

As redes contratuais no Tribunal gaúcho são abordadas, eminentemente, nas discussões contratuais relacionadas à compra e venda de veículos com alienação fiduciária. Constatou-se que muitos dos julgados que fazem referência às redes contratuais são da lavra de uma mesma câmara do referido tribunal, o que já demonstra uma baixa aplicação do tema nessa corte.

Em 6[433] dos 10 julgados selecionados, a Corte gaúcha abordou as redes contratuais como sinônimo de contratos coligados e conexos. Por meio dos julgados analisados, foi possível perceber uma expressão que se repetiu em muitas das decisões: "mostra-se relevante a 'Teoria das Redes Contratuais', ou ainda a 'Teoria dos Contratos Coligados ou Conexão de Contratos' por refletir as novas tendências do direito contratual, atualmente sequioso de novas formas e de interesses interligados"[434].

Em outras decisões (leia-se: em 4[435] das 10 selecionadas), o TJRS abordou o tema das redes contratuais de forma autônoma, sem referência a outras teorias. De maneira geral, esses casos transferiram responsabilidade para aquelas pessoas jurídicas que não haviam celebrado contrato diretamente com o consumidor. Também aqui, a abordagem das redes contratuais, bem como de seus efeitos, restou limitada aos contratos de consumo.

---

[433] As decisões são: *(i)* TJRS. Apelação Cível n. 70059410886. Rel(a). Ângela Terezinha de Oliveira Brito, 13ª Câmara Cível. Julgado em 26.06.2014; *(ii)* TJRS. Apelação Cível n. 70058177841. Rel(a). Ângela Terezinha de Oliveira Brito, 13ª Câmara Cível. Julgado em 29.05.2014; *(iii)* TJRS. Apelação Cível n. 70055231575. Rel(a). Ângela Terezinha de Oliveira Brito, 13ª Câmara Cível. Julgado em 24.10.2013; *(iv)* TJRS. Apelação Cível n. 70052487618. Rel(a). Ângela Terezinha de Oliveira Brito, 13ª Câmara Cível. Julgado em 13.06.2013; *(v)* TJRS. Apelação Cível n. 70035152610. Rel(a). Ângela Terezinha de Oliveira Brito, 13ª Câmara Cível. Julgado em 11.11.2010; *(vi)* TJRS. Apelação Cível n. 70031036924. Rel(a). Ângela Terezinha de Oliveira Brito, 13ª Câmara Cível. Julgado em 26.08.2010.

[434] TJRS. Apelação Cível n. 70058177841. Rel(a). Ângela Terezinha de Oliveira Brito, 13ª Câmara Cível. Julgado em 29.05.2014.

[435] As decisões são: *(i)* TJRS. Apelação Cível n. 70028705754. Rel(a). Ângela Terezinha de Oliveira Brito, 13ª Câmara Cível. Julgado em 26.08.2010; *(ii)* TJRS. Agravo de Instrumento n. 70020865069. Rel. Jorge Alberto Schreiner Pestana, 10ª Câmara Cível. Julgado em 25.10.2007; *(iii)* TJRS. Recurso Inominado n. 71001186295. Rel. Eugênio Facchini Neto, 3ª Turma Recursal Cível. Julgado em 25.04.2007; *(iv)* TJRS. Apelação Cível n. 70014298004. Decisão Monocrática. Rel(a). Ângela Terezinha de Oliveira Brito, 13ª Câmara Cível. Julgado em 12.07.2006.

No Tribunal de Justiça do Estado do Paraná (TJPR), a pesquisa jurisprudencial utilizou a palavra-chave "redes contratuais", encontrando-se 89 julgados na data da realização da pesquisa[436]. Desses 89 julgados, subtraiu-se os julgados em que o termo de pesquisa apareceu de maneira acidental, sem haver discussão aprofundada, bem como aqueles julgados com situação fática semelhante, selecionando-se apenas um deles. Seguindo esses critérios, selecionou-se 10 julgados.

As redes contratuais foram utilizadas no tribunal paranaense, principalmente, em casos em que se discutiam contratos de compra e venda de um determinado bem, juntamente com financiamento bancário para a aquisição deste mesmo bem (veículo automotor e imóvel em sua grande maioria). Todas os julgados diziam respeito a relações consumeristas, sendo que o tema em questão foi utilizado para justificar a legitimidade passiva da financeira, que não havia celebrado contrato diretamente com o consumidor. Em 9[437] dos 10 casos, o termo "redes contratuais" apareceu de maneira autônomo. Apenas em 1[438] (um) deles o tema das redes contratuais foi apresentado como sinônimo de contratos conexos e coligados.

Por fim, no Tribunal de Justiça do Estado do Rio de Janeiro (TJRJ), fez-se uso dos mesmos termos de pesquisa ("redes contratuais" e "rede con-

---

[436] PARANÁ. TJPR. Tribunal de Justiça do Estado do Paraná. **Jurisprudência.** Disponível em: http://portal.tjpr.jus.br/jurisprudencia/publico/pesquisa.do;jsessionid=cac04e68d0e0cf49d486dd7917ef?actionType=pesquisar. Acesso em: 16 jun. 2020.

[437] Esses 9 julgados são: *(i)* TJPR. Agravo de Instrumento n. 0044509-34.2019.8.16.0000. Rel. Marcelo Gobbo Dalla Dea, 18ª Câmara Cível. Julgado em 14.02.2020; *(ii)* TJPR. Recurso Inominado n. 0006357-02.2016.8.16.0038. Rel. Siderlei Ostrufka Cordeiro, 2ª Turma Recursal. Julgado em 08.03.2018; *(iii)* TJPR. Apelação Cível n. 1.373.432-2. Rel(a). Lenice Bodstein, 11ª Câmara Cível. Julgado em 14.10.2015; *(iv)* TJPR. Apelação Cível n. 1.301.741-7. Rel. Luiz Sérgio Neiva de Lima Vieira, 7ª Câmara Cível. Julgado em 15.09.2015; *(v)* TJPR. Recurso Inominado n. 0031599-55.2012.8.16.0182. Rel(a). Heloísa Da Silva Krol Milak, 2ª Turma Recursal. Julgado em 18.08.2015; *(vi)* TJPR. Recurso Inominado n. 318-51.2010.8.16.0150. Rel(a). Heloísa Da Silva Krol Milak, 2ª Turma Recursal. Julgado em 18.08.2015; *(vii)* TJPR. Recurso Inominado n. 193-39.2014.8.16.0184. Rel(a). Heloísa Da Silva Krol Milak, 2ª Turma Recursal. Julgado em 18.08.2015; *(viii)* TJPR. Apelação Cível n. 1199336-1. Rel. José Hipólito Xavier da Silva, 14ª Câmara Cível. Julgado em 13.08.2014; *(ix)* TJPR. Apelação Cível n. 876810-7. Rel. Antenor Demeterco Junior, 7ª Câmara Cível. Julgado em 10.07.2012.

[438] TJPR. Apelação Cível n. 1141905-9. Rel(a). Juíza Angela Maria Machado Costa, 12ª Câmara Cível. Julgado em 01.04.2015. Conforme trecho do julgado: "De todo o modo, a figura em apreço certamente se caracteriza como coligação contratual, também denominada na doutrina como sendo conexão contratual, ou redes contratuais".

tratual"), tendo sido encontrados apenas 8 julgados na página oficial da corte na data de realização da pesquisa (25.06.2020)[439]. Todos esses julgados foram analisados.

Na maior parte das decisões (7 das 8[440]), as redes contratuais aparecerem nas razões de decidir de maneira autônoma, sem, contudo, mencionar se as redes contratuais seriam ou não sinônimo de contratos coligados e conexos. Todas as decisões dizem respeito a relações de consumo, sendo que as redes contratuais foram aplicadas para fins de extensão dos efeitos contratuais àqueles que não haviam expressamente celebrado contrato com o consumidor.

A conclusão da pesquisa jurisprudencial reflete, portanto, as próprias dúvidas e divergências ainda observadas na doutrina brasileira. Em que pese um aparente posicionamento atual da doutrina brasileira, no sentido de diferenciar os conceitos (corrente com a qual nos filiamos), a jurisprudência brasileira ainda trata do tema de maneira bastante oscilante, a depender do tribunal analisado.

Foi possível observar que em muitos julgados – grande parte deles provenientes das cortes paulista e gaúcha –, os termos redes contratuais, contratos coligados, contratos conexos e grupo de contratos foram tratados de maneira absolutamente intercambiável, o que não nos parece ser a melhor técnica. Em outros casos – estes majoritariamente provenientes das cortes mineira, paranaense e carioca –, as redes contratuais surgiram de maneira independente. Em que pese não tenham sido feitas significativas

---

[439] RIO DE JANEIRO. TJRJ. Tribunal de Justiça do Estado do Rio de Janeiro. **Consulta Jurisprudência.** Disponível em: http://www4.tjrj.jus.br/EJURIS/ProcessarConsJuris.aspx?PageSeq=1&Version=1.1.10.0. Acesso em: 25 jun. 2020.

[440] As decisões são: *(i)* TJRJ. Apelação Cível n. 0052202-89.2013.8.19.0002. Rel. Cláudio Dell'Orto, 18ª Câmara Cível. Julgado em 26.05.2015; *(ii)* TJRJ. Apelação Cível n. 0180732-51.2012.8.19.0001. Rel. Antonio Carlos dos Santos Bitencourt, 27ª Câmara Cível. Julgado em 08.10.2014; *(iii)* TJRJ. Apelação Cível n. 0053950-93.2012.8.19.0002. Rel. Joaquim Domingos de Almeida Neto, 24ª Câmara Cível. Julgado em 07.08.2014; *(iv)* TJRJ. Apelação Cível n. 0045521-04.2012.8.19.0014. Rel(a). Ana Maria Pereira de Oliveira, 26ª Câmara Cível. Julgado em 28.08.2014; *(v)* TJRJ. Apelação Cível n. 1015216-90.2011.8.19.0002. Rel. Joaquim Domingos de Almeida Neto, 24ª Câmara Cível. Julgado em 28.05.2014; *(vi)* TJRJ. Apelação Cível n. 0032810-87.2009.8.19.0202. Rel. Jessé Torres, 2ª Câmara Cível. Julgado em 18.07.2012; *(vii)* TJRJ. Apelação Cível n. 0003849-86.2008.8.19.0036. Rel. Fernando Cerqueira Chagas, 11ª Câmara Cível. Julgado em 06.07.2012.

distinções[441], a aparição do termo de maneira autônoma pode sugerir – ainda que precariamente – o entendimento dessas cortes, no sentido de que os conceitos são distintos.

E mais. Outra conclusão que pode ser alcançada é a de que todos os casos analisados – sejam aqueles que trataram os conceitos de maneira distinta, autônoma ou como se sinônimos fossem – abordaram o tema das redes contratuais exclusivamente quando na presença de um consumidor. Ou seja, as redes contratuais – bem como os seus efeitos – não foram abordadas no plano interno das redes contratuais. Essa conclusão vai ao encontro do posicionamento de que as redes contratuais se prestam essencialmente ao mercado de consumo, que, no caso brasileiro, possui legislação própria no CDC, sendo, de certa maneira, desnecessária a menção às redes contratuais.

A ausência de abordagem no plano interno das redes pode sugerir – como já ressaltado por Francisco Paulo De Crescenzo Marino – que, via de regra, não haverá comunicação de invalidades e ineficácias, por exemplo, justamente pelo caráter divisível das redes contratuais. De todo modo, apesar da ausência de julgados nesse sentido – que, inclusive, pode ser o resultado da ausência de compreensão sobre as redes contratuais pelos aplicadores do direito que, ao fim e ao cabo, conduzirão a questão à decisão do intérprete –, entendemos que as suas consequências devem ser analisadas. É o que faremos no capítulo 2 deste estudo.

1.10. Conclusão: proposta de definição de redes contratuais

A partir da análise dos tópicos anteriores, é possível concluir que diversos foram os modelos propostos para tratamento jurídico das redes contratuais. Com exceção daqueles que entendem que o tema em questão não é jurídico, todas as propostas partem de um pressuposto comum, no sentido de que as redes contratuais não se acomodam nos conceitos tradicionais do direito contratual. Nesse sentido, não são meros contratos bilaterais ou plurilaterais (em que pese podem ser formados por eles), nem mesmo chegam a formar sociedades.

Por seu caráter extremamente complexo, que tem a potencialidade de gerar grande indefinição estrutural e comportamental, com imprevi-

---

[441] Exceção deve ser feita ao julgado: TJMG. Apelação Cível n. 1.0148.12.002677-5/002. Rel. José Marcos Vieira, 16ª Câmara Cível. Julgado em 02.05.2018, que, conforme abordado acima, apresentou diferenciação entre os conceitos.

síveis interações e conflitos entre os participantes da rede – em seus planos externo e interno –, entendemos que a definição jurídica, pronta e acabada, de um conceito de redes contratuais estará fadada ao fracasso. Muito provavelmente por esse motivo não se encontra na legislação nacional e estrangeira pesquisada qualquer definição exata a respeito do tema.

Justamente por isso, a proposta de definição de redes contratuais que será aqui sustentada caminha mais no sentido de procurar identificar um conjunto de características que deverão ser observadas no caso concreto para que possamos identificar as redes contratuais. Esclarecemos, de pronto, que não pretendemos estabelecer uma definição completa e acabada, imune a críticas, mesmo porque, conforme desenvolvido no tópico 1.4, *supra*, diversos são os posicionamentos a respeito do tema.

Parece-nos, contudo, que algumas característica deverão estar presentes para a configuração de uma rede contratual: *(i)* os contratos devem ser estruturalmente diferenciados, mantendo-se as suas respectivas causas objetivas; *(ii)* deve haver uma interdependência entre os contratantes, espelhada em um objetivo comum, que é verificado por meio de um nexo econômico; *(iii)* existência de um nexo funcional e sistêmico entre os contratos; *(iv)* surgimento de uma causa supracontratual diferente daquela observada nos contratos individuais e que guia o comportamento de todos os integrantes da rede (que se encontram em geral emulados pelo mesmo objetivo econômico); *(v)* deve haver estabilidade na rede como um todo, representada em uma relação duradoura; *(vi)* as relações contratuais devem ser múltiplas; *(vii)* haverá uma combinação entre cooperação e competição entre os integrantes da rede.

1.11. Hipóteses costumeiramente identificadas como de redes contratuais

Neste tópico, será realizado estudo de algumas operações econômicas, que são corriqueiramente utilizadas pela doutrina e jurisprudência como sendo exemplos práticos de redes contratuais. O objetivo, então, é averiguar as particularidades destas operações econômicas, fazendo um paralelo com as características da rede contratual, tal qual apresentadas nos tópicos anteriores.

1.11.1. Plano de saúde e medicina em grupo

Do que pudemos observar dos julgados analisados, a jurisprudência brasileira entende que os planos de saúde se encaixam dentro das características de uma rede contratual[442]. Nos contratos de planos de saúde, há uma prestação de serviços entre paciente e clínica, outra entre paciente e operadora e uma terceira entre a operadora e a clínica. A doutrina entende que, ao se fazer uso do plano de saúde, as três relações ocorrem de maneira unificada, instantaneamente, o que caracterizaria uma rede contratual[443].

Como se sabe, o contrato celebrado entre as operadoras dos planos de saúde e os consumidores – que é regulado, dentre outras normas, pela Lei n. 9.656, de 3 de junho de 1998[444] – tem por escopo a gestão de recursos com vistas à prestação de serviços na área da saúde. Por meio dessa relação contratual, as operadoras oferecem uma gama de serviços médico-hospitalares por um preço menor. Nesse sistema, o consumidor não necessita pagar diretamente pela consulta, mas, se pagar, será ressarcido pela operadora[445].

---

[442] Referência pode ser feita à decisão monocrática no Agravo em Recurso Especial n. 1.509.557-SP que assim consignou: "Trata-se de agravo interposto por Rede D'or São Luiz S.A. contra decisão que negou seguimento ao recurso especial. O apelo extremo, com fundamento no art. 105, inciso III, alínea "a", da CF/88, insurge-se contra acórdão proferido pelo TJSP assim ementado: "Plano de saúde. Ação de obrigação de fazer c.c. declaratória de inexigibilidade de débito e pedido de indenização por danos morais. Despesas glosadas que estão intimamente relacionadas com o atendimento médico-hospitalar em local credenciado pelo plano de saúde do beneficiário. Contrato de assistência à saúde e o contrato de prestação de serviços formam uma rede contratual, gerando uma expectativa legítima no consumidor. Glosa tardia que se mostra abusiva. Plano de saúde que deve dar integral cobertura aos procedimentos realizados, bem como deve quitar os valores junto ao hospital. Dano moral. Ocorrência". Ver: STJ. AREsp n. 1.509.557-SP. Rel. Min. Ricardo Villas Bôas Cueva, Integrante da Terceira Turma. Julgado em 09.08.2019. Referências também podem ser feitas aos julgados: *(i)* TJMG. Apelação Cível n. 1.0024.14.211048-5/001. Rel. Cabral da Silva, 10ª Câmara Cível. Julgado em 04.06.2019; *(ii)* TJMG. Apelação Cível n. 1.0479.12.010615-4/003. Rel. Arnaldo Maciel, 18ª Câmara Cível. Julgado em 12.02.2019; *(iii)* TJMG. Apelação Cível n. 1.0105.14.014607-4/001. Rel. Cabral da Silva, 10ª Câmara Cível. Julgado em 04.12.2018.

[443] PENTEADO, Luciano de Camargo. Redes contratuais e contratos coligados. In: HIRONAKA, Giselda Maria fernandes Novaes; TARTUCE, Flávio (Coord.). **Direito contratual: temas atuais**. São Paulo: Método, 2007, p. 483-484.

[444] BRASIL. **Lei n. 9.656, de 3 de junho de 1998**. Dispõe sobre os planos e seguros privados de assistência à saúde. Disponível em: http://www.planalto.gov.br/ccivil_03/leis/l9656.htm. Acesso em: 12 set. 2020.

[445] Sobre esta questão, cabe apenas a ressalva de que existe uma diferença significativa entre plano de saúde e a modalidade de seguro de saúde. Naquela, a operadora assume a obrigação de prestar os serviços em sua rede credenciada. Não se pode escolher aqueles que não sejam

Em outras palavras, transfere-se ao operador do plano de saúde a responsabilidade pelo pagamento de despesas futuras e incertas[446].

Ocorre que, nesses arranjos contratuais, os consumidores não possuem, necessariamente, pontos de identificação uns com os outros. Pelo contrário, na grande maioria das vezes, esses consumidores sequer se conhecem[447]. É inegável existir uma rede de consumidores, sem a qual inexistiria a prestação do serviço em questão. Todavia, a solidariedade e a cooperação – própria das redes contratuais – inexiste entre esses consumidores, uns em relação aos outros, uma vez que desconhecem a existência dos demais e não possuem para com os demais objetivos de cooperação[448].

Na realidade, como bem explica Claudia Lima Marques, o vínculo entre o organizador do plano e os consumidores se encaixa como contrato cativo de longa duração, formado por um grupo de consumidores, que transferem ao operador do plano a responsabilidade pelas despesas futuras e incertas[449].

---

credenciados. Já na modalidade seguro de saúde, o serviço será prestado por terceiro e reembolsado ao consumidor. Todavia, na prática, existe uma enorme aproximação entre as duas modalidades, vez que as operadoras dos planos admitem que os consumidores procurem serviços de saúde de prestadores não credenciados, assim como as empresas de seguro de saúde indicam suas listas de seus prestadores de serviço. Para mais explicações sobre essa diferença, ver: SCAFF, Fernando Campos. **Direito à saúde no âmbito privado:** contratos de adesão; planos de saúde e seguro saúde. São Paulo: Saraiva, 2010, p. 51 e ss.

[446] TEPEDINO, Gustavo. Sociedades operadoras de plano de saúde e responsabilidade civil. **Soluções Práticas**, v. 1, n. 412, p. 377-420, nov. 2011, p. 2. Neste artigo, Tepedino desenvolve interessante estudo sobre a limitação da responsabilidade da operadora por danos causados ao consumidor pelos prestadores de serviços médicos. Segundo Tepedino, à operadora impõe-se, exclusivamente, gerir custos, com a finalidade de conduzir o consumidor até o prestador do serviço médico. Como ressalta, "as operadoras não podem ser responsabilizadas pelo tratamento médico equivocado ou por falha na prestação do serviço médico, uma vez que não constituem tais serviços objeto da contratação efetuada entre os consumidores e as operadoras".

[447] LOPES, José Reinaldo de Lima; GARCIA NETO, Paulo Macedo. Consumidores de planos de saúde: ou, doente também tem direitos – uma revisão. In: MARQUES, Claudia Lima (Coord.). **Saúde e Responsabilidade 2:** a nova assistência privada à saúde. São Paulo: Revista dos Tribunais, 2008, p. 173.

[448] NARDI, Marcelo De. **Redes de contratos em perspectiva de interpretação sistêmica.** Porto Alegre: Verbo Jurídico, 2015, p. 190-191.

[449] Sobre os contratos cativos de longa duração – denominação dada por Claudia Lima Marques aos contratos relacionais: "Pareceu-nos necessário, desde a segunda edição deste livro, relembrar alguns aspectos importantes do contrato de plano de saúde no direito brasileiro, uma vez que este contrato atinge milhões de consumidores em nosso mercado e

Disso não se pode concluir que os planos de saúde nunca serão redes contratuais, segundo a definição aqui defendida. O caso concreto sempre terá de ser analisado. Isso porque existe a possibilidade de haver uma interação efetiva entre esses consumidores, como no caso em que um pequeno grupo de associados, empregados, sindicalizados etc. contratam plano de saúde[450].

De todo modo, ainda que não haja cooperação entre os consumidores, entendemos que é possível haver a configuração de uma rede contratual, tal qual caracterizada neste trabalho, entre os fornecedores dos produtos hospitalares, a operadora do plano de saúde, bem como clínicas e hospitais credenciados ou convencionados. Isso significa dizer que, mesmo que inexista qualquer relação entre os consumidores (plano externo da rede), ainda assim poderemos sustentar a existência de uma rede contratual.

1.11.2. O caso dos shopping centers e supermercados

Julgamos que os shopping centers também podem ser um bom exemplo de uma efetiva rede de contratos. Nas palavras de Orlando Gomes, o "shopping center é um núcleo unitário de interesses"[451], que não chega a formar uma pessoa jurídica[452].

---

tende a se expandir. É um bom exemplo de contrato cativo de longa duração, a envolver por muitos anos um fornecedor e um consumidor, sua família ou beneficiários". Ver: MARQUES, Claudia Lima. **Contratos no Código de Defesa do Consumidor:** o novo regime das relações contratuais. 9. ed. rev. e atual. São Paulo: Thomson Reuters Brasil, 2019, p. 546.

[450] Sobre essa modalidade coletiva, ver: RIZZARDO FILHO, Arnaldo. **Contratos.** 11. ed. Rio de Janeiro: Forense, 2010, p. 923. "Contratação coletiva empresarial: Considera-se o plano dirigido à população delimitada (com número de participantes menor de cinquenta) e vinculada a uma pessoa jurídica. Tal população compõe-se de empregados, ou de associados, ou de sindicalizados, ou de cooperativados, com a inclusão ou não de dependentes. Ao mesmo tempo em que ingressa na empresa ou pessoa jurídica, torna-se automaticamente beneficiário do plano, a menos que haja manifestação expressa em contrário. (...) Contratação coletiva por adesão: Constitui regime de plano oferecido por pessoa jurídica para uma massa delimitada de associados, ou em que os associados (funcionários, sócios, sindicalizados) aderem pessoalmente, por livre opção".

[451] GOMES, Orlando. Traços do perfil jurídico de um shopping center. **Doutrinas Essenciais de Direito Empresarial,** v. 4, p. 765-793, dez. 2010, p. 4. Cabe aqui também o posicionamento de Ricardo Luis Lorenzetti sobre o "hipermercado de consumo": "En el hipermercado de consumo hay, a semejanza de la red, una actuación simultánea, pero a diferencia de ella, hay una finalidad común, un interés compartido; es un almacén de ramos generales ampliado y con múltiples participantes. En el hipermercado hay una empresa que se dedica a la explotación del shoping center. Esta empresa celebra contratos de locación con otras que instalan allí

O contrato-shopping[453] engloba, para além da relação contratual com os lojistas[454], muitos outros arranjos contratuais, igualmente fundamentais para o sucesso do empreendimento. Essas outras relações podem se dar nos serviços de segurança, marketing, limpeza, jardinagem etc. Ou seja, o shopping center não é uma figura negocial única[455].

Todavia, a relação contratual cerne desse sistema é aquela estabelecida entre o empreendedor e o lojista. Assim como as demais relações contratuais, a relação entre empreendedores e lojistas pressupõe a atuação coordenada de todos, na medida em que o objetivo do empreendimento – *i.e.*, a atração de clientes para aumento de vendas – somente poderá ser alcançado mediante essa atuação conjunta. É por isso que Darcy Bessone afirma que as relações entre empreendedor e lojistas "não resultam da simples combinação de contratos diferentes, mas, sim, da fusão do que é essencial a vários tipos de contratos"[456].

---

sus negocios. Examinada la relación individual, existe una causa de cambio, mediante la cual se cede el uso y goce de un local contra el pago de un precio. Pero lo cierto es que la multiplicidad de relaciones locativas, conexas entre sí, tiene algún efecto. Naturalmente, alquilar un local para instalar un negocio, es un hecho económicamente distinto si se lo hace en un shoping o fuera de él. El hacerlo dentro del hipermercado significa participar de una empresa común. Surge así un vínculo asociativo que se superpone con la relación de cambio, modificando algunos de sus aspectos". Ver: LORENZETTI, Ricardo Luis. Redes contractuales: conceptualización jurídica, relaciones internas de colaboración, efectos frente a terceros. **Revista de Direito do Consumidor,** v. 28, p. 22-58, out./dez. 1998, p. 3.

[452] O TJSP já se manifestou sobre o fato de que as relações contratuais no contexto do shopping center formariam um núcleo unitário de interesses. Ementa: Locação de Imóveis. Rescisão Contratual Centro comercial. Núcleo unitário de interesse que envolve múltiplas e complexas relações comerciais. Contrato de locação caracterizado. Recurso desprovido. (TJSP. Apelação Cível n. 9246174-28.2003.8.26.0000. Rel. Júlio Vidal, 28ª Câmara da Seção de Direito Privado. Julgado em 29.11.2005).

[453] Empregamos a expressão "contrato-shopping" apenas para englobar todas as relações contratuais com os mais diversos prestares de serviço.

[454] Mesmo essa relação contratual varia muito a depender do lojista. Nos contratos-shopping, é comum a referência ao *tenant mix*, que é orientado pelo trinômio: lojas âncoras (magazines ou lojas de departamentos com grande variedade de produtos e enorme poder de atração de clientela); lojas satélites (demais lojas que alcançaram prestígio, mas que são de menor escala) e as restantes (aqueles lojistas menos conhecidos, que dependem profundamente do sucesso do empreendimento).

[455] PEREIRA, Caio Mário da Silva. Shopping centers – organização econômica e disciplina jurídica. **Doutrinas Essenciais Obrigações e Contratos,** v. 5, p. 611-629, jun. 2011, p. 3.

[456] BESSONE, Darcy. O shopping na lei do inquilinato. **Revista dos Tribunais,** v. 680, p. 23-33, jun. 1992, p. 13. Prossegue ainda o autor, afirmando que: "(...) a ideia predominante

Nessas grandiosas estruturas, os lojistas são chamados a contribuir com o pagamento das despesas comuns (como segurança, limpeza), do fundo de promoção (refletido em campanhas de publicidade, que beneficiam toda a rede), sofrendo diretamente os efeitos da desativação de lojas e da baixa frequência de clientes[457]. Para o empreendedor, a ausência de clientes também não será vantajosa, dado que a remuneração recebida dos lojistas está vinculada a um percentual das vendas destes últimos[458]. Ou seja, todos são afetados – positiva e negativamente – pelo sucesso da rede, de modo que o negócio só pode se desenvolver com o auxílio de todos[459].

Em relação ao sistema organizacional, é inegável que o empreendedor – proprietário do espaço físico – terá o comando central[460]. Isso é facilmente

---

nas relações entre o empreendedor e os lojistas é a da atividade comum organizada, que não pode prescindir dos serviços internos. Todo o arranjo externo e interno do shopping faz-se em função de um objetivo que não é suscetível de pulverização. Tudo é armado para funcionar em conjunto e harmonicamente". BESSONE, Darcy. O shopping na lei do inquilinato. **Revista dos Tribunais**, v. 680, p. 23-33, jun. 1992, p. 9.

[457] GOMES NETO, José. Shopping center: regulamentação jurídica e proteção ao lojista. **Revista de Direito Imobiliário**, v. 39, p. 129-141, set./dez. 1996, p. 9-10.

[458] Em relação à remuneração do empreendedor, é de se ressaltar que esta se encontra dividida em atribuições pecuniárias superpostas, quais sejam, o aluguel mínimo e o aluguel percentual. Como explica Orlando Gomes, "entre os dois há uma relação de convergência assim expressa: se o valor do aluguel percentual apurado for superior ao valor do aluguel mínimo, o lojista pagará ao dono do shopping center a quantia correspondente à diferença entre os dois". Ver: GOMES, Orlando. Traços do perfil jurídico de um shopping center. **Doutrinas Essenciais de Direito Empresarial**, v. 4, p. 765-793, dez. 2010, p. 2.

[459] Esse dever de cooperação entre os integrantes da rede contratual shopping center já foi abordado em julgado proveniente do STJ, que será melhor analisado no tópico 2.2.1. "O lojista que se estabelece em um shopping center integra a sua empresa com o empreendimento para usufruir do planejamento, organização e clientela que o frequenta. Portanto, mais que um simples contrato de locação, há uma relação associativa na qual a colaboração entre os lojistas e o empreendimento é necessária para concretizar-se esse modelo de exploração comercial". STJ. REsp n. 1.295.808-RJ. Min: João Otávio de Noronha, 3ª Turma. Julgado em 24.04.2014.

[460] Esse comando do administrador do shopping center, com vistas a maximizar os ganhos de todos os integrantes do shopping center já foi, inclusive, abordado em ação ajuizada por um dos lojistas em face da administradora do shopping center. Nessa ação, o lojista alegava que a alteração do *tenant mix* teria lhe causado prejuízos. A decisão do TJSP, confirmando a sentença de improcedência, assim se manifestou: "Ainda, cabe exclusivamente ao empreendedor também alterar o mix sempre que verificar a modificação do público consumidor ou outras situações que possam causar risco ao sucesso do empreendimento, inclusive, sem consultar os lojistas, ou, ainda, fatores de interesse geral e integração dos lojistas, com o aumento do público consumidor e do faturamento para manutenção do empreendimento". (...) "Registre-

verificado quando levamos em consideração o fato de que o líder da rede dispõe sobre as denominadas "Normas Complementares"[461], que devem ser aceitas por todos aqueles que adentram a rede, sendo que estas normas integram o contrato individualmente considerado[462]. Neste sistema também encontramos a associação de lojistas, como "órgão colegiado necessário para exprimir a vontade dos associados em certas relações externas e internas e assumir as decisões necessárias"[463]. Ou seja, o grau de hierarquização vai variar a depender do caso concreto.

Marcelo De Nardi[464] lembra que as grandes redes de supermercados também espelham uma organização muitas vezes semelhante ao shopping center, na medida em que diversas lojas satélites são dispostas no mesmo espaço físico, de modo a complementar a prestação do serviço principal. Considerando esses aspectos, o supracitado autor conclui que tanto o shopping center quanto muitas das novas organizações de supermercados apresentam, com frequência, a "formação de uma rede de contratos, conjunto plurilateral de contratos enfeixados em busca de uma finalidade comum, que detém autonomia em sentido estrito"[465] e que só alcança seus objetivos com a cooperação de todos.

1.11.3. Contrato de franquia

A definição legal de franquia vem disposta no *caput* do art. 1º[466] do novo marco legal sobre o sistema de franquia – a Lei n. 13.966, de 26 de dezem-

---

se que o gerenciamento do shopping center tem o maior interesse na lucratividade dos lojistas e na promoção de medidas visando ao aumento de visitantes, pois dele também aufere lucros já que parte dos valores que recebe dos lojistas advém de seu faturamento". TJSP. Apelação Cível n. 1031300-93.2019.8.26.0002. Rel. Gilberto Leme, 35ª Câmara de Direito Privado. Julgado em 03.02.2020.

[461] Que são normas gerais a respeito do uso das lojas e das áreas comuns de circulação, da utilização de bens, do aproveitamento dos serviços para os que frequentam o shopping center etc.

[462] PEREIRA, Caio Mário da Silva. Shopping centers – organização econômica e disciplina jurídica. **Doutrinas Essenciais Obrigações e Contratos**, v. 5, p. 611-629, jun. 2011, p. 8.

[463] GOMES, Orlando. Traços do perfil jurídico de um shopping center. **Doutrinas Essenciais de Direito Empresarial**, v. 4, p. 765-793, dez. 2010, p. 3.

[464] NARDI, Marcelo De. **Redes de contratos em perspectiva de interpretação sistêmica.** Porto Alegre: Verbo Jurídico, 2015, p. 178-179.

[465] NARDI, Marcelo De. **Redes de contratos em perspectiva de interpretação sistêmica.** Porto Alegre: Verbo Jurídico, 2015, p. 179.

[466] Art. 1º Esta Lei disciplina o sistema de franquia empresarial, pelo qual um franqueador autoriza por meio de contrato um franqueado a usar marcas e outros objetos de propriedade

bro de 2019. Neste dispositivo, prevê-se a autorização do detentor de uma marca, processo de comercialização ou método de prestação de serviço etc. (o franqueador), para que este ceda seus direitos para que outras empresas (franqueados) operem com essa vantagem, mediante o compromisso de adquirirem e venderem os produtos disponibilizados pelo detentor da propriedade intelectual[467].

O escopo comum da rede de franquia, formada por empresas independentes, em um regime de competição e cooperação, pode ser resumido no entendimento de Silvio de Salvo Venosa, que afirma ser a franquia uma "forma mais eficiente e prática de distribuição de produtos e serviços.

intelectual, sempre associados ao direito de produção ou distribuição exclusiva ou não exclusiva de produtos ou serviços e também ao direito de uso de métodos e sistemas de implantação e administração de negócio ou sistema operacional desenvolvido ou detido pelo franqueador, mediante remuneração direta ou indireta, sem caracterizar relação de consumo ou vínculo empregatício em relação ao franqueado ou a seus empregados, ainda que durante o período de treinamento. BRASIL. **Lei n. 13.966, de 26 de dezembro de 2019.** Dispõe sobre o sistema de franquia empresarial e revoga a Lei n. 8.955, de 15 de dezembro de 1994 (Lei de Franquia). Disponível em: http://www.planalto.gov.br/ccivil_03/_ato2019-2022/2019/lei/L13966.htm. Acesso em: 07 jun. 2020.

[467] Sem a pretensão de citar todas as definições doutrinárias sobre o sistema de franquia, fazemos referência a Marcelo Cherto, para quem a franquia "é, nada mais, nada menos, do que um método e um arranjo para a distribuição de produtos e/ou serviços. Juridicamente, se implementa através de um contrato pelo qual o detentor de um nome ou marca, de uma ideia, de um método ou tecnologia, segredo ou processo, proprietário ou fabricante de um certo produto ou equipamento, mais know-how a ele relacionado (o *franchisor* ou franqueador) outorga a alguém dele jurídica e economicamente independente (o *franchisee* ou franqueado), licença para explorar em seu nome ou marca, em conexão com tal ideia, processo, método, tecnologia, produto e/ou equipamento. É estabelecido pelo *franchisor* (franqueador) o modo pelo qual o *franchisee* (franqueado) deverá instalar e operar seu próprio negócio e desenvolver suas atividades, que serão desenvolvidas sempre sob o controle, a supervisão e a orientação e com a assistência do *franchisor* (franqueador), a quem o *franchisee* (franqueado) pagará, direta ou indiretamente, de uma forma ou de outra, uma remuneração. O *franchisee* (franqueado) arca, ainda, com os custos e despesas necessárias à instalação e operação de seu próprio estabelecimento". Ver: CHERTO, Marcelo. **Franchising:** uma estratégia para expansão de negócios. São Paulo: Premier Máxima, 2006, p. 04. Outras conceitualizações sobre franquia podem ser encontradas em: GOMES, Orlando. **Contratos.** 27. ed. rev. e atual. por Edvaldo Brito e Reginalda Paranhos de Brito. Rio de Janeiro: Forense, 2019, p. 501; SANTOS, Alexandre David. **Comentários à nova lei de franquia:** Lei n. 13.966/2019. São Paulo: Almedina, 2020, p. 29-32; RIZZARDO FILHO, Arnaldo. **Redes empresariais e organização contratual na nova economia.** Florianópolis: Tirant Lo Blanch, 2018, p. 112-119; RICHTER, Marina Nascimbem Bechtejew. **A relação de franquia no mundo empresarial e as tendências da jurisprudência brasileira.** São Paulo: Almedina, 2015, p. 17-28.

A conjugação de esforços entre as empresas no contrato denota colaboração recíproca"[468], sendo que essa colaboração é formada por "empresas [que] são independentes uma da outra; essa é a característica mais proeminente do instituto"[469]. Essa qualificação também já foi reconhecida pelo TJRS[470].

Ocorre que o nível de integração do sistema de franquia pode variar muito de caso a caso. É por isso que Marcelo De Nardi afirma que algumas franquias não poderão ser consideradas verdadeiras redes contratuais[471], tendo em vista o fato de que, em algumas delas, existe uma "condição de submissão intensa, de modo a desvalorizar os princípios da solidariedade e cooperação inerentes às redes contratuais, suprimindo-lhes a livre iniciativa"[472].

---

[468] VENOSA, Sílvio de Salvo. Direito civil: contratos em espécie. 11. ed. São Paulo: Atlas, 2011, p. 527.

[469] VENOSA, Sílvio de Salvo. Direito civil: contratos em espécie. 11. ed. São Paulo: Atlas, 2011, p. 527.

[470] Trecho do julgado: "Caracteriza-se o contrato de franquia por ser uma licença onerosa de uso de marca ou patente, com distribuição exclusiva ou semi-exclusiva de produtos ou serviços, havendo transferência de Know-how (técnica de comercialização e distribuição do produto), marcado pela independência e autonomia administrativa do empresário-franqueado em relação ao franqueador". (...) "Tal espécie de negócio mercantil se revela vantajoso para franqueado e franqueador. O franqueado, não tendo conhecimentos técnicos para o sucesso do empreendimento almejado, vale-se das estratégias, procedimentos e conhecimentos do franqueador, empreendendo negócio já conhecido dos destinatários (consumidores). O franqueador, por seu turno, amplia sua oferta no mercado, obtendo vantagem econômica, sem assumir os riscos inerentes à abertura de uma filial". TJRS. Apelação Cível n. 70047462015. Rel(a). Marilene Bonzanini, 9ª Câmara Cível. Julgado em 30.05.2012.

[471] Em que pese grande parte da doutrina classifique os contratos de franquia, construção e distribuição como redes contratuais – desde que verificados os requisitos no caso concreto, é claro –, há vozes doutrinárias em sentido contrário, cujos argumentos não podem ser desconsiderados. Nesse sentido: KREBS, Peter; AEDTNER, Katja; SCHULTES, Marion. Company networks reloaded – putting a general functional approach to defining complex problems to the test. In: JUNG, Stefanie; KREBS, Peter; TEUBNER, Gunther. **Business networks reloaded.** Baden-Baden: Nomos, 2015, p. 71-72, para quem: *"(...). But collective interests do not emerge since the organisation is aimed at co-ordination, but not at co-operation. Franchisor and franchise face each other in as antagonistic attitude within a network. The lack of a common network aim is especially apparent when the franchisees are not allowed to co-operate with each other. (...) Similarly, this would also apply to general contractors or supply chains co-ordinated by the end buyer".* Apesar de concordarmos com as importantes observações de Peter Krebs, Katja Aedtner e Marion Schultes, entendemos que apenas o caso concreto poderá responder a esses questionamentos. Por exemplo, a depender da franquia analisada, poderá haver mais ou menos coordenação entre os franqueados, afastando ou aproximando o tipo contratual das características das redes contratuais.

[472] NARDI, Marcelo De. **Redes de contratos em perspectiva de interpretação sistêmica.** Porto Alegre: Verbo Jurídico, 2015, p. 181.

Nesse contexto, interessante se faz mencionar o estudo de Daniel Plá[473], que propôs uma classificação das redes de franquia segundo o seu nível de integração. Segundo ele, haveria 5 níveis (os quais ele chamou de gerações). No primeiro deles, haveria pouco suporte do franqueador, havendo um maior risco por conta da baixa profissionalização do modelo. As gerações iriam se transformando até a 5ª geração, na qual haveria um alto nível de profissionalização e transferência de *know-how*. Nessa última geração, o franqueador ofereceria a possibilidade de a rede desenvolver um Conselho de Administração de Franqueados, um canal de comunicação, um sistema de recompra ou revenda de unidades com problemas etc.

Analisando as cinco gerações acima apontadas, Alexandre David Santos explica que, na última delas – que possibilita a formação de um conselho de franqueados – haverá "maior participação do franqueado na própria gestão da rede e requer que o franqueador compartilhe parte do poder para promover a negociação em processos de tomada de decisão"[474].

Não é por nada que o art. 2º, XX[475] da Lei n. 13.966/2019 expressamente determina que, na Circular de Oferta de Franquia, o franqueador deverá informar a existência de conselhos ou associações de franqueados. Este conselho decorre de iniciativa do franqueador e tem a finalidade de contar com os representantes eleitos dos franqueados para discutirem – em reuniões periódicas – os rumos da rede. Apesar de possuírem apenas caráter consultivo, essas estruturas organizacionais demonstram um maior entrosamento da rede.

Haverá ainda a possibilidade de surgimento de associações de franqueados (que independem da vontade do franqueador, já que constitu-

---

[473] PLÁ, Daniel. **Tudo sobre franchising.** Rio de Janeiro: Senac Rio, 2001, apud SANTOS, Alexandre David. **Comentários à nova lei de franquia:** Lei n. 13.966/2019. São Paulo: Almedina, 2020, p. 31-32.

[474] SANTOS, Alexandre David. **Comentários à nova lei de franquia:** Lei n. 13.966/2019. São Paulo: Almedina, 2020, p. 32.

[475] Art. 2º Para a implantação da franquia, o franqueador deverá fornecer ao interessado Circular de Oferta de Franquia, escrita em língua portuguesa, de forma objetiva e acessível, contendo obrigatoriamente: (...) XX – indicação de existência de conselho ou associação de franqueados, com as atribuições, os poderes e os mecanismos de representação perante o franqueador, e detalhamento das competências para gestão e fiscalização da aplicação dos recursos de fundos existentes. BRASIL. **Lei n. 13.966, de 26 de dezembro de 2019.** Dispõe sobre o sistema de franquia empresarial e revoga a Lei n. 8.955, de 15 de dezembro de 1994 (Lei de Franquia). Disponível em: http://www.planalto.gov.br/ccivil_03/_ato2019-2022/2019/lei/L13966.htm. Acesso em: 07 jun. 2020.

cionalmente asseguradas, nos termos do art. 8º da CF/88). Por vezes, o franqueador poderá – também em caráter consultivo – selecionar alguns franqueados para discussão, em comitês específicos, sobre algum ponto específico da rede[476].

Percebe-se, pois, que a depender do modelo adotado, poderemos estar diante de uma rede contratual estritamente hierárquica – sem qualquer compartilhamento de poder decisório – e, por vezes, diante de um modelo mais flexível, mais descentralizado.

Ou seja, como já tivemos a oportunidade de mencionar neste trabalho, entendemos que o estudo sobre as redes contratuais não deve ser aplicado sem a análise da relação contratual concreta. Não é diferente o caso da franquia. Isso porque é possível encontrarmos estruturas em que a cooperação entre os franqueados é verificada juntamente com a inevitável competição. Em estruturas como essas, entendemos que poderemos verificar, com mais facilidade, a presença de uma efetiva rede contratual.

De todo modo, em relação à rede de franquia, somos do posicionamento de que, em maior ou menor grau, sempre haverá a presença de algum nível de cooperação entre os contratantes, somada à sempre presente competição entre estes. Isso significa dizer que o contrato de franquia é uma rede contratual, ainda que com níveis de integração distintos, a depender do caso concreto. O resultado dessa maior ou menor vinculação será sentido nos diferentes tratamentos aos problemas que nelas poderão ser encontrados. Essa questão será melhor tratada no Capítulo 2.

Somado a isso, entendemos que a própria Lei n. 13.966/2019 – ao fazer referência, em mais de uma oportunidade, à franquia como sendo um "sistema"[477] – dá indicativos de que os contratos que dela advêm não devem ser analisados de maneira atomística, mas sim levando em consideração o sistema do qual todos fazem parte. E por assim dispor, a correlação dos contratos de franquia com o de rede de contratos ajuda a se sedimentar.

---

[476] SANTOS, Alexandre David. **Comentários à nova lei de franquia:** Lei n. 13.966/2019. São Paulo: Almedina, 2020, p. 108-112.
[477] Referências como essa podem ser observadas no *caput* do art. 1º, bem como no art. 2º, IV e IX, "a", da Lei n. 13.966/2019.

1.11.4. Contratos de distribuição *stricto sensu*

Entendemos que também os contratos de distribuição *stricto sensu*[478] podem ser identificados como redes contratuais. Os contratos de distribuição, neste tópico abordados, diferem daqueles outros contratos de distribuição, tal qual a própria franquia (e por isso são abordados de maneira apartada deste)[479]. Para abordarmos a questão, devemos analisar a notória definição de Paula A. Forgioni sobre contratos de distribuição:

> (...) contrato bilateral, sinalagmático, atípico e misto, de longa duração, que encerra um acordo vertical, pelo qual um agente econômico (fornecedor) obriga-se ao fornecimento de certos bens ou serviços a outro agente econômico (distribuidor), para que este os revenda, tendo como proveito econômico a diferença entre o preço de aquisição e de revenda e assumindo obrigações voltadas à satisfação das exigências do sistema de distribuição do qual participa[480].

Marcelo De Nardi ressalta, então, que o contrato de distribuição não se exaure dentro de suas relações contratuais indivíduas, segundo a tradicional fórmula de compra e venda, que se expressa no domínio + objeto + preço. Na realidade, para além da transação econômica, nos contratos de distribuição existe uma aproximação entre as partes que se protrai no tempo, que intensifica a necessidade de solidariedade para a consecução

---

[478] Nesse ponto cabe a referência de que o conceito de contratos de distribuição *lato sensu* abrange diversos outros tipos contratuais, tal qual o próprio contrato de franquia. Segundo entendimento da doutrina brasileira, o contrato de distribuição *stricto sensu* diz respeito ao contrato que comporta a aquisição de mercadoria do fabricante pelo distribuidor com a finalidade de posterior revenda no mercado. Ver: THEODORO JÚNIOR, Humberto; MELLO, Adriana Mandim Theodoro de. O regime do contrato (típico) de agência e distribuição (representação comercial) no novo código civil em cotejo com a situação jurídica do contrato (atípico) de concessão comercial. Indenizações cabíveis na extinção da relação contratual. In: **RT/Fasc. Civ**. Ano 93. v. 825. Jul. 2004. p. 42.

[479] É inquestionável o fato de que tanto o contrato de franquia, quanto o contrato de distribuição *stricto sensu* são utilizados no escoamento de bens. Todavia, as obrigações de cada um deles são distintas, na medida em que as obrigações da franquia são mais abrangentes (mesmo as franquias de distribuição), tendo em vista o fato de que, nas franquias, há transferência de tecnologia, de *know-how*, de licença do uso da marca – obrigações essas inexistentes no contrato de distribuição *stricto sensu*.

[480] FORGIONI, Paula A. **Contratos de distribuição**. 2. ed. São Paulo: Revista dos Tribunais, 2008, p. 116. Em semelhante sentido: GOMES, Orlando. **Contratos**. 27. ed. rev. e atual. por Edvaldo Brito e Reginalda Paranhos de Brito. Rio de Janeiro: Forense, 2019, p. 402.

perene do negócio[481]. Como a doutrina mesmo afirma[482], é comum a organização desses contratos em uma verdadeira rede, que instala uma teia contratual, formada por diversos contratos que se relacionam entre si. Frente a essas características, Marcelo De Nardi conclui que os contratos de distribuição podem ser caracterizados como redes contratuais[483].

No caso específico da rede de distribuição de automóveis no Brasil (concessionárias revendedoras), por exemplo – regulada pela Lei n. 6.729, de 28 de novembro de 1979[484] –, o próprio legislador fez questão de estimular a formação de uma rede de interesses comuns entre os participantes, fundamentada na cooperação e no respeito recíproco dos diversos participantes[485].

---

[481] NARDI, Marcelo De. **Redes de contratos em perspectiva de interpretação sistêmica.** Porto Alegre: Verbo Jurídico, 2015, p. 171-172.

[482] ZANETTI, Ana Carolina Devito Dearo. **Contrato de distribuição:** o inadimplemento recíproco. São Paulo: Atlas, 2015, p. 21. No mesmo sentido: FORGIONI, Paula A. **Contratos de distribuição.** 2. ed. São Paulo: Revista dos Tribunais, 2008, p. 134.

[483] NARDI, Marcelo De. **Redes de contratos em perspectiva de interpretação sistêmica.** Porto Alegre: Verbo Jurídico, 2015, p. 174. "[o contrato de distribuição] poderá ser caracterizado como rede de contratos, especialmente diante da característica de recíproca influência dos contratos entre si, de que o objetivo global é atingido com maior eficiência através da rede, e de que essa eficiência maior depende da cooperação e solidariedade entre o distribuído e os distribuidores. Este modelo é um paradigma importante para a constatação da existência do fenômeno da rede de contratos. Com facilidade se identifica a finalidade supracontratual, caracterizada pela organização com o fim de desenvolver a comercialização de certo produto; as iniciativas de cooperação e solidariedade, muitas vezes contratualmente estabelecidas, se evidenciam. O sentido da existência dos contratos bilaterais entre distribuído e distribuidores se amplia para identificar o valor – econômico e jurídico – da existência do conjunto de contratos. A rede se torna importante, e passa a merecer consideração jurídica".

[484] BRASIL. **Lei n. 6.729, de 28 de novembro de 1979.** Dispõe sobre a concessão comercial entre produtores e distribuidores de veículos automotores de via terrestre. Disponível em: http://www.planalto.gov.br/ccivil_03/leis/l6729.htm. Acesso em: 07 jun. 2020.

[485] FORGIONI, Paula A. **Contratos de distribuição.** 2. ed. São Paulo: Revista dos Tribunais, 2008, p. 88-89. "Já foi mencionado anteriormente que a atipicidade legal dos contratos de distribuição foi parcialmente quebrada, em 1979, pela promulgação da Lei n. 6.729, conhecida como 'Lei Ferrari'. Cuida o diploma específica e exclusivamente da 'distribuição de veículos automotores, de via terrestre'. Fruto de intensos debates – e do antagonismo de interesses das montadoras e seus concessionários –, a lei pretendia ser um instrumento que viabilizasse o 'convívio equilibrado harmonioso' entre esses agentes econômicos, considerando o fato de que a distribuição de veículos implica a atuação de vários concessionários, formando uma rede. Segundo sua exposição de motivos, '[a]s normas contratuais (...) extrapolam para todos os concessionários, que constituem verdadeira comunhão de interesses, de tal sorte que o

Entendemos que o objetivo comum almejado pelos participantes da rede – expressa no fim de desenvolver a comercialização de um determinado produto – faz surgir uma rede contratual entre os participantes, que apenas poderá alcançar o seu propósito mediante a cooperação de todos. Também aqui o caso concreto deverá ser analisado.

1.11.5. Cartão de crédito

Como explica Marcelo De Nardi[486], o negócio de cartões de crédito é formado por várias redes de contratos. Decompondo-se essas várias redes de contratos, podemos observar as seguintes: rede de estabelecimentos que aceitam o pagamento por cartão de crédito; rede de consumidores que utiliza o cartão de crédito, rede de instituições bancárias que farão o pagamento dos consumidores e a financiadora de débitos postergados, redes de serviços de informática, atendimento e vendas dos cartões. Isso para não falar em todos os demais serviços associados ao cartão de crédito, como aqueles que conferem vantagens ao consumidor: seguro, passagens aéreas etc.

Sob a perspectiva do consumidor, essa relação se caracteriza como um contrato cativo de longa duração, na medida em que o mercado atual induz o consumo de bens materiais e imateriais para facilitar a vida do usuário, colocando-o em uma posição de dependência, tendo em vista o fato de que são poucos os *players* no mercado e o consumidor já não consegue viver sem esses bens. Foge dos consumidores, portanto, a percepção da importância da preservação da rede. Igualmente aos lojistas se aplica essa observação. Isso porque esses últimos estão reunidos para receber o paga-

---

procedimento de cada um não pode prejudicar aos demais; não é sem razão que se considera a rede de concessionários como uma unidade integrada de inúmeros componentes. Pelo que as normas de regência entre concedente e concessionário têm caráter de atuação coletiva em relação à rede".

[486] NARDI, Marcelo De. **Redes de contratos em perspectiva de interpretação sistêmica.** Porto Alegre: Verbo Jurídico, 2015, p. 192. Em sentido semelhante: GOMES, Orlando. **Contratos.** 27. ed. rev. e atual. por Edvaldo Brito e Reginalda Paranhos de Brito. Rio de Janeiro: Forense, 2019, p. 509, para quem "[T]rês fases distinguem-se perfeitamente nessa sequência de comportamentos, a da emissão do cartão, a da sua utilização por seu portador e a da liquidação da fatura. Na primeira, figuram o emissor e o titular do cartão; na segunda, este e o vendedor ou quem presta o serviço; na terceira, este e o emissor". No mesmo sentido: MARQUES, Claudia Lima. **Contratos no Código de Defesa do Consumidor:** o novo regime das relações contratuais. 9. ed. rev. e atual. São Paulo: Thomson Reuters Brasil, 2019, p. 91.

mento por meio de um sistema que diminua os seus riscos. Todavia, não há solidariedade entre eles[487].

Diferente é o caso da rede de apoio, porquanto há – na maior parte das vezes – intensa solidariedade e cooperação, tendo em vista o fato de que esses *players* necessitam de uma constante e efetiva troca de informações, que apenas será viabilizada se todos estiverem comprometidos com a adequada prestação do serviço de disponibilização de crédito[488].

Em que pese as observações apontadas, entendemos que, sob a perspectiva dos planos, proposta por Ricardo Luis Lorenzetti, tanto os consumidores como os lojistas se encontram no que o autor argentino conceituou de plano externo das redes contratuais. Apesar de lhe faltarem a percepção de cooperação entre os seus pares, isso não muda o fato de que o negócio de cartão de crédito apenas será viabilizado com a atuação também destes.

1.11.6. Consórcio de empresas

O consórcio de empresa foi regulado pelos arts. 278 e 279 da Lei n. 6.404/1976. É muito utilizado para execução de projetos de grande porte, como a implementação de hidrelétricas e de grandes unidades empresariais.

Essa organização se refere à união de empresas, que preservam a sua personalidade jurídica individual, de modo a atingir um resultado previamente estabelecido. Essa união é formalizada por meio de um contrato, arquivado no registro do comércio, que cria uma relação jurídica obrigacional entre as sociedades integrantes, preservando a autonomia de cada uma delas. O que ocorre é uma estrutura de cooperação – por meio de contrato plurilateral – que possibilita às consorciadas se apresentarem e conduzirem o negócio para o qual se propõem de maneira unificada[489]. É notória a definição de Modesto Carvalhosa sobre o consórcio de empresas[490].

---

[487] NARDI, Marcelo De. **Redes de contratos em perspectiva de interpretação sistêmica.** Porto Alegre: Verbo Jurídico, 2015, p. 193-194.
[488] NARDI, Marcelo De. **Redes de contratos em perspectiva de interpretação sistêmica.** Porto Alegre: Verbo Jurídico, 2015, p. 194-195.
[489] BORGES, Rodrigo Laranjeira Braga. Principais características do contrato de consórcio de empresas no direito brasileiro. **Revista de Direito Empresarial**, v. 2, p. 129, mar. 2014, p. 3-4. No mesmo sentido: OLIVEIRA, Karina Cardozo de. Breve análise sobre o contrato de consórcio empresarial. **Revista de Direito Bancário e do Mercado de Capitais**, v. 66, p. 131-155, out./dez. 2014; LOBO, Carlos Augusto da Silveira. Contratos associativos – sociedade e consórcio. **Revista de Direito Bancário e do Mercado de Capitais**, v. 66, p. 97-115, out./dez. 2014.

Marcelo De Nardi afirma, contudo, que há uma característica que afasta os consórcios das redes contratuais. Segundo o autor, o consórcio "não tem em conta solidariedade e cooperação como princípios relevantes (...), embora comumente se estendam por longos prazos e existam em função do atingimento de um objetivo comum"[490]. Conclui o autor gaúcho que, a forma como configurado, possibilita incluí-los na categoria de contratos relacionais[492]. Todavia, "havendo solidariedade e cooperação marcantes, desbordando do expresso na avença escrita e registrada conforme as previsões legais, a rede de contratos aparecerá"[493].

Ademais, é de se ressaltar que, existindo apenas um contrato, será mais conveniente falarmos de uma rede de empresas e não de uma rede contratual, tendo em vista o fato de que, sob o nosso ponto de vista, a rede contratual pressupõe uma pluralidade de contratos.

---

[490] CARVALHOSA, Modesto. **Comentários à lei de sociedades anônimas.** Tomo II. 4. ed. rev. atual. São Paulo: Saraiva, 2011, v. 4, p. 433-434. "O consórcio constitui um contrato associativo, sem personalidade jurídica. Tem, porém, personalidade judicial e negocial, que se expressa pela existência de uma representação e de uma administração, com capacidade negocial e processual, ativa e passiva (art. 279). A representação decorre de mandato das sociedades consorciadas. Esse mandato poderá ser outorgado a uma das empresas consorciadas, como de resto é comum nos consórcios de participação em concorrências públicas (instrumentais). Ademais, o contrato associativo permite a criação de um fundo consorcial (art. 279), visando a implementar os objetivos do consórcio e a responder pelas suas atividades".

[491] NARDI, Marcelo De. **Redes de contratos em perspectiva de interpretação sistêmica.** Porto Alegre: Verbo Jurídico, 2015, p. 199.

[492] NARDI, Marcelo De. **Redes de contratos em perspectiva de interpretação sistêmica.** Porto Alegre: Verbo Jurídico, 2015, p. 200. No mesmo sentido é o entendimento de Antônio Junqueira de Azevedo: "Procurando adaptar essas ideias ao nosso mundo conceptual, o que se percebe é que há, no contrato relacional, um contrato de duração e que exige fortemente colaboração. São relacionais todos os contratos que, sendo de duração, têm por objeto colaboração (sociedade, parcerias etc.) e, ainda, os que, mesmo não tendo por objeto a colaboração, exigem-na intensa para poder atingir os seus fins, como os de distribuição e da franquia, já referidos. O consórcio, sendo de colaboração e de duração, não resta dúvida, é um contrato relacional. Essa afirmação exige, porém, para o caso concreto examinado, dois desenvolvimentos, feitos a seguir, um sobre a boa-fé nos contratos relacionais e outro, sobre o tempo na execução dos contratos". Ver: AZEVEDO, Antonio Junqueira de. Natureza jurídica do contrato de consórcio. Classificação dos atos jurídicos quanto ao número de partes e quanto aos efeitos. Os contratos relacionais. A boa-fé nos contratos relacionais. Contratos de duração. Alteração das circunstâncias e onerosidade excessiva. Sinalagma e resolução contratual. Resolução parcial do contrato. Função social do contrato. **Revista dos Tribunais**, v. 832, p. 115-137, fev. 2005, p. 10.

[493] NARDI, Marcelo De. **Redes de contratos em perspectiva de interpretação sistêmica.** Porto Alegre: Verbo Jurídico, 2015, p. 200.

2
CONSEQUÊNCIAS DA APLICAÇÃO DAS REDES CONTRATUAIS

Superada a análise das redes contratuais – suas características, fundamentos, espécies e institutos similares –, entendemos ser relevante o estudo sobre as consequências de sua aplicação. Como já deve ter sido possível constatar, no plano legislativo, as redes contratuais não possuem muito reflexo nos sistemas jurídicos mundo afora. Frente a esse marasmo legislativo, o papel do juiz encontra uma posição de destaque. Verificada a existência de uma rede contratual, o magistrado terá a importante – e nada fácil – tarefa de definir as suas consequências.

A existência de problemas a serem respondidos – que apenas surgem em virtude da existência do fenômeno também social, chamado redes contratuais – ajuda a descolar o estudo das redes contratuais de apenas um fenômeno social para se tornar um instituto jurídico, digno de estudo[494]. Ou seja, o Direito não pode ignorar as consequências verificadas no mundo fático.

---

[494] Nesse ponto, importante a observação de Peter Krebs, Katja Aedtner e Marion Schultes: *"But what is an independent juridical institute? The notion of juridical institute is associated with a group of connected rules that apply to an abstract issue. Accordingly, the institute is first and foremost distinguished from an individual rule. However, the matter discussed here is the point at which an abstract issue can be regarded as a juridical phenomenon, i.e. an individual juridical institute. An individual institute has the juridical right to exist only if it combines problems or chances which otherwise would not exist at all or at least not in this way"* (...) A conclusão dos autores é a que segue: *"At the same time it can be justified that company networks are a juridical institute since the characteristic of an institute is the existence of separate problems and individual solutions for and abstract issue"*. Ver: KREBS, Peter; AEDTNER, Katja; SCHULTES, Marion. Company networks reloaded – putting a general functional approach to defining complex problems to the test. In: JUNG, Stefanie; KREBS, Peter; TEUBNER, Gunther. **Business networks reloaded.** Baden-Baden: Nomos, 2015, p. 44-45 e p. 73, respectivamente.

Como já deve ter restado claro ao leitor, as redes contratuais (nem contrato, nem hierarquia) divergem muito dos contratos bilaterais, tendo em vista o seu alto grau de interdependência, bem como divergem das relações societárias puras, porquanto não se verifica a criação de uma nova pessoa jurídica[495]. Frequentemente, essas redes contratuais necessitam de alguma espécie de sistema de governança, que implicará a necessidade de regras de deveres de parte a parte, invalidades e ineficácias, bem como remédios para o caso de inadimplemento contratual[496].

Demonstraremos neste capítulo, portanto, algumas consequências observadas no âmbito do estudo das redes contratuais, não apenas no que diz respeito à interpretação dos contratos e aos deveres que delas surgem, mas também aos efeitos que são observados no plano dos contratos e das partes.

2.1. Interpretação dos contratos em rede

As relações contratuais são sensivelmente influenciadas pela nova realidade social e econômica do direito contratual. A interpretação dos contratos não fugiu a essa regra. Também no campo das redes contratuais, os contratos não poderão ser interpretados de maneira isolada e atomística, ignorando o contexto em que se inserem.

Stefan Grundmann, Fabrizio Caffagi e Giuseppe Vettori explicam, por exemplo, que o propósito comum das redes contratuais afeta a interpretação dos contratos individualmente considerados, especialmente naqueles casos em que a execução do contrato se torna impossível ou impraticável[497].

---

[495] CAFAGGI, Fabrizio. Contractual networks and contract theory: a research agenda for European contract law. In: CAFAGGI, Fabrizio. **Contractual networks, inter-firm cooperation and economic growth.** Cheltenham Glos: Edward Elgar, 2011, p. 66.

[496] CAFAGGI, Fabrizio. Contractual Networks and the Small Business Act: Towards European Principles? Badia Fiesolana: European University Institute. **EUI Working Paper Law,** n. 15, 2008, p. 09. *"Contractual networks differ significantly from long-term bilateral contracts because the level and quality of interdependence is higher, often requiring a governance system. This implies that different rules are needed for duties to cooperate, invalidity, remedies for breach, termination, and dissolution".*

[497] GRUNDMANN, Stefan; CAFAGGI, Fabrizio; VETTORI, Giuseppe. The contractual basis of long-term organization – the overall architecture. In: GRUNDMANN, Stefan; CAFAGGI, Fabrizio; VETTORI, Giuseppe (Ed). **The organizational contract: from exchange to long-term network cooperation in European contract law.** New York: Routledge, 2016, p. 20.

Segundo Carlos Nelson Konder, apesar das sensíveis modificações na teoria contratual moderna, "as tradicionais regras de interpretação contratual não são sacrificadas por esta nova postura, mas são complementadas por novos parâmetros, elevando a tarefa hermenêutica a um patamar mais alto"[498]. De maneira semelhante, é o entendimento de Hugh Collins[499]. Na realidade, os contratos em rede não podem ser analisados de maneira desconectada dos demais, na medida em que o contexto em que se inserem é tão relevante quanto os demais critérios interpretativos[500].

Nesta seara, verificar se àquele negócio se encontra conexo um outro se torna tão imprescindível quanto o tradicional exame dos termos utilizados no contrato, dos usos e costumes, das circunstâncias em que foi celebrado, do comportamento das partes na sua execução etc. Não é consentido ao intérprete ignorar que o regulamento de interesses estabelecido entre as partes teve em consideração outras regras instituídas em outro negócio. Ou melhor, o intérprete deve identificar que a composição de interesses que foi firmada transcende o contrato singular em exame (...)[501].

---

[498] KONDER, Carlos Nelson. **Contratos Conexos:** grupos de contratos, redes contratuais e contratos coligados. Rio de Janeiro: Renovar, 2006, p. 193-194.
[499] COLLINS, Hugh. Introduction to networks as connected contracts. In: TEUBNER, Gunther. **Networks as connected contracts.** Translated by Michelle Everson. Oxford: Hart Publishing, 2011, p. 51. *"Recognition of the network concept in this context does not require a major reconceptualisation of the law, but merely subtle tweaks to the interpretation of the parties' obligations in the light of the purpose of the network".*
[500] CREA, Camilla. Contractual business networks: interpretation criteria and axiological perspective. In: JUNG, Stefanie; KREBS, Peter; TEUBNER, Gunther. **Business networks reloaded.** Baden-Baden: Nomos, 2015, p. 376. "The canon of the totality of the interpretation of clauses having regard to the others is suited to the complexity. The single clause is weighed up in light of the whole, in other words, the series of contracts and the clauses in each of them. The holistic approach extends expanding the part-whole correlation and vice versa".
[501] KONDER, Carlos Nelson. **Contratos Conexos:** grupos de contratos, redes contratuais e contratos coligados. Rio de Janeiro: Renovar, 2006, p. 194. O autor faz menção a contratos conexos ao explicar a necessidade de interpretação conjunta. Todavia, como o próprio autor afirma em sua obra, o conceito "contrato conexo" é mais amplo, abarcando igualmente as redes contratuais. Como o próprio autor afirma que o termo "contratos conexos refere-se a um gênero mais abrangente". Ver: KONDER, Carlos Nelson. **Contratos Conexos:** grupos de contratos, redes contratuais e contratos coligados. Rio de Janeiro: Renovar, 2006, p. 148. Justamente por isso, entendemos que o mesmo posicionamento pode ser aplicado ao caso das redes contratuais.

Nesse sentido, Camilla Crea explica que, no contexto das redes contratuais, será necessário, por vezes, recorrer aos costumes e ao mercado, uma vez que tal técnica ajuda a selecionar as razoáveis expectativas dos integrantes da rede, mesmo daqueles que são considerados terceiros em um determinado contrato. Além disso, a autora italiana lembra que a interpretação deve se dar segundo a boa-fé[502].

Inclusive, não se pode perder de vista o fato de que, no direito brasileiro, a Lei n. 13.874, de 20.09.2019 (Lei da Liberdade Econômica) trouxe importantes alterações também no campo da interpretação dos negócios jurídicos.

Nos termos do art. 113, V, do CCB, acrescentou-se que o negócio jurídico deve atribuir o sentido que "corresponder a qual seria a razoável negociação das partes sobre a questão discutida, inferida das demais disposições do negócio e da racionalidade econômica das partes, consideradas as informações disponíveis no momento de sua celebração"[503].

Ao tratar sobre o dispositivo em questão, Paula A. Forgioni explica que, havendo dúvida na interpretação do texto contratual, deve-se privilegiar o sentido que espelhe "a razoável negociação das partes sobre a questão discutida" (*i.e.*, a intenção das partes), levando em consideração as "demais disposições do negócio", a "racionalidade econômica", bem como "as informações disponíveis no momento de sua celebração". E prossegue a autora, mencionando que o negócio jurídico é uno, com uma só função econômica. Segundo a doutrinadora, "essa unicidade há de presidir a interpretação contratual, sob pena de se chegar a conclusões incompatíveis com a eficiência que se espera da avença"[504].

---

[502] CREA, Camilla. Contractual business networks: interpretation criteria and axiological perspective. In: JUNG, Stefanie; KREBS, Peter; TEUBNER, Gunther. **Business networks reloaded.** Baden-Baden: Nomos, 2015, p. 376-377. "Reference to customs and the market helps in selecting the 'reasonable' expectations of the network participants even if technically third parties as regards a single contract. Cooperation is supported by an interpretation informed by good faith (itself founded on the principle of solidarity), which can supplement and correct the content of the contract, shedding light on implied duties".

[503] BRASIL. **Lei n. 10.406, de 10 de janeiro de 2002.** Institui o Código Civil. Disponível em: http://www.planalto.gov.br/ccivil_03/leis/2002/L10406compilada.htm Acesso em: 08 dez. 2020.

[504] FORGIONI, Paula A. **Contratos empresariais:** teoria geral e aplicação. 5. ed. rev., atual. e ampl. São Paulo: Revista dos Tribunais, 2020, p. 270.

Ainda que não se faça menção expressa às redes contratuais ou a qualquer outra forma de ligação entre contratos estruturalmente distintos, julgamos que podemos retirar desse dispositivo base legal para a interpretação conjunta das redes contratuais. Isso porque a norma dispõe que se deve levar em consideração as "demais disposições do negócio". Parece-nos que, ao fazer uso do termo "negócio", sem qualificá-lo, a intenção do legislador não foi a de tão somente analisar o contrato em relação aos demais dispositivos presentes no mesmo instrumento contratual, mas sim o de autorizar uma busca hermenêutica mais ampla, que por vezes abarcará a análise de outros instrumentos contratuais vinculados de alguma maneira ao respectivo contrato analisado.

Esse critério interpretativo não é novidade. De se ressaltar que o que ora se aduz encontra fundamentação na tradicionalmente reconhecida interpretação sistemática, a qual deve ser recurso utilizado pelo intérprete não apenas ao analisar os diversos dispositivos contratuais de um mesmo instrumento contratual, mas também, como afirma Luis Díez-Picazo[505], disposições contratuais presentes em vários contratos que fazem parte de uma unidade negocial complexa, tendo eles uma mesma finalidade econômica.

Em relação aos contratos em rede, a doutrina entende que uma das principais consequências em relação aos contratos é permitir uma geral ou global interpretação dos contratos que se encontram em rede. Em função disso, cada contrato deve ser interpretado como uma parte do todo; um em relação ao outro[506]. O objetivo ao se recorrer a essa técnica não é difícil de entender. Ao analisar os contratos em rede de maneira sistemática, poder-se-á esclarecer pontos obscuros do contrato isoladamente considerado, ou mesmo deixar transparecer contradições no negócio em sentido amplo, que pareciam claras no contrato individualmente analisado. Em qualquer caso, recorrer a essa técnica de interpretação será indispensável, de modo a alcançar a verdadeira vontade das partes.

---

[505] Díez-Picazo, Luis. **Fundamentos del derecho civil patrimonial.** 5. ed. Madrid: Civitas, 1996, v. I, p. 374. No original: *"No solo entra en juego en relación con las diversas cláusulas de un mismo contrato, sino también en la relación que varios contratos puedan tener dentro de una unidad negocial compleja cuando varios contratos se hayan celebrado para conseguir una única finalidad económica".*
[506] Vincelles, Carole Aubert de. Linked contracts under french law. In: Cafaggi, Fabrizio (Org.). **Contractual networks, Inter-firm cooperation and Economic growth.** Cheltenham: Edward Elger, 2011, p. 173.

Na legislação estrangeira sobre interpretação, é possível fazermos menção ao CC Argentino. Em um de seus dispositivos, qual seja, o art. 1.074, o CC Argentino regulou a interpretação que deve ser perseguida na hipótese de constatação de uma conexão contratual. Nesse sentido, a referida norma dispõe que a interpretação deve ser feita levando em consideração um contrato por meio do outro[507]. Isso significa dizer que a interpretação deve considerar o todo, e não os contratos de uma maneira individualizada e atomística[508].

Jorge Horacio Alterini bem ressaltou que, diante da constatação de conexão entre os contratos, a interpretação deles deve ser feita levando em consideração a causa sistêmica, que resulta da finalidade econômica comum, que transcende a individualidade de cada um dos contratos que se encontram conexos[509].

No campo jurisprudencial brasileiro, o TJSP, em um recente julgado, afirmou que a interpretação dos contratos em rede deve levar em consideração toda a relação negocial. A corte paulista estava a julgar ação de resolução de contrato de compra e venda firmado entre incorporadora e o consumidor, bem como o contrato de financiamento bancário para aquisição do bem, firmado entre o consumidor e a instituição financeira. O TJSP entendeu que "nestes casos de união de contratos a interpretação do negócio deve levar em consideração o conjunto da relação negocial, não se atendo aos contratos isoladamente"[510].

---

[507] *"Artículo 1074. Interpretación Los contratos conexos deben ser interpretados los unos por medio de los otros, atribuyéndoles el sentido apropiado que surge del grupo de contratos, su función económica y el resultado perseguido"*. ARGENTINA. **Código Civil y Comercial de la Nación.** Disponível em: http://www.saij.gob.ar/docs-f/codigo/Codigo_Civil_y_Comercial_de_la_Nacion.pdf. Acesso em: 19 mar. 2019.

[508] BERGSTEIN, Laís. Conexidade contratual, redes de contratos e contratos coligados. **Revista de Direito do Consumidor,** v. 109, n. 229, p. 159-183, jan./fev. 2017, p. 5.

[509] ALTERINI, Jorge Horacio. **Código Civil y Comercial comentado**. Tratado Exegético. Tomo V. 2. ed. Ciudad Autónoma de Buenos Aires: La Ley, 2016, p. 687.

[510] Ementa: "Apelação. Contrato de compra e venda de imóvel com financiamento pelo programa MCMV. Resolução. Acolhimento. Superação do prazo previsto e paralisação da obra, com decretação de recuperação judicial da incorporadora. Resolução do contrato de venda e do contrato coligado de financiamento, cessando o pagamento das prestações, inclusive taxa de evolução de obra, com restituição integral dos valores despendidos. Contratos coligados ou rede contratual. Contratos realizados com unidade de finalidade, estabelecendo relação de dependência entre si, acarretando necessidade de interpretação e execução em consideração à unidade que pressupõe sua existência. Restrição à autonomia dos contratos,

Ao contrário do sistema jurídico argentino, o brasileiro não possui norma específica para interpretação de contratos conexos, nem mesmo para as redes contratuais. Todavia, como defendemos acima, entendemos que os critérios já estabelecidos em nosso CC (*i.e.*, no art. 113, §1º, em todos os seus incisos, em especial no V[511]) podem ser utilizados para estabelecer critérios de esclarecimento de dúvidas interpretativas que venham a surgir nas redes contratuais.

Ou seja, existindo divergências interpretativas nos contratos individualmente considerados, entendemos que o intérprete deverá, pautado nos critérios interpretativos já dispostos em nossa legislação pátria, levar em consideração a rede contratual como um todo, a fim de que seja possível extrair a vontade das partes.

---

que não podem ser executados separadamente. Extensão dos efeitos do inadimplemento de um dos contratos ao contrato coligado. Inadmissibilidade da continuidade do contrato de financiamento, com pagamento da taxa de evolução de obra, em razão da resolução culposa do contrato de incorporação imobiliária. Limitação, contudo, da responsabilidade da instituição financeira, que somente responde pelos valores que foram pagos na constância do contrato coligado de financiamento e venda (...)". (TJSP. Apelação Cível n. 1008322-68.2017.8.26.0269. Rel. Enéas Costa Garcia, 1ª Câmara de Direito Privado. Julgado em 06.04.2020). Ainda no TJSP, é possível encontrarmos outros julgados, todos referentes a contratos de compra de produto com financiamento. Nesses casos, o Tribunal também mencionou que a interpretação dos contratos deveria levar em consideração os contratos como um todo, evitando os limites e vícios da teoria clássica. Ver: *(i)* TJSP. Apelação Cível n. 1000720-33.2018.8.26.0126. Rel. Andrade Neto, 30ª Câmara de Direito Privado. Julgado em 16.10.2019; *(ii)* TJSP. Apelação Cível n. 4001770-82.2013.8.26.0590. Rel. Andrade Neto, 30ª Câmara de Direito Privado. Julgado em 15.03.2017; *(iii)* TJSP. Agravo de Instrumento n. 0108064-56.2013.8.26.0000. Rel. Andrade Neto, 30ª Câmara de Direito Privado. Julgado em 30.10.2013. Todavia, devemos ressaltar que em todos esses julgados as redes contratuais apareceram como sinônimo de contratos conexos e coligados. Além disso, todos eles são provenientes da lavra do mesmo relator, o que pode indicar uma baixa difusão e penetração da interpretação conjunta.

[511] Art. 113, § 1º A interpretação do negócio jurídico deve lhe atribuir o sentido que: I – for confirmado pelo comportamento das partes posterior à celebração do negócio; (Incluído pela Lei n. 13.874, de 2019); II – corresponder aos usos, costumes e práticas do mercado relativas ao tipo de negócio; (Incluído pela Lei nº 13.874, de 2019); III – corresponder à boa-fé; (Incluído pela Lei n. 13.874, de 2019); IV – for mais benéfico à parte que não redigiu o dispositivo, se identificável; e (Incluído pela Lei n. 13.874, de 2019); V – corresponder a qual seria a razoável negociação das partes sobre a questão discutida, inferida das demais disposições do negócio e da racionalidade econômica das partes, consideradas as informações disponíveis no momento de sua celebração. BRASIL. **Lei n. 13.874, de 20 de setembro de 2019.** Institui a Declaração de Direitos de Liberdade Econômica. Disponível em: http://www.planalto.gov.br/ccivil_03/_ato2019-2022/2019/lei/L13874.htm. Acesso em: 08 set. 2020.

2.2. Deveres especiais de conduta entre os participantes da rede contratual

A boa redação contratual sugere que as partes regulem expressamente nas redes contratuais a gama de deveres que cada um dos contratantes terá de observar – não apenas em sua relação bilateral individual, como também em sua relação com os demais integrantes da rede. De fato, na prática, o que se pode observar é que as partes procuram trazer para o papel a regulamentação desses deveres[512].

Todavia, nem sempre as partes têm essa diligência. Por vezes, é mesmo inviável regular todos esses deveres, diante da complexidade e amplitude das redes contratuais, sendo fundamental, portanto, entender quais deveres surgem aos contratantes em rede pelo simples fato de se reconhecer que há uma rede contratual. E mais. Mesmo naqueles casos em que há regulamentação, haverá sempre o problema de encontrarmos limites dessas obrigações, sendo necessário o desenvolvimento de padrões apropriados de avaliação. Isso para não mencionar o fato de que tais deveres nem sempre serão os mesmos para todos os integrantes da rede. Como explicado no tópico 1.8.3, *supra*, nas redes verticalizadas haverá essencialmente duas partes: uma que integra o cume da rede e outra que é formada pela generalidade dos contratantes que à rede aderem, estando, portanto, no mesmo segmento contratual. Justamente por isso, é imprescindível o estudo desses deveres, bem como de seus limites de aplicação.

A fonte desses deveres deve ser igualmente estudada e compreendida. Tem-se na boa-fé objetiva tal resposta[513], sendo que esses deveres não necessitam promanar da vontade dos integrantes da rede (tal qual ocorre com os deveres primários e secundários[514]). Como tradicionalmente classificada,

---

[512] Aqui cabe breve parêntese para ressaltar que, como afirma a doutrina, a necessidade de indicação de direitos e obrigações nas redes contratuais afasta essa do contrato de sociedade, na medida em que, no direito societário, o próprio legislador define quais são os direitos e obrigações que impendem sobre os sócios. Ver: MIRANDA, Joana Correia de. **Contratos de rede e rede de empresas**. Coimbra: Almedina. 2020, p. 302.

[513] SILVA, Jorge Cesa Ferreira da. **A boa-fé e a violação positiva do contrato**. Rio de Janeiro: Renovar, 2002, p. 91. No mesmo sentido: DREWS, Rafael Induzzi. **Redes contratuais com função de distribuição**. Tese (Doutorado em Direito). Universidade de São Paulo, São Paulo, 2017, p. 174. Ainda: SOUZA, Antonio Pedro Garcia de. **Redes empresariais: a distribuição de bens e serviços e o seu propósito comum**. São Paulo: Quartier Latin, 2021. p. 170.

[514] HAICAL, Gustavo. **O contrato de agência: seus elementos tipificadores e efeitos práticos**. São Paulo: Revista dos Tribunais, 2012, p. 105.

a boa-fé objetiva possui fundamentalmente três funções: *(i)* a de cânone hermenêutico (função interpretativa); *(ii)* a de colmatação de lacunas e criação de deveres (função supletiva); bem como *(iii)* a de limitação ao exercício de direitos subjetivos (função corretiva)[515].

Na sua função de criação de obrigações (função supletiva, portanto), a boa-fé objetiva gera deveres anexos aos deveres de prestação[516] (chamados de "deveres anexos" ou "instrumentais"), bem como deveres de proteção – dirigidos a todos os polos da relação contratual – de modo a evitar danos injustos aos contratantes (chamados de "deveres de proteção em sentido estrito")[517;518].

---

[515] MARTINS-COSTA, Judith. **A boa-fé no direito privado:** critérios para a sua aplicação. São Paulo: Marcial Pons, 2015, p.439-693. Essas três funções, segundo Claudio Luiz Bueno de Godoy, "fundam-se no confronto entre a tarefa judicial de aplicação da boa-fé e o direito dito escrito, ou direito positivo" (GODOY, Claudio Luiz Bueno de. **Função Social do Contrato.** 4. ed. São Paulo: Saraiva, 2012, p. 90).

[516] Ressaltamos que os deveres anexos ou instrumentais – que são vinculados ao de prestação – não podem ser confundidos com os deveres principais e secundários (que também são vinculados à prestação). Como bem explica Judith Martins-Costa, os deveres principais constituem o núcleo da relação obrigacional, ao passo que os secundários ou acidentais são acessórios à prestação principal, encontrando-se em uma relação de acessoriedade com os principais. Já os deveres anexos ou instrumentais possuem uma ligação de anexidade e/ou instrumentalidade ao dever principal da prestação. Ver: MARTINS-COSTA, Judith. **A boa-fé no direito privado:** critérios para a sua aplicação. São Paulo: Marcial Pons, 2015, p. 219-222. Essa observação se faz importante, tendo em vista o fato de que a boa-fé objetiva não é fonte dos deveres principais e secundários. Na realidade, a boa-fé objetiva é fonte dos deveres anexos ao prestar, ocupando papel de destaque quando se fala em deveres de proteção.

[517] Segundo Judith Martins-Costa, "quando atuar como fonte de deveres, exercendo a sua função monogenética, a boa-fé gera deveres anexos aos deveres de prestação e deveres de proteção". Ver: MARTINS-COSTA, Judith. **A boa-fé no direito privado:** critérios para a sua aplicação. São Paulo: Marcial Pons, 2015, p. 219. Os deveres anexos ou instrumentais correspondem a "uma outra espécie de deveres correspondentes aos interesses de prestação", sendo esses "inconfundíveis com os principais e com os secundários". Ou seja, "são aqueles insertos também nos interesses de prestação, mas de forma anexa ao dever principal. Como sua denominação indica, atuam para otimizar o adimplemento satisfatório, fim da relação obrigacional. São deveres que não atingem ao `que´ prestar, mas ao `como´ prestar. Podem estar previstos em lei (como o dever de prestar contas, que incumbe aos gestores e mandatários, em sentido amplo) ou não, mas o seu fundamento último estará sempre na boa-fé – seja por integração contratual diretamente apoiada no texto legal, seja pela integração por via da concreção do princípio da boa-fé. Por isso se diz serem gerados pela boa-fé, estando numa relação de anexidade e instrumentalidade relativamente ao escopo da relação". Ver: MARTINS-COSTA, Judith. **A boa-fé no direito privado:** critérios para a sua aplicação. São Paulo: Marcial Pons, 2015, p. 222. Já os deveres de proteção não se voltam à prestação, "[N]em secundária, nem

Somos do posicionamento de que os deveres que nascem das redes contratuais ora serão dirigidos à otimização dos deveres de prestação ("deveres anexos"), ora terão escopo puramente protetivo. Neste segundo caso, não estarão vinculados a um interesse de prestação (como os deveres anexos), mas sim a um interesse de proteção. Na realidade, esses deveres são direcionados, fundamentalmente, à persecução do interesse comum da rede e, dessa maneira, à própria manutenção dela.

A intensidade de aplicação da boa-fé objetiva e, portanto, desses deveres, variará de acordo com o interesse conferido aos contratantes (*mea res agitur, tua res agitur* e *nostra res agitur*[519]). Como já tivemos a oportunidade de demonstrar, as redes contratuais possuem um objetivo comum, que

---

instrumentalmente, nem de forma anexa podem ser confundidos com os deveres de prestação, pois o interesse que tutela é outro: não o prestar, mas o interesse de proteção, para que, da relação obrigacional, e independente da realização da prestação, não resultem danos injustos para a contraparte". Além disso, "o descumprimento de dever de proteção ocasionará a violação positiva do contrato, que é espécie de inadimplemento inconfundível com o inadimplemento definitivo e com a mora". MARTINS-COSTA, Judith. **A boa-fé no direito privado:** critérios para a sua aplicação. São Paulo: Marcial Pons, 2015, p. 224 e p. 226-227. O que se percebe, portanto, é que "os deveres de prestação decorrerem da lei ou da vontade – a boa-fé tem, relativamente aos interesses de prestação, posição instrumental (criando 'deveres anexos ou instrumentais' ao prestar, mas não o próprio prestar). Já quanto aos interesses de proteção, o princípio da boa-fé vigora como fonte direta dos deveres que promovem o seu resguardo". Ver: MARTINS-COSTA, Judith. **A boa-fé no direito privado:** critérios para a sua aplicação. São Paulo: Marcial Pons, 2015, p. 228.

[518] Judith Martins-Costa também chama atenção para o fato de que alguns autores denominam o que ela intitula de "deveres anexos ou instrumentais" como "deveres de colaboração" ou mesmo como "deveres laterais positivos", reservando à expressão "deveres laterais negativos" ao que ela intitula de "deveres de proteção em sentido estrito". De todo modo, a jurista gaúcha lembra que, apesar das diferentes denominações, "o importante é detectar a que interesse estão correlacionados". Ver: MARTINS-COSTA, Judith. **A boa-fé no direito privado:** critérios para a sua aplicação. São Paulo: Marcial Pons, 2015, p. 223. Gustavo Haical é um desses autores que utiliza a denominação de "deveres laterais positivos e negativos". Ver: HAICAL, Gustavo. O inadimplemento pelo descumprimento exclusivo de dever lateral advindo da boa-fé objetiva. **Revista dos Tribunais,** São Paulo, v. 900, ano 99, p. 44-84, out. 2010, p. 62-63.

[519] Judith Martins-Costa faz importante análise da clássica trilogia, baseada no interesse estruturante de cada relação obrigacional como mandamento gerado pela boa-fé: o de agir em interesse próprio (*mea res agitur*); o de agir em interesse de outrem (*tua res agitur*) e o de agir consoante o interesse comum (*nostra res agitur*). A intensidade do princípio da boa-fé variaria, segundo a autora, a depender do interesse conferido aos contratantes. MARTINS-COSTA, Judith. **A boa-fé no direito privado:** critérios para a sua aplicação. São Paulo: Marcial Pons, 2015, p. 321-377.

impacta não apenas os contratos individualmente considerados, mas também a própria rede contratual. Judith Martins-Costa, quando trata das relações marcadas pelo dever de *nostra res agitur* (agir consoante o interesse comum), observa que há nessas relações um fim comum a conectar os integrantes. Em função disso, surge o "dever de agir no sentido de proteger os interesses que são comuns" àquele grupo[520].

Clóvis do Couto e Silva há muito explicou que a boa-fé objetiva tem seu grau de intensidade afetado a depender da relação contratual específica. Segundo o autor, a potência máxima da boa-fé objetiva estaria nas relações colaborativas e duradouras, em que as partes perseguem um fim comum. Nesse caso, diz o autor, "cuida-se de algo mais do que a mera consideração, pois existe dever de aplicação à tarefa suprapessoal, e exige-se disposição ao trabalho conjunto e a sacrifícios relacionados com o fim comum"[521].

Ademais, Carneiro da Frada afirma que o reconhecimento de deveres de proteção como elemento da relação contratual tem a consequência de transformar a hipótese de violação deles como de uma violação contratual positiva. Tais deveres, segundo o referido autor português, seriam independentes da relação principal, possibilitando um alargamento quanto aos sujeitos ativos e passivos[522].

---

[520] MARTINS-COSTA, Judith. **A boa-fé no direito privado:** critérios para a sua aplicação. São Paulo: Marcial Pons, 2015, p. 350.

[521] COUTO E SILVA, Clóvis do. **A obrigação como processo.** São Paulo: Bushatsky, 1976, p. 31. No mesmo sentido: MARTINS-COSTA, Judith. **A boa-fé no direito privado:** critérios para a sua aplicação. São Paulo: Marcial Pons, 2015, p. 323.

[522] FRADA, Manuel Antônio Carneiro da. **Contrato e deveres de proteção.** Coimbra: Coimbra Editora, 1994, p. 43: "o reconhecimento dos deveres de protecção pela doutrina e pela jurisprudência como elementos da relação contratual complexa traduz de certo modo uma ligação com o contrato celebrado. Por isso, a sua violação representa, numa opinião muito generalizada, um ilícito contratual na forma de violação contratual positiva. Simultaneamente, a consciência da independência destes deveres em relação ao nível da prestação (a *Leitungsebene*) possibilitou ainda um alargamento quanto aos seus sujeitos activos ou passivos. Assim, reconheceram-se como titulares activos dos deveres de protecção certos terceiros em atenção à sua exposição (fáctica ou típica) aos riscos de danos pessoais ou patrimoniais advenientes da execução de um determinado contrato, os quais o devedor deveria prevenir. O contrato com eficácia de protecção para terceiros exprime precisamente este desenvolvimento: certos negócios envolveriam determinados terceiros sob o seu manto protector, conferindo-lhes um direito indemnizatório, não por violação de algum dever de prestar (pois estes só existem, regra geral, entre as partes), mas por desrespeito de um específico dever de salvaguardar a sua integridade pessoal ou patrimonial". No mesmo sentido, MARTINS-COSTA, Judith. **A boa-fé no direito privado:** critérios para a sua aplicação. São Paulo: Marcial Pons, 2015, p. 226-227,

Considerando o acima exposto, a doutrina tem procurado enumerar os deveres que surgem a partir da rede contratual, dividindo-os em *(i)* deveres de cooperação/colaboração; *(ii)* dever de lealdade; *(iii)* deveres de promoção e manutenção da rede; *(iv)* dever de informação e de confidencialidade; *(v)* dever de tratamento igualitário e, até mesmo, *(vi)* dever de *profit-sharing*.

O objetivo dos próximos itens deste tópico 2.2 é o de justamente explicar esses deveres, de modo a analisar se eles são dirigidos aos integrantes do plano interno das redes contratuais e em que medida. Entendemos que a fonte desses deveres, quando existentes no caso concreto, é a boa-fé objetiva, na medida em que inexiste em nossa legislação – e nos sistemas jurídicos que observamos mundo afora – disposição expressa acerca dos deveres que surgem quando da configuração de uma rede contratual.

Aliás, em que pese o esforço sistematizador, Judith Martins-Costa lembra que as fronteiras desses deveres nem sempre são muito claras. Por vezes, por exemplo, ao se exigir lealdade ou prestação de informações, estar-se-á cooperando para a manutenção e promoção da rede. Ou seja, é comum e inevitável uma superposição desses deveres[523].

Mas não é só. A dificuldade de sistematização também enfrentará o problema da tentativa frustrada de enumeração de um número fechado de deveres[524]. A verdade é que não é possível fixar um número imutável de deveres decorrentes da rede contratual, tendo em vista as diversas variações de configuração das redes contratuais[525].

---

para quem "o descumprimento de dever de proteção ocasionará a violação positiva do contrato, que é espécie de inadimplemento inconfundível com o inadimplemento definitivo e com a mora". No mesmo sentido, também podemos mencionar: SILVA, Jorge Cesa Ferreira da. **A boa-fé e a violação positiva do contrato**. Rio de Janeiro: Renovar, 2002, p. 88. A aceitação dessa contratualidade dos deveres laterais encontra oposição em: MARTINEZ, Pedro Romano. **Cumprimento defeituoso: em especial na compra e venda e na empreitada**. Coimbra: Almedina, 1994, p. 273.

[523] MARTINS-COSTA, Judith. **A boa-fé no direito privado:** critérios para a sua aplicação. São Paulo: Marcial Pons, 2015, p. 522-523.

[524] Justamente por isso a doutrina esclarece que – apesar das diferentes classificações dos deveres decorrentes da boa-fé objetiva – o que importa é lembrar que tais classificações são meramente enunciativas. Nesse sentido: SILVA, Jorge Cesa Ferreira da. **A boa-fé e a violação positiva do contrato**. Rio de Janeiro: Renovar, 2002, p. 116.

[525] WELLENHOFER, Marina. Third Party Effects of Bilateral Contracts within the Network. In: AMSTUTZ, Marc; TEUBNER, Gunther (Eds.). **Networks:** legal issues of multilateral cooperation. Bloomsbury Publishing, 2009, p. 129. *"However, as far as I can see, it is not possible to set up a fixed catalogue of fiduciary duties within networks. The existing variety of network concepts*

2.2.1. Dever de cooperação em geral

As redes contratuais são caracterizadas pelo fato de que um número significativo de contratantes decide cooperar de maneira organizada e sistemática, com a finalidade de alcançar um objetivo único. Para isto, os contratantes em rede tenderão a cooperar, de modo a produzir um produto/prestar um serviço mais competitivo no mercado.

Com base nessa necessidade de cooperação, Marina Wellenhofer explica ser inteligível compreender o que vem a ser os deveres de cooperação na rede contratual. Segundo a autora alemã, eles estariam refletidos no repasse de informações ou documentações recebidas por um dos contratantes em rede aos demais, na medida em que cada contratante deve atentar para as consequências de suas ações para a rede como um todo, considerando todas as relações contratuais. Esse seria um dever de cada membro da rede, especialmente do líder[526], quando existente.

As partes têm, portanto, a obrigação de colaborar para a manutenção do sistema[527], trabalhando de forma que sua conduta sirva para a sua manutenção[528]. Isso porque o inadimplemento das obrigações não se esgota em seus efeitos bilaterais, eis que repercutem sobre todo o sistema[529].

(...) *makes it quite difficult to define general network duties*". (...) *Notwithstanding this, these duties still continue to be contractual duties as defined by § 241, II BGB. Thus, in conclusion as far as I can see, there is no need for a new innovative approach*". No mesmo sentido: TEUBNER, Gunther. **Networks as connected contracts.** Translated by Michelle Everson. Oxford and Portland: Hart Publishing, 2011, p. 186, que afirma que os deveres decorrentes da rede contratual não são exaustivos.

[526] WELLENHOFER, Marina. Third Party Effects of Bilateral Contracts within the Network. In: AMSTUTZ, Marc; TEUBNER, Gunther (Eds.). **Networks:** legal issues of multilateral co-operation. Bloomsbury Publishing, 2009, p. 123.

[527] Conforme já decidido no julgado: TJSP. Apelação Cível n. 1000419-87.2016.8.26.0019. Rel(a). Carmen Lucia da Silva, 18ª Câmara de Direito Privado. Julgado em 14.02.2017, que afirmou: "identificada a existência de uma rede, todos os integrantes têm a obrigação de colaborar para o funcionamento do sistema, de modo que cada conduta individual sirva à sua manutenção, a fim de que a rede não seja destruída".

[528] LORENZETTI, Ricardo Luis. Redes contractuales: conceptualización jurídica, relaciones internas de colaboración, efectos frente a terceros. **Revista de Direito do Consumidor,** v. 28, p. 22-58, out./dez. 1998, p. 35. No mesmo sentido: PENTEADO, Luciano de Camargo. Redes contratuais e contratos coligados. In: HIRONAKA, Giselda Maria fernandes Novaes; TARTUCE, Flávio (Coord.). **Direito contratual: temas atuais.** São Paulo: Método, 2007, p. 484.

[529] LORENZETTI, Ricardo Luis. Redes contractuales: conceptualización jurídica, relaciones internas de colaboración, efectos frente a terceros. **Revista de Direito do Consumidor,** v. 28, p. 22-58, out./dez. 1998, p. 37.

Ou seja, o bom funcionamento da rede depende da atividade de todos os integrantes. Cabe aqui o exemplo dos shoppings centers. Entendemos que o arranjo contratual e comercial para o funcionamento dos shoppings centers é um claro exemplo de rede contratual, uma vez que uma empresa administradora contrata com diversos lojistas (de diversos ramos), empresas de segurança, iluminação, limpeza, decoração, de modo a criar um ambiente agradável e atraente a todos. Pode-se entender, portanto, que o fim comum dessa rede contratual é a de justamente atrair um maior número de consumidores. Com um maior número de vendas, maiores serão os ganhos daqueles envolvidos (ou ao menos menores serão as possibilidades de quebras de contratações em relação àqueles que recebem um valor fixo e que não se beneficiam diretamente com o aumento de vendas).

Se um dos lojistas, por exemplo, não cumpre com as suas funções (tal como, deixando de manter o estabelecimento comercial aberto nos horários pré-estabelecidos), o funcionamento da rede será certamente impactado, já que o consumidor não se sentirá incentivado a fazer compras em um shopping center com lojas fechadas.

Todavia, é comum que muitos desses deveres de cooperação estejam expressamente previstos no contrato entre a administradora do shopping center e os lojistas[530]. Nesses casos não estaremos diante de um dever de proteção decorrente da boa-fé objetiva (e muito menos de dever decorrente da mera existência da rede contratual), tal qual explicado acima, mas sim de um dever de prestação (obrigação de dar, fazer e não fazer[531]), autorizando, inclusive, a resolução do contrato em caso de não cumprimento desses deveres. Ou seja, analisado o caso sob o ponto de vista individual da relação contratual, estaremos diante de um inadimplemento

---

[530] Por exemplo, é comum que se disponha nos contratos entre o lojista e a administradora do shopping center que aquele tem a obrigação de *(i)* manter sua unidade aberta durante todos os dias e horários estabelecidos pela administradora; *(ii)* manter as vitrines e letreiros iluminados durante todo o período em que o shopping center estiver aberto; *(iii)* manter as unidades em perfeito estado de conservação, segurança, higiene e asseio, especialmente nas áreas visíveis ao público; *(iv)* depositar todo o lixo, detritos e refugos em recipientes e nos horários recomendados pela administradora, para que sejam recolhidos pela empresa de limpeza etc. Ou seja, a quebra desses deveres contratualmente fixados dará a possibilidade de resolver o contrato, cobrando as eventuais multas aplicáveis por inadimplemento contratual.
[531] Conforme consubstanciado nos arts. 243 a 251 do CC. BRASIL. **Lei n. 10.406, de 10 de janeiro de 2002.** Institui o Código Civil. Disponível em: http://www.planalto.gov.br/ccivil_03/leis/2002/L10406compilada.htm Acesso em: 08 dez. 2020.

contratual. De todo modo, é possível que não haja qualquer disposição contratual nesse sentido no contrato individualmente considerado. Se isso ocorrer, o inadimplemento contratual estará amparado não no contrato, mas no dever de cooperação decorrente da boa-fé objetiva, que exercerá o seu papel ativamente.

Ao analisarmos essa mesma relação contratual (entre shopping center e um dos lojistas, por exemplo) inserida em um contexto de rede contratual, que, como dito, possui o seu objetivo comum, é possível entendermos que, para além do inadimplemento contratual, o infrator também estará quebrando um dever de cooperação para com todos os outros que se encontram vinculados àquela rede contratual. Ou seja, os limites dos deveres dos integrantes da rede acabam se expandindo justamente em função da configuração de uma rede contratual.

Esse foi, inclusive, o racional de uma recente decisão do STJ[532]. A administradora do Barra Shopping, do Rio de Janeiro, ajuizou ação de despejo em face de um de seus lojistas, a Lojas Americanas, tendo em vista alegação de inadimplemento contratual. Como de costume nesse tipo de relação contratual, a remuneração do aluguel a ser pago pela Lojas Americanas estava atrelada a um percentual do faturamento desta, desde que superior a um valor mínimo contratualmente estabelecido. Ocorre que, no curso da longa relação contratual, a Lojas Americanas instalou em seu interior um quiosque dotado de terminais para que os clientes realizassem compras pela internet, na página oficial da loja, sendo que os produtos por esse meio comprados seriam faturados por uma terceira empresa. A administradora do shopping center alegou, portanto, que o lojista estaria fazendo uso de meios dissimulados para frustrar o integral pagamento do aluguel.

Em primeiro grau, a ação foi julgada improcedente, sob a fundamentação de que teria ocorrido uma aquiescência tácita da administradora com essa forma de pagamento, tendo em vista o fato de que foram celebrados aditamentos contratuais após a instalação dos referidos quiosques. O TJRJ acompanhou a sentença, por meio do acolhimento de embargos infringentes em face de acórdão que havia dado provimento ao recurso de apelação da administradora. A matéria foi levada, então, para discussão no STJ.

Acolhendo a argumentação da administradora do shopping center, o STJ deu provimento ao Recurso Especial, determinando o despejo do

---

[532] STJ. REsp n. 1.295.808-RJ. Min: João Otávio de Noronha, 3ª Turma. Julgado em 24.04.2014.

lojista por inadimplemento contratual, uma vez que reconheceu que a Lojas Americanas utilizou meios dissimulados para frustrar o pagamento integral do valor da locação. No que diz respeito ao dever de cooperação, a Corte apresentou interessante posicionamento, no sentido de reconhecer que o comportamento da Lojas Americanas desfigura o conjunto formado pelo *tenant mix* do shopping center e, caso fosse legitimado pelo poder judiciário, legitimaria outros lojistas a assim agirem, "enfraquecendo as avenças e, por fim, o sucesso do próprio empreendimento shopping center". Conclui, então que "[h]ouve, portanto, a infração contratual por parte da recorrida"[533].

Ou seja, reconheceu-se – para além do inadimplemento contratual no caso concreto – um dever de cooperação não apenas entre o lojista e a administradora do shopping, mas também deveres de cooperação entre os próprios lojistas (que sabidamente não possuem uma relação contratual direta, mas integram o plano interno da rede contratual, como é aqui defendido), que devem ser respeitados por estes, a fim de que o empreendimento se mantenha.

Em semelhante caso, este julgado pelo TJSP, com a mesma discussão fática, inclusive com a presença novamente da Lojas Americanas, a Corte Paulista acompanhou a decisão do REsp. 1.295.808-RJ, ressaltando o sur-

---

[533] O julgado em questão bem esclareceu o objeto do contrato shopping center e suas consequências no que concerne ao dever de cooperação: "O empresário de shopping center desempenha atividade econômica singular, que vai além do simples negócio imobiliário e engloba a programação de exploração do espaço de maneira a oferecer aos usuários uma combinação de produtos e serviços das diversas áreas. O lojista que ali se estabelece, por sua vez, integra sua empresa com o empreendimento shopping center para usufruir do planejamento, organização e clientela que frequenta o complexo". (...) "Existe, portanto, mais que um simples contrato de locação, por meio do qual haveria remuneração fixa em troca da cessão do imóvel comercial. Há uma relação associativa na qual a colaboração entre os lojistas e o empreendimento é necessária para concretizar-se esse modelo de exploração comercial". (...) "Há nítida infração ao contrato estipulado, uma vez que os ganhos vêm sendo dissimulados para frustrar o integral percebimento do valor da locação. Há também infração ao dever geral de boa-fé dos contratantes, o qual possui especial relevo na espécie de contratos em comento, marcados pelo relacionamento, conforme explicita Judith Martins-Costa". "O lojista que se estabelece em um shopping center integra a sua empresa com o empreendimento para usufruir do planejamento, organização e clientela que o frequenta. Portanto, mais que um simples contrato de locação, há uma relação associativa na qual a colaboração entre os lojistas e o empreendimento é necessária para concretizar-se esse modelo de exploração comercial". STJ. REsp n. 1.295.808-RJ. Min: João Otávio de Noronha, 3ª Turma. Julgado em 24.04.2014.

gimento de deveres de cooperação entre os lojistas, que decorrem da natureza do negócio no qual se encontram envolvidos[534].

Outra questão interessante, e que será analisada no tópico 2.3.2.4 deste estudo, é saber se os outros integrantes da rede possuiriam interesse e legitimidade processual para buscar ressarcimento em face daquele que inadimpliu o contrato individualmente considerado. Sobre essa questão, parte da doutrina sugere inexistir essa possibilidade, na medida em que afirma que o dever de cooperação já se encontra presente nas relações individuais que são levadas a cabo pelos contratantes individualmente considerados. Um dever ativo de cooperação entre partes não contratantes não seria, portanto, observado nas redes contratuais, nem mesmo nos contratos de franquia. Tal dever de cooperar seria afeto às relações contratuais individualmente consideradas[535].

2.2.2. Dever de lealdade

Gunther Teubner entende que a categoria legal que melhor captura a lógica das redes contratuais, dando a estas um suporte institucional, é o dever de lealdade à rede contratual. Na visão do referido autor, o dever de lealdade teria a importante tarefa de sopesar a contradição entre elementos

---

[534] Ementa: "Ação de despejo por infração contratual. Alegação do locador de infração grave pela locatária, a modificar a base de cálculo sobre a qual incide o aluguel em percentual. Sentença que não é nula, examinando a pretensão inicial e a defesa nos exatos termos postos pelas partes. Interpretação de cláusulas contratuais que se ateve aos limites da lide, não existindo julgamento extra petita. Desnecessidade de prova pericial na medida em que a ré, na contestação, confessa a prática apontada pelo autor, dizendo fazê-lo com lastro em cláusula do contrato. Interpretação conjunta das cláusulas que dizem respeito à possibilidade de sublocação ou cessão da área locada. Ré que instala terminais de computador dentro da loja locada em shopping. Vendas realizadas no local tendo como beneficiária outra empresa, e que não são contabilizadas pela ré para obter a base de cálculo sobre a qual incide o aluguel em percentual. Ausência de boa-fé objetiva na conduta da locatária. Infração grave configurada, apta a permitir a resolução do contrato e o despejo da locatária. Sentença de procedência mantida. Apelo da ré improvido". TJSP. Apelação Cível n. 1012638-36.2015.8.26.0224. Rel. Ruy Coppola, 32ª Câmara de Direito Privado. Julgado em 23.06.2016.

[535] WELLENHOFER, Marina. Third Party Effects of Bilateral Contracts within the Network. In: AMSTUTZ, Marc; TEUBNER, Gunther (Eds.). **Networks:** legal issues of multilateral co-operation. Bloomsbury Publishing, 2009, p. 123. *"So my conclusion is that the duties to co-operate only take effect within the individual contractual relationship, they do not go beyond these relationships. The network purpose may characterise the nature and the scope of these duties to a certain degree, but, for the individual company, there is no immediate obligation towards third parties".*

coletivos e individuais, resolvendo aparentes contradições irresolúveis em conflitos administráveis[536].

Para falar sobre o dever de lealdade, Marina Wellenhofer faz menção a um interessante exemplo: imaginemos uma situação em que uma das partes tem o direito de desfazer a relação contratual, e, ao assim decidir, respeita todas as disposições contratuais, inclusive o prazo de aviso prévio. Contudo, esse prazo de aviso prévio pode ser incompatível aos interesses de um outro contratante em rede, podendo, por exemplo, causar sérios prejuízos a este. Nessa hipótese, portanto, não poderíamos falar em inadimplemento contratual, mas, em relação aos outros contratantes em rede, poder-se-ia afirmar que houve violação a um dever específico das redes contratuais: o dever de lealdade (*"Verbundtreupflicht"*)[537].

Um caso semelhante ao acima ilustrado já foi julgado pela Corte Federal de Justiça alemã – BGH[538]. Neste caso, um franqueado, que tinha a obrigação de manter o sistema de transporte e distribuição de comidas congeladas decidiu por encerrar a relação contratual que possuía, sem dar aviso prévio. Isso gerou uma paralisação de todo o processo produtivo, gerando o temor de que os alimentos pereceriam, na medida em que não seriam entregues ao próximo agente da rede contratual. O BGH entendeu, contudo, com base no dever de lealdade, que o franqueado não poderia assim proceder, devendo esperar melhor momento para encerrar a sua relação contratual, de modo a não prejudicar os demais integrantes da rede.

---

[536] TEUBNER, Gunther. Coincidencia Oppositorum: Hybrid Networks Beyond Contract and Organisation. In: AMSTUTZ, Marc; TEUBNER, Gunther (Eds.). **Networks:** legal issues of multilateral co-operation. Bloomsbury Publishing, 2009, p. 24. "*The duty of loyalty, therefore, fulfils the following task in law: that of creating internal differentiation between various temporal, social and functional sectors, in order to translate initially contradictory demands into clear, contextually-determined, expectations*". Sobre a importância do dever de lealdade, Joana Correia de Miranda afirma: "É, na verdade, na concretização do dever de lealdade na rede que a doutrina tem devotado maior atenção, sustentando a generalidade dos autores a existência do dever de lealdade nas relações em rede". Ver: MIRANDA, Joana Correia de. **Contratos de rede e rede de empresas.** Coimbra: Almedina. 2020, p. 327.

[537] WELLENHOFER, Marina. Third Party Effects of Bilateral Contracts within the Network. In: AMSTUTZ, Marc; TEUBNER, Gunther (Eds.). **Networks:** legal issues of multilateral co-operation. Bloomsbury Publishing, 2009, p. 124.

[538] BGH (1999) 52. Neue Juristiche Wochenschrift (NJW) 1177, apud WELLENHOFER, Marina. Third Party Effects of Bilateral Contracts within the Network. In: AMSTUTZ, Marc; TEUBNER, Gunther (Eds.). **Networks:** legal issues of multilateral co-operation. Bloomsbury Publishing, 2009, p. 124.

No caso acima narrado, entendemos que é aconselhável que o líder da rede negocie termos contratuais que protejam os demais integrantes da rede contra atos de um dos integrantes, que possam resultar em danos aos demais. Atentando-se a isso, julgamos que o integrante da rede terá menos estímulos para inadimplir o contrato individualmente celebrado com o líder.

De todo modo, a verdade é que sempre haverá situações concretas que não estarão, necessariamente, espelhadas em uma disposição contratual; até por ser hercúlea (ou impossível) a tarefa de prever todos os possíveis acontecimentos futuros quando da elaboração de um contrato. Ou seja, nesses casos, recorrer ao dever de lealdade, tal qual apresentado por Gunther Teubner (*i.e.* sopesamento da contradição entre elementos coletivos e individuais), será fundamental, assim como naquelas redes em que inexista a figura clara de um líder.

2.2.3. Dever de manter o sistema

Ricardo Luis Lorenzetti afirma que a causa associativa que surge da rede contratual faz nascer um dever dirigido aos integrantes da rede, para que estes atuem com o fim de manter o sistema[539]. Os contratantes em rede devem também se portar de maneira uniforme no que concerne ao serviço/produto a ser comercializado, justamente para que o sistema não perca a sua força. Isso porque a homogeneização da qualidade e da aparência do produto é indispensável para que o sistema se mantenha lucrativo para todos. A condição para tanto é a de que "todos cumpram os requisitos e sigam estritamente os padrões de qualidade"[540].

---

[539] LORENZETTI, Ricardo Luis. Redes contractuales: conceptualización jurídica, relaciones internas de colaboración, efectos frente a terceros. **Revista de Direito do Consumidor,** v. 28, p. 22-58, out./dez. 1998, p. 22.
[540] WELLENHOFER, Marina. Third Party Effects of Bilateral Contracts within the Network. In: AMSTUTZ, Marc; TEUBNER, Gunther (Eds.). **Networks:** legal issues of multilateral co-operation. Bloomsbury Publishing, 2009, p. 124. *"But the condition is that everybody meets the requirements and adheres strictly to the standarts of quality".* No mesmo sentido: RIZZARDO FILHO, Arnaldo. **Redes empresariais e organização contratual na nova economia.** Florianópolis: Tirant Lo Blanch, 2018, p. 158, para quem "as redes empresariais possuem alto grau de padronização de suas relações contratuais cooperadas. A cooperação, inclusive, é possível em grande parte em razão da padronização, que elimina muitas situações propícias à competição. A racionalidade da padronização contempla a eliminação de situações competitivas".

Joana Correia de Miranda[541] lembra que o dever de manter o sistema – nomeado pela doutrinadora portuguesa como obrigação de promoção da rede – pode ser analisado sob uma vertente positiva e negativa. Na sua vertente positiva, estar-se-ia a falar sobre práticas de dinamização da rede por meio de atos publicitários (dirigido a terceiros) ou mesmo por meio de alguma atividade formativa (dirigida aos integrantes da rede). Já a sua vertente negativa seria aquela consistente em evitar a prática de atos que possam afetar a reputação da rede. Segundo a autora, todos os membros da rede estão vinculados ao dever de manter o sistema, ao menos em sua vertente negativa. Quanto à vertente positiva, essa obrigação deve resultar da análise dos objetivos comuns traçados pelos contratantes.

A Corte Federal de Justiça alemã – BGH[542], também já apreciou um caso em que tal discussão foi trazida. Esse caso dizia respeito ao término do contrato de franquia do McDonald's com um franqueado que não observava a exata temperatura do cozimento do hambúrguer. Visto esse caso fora do âmbito de uma rede contratual, o término do contrato por conta disso poderia ser considerado medida extrema. Todavia, ao comentar esse julgado, Marina Wellenhofer explica que se levarmos em consideração a obrigação geral de manter o sistema, chega-se à conclusão de que o término do contrato é medida necessária para proteger a reputação da marca, evitando prejuízo não só para o franqueador, mas também para todos os demais franqueados, ainda que indiretamente[543].

No Brasil, o TJSP julgou caso relativo à ausência de respeito ao padrão da rede. O litígio dizia respeito à franquia para prestação de serviço educacional em curso de inglês. O franqueado alegou que celebrou contrato de franquia com a franqueadora X que, na realidade, era uma unidade da franqueadora Y (quem ditava as orientações às demais franqueadoras, dentre elas a X, que se encontram espalhadas em cada estado da federação). Tendo a franqueadora X e a Y se desentendido em face do público-

---

[541] MIRANDA, Joana Correia de. **Contratos de rede e rede de empresas**. Coimbra: Almedina. 2020, p. 324.
[542] BGH (1985) 38 NJW 1894 e 1895, apud WELLENHOFER, Marina. Third Party Effects of Bilateral Contracts within the Network. In: AMSTUTZ, Marc; TEUBNER, Gunther (Eds.). **Networks:** legal issues of multilateral co-operation. Bloomsbury Publishing, 2009, p. 124.
[543] WELLENHOFER, Marina. Third Party Effects of Bilateral Contracts within the Network. In: AMSTUTZ, Marc; TEUBNER, Gunther (Eds.). **Networks:** legal issues of multilateral co-operation. Bloomsbury Publishing, 2009, p. 124-125.

-alvo, já que esta queria atingir as classes A e B e aquela as classes C e D, as relações entre essas duas foi desfeita. Em função disso, a franqueadora X resiliu unilateralmente o contrato com o franqueado antes do prazo contratual, em que pese este já tivesse realizado todos os investimentos de acordo com as orientações de X. Mais tarde, a franqueada recebeu a visita da franqueadora Y, dizendo que a franqueada não estava atendendo aos padrões da rede.

O TJSP decidiu que o descumprimento dos padrões por X estava mais do que demonstrado, autorizando a condenação deste ao pagamento da quantia paga pela franqueada para ingressar na rede, bem como todas as despesas promovidas para a viabilidade do negócio[544]. Em que pese o julgado não se manifeste expressamente sobre a existência de um dever de manutenção da rede, é possível aferir que o desrespeito ao padrão da rede de franquia no caso concreto teve como consequência a condenação do franqueador X, já que este não estaria atuando em benefício da rede contratual.

No caso das redes contratuais, parece-nos que tanto o dever de manutenção do sistema, quanto o dever de lealdade, encontram-se inseridos no conceito de deveres gerais de cooperação. Filiamo-nos, portanto, ao entendimento de que, no caso concreto, haverá, com frequência, uma sobreposição conceitual dos deveres, já que seus conceitos nem sempre serão muito claros. De todo modo, o que resta importante concluir é que os integrantes da rede contratual devem atentar aos deveres anexos ao dever de prestação, bem como aos deveres de proteção, que surgem justamente em virtude do caráter sistêmico das redes contratuais.

2.2.4. Dever de informar e dever de confidencialidade

O fenômeno das redes contratuais também criará específicos deveres relacionados à informação. Assim, aquele que estiver entrando na rede contratual, terá o dever de, por exemplo, revelar a sua ausência de *know-how* ou sua incapacidade de performar dentro da rede contratual. Haverá ainda deveres de informar direcionados a todos aqueles que se encontram em rede em relação aos seus atos ou às suas falhas. Estes atos podem ser ilustrados em uma iminência de interferência na sua *performance*, atraso na

---

[544] TJSP. Apelação Cível n. 0161345-54.2009.8.26.0100. Rel(a): Sandra Galhardo Esteves, 12ª Câmara de Direito Privado. Julgado em 21.10.2015.

performance ou mesmo alteração de algum produto.[545] Ou seja, o dever de informar deve ser observado para não comprometer toda a rede, devendo ser revelados não apenas os potenciais problemas, mas igualmente aquilo que facilita o atingimento do fim visado[546].

Pensemos no caso de um franqueado que, omitindo suas deficiências no momento do ingresso na rede contratual – ou mesmo no curso dessa relação –, descumpre os padrões de atuação que são impostos ao franqueado, prejudicando a reputação da rede com os consumidores[547]. Para evitar tal problema, teria esse franqueado o dever de revelar a sua incapacidade técnica, de modo a evitar danos à rede. Além disso, esse franqueado pode ter obtido conhecimento de uma informação técnica que pode colocar em risco a rede, como também pode ter descoberto a possibilidade de produzir o bem ou prestar o serviço por um custo mais baixo ou com maior qualidade. Nesses casos, teria o franqueado – que não é o cume da rede – o dever de partilhar essa informação[548].

O dever de informar aplica-se especialmente ao líder da rede, quando existente. Ele deve assegurar a troca de informações entre todos os integrantes da rede como forma de assegurar o correto funcionamento dela[549], para que atinja a sua máxima funcionalidade. Sobre este ponto, vale mencionar a Lei Modelo de Divulgação na Franquia, preparada pelo Unidroit[550], segundo a qual, em seu artigo 6ª, há uma série de informações a serem disponibilizadas pelo franqueador. De todo modo, Massino Bianca[551] ressalta

---

[545] WELLENHOFER, Marina. Third Party Effects of Bilateral Contracts within the Network. In: AMSTUTZ, Marc; TEUBNER, Gunther (Eds.). **Networks:** legal issues of multilateral cooperation. Bloomsbury Publishing, 2009, p. 124.

[546] WEITZENBOECK, Emily M. The scope of loyalty duties in dynamic networks. In: JUNG, Stefanie; KREBS, Peter; TEUBNER, Gunther. **Business networks reloaded.** Baden-Baden: Nomos, 2015, p. 290.

[547] Esse exemplo é utilizado por Mathias Rohe em: ROHE, Mathias. **Netzverträge:** Rechtsprobleme komplexer Vertragsverbindungen. Tübingen: Mohr Siebeck, 1998, p. 438.

[548] MIRANDA, Joana Correia de. **Contratos de rede e rede de empresas.** Coimbra: Almedina. 2020, p. 325.

[549] TEUBNER, Gunther. **Networks as connected contracts.** Translated by Michelle Everson. Oxford and Portland: Hart Publishing, 2011, p. 187.

[550] UNIDROIT. International Institute for the Unification of Private Law. **Model Franchise Disclosure Law (2002).** Disponível em: https://www.unidroit.org/instruments/franchising/model-law/. Acesso em: 19 set 2021.

[551] BIANCA, Massimo. Good Faith Related Duties of Disclosure and a View on Franchising. In: GRUNDMANN, Stefan; CAFAGGI, Fabrizio; VETTORI, Giuseppe (Ed). **The organizational**

que a Lei Modelo do Unidroit é excessivamente ampla, e, portanto, excede, inclusive, a gama de informações que devem ser prestadas pelas partes, de acordo com o princípio da boa-fé. A Lei Modelo (art. 8º)[552] prevê também alguns remédios (como a resolução do contrato), caso as informações não sejam prestadas com antecedência de 14 dias à assinatura do contrato, ou mesmo em caso de omissão ou declaração falsa de informações. Em solo nacional, a Lei n. 13.966, de 26 de dezembro de 2019[553], em seu Art. 2º, §2º, prevê algo semelhante.

Outro exemplo que podemos tomar é o do contrato de distribuição *stricto sensu*. Ao invés das partes de uma cadeia de distribuição manterem as informações relacionadas a clientes de maneira sigilosa, eles as compartilham com os demais. Isso faz com que a rede tenha aumento de ganhos, uma vez que os vendedores informarão os produtores sobre essas compras, detalhando quais as preferências e queixas dos consumidores. O resultado dessa informação é positivo a toda a rede, tendo em vista o fato de que o produtor focará a sua produção no que é de mais interesse dos consumidores, corrigindo eventuais insatisfações já apontadas. Dessa maneira, o produtor e o distribuidor do produto venderão mais, beneficiando toda a rede[554].

De acordo com Marina Wellenhofer[555], analisando as cadeias contratuais, esses deveres de informação são apenas direcionados aos contratantes individualmente considerados e não a terceiros, já que é esperado que a

---

contract: from exchange to long-term network cooperation in European contract law. New York: Routledge, 2016, p. 189.
[552] UNIDROIT. International Institute for the Unification of Private Law. **Model Franchise Disclosure Law (2002)**. Disponível em: https://www.unidroit.org/instruments/franchising/model-law/. Acesso em: 19 set 2021.
[553] BRASIL. **Lei n. 13.966, de 26 de dezembro de 2019.** Dispõe sobre o sistema de franquia empresarial e revoga a Lei n. 8.955, de 15 de dezembro de 1994 (Lei de Franquia). Disponível em: http://www.planalto.gov.br/ccivil_03/_ato2019-2022/2019/lei/L13966.htm. Acesso em: 07 jun. 2020.
[554] COLLINS, Hugh. The Weakest Link: Legal Implications of the Network Architecture of Supply Chains. In: AMSTUTZ, Marc; TEUBNER, Gunther. (Eds.). **Networks:** legal issues of multilateral co-operation. Bloomsbury Publishing, 2009, p. 195.
[555] WELLENHOFER, Marina. Third Party Effects of Bilateral Contracts within the Network. In: AMSTUTZ, Marc; TEUBNER, Gunther (Eds.). **Networks:** legal issues of multilateral co-operation. Bloomsbury Publishing, 2009, p. 124-125. *"However, it has to be noted that all these duties of information are only directed towards the individual contracting party. There is no need for duties of information towards third parties, because normally you can expect that the other party to the*

parte que receber a informação repassará a informação adiante se assim julgar necessário. Prossegue a autora, afirmando que, mesmo nos demais casos, haverá um dever de informar a outra parte na hipótese de que se venha a observar algo que possa impactar os demais contratantes. Todavia, segundo a autora, isso não seria algo identificável apenas nas redes contratuais, não sendo possível reconhecer uma obrigação de informar terceiros não contratualmente vinculados.

Correlacionado ao dever de informação, encontra-se o dever de confidencialidade, perante terceiros, das informações sensíveis não só à rede, mas também aos integrantes dela. O risco de quebra do dever de confidencialidade é criado, tendo em vista o fato de que as partes têm acesso e trocam muitas informações sensíveis, inclusive com o auxílio de complexos sistemas tecnológicos, que viabilizam o fluxo rápido de informações. Não são raras as vezes que as partes trocam informações em relação ao seu exclusivo *know--how*[556]. É por isso que se defende que as informações confidenciais, eventualmente reveladas no âmbito da rede contratual, só podem ser utilizadas para atender ao fim objetivado pela rede, e não para fins particulares[557].

Esse é um dever que, na maioria dos casos, estará expressamente definido no contrato[558], não trazendo grandes questionamentos, desde que esteja claro que tipo de informação – e por quanto tempo – não pode ser revelada a terceiros. Todavia, caso as partes não tenham regulado isso expressamente, é inegável a existência de um dever de confidencialidade das sensíveis informações que uma das partes obtiver em razão da sua inserção no sistema. Esses deveres são aplicáveis não apenas durante a relação contratual, mas também em sua fase pré e pós contratual, autorizando a responsabilização por danos eventualmente observados[559].

---

contract will pass on the information to his or her further contracting parties if this seems to be necessary for them. Thus, it can be assumed that the flow of information within chains of contracts is working".
[556] TEUBNER, Gunther. **Networks as connected contracts.** Translated by Michelle Everson. Oxford and Portland: Hart Publishing, 2011, p. 188.
[557] WEITZENBOECK, Emily M. The scope of loyalty duties in dynamic networks. In: JUNG, Stefanie; KREBS, Peter; TEUBNER, Gunther. **Business networks reloaded.** Baden-Baden: Nomos, 2015, p. 290. "*The duty not to misuse confidential information includes both a duty to keep the information confidential and also a duty to use that information for the project purposes only*".
[558] WELLENHOFER, Marina. Third Party Effects of Bilateral Contracts within the Network. In: AMSTUTZ, Marc; TEUBNER, Gunther (Eds.). **Networks:** legal issues of multilateral co-operation. Bloomsbury Publishing, 2009, p. 126.
[559] TEUBNER, Gunther. **Networks as connected contracts.** Translated by Michelle Everson. Oxford and Portland: Hart Publishing, 2011, p. 188. "*Strict duties of confidentiality also apply in*

2.2.5. Dever de tratamento igualitário

O dever de tratamento igualitário é dirigido ao cume da rede, quando existente[560], derivando esse dever do fim ou interesse da rede[561]. Conforme leciona Marina Wellenhofer, o dever de tratamento igualitário ("*Gleichbehandlungspflicht*") dentro da rede contratual contribui para unificar o padrão de *performance*, bem como para evitar o desgaste da relação contratual entre os integrantes da rede. Segundo a autora alemã, esse dever surge como "um contrapeso à autoridade diretiva da sede ou centro da rede"[562], sendo que esse dever depende de uma certa dependência e inferioridade de uma das partes em relação à outra. Nas palavras da supracitada autora, esse dever encontra suas raízes na boa-fé objetiva[563], disposta no § 242 do BGB. De todo modo, consoante Marina Wellenhofer, deveres de tratamento igualitário existem apenas dentro da relação contratual, não podendo ser estendido a terceiros[564].

---

this context, even in the absence of explicit agreement, and they extend far beyond the normal provisions of competition law. These duties of confidentiality are not only valid during the term of the contract, but also apply in pre- and post-contractual stages, giving rise to claims for damages".

[560] MIRANDA, Joana Correia de. **Contratos de rede e rede de empresas**. Coimbra: Almedina. 2020, p. 321. A autora portuguesa explica que se entende que ao líder da rede se destacam dois deveres, sendo que o primeiro é uma manifestação concreta do segundo. Esses deveres seriam: "(i) dever de estender benefícios concedidos a um membro aos demais e (ii) dever de não discriminação entre os membros da rede".

[561] DREWS, Rafael Induzzi. **Redes contratuais com função de distribuição**. Tese (Doutorado em Direito). Universidade de São Paulo, São Paulo, 2017, p. 177.

[562] WELLENHOFER, Marina. Third Party Effects of Bilateral Contracts within the Network. In: AMSTUTZ, Marc; TEUBNER, Gunther (Eds.). **Networks:** legal issues of multilateral co-operation. Bloomsbury Publishing, 2009, p. 127. "*Thus, the principle of equal treatment is looked upon as a counterweight to the directive authority of the head office or centre of the network*".

[563] Hugh Collins também entende que esse dever decorre da boa-fé objetiva. O autor inglês traz o exemplo de um produtor de um determinado bem que não terá condições de fornecer bens suficientes aos seus distribuidores em virtude de problemas alheios. Segundo o autor, este produtor não poderá escolher um distribuidor em detrimento dos outros, ainda que a sua escolhe seja baseada em fornecer mais produtos àquele que melhor performava. Se assim agir, atuará em infração contratual, contrária aos interesses da rede. Ver: COLLINS, Hugh. Introduction to networks as connected contracts. In: TEUBNER, Gunther. **Networks as connected contracts.** Translated by Michelle Everson. Oxford: Hart Publishing, 2011, p. 43.

[564] WELLENHOFER, Marina. Third Party Effects of Bilateral Contracts within the Network. In: AMSTUTZ, Marc; TEUBNER, Gunther (Eds.). **Networks:** legal issues of multilateral co-operation. Bloomsbury Publishing, 2009, p. 128. "*However, duties of equal treatment only exist in contractual relationships and not towards third parties. These duties may require a number of parallel*

No Brasil, leciona Rafael Induzzi Drews que o dever de tratamento igualitário tem sentido em relação às redes de franquia e de distribuição *stricto sensu*, tendo em vista o fato de que nas redes de concessão comercial de veículos automotores, a Lei n. 6.729/79, em mais de uma oportunidade[565], prevê expressamente que a concedente deverá se abster de adotar tratamento diferenciado em relação aos demais integrantes da rede[566].

Já no que concerne à rede de franquias, a igualdade de tratamento não vem prevista de maneira expressa. A nova lei de franquia, Lei n. 13.966, que entrou em vigor em março de 2020 (assim como a revogada Lei n. 8.955), apenas se ocupa de trazer os requisitos que devem estar presentes na circular de oferta de franquia (art. 2º). Portanto, a lei limita-se a dispor sobre os deveres de informação pré-contratual do franqueado, ainda que disponha nessa lista de requisitos a necessidade de um contrato padrão para toda a rede (art. 2º, XVI[567]). Todavia, como muito bem pontua Rafael Induzzi Drews, seria possível sustentar que, em princípio, o dever de tra-

---

contracts or contractual relationships in a star-like form, but only have effect on the respective contractual parties and do not create rights or duties vis-à-vis third parties".

[565] Podemos fazer referência ao *(i)* art. 6º, §1º, segundo o qual, na contratação de nova concessão justificada pelas conjunturas do mercado, "o concessionário instalado na área concorrerá com os demais interessados, em igualdade de condições"; *(ii)* art. 6º, §2º: "A nova contratação não se poderá estabelecer em condições que de algum modo prejudiquem os concessionários da marca"; *(iii)* art. 13, §2º: "Cabe ao concedente fixar o preço de venda aos concessionários, preservando sua uniformidade e condições de pagamento para toda a rede de distribuição"; *(iv)* art. 16, III, que veda a "diferenciação de tratamento entre concedente e concessionário quanto a encargos financeiros e quanto a prazo de obrigações que se possam equiparar"; *(v)* art. 20, pelo qual a concessão comercial "será ajustada em contrato que obedecerá forma escrita padronizada para cada marca e especificará produtos, área demarcada, distância mínima e quota de veículos automotores, bem como as condições relativas a requisitos financeiros, organização administrativa e contábil, capacidade técnica, instalações, equipamentos e mão-de-obra especializada do concessionário." BRASIL. **Lei n. 6.729, de 28 de novembro de 1979.** Dispõe sobre a concessão comercial entre produtores e distribuidores de veículos automotores de via terrestre. Disponível em: http://www.planalto.gov.br/ccivil_03/leis/l6729.htm. Acesso em: 07 jun. 2020.

[566] DREWS, Rafael Induzzi. **Redes contratuais com função de distribuição.** Tese (Doutorado em Direito). Universidade de São Paulo, São Paulo, 2017, p. 177.

[567] Art. 2º XVI – modelo do contrato-padrão e, se for o caso, também do pré-contrato-padrão de franquia adotado pelo franqueador, com texto completo, inclusive dos respectivos anexos, condições e prazos de validade. BRASIL. **Lei n. 13.966, de 26 de dezembro de 2019.** Dispõe sobre o sistema de franquia empresarial e revoga a Lei n. 8.955, de 15 de dezembro de 1994 (Lei de Franquia). Disponível em: http://www.planalto.gov.br/ccivil_03/_ato2019-2022/2019/lei/L13966.htm. Acesso em: 07 jun. 2020.

tamento igualitário "estaria limitado à seleção dos franqueados, que não poderia ser feita de forma diversa dos critérios estabelecidos na própria circular de franquia, e à aplicação de um mesmo contrato para todos. Naturalmente, isso é muito pouco"[568].

Ao explicar o dever de igualdade de tratamento nas redes contratuais, Gunther Teubner afirma que, quando uma estrutura de grupo é criada, o direito privado impõe deveres de não discriminação que não se confundem com aqueles da legislação antitruste. Segundo o supracitado autor, esses deveres são cada vez mais concretos, a depender do grau de integração. Esse dever seria indiscutivelmente aplicável às franquias: o rígido direcionamento aplicado pelo líder tem a consequência de não haver espaço para o tratamento diferenciado[569].

Todavia, como lembra Rafael Induzzi Drews, é preciso ter cuidado ao fazer a afirmação genérica de que o líder sempre será obrigado a tratar de maneira igualitária todos os integrantes da rede. Não são raras as vezes que o interesse da rede pode justificar exatamente o contrário. Até certo ponto, o tratamento não igualitário entre os integrantes da rede não apenas é tolerável, como também é esperado, em razão de particularidades do mercado individualmente considerado[570]. Prossegue o autor:

> Se um distribuidor adquire grandes quantidades, paga em menor prazo, tem um histórico de adimplência, é natural que suas aquisições sejam feitas sob condições diversas daquelas praticadas com distribuidores em situação oposta. Da mesma forma, se a rede está a sofrer forte pressão competitiva em determinado local, é natural que o líder pratique condições diferenciadas ao seu distribuidor para vencer a concorrência[571].

---

[568] DREWS, Rafael Induzzi. **Redes contratuais com função de distribuição.** Tese (Doutorado em Direito). Universidade de São Paulo, São Paulo, 2017, p. 177.

[569] TEUBNER, Gunther. **Networks as connected contracts.** Translated by Michelle Everson. Oxford and Portland: Hart Publishing, 2011, p. 188-189.

[570] Ricardo Luis Lorenzetti também afirma que nas redes contratuais nasceria um dever de estabelecimento de regras gerais e igualitárias. Todavia, segundo o autor argentino, não devemos levar isso ao extremo. Na realidade, o que é relevante é ser dada às partes integrantes igualdade de oportunidades e não, necessariamente um tratamento igualitário. Ver: LORENZETTI, Ricardo Luis. Redes contractuales: conceptualización jurídica, relaciones internas de colaboración, efectos frente a terceros. **Revista de Direito do Consumidor,** v. 28, p. 22-58, out./dez. 1998, p. 24.

[571] DREWS, Rafael Induzzi. **Redes contratuais com função de distribuição.** Tese (Doutorado em Direito). Universidade de São Paulo, São Paulo, 2017, p. 178.

Acompanhando o posicionamento acima apontado, Joana Correia de Miranda lembra que – nos exemplos ilustrados acima – estamos diante de uma relação entre empresas (que podem ser de dimensão variável). Não estamos diante, portanto, de uma relação entre uma empresa e um consumidor, na qual especiais deveres têm sido consagrados pela legislação consumerista[572].

Na jurisprudência nacional é possível encontrar decisões guiadas por esse entendimento. Recentemente, o STJ negou provimento ao recurso especial que pretendia ver reconhecida a prática discriminatória da Shell em relação a posto de gasolina da mesma rede, tendo em vista o fato de que aquela teria aplicado preços diferenciados. A Corte entendeu, acompanhando a voto do tribunal de origem, que a Shell poderia praticar preços distintos a depender das características do mercado[573].

Julgamos que o dever de tratamento igualitário não existirá naquelas redes contratuais em que inexiste a figura clara de um líder. Isso porque essas estruturas são demasiadamente *sui generis*, com discrepâncias embrionárias nos diversos arranjos contratuais, não se observando, portanto, relações de inferioridade de uma das partes em relação à outra – relações essas que são necessárias para que surja o dever de tratamento igualitário.

De todo modo, mesmo nas redes que contam com a presença de um líder, a aplicação automática de deveres de tratamento igualitário não será a melhor alternativa. Decorrendo esse dever de tratamento igualitário do dever de proteção proveniente da boa-fé objetiva, o seu emprego apenas deve ser observado caso o seu desrespeito resulte em danos injustos para uma das partes integrantes da rede. Isso significa dizer que, em muitas

---

[572] MIRANDA, Joana Correia de. **Contratos de rede e rede de empresas**. Coimbra: Almedina. 2020, p. 323.

[573] STJ. AgRg no REsp 1.540.888-MG. Rel. Min. Paulo de Tarso Sanseverino, 3ª Turma. Julgado em: 19.04.2016. "Cada revendedora, ainda que situada na mesma região ou em região próxima, guarda suas características de mercado, podendo receber tratamento diferenciado segundo suas características e conveniência dos contratantes" (...) "Não se trata de concorrência desleal ou de abuso de poder econômico, mas de prática lícita de mercado de preços não-uniformes, na qual o distribuidor que compra maior quantidade ou por características outras consegue um preço melhor junto ao fabricante do produto. Se o preço praticado com outras revendedoras é diferenciado é porque os elementos de revenda destas também são diversos daqueles elementos de revenda da apelante, sendo certo que não há ilícito em cobrar preço menor daquele que compra maior volume de produto ou que, por características próprias outras, ofereçam maior retorno para a fornecedora de combustível".

das vezes, a abordagem mais próxima à justiça material será conferir tratamento diferenciado aos integrantes da rede, considerando a atuação de cada um destes dentro da rede contratual. O dever de tratamento igualitário não pode ser utilizado de maneira irresponsável, a autorizar pedidos que, ao fim e ao cabo, prejudicarão a própria rede.

Portanto, a nosso ver, o dever de tratamento igualitário não é imanente a todas as redes, sem prejuízo de que se admita, pelo líder da rede, a possibilidade de imposição de uma uniformização, ainda que essa uniformização não implique em uma igualitarização.

A bem da verdade, o dever de tratamento igualitário só deve ser exigido do líder da rede "quando as condições distintas que consagra entre os vários membros da rede atinjam a proporção de colocar os demais membros em desvantagem concorrencial entre si e perante os demais atores econômicos, com os quais concorrem"[574]. Esse é o caso, por exemplo, da concedente de veículos automotores, que oferece condições distintas para concessionários que ocupam região muito próxima, tendo a potencialidade de levar o consumidor a adquirir automóveis na concessionária com preço mais competitivo. O TJSP também já apreciou caso semelhante, reconhecendo a prática de ato discriminatório pelo fornecedor, utilizando como parâmetro de indenização o preço que era praticado pelos demais distribuidores da mesma rede, situados no mesmo mercado territorial[575].

2.2.6. Dever de *profit-sharing*

Outro potencial dever que suscita muitas dúvidas e divergências na doutrina diz respeito ao dever de *profit-sharing* nas redes contratuais. Tem-se procurado responder ao seguinte questionamento: a existência de uma rede contratual criaria uma obrigação ao líder da rede de repassar todas as vantagens da rede aos demais membros dela?

Gunther Teubner[576] afirma que as redes contratuais são marcadas pelo princípio do *profit-sharing*, que criaria um direito aos membros da rede de

---

[574] MIRANDA, Joana Correia de. **Contratos de rede e rede de empresas**. Coimbra: Almedina. 2020, p. 323.
[575] TJSP. Apelação Cível n. 0065257-60.2009.8.26.0000. Rel. Des. Ferraz Felisardo, 29ª Câmara de Direito Privado. Julgado em 25.06.2014.
[576] TEUBNER, Gunther. **Networks as connected contracts.** Translated by Michelle Everson. Oxford and Portland: Hart Publishing, 2011, p. 191. *"As stated above, the simple company law apportionment of advantages to the association does not work here, since there is one important feature that*

buscar por componentes com fins lucrativos. Ainda, segundo o autor alemão, as vantagens conquistadas pela rede apenas são observadas na prática, tendo em vista o fato de que sempre são comercializadas grandes quantidades, que viabilizam a negociação de um preço mais competitivo. Assim sendo, o dever de repassar os benefícios aos demais integrantes da rede seria decorrente do fato de que as vantagens da rede contratual devem beneficiar todos aqueles envolvidos – que direta ou indiretamente contribuem com essa conquista –, devendo ser divididos entre seus membros de acordo com o princípio de tratamento igualitário[577].

Todavia, Marina Wellenhofer[578] afirma inexistir esse dever de *profit--sharing*. Segundo a autora, tal dever só seria observável no contrato individualmente considerado, não podendo ser estendido a toda a rede. Para defender o seu posicionamento, Marina Wellenhofer cita um caso que ficou bem conhecido na Alemanha: o caso *Apollo franchising*[579]. Neste caso, o franqueador convenceu alguns fornecedores a lhe conceder descontos, tendo em vista a quantidade de produtos que seriam adquiridos. Tais for-

---

sharply distinguishes networking from corporate law. Networks are not characterized by the precedence of collective interest above individual interest. Instead, they are indelibly marked by the profit-sharing principle, which creates the specific characteristic of networking in comparison to both market transactions and organisations. Whilst company law establishes an obligation to seek profit for the benefit of the corporation, networking, in exact contrast, entails a legal right of the members to utilize the combination of decentralised and centralised profit-seeking components. This principle is clearly institutionalised in decentralised networks and finds its legal mirror in their characterisation as connected contracts. In addition, the network purpose obliges the network centre in particular to maintain this combination or centralised and decentralised profit-seeking".

[577] TEUBNER, Gunther. **Networks as connected contracts.** Translated by Michelle Everson. Oxford and Portland: Hart Publishing, 2011, p. 195.

[578] WELLENHOFER, Marina. Third Party Effects of Bilateral Contracts within the Network. In: AMSTUTZ, Marc; TEUBNER, Gunther (Eds.). **Networks:** legal issues of multilateral co-operation. Bloomsbury Publishing, 2009, p. 129. *"So the question is one of whether the loose connection of contracts between the purpose of the network and the fact that all individual companies bear a part of the network risk can, in itself, justify the claim for profit sharing. Or is it exclusively the franchisor, as founder and organiser of the hole system, who deserves the extra profit? From my point of view, a duty of profit sharing may result from the individual contract in a particular case; but the assumption of a general duty of profit sharing in networks seems to overstep the limits of the interpretation of contracts and still needs justification".*

[579] BGH (2003) 24 Zeitschrift für Verbundplifcht *(ZIP)* 2030, apud WELLENHOFER, Marina. Third Party Effects of Bilateral Contracts within the Network. In: AMSTUTZ, Marc; TEUBNER, Gunther (Eds.). **Networks:** legal issues of multilateral co-operation. Bloomsbury Publishing, 2009, p. 128.

necedores concederam o desconto. Contudo, o franqueador não estendeu esses benefícios a sua rede. A Corte Federal de Justiça alemã entendeu que a discussão acerca desse tema seria de simples interpretação do contrato. Em função dessa decisão, a Apollo decidiu alterar os termos e condições de seus contratos de franquia a partir de então.

Referência também pode ser feita a outro caso: *Seven Eleven Corporation of SA (PTY) Ltd. v. Cancun Trading No 155 CC*[580]. Este litígio dizia respeito a conflito gerado no âmbito de contrato de franquia em relação à obrigação de repassar aos franqueados descontos obtidos pelo franqueador. No caso em concreto, o franqueador havia celebrado contrato com os franqueados, sem haver qualquer menção a eventuais descontos obtidos, embora o material promocional distribuído aos potenciais novos franqueados ressaltasse que os descontos seriam repassados aos franqueados. Mais tarde, novo contrato foi celebrado, deixando constar que "o franqueador deverá, a seu exclusivo e absoluto critério, conceder à franquia o benefício de descontos comerciais por ela recebidos em decorrência de compras a granel de bens e mercadorias adquiridos em nome do franqueado"[581].

No caso concreto, o franqueador repassou aos franqueados o benefício do desconto que o franqueador obteve com um de seus fornecedores em virtude da quantidade de produtos adquiridos. Todavia, o franqueador não repassou aos franqueados outros benefícios obtidos nesse contrato com o prestador de serviço. Esses outros benefícios diziam respeito ao pagamento de um bônus caso fosse alcançada uma meta de crescimento nos pedidos.

Na oportunidade, a Corte, acolhendo a argumentação do franqueador, entendeu que haveria uma diferença entre as duas espécies de descontos. Uma delas seria devida a todos os franqueados, tendo em vista o fato de que o desconto apenas foi possível em virtude da quantidade de produtos adquiridos (e isso seria impossível sem a ajuda de todos os integrantes da

---

[580] Caso No. 108/2004, de 24 de março de 2005, julgado pela Suprema Corte de Apelação da África do Sul, apud COLLINS, Hugh. Introduction to networks as connected contracts. In: TEUBNER, Gunther. **Networks as connected contracts.** Translated by Michelle Everson. Oxford: Hart Publishing, 2011, p. 43-45.

[581] Tradução livre: "*The franchisor shall in its sole and absolute discretion afford the franchise the benefit of trade discounts received by it as a result of bulk purchases for goods and merchandise purchased on the franchisee's behalf*". Ver: COLLINS, Hugh. Introduction to networks as connected contracts. In: TEUBNER, Gunther. **Networks as connected contracts.** Translated by Michelle Everson. Oxford: Hart Publishing, 2011, p. 44.

rede). Já a outra espécie de desconto seria, na realidade, uma recompensa dada ao franqueador pelo fato de ter eficientemente obtido o crescimento da rede. Ao analisar o julgado Hugh Collins ressalta o seguinte:

> O tribunal tenta estabelecer uma distinção entre o benefício dos descontos, que deveriam ser utilizados em benefício da rede como um todo, e as ações do franqueador que tinham basicamente como objetivo reduzir os seus próprios custos. Embora essa distinção esteja longe de ser clara na prática, o tribunal desenvolve uma estratégia inteligível de repartição dos benefícios ou de participação nos lucros, de modo que a rede proteja os incentivos para o franqueador, deixando-o reter os descontos, mas ao mesmo tempo força uma distribuição de outros benefícios de descontos para toda a rede, com base no fato de que esses benefícios só podem ser garantidos pela cooperação de todos os participantes da rede[582].

Em que pese a existência de vozes discordantes, entendemos que, via de regra, o dever de *profit-sharing* não deve ir além da relação individualmente considerada, sob o risco de criarmos grandes divergências e uma grande insegurança jurídica pautada no casuísmo sem muitos critérios claros. Para além disso, é comum que essas disposições contratuais – especialmente por dizerem respeito à cifra monetária – sejam contratualmente estabelecidas entre as partes. Não é incomum que, em algumas situações, o líder de uma rede contratual acorde com os integrantes da rede alguma espécie de distribuição de lucros. Nessa hipótese, não será necessário recorrer às redes contratuais, na medida em que estaremos diante de simples interpretação do contrato. Em havendo disposição contratual em relação à distribuição de lucros, a questão do caso concreto se limitará, muito provavelmente, a que tipo de bonificação deveria ser repassada, caso a redação do contrato não seja clara. Em uma hipótese como essa, entendemos que a distribuição estará limitada àquelas bonificações que apenas foram conquistadas

---

[582] No original: *"The court tris to draw a distinction between the benefit of discounts, which should be used to the benefit of the network as a whole, and the franchisor's actions that had primarily functioned to reduce its own costs. Although this distinction is far from clear in practice, the court develops and intelligible strategy of dividing up the benefits or profi-sharing, so that the network both protects the incentives for the franchisor by letting him retain the rebates, but at the same time forces a distribution of other benefits from discounts throughout the network on the ground that those benefits can only be secured by the co-operation of all the participants in the network"*. Ver: COLLINS, Hugh. Introduction to networks as connected contracts. In: TEUBNER, Gunther. **Networks as connected contracts.** Translated by Michelle Everson. Oxford: Hart Publishing, 2011, p. 46.

pelo líder da rede em função da cooperação de seus integrantes. Todavia, inexistindo disposição nesse sentido, entendemos que eventuais lucros devem ser conferidos ao líder da rede – quem arca com os riscos maiores relacionados ao negócio.

Situação semelhante será verificada quando estivermos diante de uma rede contratual em que a figura de um líder não seja tão clara. Em uma hipótese como essa, julgamos igualmente que o dever de distribuição de lucros estará limitado aos contratos individualmente considerados, não se estendendo a toda a rede. Naturalmente, em uma ordem mercadológica, espera-se que aquele que tenha obtido algum desconto, por exemplo, venha a repassar o produto por um preço mais competitivo, justamente para fortalecer a rede da qual faz parte e, ao fim do dia, maximizar os seus ganhos por venda em escala. Todavia, apesar de esse ser um comportamento economicamente esperado dos integrantes, não nos parece que, juridicamente, esse dever exista.

2.3. Os efeitos no plano da validade e da eficácia

A comunicação de invalidades e ineficácias (em especial o inadimplemento, principal consequência no plano da eficácia), no âmbito das redes contratuais, terá de sempre levar em consideração as particularidades do caso concreto, haja vista o fato de que, sob o nosso ponto de vista, a comunicação de tais consequências não é automática com a constatação da existência de uma rede contratual.

O leitor não pode perder de vista a importância do princípio da conservação do negócio jurídico, especialmente quando estiver analisando a rede contratual em seu plano interno, de cunho empresarial e que, portanto, não pode trazer elementos de aspecto consumerista (afetos apenas ao plano externo). Portanto, em que pese seja proposto nos próximos tópicos uma flexibilização de tal princípio, esclarece-se que, de modo algum, neste estudo pretende fechar os olhos a esse princípio, que tem a importante função de, *inter alia*, trazer estabilidade às relações contratuais.

Há quem sustente não haver a possibilidade, como regra geral, de comunicação de invalidades e de ineficácias nas redes contratuais. Quem defende tal posicionamento[583] parte do pressuposto de que, por ser a rede

---

[583] MARINO, Francisco Paulo De Crescenzo. **Contratos coligados no direito brasileiro.** São Paulo: Saraiva, 2009, p. 97.

contratual aberta, comportando uma infinidade de contratos, ela seria divisível. Sendo assim, tais consequências não afetariam os demais contratos em rede, porquanto a rede contratual permaneceria viável – como regra – ao empresário organizador da rede contratual. Compartilhamos desse posicionamento.

De fato, como regra geral, a comunicação de tais invalidades e ineficácias nem sempre será observada nas redes contratuais. É bem verdade que a comunicação de tais consequências no âmbito das redes contratuais é mais difícil de ser verificada quando comparada aos contratos coligados, que não possuem as características de *abertura* (que comporta uma infinidade de contratos) e de *fungibilidade contratual*, que são, na realidade, afetas às redes contratuais. De todo modo, não se pode fechar as portas a esse estudo no âmbito das redes contratuais, sob pena de que sejam observadas iniquidades no caso concreto. Isso porque, caso os nexos econômico, funcional e sistêmico (característicos das redes contratuais) sejam destruídos em função de algum defeito nos planos do negócio jurídico em um dos contratos em rede, é justificável – e até mesmo recomendável – que sejam analisadas as consequências nos demais contratos em rede.

2.3.1. Plano da validade: comunicação das invalidades

Quando se fala em comunicação de invalidades, estamos a nos referir a alguma deficiência no plano da validade do negócio jurídico[584], que é veri-

---

[584] Lembrando que o plano da validade pressupõe que o fato jurídico exista, em um primeiro momento. Ou seja, que ele tenha passado pelo plano da existência. "A nulidade ou a anulabilidade – que são graus da invalidade – prendem-se à deficiência de elementos complementares do suporte fáctico relacionados ao sujeito, ao objeto ou à forma do ato jurídico. A invalidade, no entanto, pressupõe como essencial a suficiência do suporte fáctico, portanto, a existência do fato jurídico". Ver: MELLO, Marcos Bernardes de. **Teoria do fato jurídico:** plano da existência. 17. ed. São Paulo: Saraiva, 2011, p. 135. Ademais, o plano da validade é a qualidade que o negócio jurídico deve ter ao entrar no mundo jurídico, estando de acordo com as regras jurídicas. Como muito tem-se dito, o plano da validade é um plano de adjetivo. Nesse sentido: AZEVEDO, Antônio Junqueira de. **Negócio jurídico:** existência, validade e eficácia. 4. ed. atual. de acordo com o novo Código Civil (Lei n. 10.406, de 10-1-2002). São Paulo: Saraiva, 2002, p. 42. Diz-se também que a invalidade é detectável quando falta ao negócio jurídico algum de seus elementos essenciais ou quando não exista um dos seus pressupostos necessários constitutivos do seu tipo. Por isso se afirma ser a invalidade uma carência intrínseca do negócio jurídico, ao contrário da ineficácia, que se apresenta como uma resposta a um impedimento extrínseco. Nesse sentido: BETTI, Emílio. **Teoria geral do negócio jurídico.** Tradução de Servanda Editora. Campinas: Servanda Editora, 2008, p. 655-656.

ficável em um contrato estruturalmente independente e que se prolifera a outros contratos que se encontram a ele vinculados por um nexo econômico, funcional e sistemático. A grande indagação está em procurar averiguar se a invalidade de um contrato que se encontra em rede pode ser transmitida aos demais contratos a ele vinculados. Sendo positiva a resposta para tal indagação, será necessário entender em que hipóteses e em qual extensão essa contagiação será permitida.

E mais. A depender do plano (interno ou externo) das redes contratuais, sensíveis alterações poderão ser observadas. Em virtude disso, neste tópico, abordaremos, em um primeiro momento, a comunicação das invalidades no plano interno das redes contratuais (*i.e.*, em uma relação civil empresarial, portanto). Em um segundo momento, será analisado este tema no plano externo das redes (*i.e.*, relação com os consumidores).

É bem verdade que pode soar contraditória a ideia de propagação das invalidades (e também de ineficácias) com um dos princípios gerais de direito contratual, que tem como objetivo conservar, ao máximo, o negócio jurídico celebrado entre as partes. Estamos a nos referir ao princípio da conservação do negócio jurídico[585].

De todo modo, a aplicação de tal princípio poderá ser, por vezes, mitigada, de modo a evitar claras iniquidades no caso concreto. Isso porque, conforme já demonstrado neste estudo, as redes contratuais são compostas por contratos que, apesar de serem estruturalmente diferenciados e independentes, encontram-se unidos, emulados por uma confiança recíproca e por um propósito comum de sucesso da atividade global. Assim sendo, por vezes, a invalidade do negócio jurídico praticado por um dos agentes poderá repercutir nos demais contratos[586].

---

[585] AZEVEDO, Antônio Junqueira de. **Negócio jurídico:** existência, validade e eficácia. 4. ed. atual. de acordo com o novo Código Civil (Lei n. 10.406, de 10-1-2002). São Paulo: Saraiva, 2002, p. 66, para quem "Tanto dentro de cada plano quanto nas relações entre um plano e outro há um princípio fundamental que domina toda a matéria da inexistência, invalidade e ineficácia; queremos referir-nos ao princípio da conservação. Por ele, tanto o legislador quanto o intérprete, o primeiro, na criação das normas jurídicas sobre os diversos negócios, e o segundo, na aplicação desses normas, devem procurar conservar, em qualquer um dos três planos – existência, validade e eficácia –, o máximo possível do negócio jurídico realizado pelo agente".

[586] Como afirma Ricardo Luis Lorenzetti: *"siguiendo con la tesis de Galgano, se indica que la relevancia principal de este instituto es que, si bien los contratos mantienen su individualidad, los efectos de uno (invalidez, resolución) pueden repercutir sobre el otro"*. Ver: LORENZETTI, Ricardo Luis. Redes

Tal possibilidade esbarra, contudo, nas limitações do art. 184 do CC, que fornece orientações sobre quando será verificada a comunicação de invalidades. Fala-se do princípio da contagiação e não contagiação das invalidades. Diz o dispositivo:

> Respeitada a intenção das partes, a invalidade parcial de um negócio jurídico não o prejudicará na parte válida, se esta for separável; a invalidade da obrigação principal implica a das obrigações acessórias, mas a destas não induz a da obrigação principal.[587]

Nos termos da primeira parte do art. 184, haverá a comunicação de invalidades dentro de um mesmo negócio jurídico se não for possível separar a parte válida da inválida, respeitando, é claro, a intenção das partes. Sendo possível tal separação, prestigiar-se-á o princípio da conservação do negócio jurídico. De pronto, vale a lembrança de que, por meio de uma análise sistemática do CC Brasileiro, chega-se à conclusão de que o legislador prestigia a conservação do negócio jurídico sempre que possível[588].

Já a segunda parte do art. 184 faz referência à gravitação jurídica do negócio jurídico acessório e do principal. Neste caso, a comunicação de invalidades somente poderá ser verificada se houver relação de acessoriedade entre a obrigação principal e a acessória, estando a suposta invalidade na obrigação principal. Temos aqui uma clara referência ao brocardo

---

contractuales: conceptualización jurídica, relaciones internas de colaboración, efectos frente a terceros. **Revista de Direito do Consumidor,** v. 28, p. 22-58, out./dez. 1998, p. 10. No mesmo sentido: LEONARDO, Rodrigo Xavier. Contratos coligados, redes contratuais e contratos conexos. In: FERNANDES, Wanderley (Coord.). **Fundamentos e princípios dos contratos empresariais.** 2. ed. São Paulo: Saraiva, 2012. "Nas contratações em rede também é possível sustentar uma contagiação de invalidades. Defeitos imersos e um contrato que conduzam a nulidade ou anulabilidade podem contagiar contratos a ele vinculados".

[587] BRASIL. **Lei n. 10.406, de 10 de janeiro de 2002.** Institui o Código Civil. Disponível em: http://www.planalto.gov.br/ccivil_03/leis/2002/l10406.htm. Acesso em: 12 mai. 2019.

[588] Isso é constatável, por exemplo, por meio não só da análise do art. 184, mas também do art. 479 do CC, que dispõe que a resolução por onerosidade excessiva pode ser evitada se o réu estiver disposto a modificar equitativamente as condições do contrato, bem como do art. 157 que, ao tratar de lesão por vício contratual, conclui pela possibilidade de não decretação da anulação, caso seja fornecido suprimento suficiente ou se a parte favorecida concordar com a resolução do proveito. BRASIL. **Lei n. 10.406, de 10 de janeiro de 2002.** Institui o Código Civil. Disponível em: http://www.planalto.gov.br/ccivil_03/leis/2002/l10406.htm. Acesso em: 12 mai. 2019.

jurídico de que o acessório segue o principal (*"accesorium sequitur principale"*), mas não o oposto.

Versando sobre o plano da validade, Marcos Bernardes de Mello lembra que "segundo o princípio da incontagiação, a nulidade de um ato não contagia os demais, salvo se dele dependentes. Se há separabilidade das partes não há contagiação"[589]. No mesmo sentido, Matheus Linck Bassani e Ceres Linck dos Santos[590] asseveram que, quando verificada uma parte inválida em um dos contratos em rede, essa não contaminará, como regra geral, os demais elementos do contrato, a menos que todos os elementos estejam contaminados, inexistindo o que salvar. Segundo os autores, isso se deve ao fato de que o sistema jurídico brasileiro adotou o princípio da não contagiação como regra geral.

Neste contexto, Rodrigo Xavier Leonardo afirma que, sob uma primeira análise, o art. 184 do CC poderia deixar transparecer que ele nada acrescentaria à proposta de comunicabilidade de invalidades entre os contratos que se encontram em rede[591]. Isso porque, até mesmo Pontes de Miranda afastou o entendimento de que o art. 153 do CC Brasileiro de 1916 – correspondente ao art. 184 do CC em vigor "estabeleceria um princípio de contagiação ou de não-contagiação excepcional, reportando-se expressamente, aos negócios jurídicos unidos e aos atos jurídicos em união, defendendo a absoluta inaplicabilidade do dispositivo em comento a esses fenômenos contratuais"[592].

---

[589] MELLO, Marcos Bernardes de. **Teoria do fato jurídico:** plano da validade. São Paulo: Saraiva, 1995, p. 65.

[590] BASSANI, Matheus Linck; SANTOS, Ceres Linck dos. Tratamento jurídico de negócios jurídicos inválidos, ineficazes e descumpridos por empresas coligadas. **Revista de Direito Recuperacional e Empresa,** v. 9, jul./set. 2018, p. 9.

[591] LEONARDO, Rodrigo Xavier. **Redes Contratuais no mercado habitacional.** São Paulo: Revista dos Tribunais, 2003, p. 182.

[592] LEONARDO, Rodrigo Xavier. **Redes Contratuais no mercado habitacional.** São Paulo: Revista dos Tribunais, 2003, p. 182. Inclusive, Pontes de Miranda ressalta o seguinte: "O art. 153 nada tem com os negócios jurídicos unidos e com os atos jurídicos stricto sensu, em união, (com dependência unilateral, ou bilateral, ou com alternativa); a fortiori, se apenas externa a união. Se há, ou não, dependência, ou alternação, é questão de interpretação, que tem de descer à verificação da sorte dos atos jurídicos, de que se trata, ou da união. Não há, no plano das regras jurídicas, princípio da contagiação ou da não-contagiação excepcional. Definida a dependência, ou a alternação, está definida a sorte dos negócios jurídicos. Nem é científico dizer-se que, nas espécies de união, existe sempre inseparabilidade internegocial, nem afirmar-se o contrário; ainda em se tratando de atos jurídicos stricto sensu". MIRANDA,

Em que pese a solidez do quanto disposto no art. 184 do CC, parece-nos que a formação das redes contratuais – impulsionadas por necessidades do mundo contemporâneo – fez surgir conflitos que, se analisados unicamente sob a perspectiva da tradicional leitura do art. 184 do CC[593] (*i.e.*, relação de acessoriedade e negócio jurídico único), não serão capazes de solucionar o que por vezes bate à porta do judiciário. Isso porque, nas redes contratuais, nem sempre haverá relação de acessoriedade (conforme requisito da segunda parte do art. 184) e nunca será formada por negócio jurídico único (conforme requisito da primeira parte do art. 184). Ou seja, a interpretação literal do art. 184 às redes contratuais conduziria, na maior parte das vezes, ao entendimento de que não haveria a propagação de invalidades no caso das redes contratuais.

Entendemos, contudo, que apesar do artigo em referência não ser capaz de captar todas as particularidades das redes contratuais, ainda assim ele pode ser utilizado pelo intérprete como base para a análise sobre a possibilidade – ou não – de contagiação das invalidades no plano interno das redes contratuais.

A análise sobre a possibilidade de comunicação de invalidades nas redes contratuais será, então, centrada não no critério de acessoriedade (e muito menos na existência de um único negócio jurídico – que inexiste, como já afirmamos), mas sim em outros dois critérios que, conforme demonstraremos, terão extensão distinta, segundo o plano da rede contratual analisado: *(i)* o primeiro deles diz respeito ao critério de dependência entre os contratos, eis que essa dependência é elemento fundamental para se analisar a intensidade dos vínculos; *(ii)* o segundo critério diz respeito à impossibilidade de se alcançar o objetivo uniforme almejado pela rede na presença do defeito passível de invalidade.

Francisco Cavalcanti Pontes de. **Tratado de Direito Privado.** Atualizado por Vilson Rodrigues Alves. Em conformidade com o Código Civil de 2002. Campinas: Bookseller, 2003, p. 2135.

[593] Justamente por isso, Cristiano Chaves De Farias, Nelson Rosenvald e Felipe Braga Netto defendem que o art. 184, no que concerne à teoria das redes contratuais, deve ser interpretado extensivamente, não se restringindo apenas a obrigações acessórias e principais. Segundo os autores, em uma ótica contemporânea funcionalista, uma invalidade em um contrato em rede "poderá ser transmitida aos outros instrumentos, independentemente de sua unidade ou pluralidade". Ver: FARIAS, Cristiano Chaves de; ROSENVALD, Nelson; BRAGA NETTO, Felipe. **Manual de Direito Civil.** 3. ed. rev., atual. e ampl. Salvador: Ed. JusPodivim, 2018, volume único, p. 1110.

Apesar de entendermos que os conceitos de "acessório" e de "dependente" sejam semelhantes, julgamos não serem absolutamente iguais. Nos termos do art. 92 do CC Brasileiro, "principal é o bem que existe sobre si, abstrata ou concretamente; acessório, aquele cuja existência supõe a do principal". Ou seja, a utilização do conceito jurídico de "acessório" sempre trará como pressuposto a existência de um contrato que não sobrevive sem a existência de um principal[594], sem admitir graduações. O conceito de "dependente", por sua vez, admite graduações, que devem ser analisadas no caso concreto para justamente entendermos se a dependência existente entre os contratos em rede é bilateral, unilateral e em que graduação ela é verificada. Portanto, é possível ser observada nas redes contratuais dependências unilaterais e bilaterais.

A dependência unilateral corresponde, na realidade, à relação de acessório e de principal[595]. Assim sendo, se um dos contratos depende unilateralmente de outro que se encontra em rede, e tendo este contrato defeito em sua configuração e existência, parece claro que tais vicissitudes serão repassadas ao contrato acessório. Nesse caso, aplicar-se-á a segunda parte do art. 184 do CC sem maiores inquietações. A extensão da propagação das invalidades nessa hipótese variará segundo o caso contrato.

Se estivermos tratando de uma rede estritamente hierárquica, na qual diversos contratos encontram-se em dependência unilateral com o líder da rede contratual, a invalidade do contrato principal (o contrato guarda-chuva, por exemplo) terá a potencialidade de afetar toda a rede contratual. Pensemos na hipótese de que seja constatada uma invalidade do negócio jurídico principal, nos termos do art. 166[596] do CC Brasileiro (*i.e.*, incapa-

---

[594] Versando sobre bens principais e acessórios, e, por consequência, a direitos/obrigações/contratos acessórios e principais, Orlando Gomes afirma: "A distinção entre coisa principal e acessória baseia-se na superioridade de uma sobre a outra, pela extensão, pela qualidade ou pelo valor econômico. Não havendo, porém, traço distintivo único, ocorrem variações, que, na prática, dificultam a diferenciação. Muita vez o bem acessório tem valor superior ao principal. A superioridade de outros decorre da sua predominância na função do todo, sendo principal a coisa que a determine". Ver: GOMES, Orlando. **Introdução ao direito civil**. Rev. e atual. por Edvaldo Brito e Reginalda Paranhos de Brito. 22. ed. Rio de Janeiro: Forense, 2019, p. 179.
[595] BASSANI, Matheus Linck; SANTOS, Ceres Linck dos. Tratamento jurídico de negócios jurídicos inválidos, ineficazes e descumpridos por empresas coligadas. **Revista de Direito Recuperacional e Empresa**, v. 9, jul./set. 2018, p. 11.
[596] Art. 166. É nulo o negócio jurídico quando: I – celebrado por pessoa absolutamente incapaz; II – for ilícito, impossível ou indeterminável o seu objeto; III – o motivo determinante, comum

cidade absoluta do sujeito, ilicitude do objeto, falta de forma ou solenidade exigida em lei etc. – nulidade, portanto)[597], ou mesmo alguma hipótese de anulabilidade (como um vício de vontade no art. 171[598] do CC Brasileiro). Nesses casos, julgamos ser viável a comunicação dessa invalidade também ao outro negócio a ele vinculado com relação de dependência unilateral, na medida em que essa comunicação de invalidade se equipararia ao brocardo jurídico segundo o qual o acessório segue o principal. Esse pode ser o caso da verificação de uma determinada invalidade em um contrato base do franqueador, por exemplo, irradiando os seus efeitos para todos os contratos que este celebrou com os seus diversos franqueados. O mesmo pode ser constatado naqueles casos em que o shopping center não consegue obter o alvará de funcionamento ou *habite-se* junto à prefeitura, impactando os lojistas que já se encontram vinculados contratualmente com a administradora do shopping center, antes mesmo dele ser inaugurado. O TJSP já analisou casos como este último[599].

a ambas as partes, for ilícito; IV – não revestir a forma prescrita em lei; V – for preterida alguma solenidade que a lei considere essencial para a sua validade; VI – tiver por objetivo fraudar lei imperativa; VII – a lei taxativamente o declarar nulo, ou proibir-lhe a prática, sem cominar sanção. BRASIL. **Lei n. 10.406, de 10 de janeiro de 2002.** Institui o Código Civil. Disponível em: http://www.planalto.gov.br/ccivil_03/leis/2002/l10406.htm. Acesso em: 12 mai. 2019.

[597] No caso de nulidades, o reflexo sentido nos demais contratos em rede poderá se dar no plano da eficácia desses contratos, na medida em que, como afirma, Carlos Roberto Gonçalves, "nulidade é a sanção imposta pela lei aos atos e negócios jurídicos realizados sem a observância dos requisitos essenciais, impedindo-se de produzir os efeitos que lhes são próprios" Ver: GONÇALVES, Carlos Roberto. **Direito Civil Brasileiro:** parte geral. 13. ed. São Paulo: Saraiva, 2015, p. 478.

[598] Art. 171. Além dos casos expressamente declarados na lei, é anulável o negócio jurídico: I – por incapacidade relativa do agente; II – por vício resultante de erro, dolo, coação, estado de perigo, lesão ou fraude contra credores. BRASIL. **Lei n. 10.406, de 10 de janeiro de 2002.** Institui o Código Civil. Disponível em: http://www.planalto.gov.br/ccivil_03/leis/2002/l10406.htm. Acesso em: 12 mai. 2019.

[599] O TJSP julgou ação ajuizada por um lojista em face da administradora de shopping center, por meio do qual esse lojista postulava indenização ao argumento de que o shopping center não havia sido inaugurado na data prevista, nem contava com o *habite-se*. A ação foi julgada em desfavor do lojista, tendo em vista o fato de que este não demonstrou que teve prejuízos, além de trazer o argumento de inexistência do *habite-se* dois anos depois de já estar no uso do imóvel e apenas quando deixou de pagar os aluguéres. Apesar do resultado do julgamento, com a qual concordamos, a Corte paulista deixou manifestar – em *obiter dictum* – que o resultado seria distinto, caso o lojista postulasse pelo desfazimento do seu contrato de locação tão logo ciente da inexistência do alvará municipal. Vejamos: "Afinal, em situações tais, isto é, quando o imóvel não se acha em condições de ser adequadamente utilizado para o fim indicado no

Todavia, a invalidade pode não prejudicar toda a rede, mas sim ficar limitada a apenas alguns poucos contratos que se encontram em rede. Pensando na hipótese de uma rede contratual em que inexista um líder, havendo diversos vínculos e intensidades de dependência, que variam de contrato para contrato, a comunicação de invalidades poderá ser limitada a dois contratos (ou a um número reduzido deles). A invalidade de um contrato poderá repercutir apenas em uma outra relação contratual, que lhe é dependente unilateralmente, sem afetar os demais contratantes. Ou seja, ao fim e ao cabo, nas redes contratuais em que forem constatadas a existência de relações de dependência unilateral, aplicar-se-á o art. 184 para verificação sobre a possibilidade ou não de contagiação das invalidades.

Mas como fica essa questão nas diversas hipóteses de dependência bilateral, que fogem, por óbvio, à regra de que o acessório segue o principal? Para procurar responder a esse questionamento, Matheus Linck Bassani, Ceres Linck dos Santos[600] e Carlos Nelson Konder partem dos ensinamentos de Ana Lopez Frias (que afirma ser a teoria da causa a solução didática para a análise da questão), asseverando que, nos casos de dependência bilateral, não haverá uma regra única, já que o caso concreto deverá ser meticulosamente analisado.

> Quando dois contratos estão vinculados, mas não é possível verificar entre eles dependência unilateral, não há uma regra única, como foi assinalado pela doutrina e jurisprudência espanhola, que permita determinar em todos os casos como deve incidir a ineficácia de um contrato sobre o outro. E isto porque estamos diante de uma questão valorativa, em que podem pesar as circunstâncias do caso concreto. Apesar do que foi dito, uma forma de resolver o problema pode ser recorrer à teoria da causa. E entender que, além de cada contrato possuir sua causa "individual" (pois se não, não existiriam vários

contrato, o normal das coisas é que o locatário prontamente exija o desfazimento da locação, não que o faça apenas mais de um ano depois e só quando venha a ser cobrado pelos aluguéis que deixou de pagar." TJSP. Apelação Cível n. 0000935-95.2004.8.26.0100. Rel. Arantes Theodoro, 36ª Câmara de Direito Privado. Julgado em 22.05.2014. Apesar do julgado em questão não ter se manifestado sobre a comunicação de invalidade no caso concreto – até mesmo porque a decisão foi em sentido contrário, diante da inexistência de demonstração do prejuízo – entendemos que a parte em *obiter dictum* acima citada poderia ter sido desenvolvida com os argumentos neste tópico abordados.

[600] BASSANI, Matheus Linck; SANTOS, Ceres Linck dos. Tratamento jurídico de negócios jurídicos inválidos, ineficazes e descumpridos por empresas coligadas. **Revista de Direito Recuperacional e Empresa**, v. 9, jul./set. 2018, p. 11.

convênios, mas um só), este elemento deve referir ao resultado ou finalidade comum que perseguem os dois ou mais contratos celebrados, de maneira que se estenderá a ineficácia de um contrato a outro coligado se, por trás do desaparecimento do primeiro, o segundo perder sua razão de ser e se tornar inalcançável o propósito que ligava ambos os ajustes. Nesse sentido, deve levar-se em conta que, para valorar a ausência do pressuposto causal nestes casos, será importante que todas as partes envolvidas tenham querido ou ao menos não excluído a vinculação entre os contratos, ou ao menos que esta se manifeste através de indícios objetivos[601].

Carlos Nelson Konder[602] afirma, contudo, que a solução didaticamente apresentada por Ana López Frías será problemática naqueles ordenamentos jurídicos em que a causa não figurar expressamente com elemento do negócio jurídico. Para o referido autor, no ordenamento brasileiro, a função social do contrato, disposta no art. 421 do CC Brasileiro, poderia servir de amparo[603].

> Em nosso ordenamento, o art. 421 do Código Civil, em sua redação completa, pode servir de amparo em tais casos: a função social de um contrato, em razão da qual a liberdade de contratar é tutelada, pode ser atingida pela invalidade de outro contrato a ele coligado. Inválido um dos negócios que compõem o regulamento de interesses estabelecidos plurinegocialmente, a função comum a ser desempenhada pela conexão é destruída e, portanto, a função social do outro contrato que também integrava aquele grupo pode restar prejudicada, danificando assim o fundamento de sua proteção jurídica. Este raciocínio também é aplicável às hipóteses de ineficácia de um dos contratos coligados por causa superveniente[604].

---

[601] FRÍAS, Ana López. **Los Contratos conexos.** Tradução de Carlos Nelson Konder. Barcelona: Jose Maria Bosch Editor, 1994, p. 299-300, apud KONDER, Carlos Nelson. **Contratos Conexos:** grupos de contratos, redes contratuais e contratos coligados. Rio de Janeiro: Renovar, 2006, p. 224-225.

[602] KONDER, Carlos Nelson. **Contratos Conexos:** grupos de contratos, redes contratuais e contratos coligados. Rio de Janeiro: Renovar, 2006, p. 226.

[603] Matheus Linck Bassani e Ceres Linck dos Santos entendem que o princípio da razoabilidade seria importante norte para a preservação dos efeitos dos contratos, sejam eles pretéritos os futuros. Ver: BASSANI, Matheus Linck; SANTOS, Ceres Linck dos. Tratamento jurídico de negócios jurídicos inválidos, ineficazes e descumpridos por empresas coligadas. **Revista de Direito Recuperacional e Empresa,** v. 9, jul./set. 2018, p. 11.

[604] KONDER, Carlos Nelson. **Contratos Conexos:** grupos de contratos, redes contratuais e contratos coligados. Rio de Janeiro: Renovar, 2006, p. 227-228.

Na linha do que defendem os supracitados autores, entendemos, de forma mais incisiva, não ser possível a contagiação de invalidades naqueles contratos em que exista vínculo de dependência bilateral, uma vez que o contrato ao qual não incide a determinada invalidade, não é acessório ao contrato em que a invalidade foi verificada. Nessas hipóteses, entendemos que o princípio da preservação do negócio jurídico deve ser respeitado, contanto que ainda possa ser alcançado o objetivo comum da rede contratual, em que pese a existência da determinada invalidade.

Isso nos conduz, portanto, ao segundo critério de verificação da possibilidade de comunicação de invalidades. A apresentação desse segundo critério encontra embasamento na doutrina brasileira que interpreta o art. 184 do CC quando relacionado às redes contratuais. Nesse sentido, entende-se que o art. 184 do CC poderá inclusive ser aplicado às hipóteses de redes contratuais, "desde que o defeito causador da invalidade não prejudique a operação unificada a partir dos contratos"[605].

Pensemos no exemplo de um shopping center que foi edificado e celebrou diversos contratos de locação com vários lojistas, contratos de prestação de serviço de segurança, limpeza, jardinagem etc. Depois de estar em pleno funcionamento, a Prefeitura Municipal constata que o shopping center funcionou durante todo o tempo sem o "habite-se". Em função disso, o shopping center é fechado. Em um caso como esse, na medida em que o defeito (*i.e.*, ausência de autorização legal para funcionamento) prejudica toda a operação econômica, é viável que esta invalidade repercuta em todos os demais contratos vinculados em rede.

Como já tivemos oportunidade de mencionar, a análise sobre a possibilidade ou não de contaminação de invalidades nas redes contratuais sempre partirá da análise do caso concreto, que deve buscar o fundamento da eventual permanência dos demais contratos, sendo que tal fundamento "se encontra na possibilidade de atingir o fim concreto visado pelas partes"[606]. Assim sendo, caso o fim concreto não seja afetado com a invalidade de um dos contratos, os demais contratos em rede deverão ser mantidos. Como afirma Francisco Paulo De Crescenzo Marino, esse

---

[605] BASSANI, Matheus Linck; SANTOS, Ceres Linck dos. Tratamento jurídico de negócios jurídicos inválidos, ineficazes e descumpridos por empresas coligadas. **Revista de Direito Recuperacional e Empresa,** v. 9, jul./set. 2018, p. 10.
[606] MARINO, Francisco Paulo De Crescenzo. **Contratos coligados no direito brasileiro.** São Paulo: Saraiva, 2009, p. 193.

fim concreto será "determinado mediante interpretação objetiva, atenta à 'racionalidade interna' do contrato (economia do contrato) e conduzida à luz dos parâmetros previstos na lei (art. 113 do CC)"[607]. O ônus de comprovar que esse fim permanece possível é da parte que alega tal fato[608].

Portanto, caso a desconstituição por invalidade de um contrato ou de uma cláusula contratual inviabilize a operação econômica objeto da rede contratual, "mostra-se justificável a contagiação e a desconstituição dos demais contratos"[609]. Essa hipótese de comunicação de invalidades, como se observa, é mais ampla quando comparada a anterior.

Percebe-se, pois, que a extensão da contaminação não será uniforme nas redes contratuais. Isso porque os contratos podem ter um vínculo de dependência unitária, para que possa ser viabilizado o adimplemento de um contrato que é o principal na rede. Pode haver também um vínculo de dependência bilateral, no qual há uma ordenação conjunta de contratos, com ou sem um poder contratual centralizado. Essas particularidades, portanto, reforçam o entendimento de que o exame da contagiação de invalidades nas redes contratuais deve ser analisado casuisticamente, "a fim de verificar o grau de separabilidade e a possibilidade de mantença das demais atividades voltadas para o escopo comum"[610].

Apesar de compartilharmos o entendimento sobre a possibilidade de contagiação de invalidades, no caso de a invalidade impossibilitar a operação econômica pretendida, entendemos que, na prática, ela é dificilmente verificada. Isso porque uma das características da rede contratual é o fato de ela ser aberta, compondo-se de muitos contratos que podem

---

[607] MARINO, Francisco Paulo De Crescenzo. **Contratos coligados no direito brasileiro.** São Paulo: Saraiva, 2009, p. 193. Ressalta-se, contudo, que o referido autor faz essa menção levando em consideração os contratos coligados e não as redes contratuais. Todavia, entendemos que o argumento é igualmente válido para as redes contratuais, apesar de concordarmos que redes contratuais e contratos coligados não são sinônimos.

[608] BALBELA, João Rubens Pires. **Inadimplemento nos contratos coligados:** o descumprimento e seus efeitos para além do contrato. Dissertação (Mestrado). Universidade Federal do Paraná, Setor de Ciências Jurídicas, Programa de Pós-Graduação em Direito. Curitiba, 2014, p. 40.

[609] BASSANI, Matheus Linck; SANTOS, Ceres Linck dos. Tratamento jurídico de negócios jurídicos inválidos, ineficazes e descumpridos por empresas coligadas. **Revista de Direito Recuperacional e Empresa,** v. 9, jul./set. 2018, p. 10.

[610] BASSANI, Matheus Linck; SANTOS, Ceres Linck dos. Tratamento jurídico de negócios jurídicos inválidos, ineficazes e descumpridos por empresas coligadas. **Revista de Direito Recuperacional e Empresa,** v. 9, jul./set. 2018, p. 10.

ser substituídos em grande parte dos casos. Assim, na eventual verificação de invalidade em um dos contratos (que possa repercutir no objetivo comum), poderiam as partes procurar substituir esse contrato por outro, de modo a preservar o objetivo único.

Não é por nada que a jurisprudência brasileira ainda se encontra bastante tímida na análise de questões relacionadas à possibilidade ou não de propagação de invalidades no plano interno das redes contratuais. Como tivemos oportunidade de ressaltar no tópico 1.9.7.2, os julgados analisados versam sobre a contaminação ou não das invalidades apenas em relações de consumo. Ou seja, no plano externo e não interno das redes contratuais.

Restringindo-se a análise ao campo do direito do consumidor (plano externo das redes contratuais, portanto), a mencionada contagiação dos vícios de um contrato encontra respaldo legislativo no art. 51 e seus incisos[611], do CDC (relativo às cláusulas abusivas), quando afirma que "são nulas de pleno direito, entre outras, as cláusulas contratuais relativas ao fornecimento de produtos e serviços que (...)".

---

[611] Art. 51. São nulas de pleno direito, entre outras, as cláusulas contratuais relativas ao fornecimento de produtos e serviços que: I – impossibilitem, exonerem ou atenuem a responsabilidade do fornecedor por vícios de qualquer natureza dos produtos e serviços ou impliquem renúncia ou disposição de direitos. Nas relações de consumo entre o fornecedor e o consumidor pessoa jurídica, a indenização poderá ser limitada, em situações justificáveis; II – subtraiam ao consumidor a opção de reembolso da quantia já paga, nos casos previstos neste código; III – transfiram responsabilidades a terceiros; IV – estabeleçam obrigações consideradas iníquas, abusivas, que coloquem o consumidor em desvantagem exagerada, ou sejam incompatíveis com a boa-fé ou a equidade; V – (Vetado); VI – estabeleçam inversão do ônus da prova em prejuízo do consumidor; VII – determinem a utilização compulsória de arbitragem; VIII – imponham representante para concluir ou realizar outro negócio jurídico pelo consumidor; IX – deixem ao fornecedor a opção de concluir ou não o contrato, embora obrigando o consumidor; X – permitam ao fornecedor, direta ou indiretamente, variação do preço de maneira unilateral; XI – autorizem o fornecedor a cancelar o contrato unilateralmente, sem que igual direito seja conferido ao consumidor; XII – obriguem o consumidor a ressarcir os custos de cobrança de sua obrigação, sem que igual direito lhe seja conferido contra o fornecedor; XIII – autorizem o fornecedor a modificar unilateralmente o conteúdo ou a qualidade do contrato, após sua celebração; XIV – infrinjam ou possibilitem a violação de normas ambientais; XV – estejam em desacordo com o sistema de proteção ao consumidor; XVI – possibilitem a renúncia do direito de indenização por benfeitorias necessárias. (BRASIL. **Lei n. 8.078, de 11 de setembro de 1990.** Dispõe sobre a proteção do consumidor e dá outras providências. Disponível em: http://www.planalto.gov.br/ccivil_03/leis/l8078compilado.htm. Acesso em: 08 dez. 2020).

Analisando o referido dispositivo legal, Rodrigo Xavier Leonardo[612] afirma que ao prescrever a nulidade das cláusulas *relativas ao fornecimento de produtos e serviços*, o legislador brasileiro enunciou algo a mais do que a simples invalidade de cláusulas insertas em um contrato singular. A bem da verdade, ao fazer menção a cláusulas *relativas ao fornecimento*, procurou o legislador abarcar todas as cláusulas relativas à atividade econômica de fornecimento, podendo tais cláusulas serem verificadas nos mais diversos contratos para consumo, *v.g.*, nos contratos preparatórios ou mesmo nos contratos para a produção de bens e serviços.

É por isso que o supracitado autor conclui que o critério para o controle da abusividade das cláusulas contratuais "não se limita à análise do instrumento contratual firmado com o consumidor, alcançando todos os negócios interligados em uma mesma atividade econômica voltada para o fornecimento de produtos e serviços"[613].

O supracitado dispositivo legal coaduna-se com diversos outros direitos conferidos ao consumidor nos termos do CDC. Nesse sentido, vale ressaltar o direito à efetiva prevenção de danos (ar. 6º, VI, CDC); à proteção contra cláusulas abusivas (art. 6º, IV, CDC); à responsabilização de todos aqueles que contribuam para a ofensa ou dano (art. 7º, § único°, CDC); à responsabilidade solidária pelo vício do produto ou do serviço (arts. 18 e 19, CDC).

Em virtude dos diversos direitos conferidos ao consumidor, que são espelhados nos dispositivos supramencionados, dentre outros tantos, Rodrigo Xavier Leonardo lembra que a regra é a solidariedade passiva entre os fornecedores. Assim sendo, segundo o professor paranaense, a interpretação do art. 51 encontra-se nesta orientação "ao propugnar a invalidade de toda e qualquer cláusula, inserta (inclusive no contrato entre fornecedores) que implique a irradiação de efeitos danosos ao consumidor"[614], sendo, portanto, a noção de responsabilidade solidária do CDC "um dos pressupostos dogmáticos mais importantes para o reconhecimento dos efeitos próprios às redes contratuais"[615].

---

[612] LEONARDO, Rodrigo Xavier. **Redes Contratuais no mercado habitacional.** São Paulo: Revista dos Tribunais, 2003, p. 187.
[613] LEONARDO, Rodrigo Xavier. **Redes Contratuais no mercado habitacional.** São Paulo: Revista dos Tribunais, 2003, p. 187.
[614] LEONARDO, Rodrigo Xavier. **Redes Contratuais no mercado habitacional.** São Paulo: Revista dos Tribunais, 2003, p. 189.
[615] LEONARDO, Rodrigo Xavier. **Redes Contratuais no mercado habitacional.** São Paulo: Revista dos Tribunais, 2003, p. 190.

Essa interpretação é devidamente refletida em diversos julgados analisados: *(i)* esse é a hipótese do Caso Filadelfhia[616] (já analisado no tópico 1.9.7.2, supra), na qual se reconheceu a necessidade de manutenção do Banco Intermedium S.A. no polo passivo da ação, com condenação solidária, em virtude da existência de uma rede contratual entre os réus, desiderato comum, que é a operação econômica unificada[617]; *(ii)* caso de consumidor[618] que requer desfazimento de negócio jurídico de venda de automóvel financiado realizado junto à revendedora e ao financiador, haja vista a ocorrência de fraudes praticadas pela revendedora e amplamente noticiadas; *(iii)* caso dos planos de saúde, no qual se reconheceu a necessidade de manutenção no polo passivo da ação todos os integrantes do sistema UNIMED, em que pese não tenham celebrado contrato diretamente com o consumidor[619].

Em outro importante julgado, o STJ analisou ação de exibição de documentos, ajuizada por uma consumidora em face de uma companhia telefônica, por meio da qual a consumidora visava obter a documentação referente à contratação entre essa companhia telefônica e terceiro prestador de serviço ("Disk Amizade"), para o fim de futuramente ajuizar ação

---

[616] TJMG. Apelação Cível n. 1.0148.12.002677-5/002. Rel. José Marcos Vieira, 16ª Câmara Cível. Julgado em 02.05.2018.

[617] "Cada contrato da rede contribui para a efetivação do desiderato comum, que é a operação econômica unificada. Pela via das redes contratuais vários fornecedores conjugam esforços para conjuntamente, com maior competitividade e menor margem de risco, oferecer produtos e serviços aos consumidores. Há uma sutil distinção entre a locução redes contratuais e a coligação negocial. As redes possuem maior amplitude em virtude do elemento da sistematicidade". Ver: TJMG. Apelação Cível n. 1.0148.12.002677-5/002. Rel. José Marcos Vieira, 16ª Câmara Cível. Julgado em 02.05.2018.

[618] *(i)* TJRS. Apelação Cível n. 70055231575. Rel(a). Ângela Terezinha de Oliveira Brito, 13ª Câmara Cível. Julgado em 24.10.2013; TJRS; *(ii)* TJRS. Apelação Cível n. 70028705754. Rel(a). Ângela Terezinha de Oliveira Brito, 13ª Câmara Cível. Julgado em 26.08.2010. Neste segundo julgado, por exemplo, o TJRS reconheceu que o consumidor foi induzido em erro pela revendedora de automóveis ao celebrar um segundo financiamento bancário. Além disso, reconheceu-se que a financiadora, Banco FINASA S.A., não poderia "liberar o financiamento para a revenda sem antes certificar-se da efetiva venda e entrega do veículo financiado, o que não ocorreu na hipótese dos autos". Em função disso, reconheceu-se a nulidade do contrato de financiamento.

[619] *(i)* TJRJ. Apelação Cível n. 0053950-93.2012.8.19.0002. Rel. Joaquim Domingos de Almeida Neto, 24ª Câmara Cível. Julgado em 07.08.2014; *(ii)* TJRJ. Apelação Cível n. 1015216-90.2011.8.19.0002. Rel. Joaquim Domingos de Almeida Neto, 24ª Câmara Cível. Julgado em 28.05.2014.

em face desse terceiro, objetivando declarar a inexigibilidade dos valores cobrados em sua conta telefônica. Na oportunidade, ao julgar pela necessidade de compartilhamento da documentação – até mesmo para saber quem é o responsável pela rubrica cobrada e contra quem a consumidora poderia eventualmente demandar – o STJ manifestou-se, em *obiter dictum*, da seguinte maneira:

> Em uma perspectiva funcional dos contratos, deve-se ter em conta que a invalidade da obrigação principal não apenas contamina o contrato acessório (CC, art. 184), estendendo-se, também aos contratos coligados, intermediário entre os contratos principais e acessórios, pelos quais a resolução de um influenciará diretamente na existência do outro[620].

Em conclusão, entendemos que, no plano interno dos contratos em rede, há a possibilidade de que a invalidade de um dos contratos afete os demais. Para que isso ocorra, deverá ser constatado, no caso concreto uma dependência unilateral, que se assemelha a uma relação contratual de contrato principal v. acessório. Outra possibilidade de comunicação de invalidade pode ser observada quando o fim concreto visado pela rede contratual não puder mais ser alcançado em virtude da invalidade verificada, sem que seja possível a substituição daquele contrato no qual se encontre a invalidade. Se isso não ocorrer, a regra será a de manutenção dos demais contratos em rede, prestigiando, assim, a conservação do negócio jurídico.

Já quando estivermos diante do plano externo das redes contratuais, as regras consumeristas – já dispostas no CDC – fornecerão muitas das respostas, especialmente pela noção de responsabilidade solidária lá apresentada, que conferirá a possibilidade de propagação de invalidades de cláusulas que impliquem em danos aos consumidores.

2.3.2. Plano da eficácia: comunicação das ineficácias

Assim como ocorre na contaminação de invalidades, a ineficácia de um dos contratos em rede também pode conduzir a uma retirada de eficácia dos demais contratos em rede, resultando na absoluta impossibilidade de se alcançar a finalidade pretendida pelas partes quando desenharam a sua relação contratual em rede[621].

---

[620] STJ, REsp 1.141.985-PR, Rel. Min. Luis Felipe Salomão, 4ª Turma. Julgado em 11.02.2014.
[621] BERGSTEIN, Laís. Conexidade contratual, redes de contratos e contratos coligados. **Revista de Direito do Consumidor,** v. 109, n. 229, p. 159-183, jan./fev. 2017, p. 11. Ressalta-se

Ressalta-se, desde já, que a doutrina brasileira já deu conta de diferenciar os planos da validade e da eficácia, na medida que as suas consequências são diferenciadas[622], devendo, por conta disso, ser estudadas de maneira apartada. No entendimento de Marcos Bernardes de Mello, o plano da eficácia diz respeito àquela parcela do universo jurídico:

> onde os fatos jurídicos produzem os seus efeitos, criando as situações jurídicas, as relações jurídicas, com todo o seu conteúdo eficacial representado pelos direitos e deveres, pretensões e obrigações, ações e execuções, ou os extinguindo[623].

Diferentemente do Brasil, há exemplo na legislação estrangeira – ainda bastante tímido, segundo entendemos – sobre o estabelecimento de regras para a propagação dos efeitos nos contratos que se encontrem de alguma maneira interligados. Esse é o caso da Argentina, em seu atual CC, promulgado no ano de 2014. De acordo com o art. 1.075[624], os efeitos da conexão são os seguintes: *(i)* possibilidade de um contratante opor as exceções de descumprimento total, parcial ou defeituoso, ainda que em face da inexecução de obrigações alheias a seu contrato específico; *(ii)* além disso, importante ressaltar que a mesma regra é aplicável quando a extinção de um dos contratos produz a frustração da finalidade econômica comum.

---

que a referida autora desenvolve esse argumento fazendo uso da expressão *contratos coligados* e não redes contratuais. Contraditoriamente, o tópico no qual se encontra o desenvolvimento do argumento de Laís Bergstein é intitulado de "Case Law: as redes de contratos no Brasil".
[622] MIRANDA, Francisco Cavalcanti Pontes de. **Tratado de direito privado.** 2. ed. Rio de Janeiro: Borsoi, 1955, T. V, p. 69. "A falta do elemento do suporte fático, sem o qual o ato jurídico *stricto sensu* ou o negócio jurídico não seria, não se confunde com a falta do elemento do suporte fático, sem o qual o ato jurídico *stricto sensu* ou o negócio jurídico seria porém não valeria, nem, ainda, com a falta do elemento que apenas concerne à eficácia, sem o qual, portanto, o ato jurídico *stricto sensu* ou o negócio jurídico poderia ser e valer, posto que não tivesse efeitos, ou algum ou alguns dos efeitos. Ainda quando a causa da ineficácia é também causa da invalidade, de eficácia e ineficácia só se pode falar a partir, em projeção, do momento em que se constitui o ato jurídico *stricto sensu* ou o negócio jurídico".
[623] MELLO, Marcos Bernardes de. **Teoria do fato jurídico.** 9. ed. São Paulo: Saraiva, 1999, p. 82.
[624] *"Artículo 1075. Efectos Según las circunstancias, probada la conexidad, un contratante puede oponer las excepciones de incumplimiento total, parcial o defectuoso, aún frente a la inejecución de obligaciones ajenas a su contrato. Atendiendo al principio de la conservación, la misma regla se aplica cuando la extinción de uno de los contratos produce la frustración de la finalidad económica común".* ARGENTINA. **Código Civil y Comercial de la Nación.** Disponível em: http://www.saij.gob.ar/docs-f/codigo/Codigo_Civil_y_Comercial_de_la_Nacion.pdf. Acesso em: 19 mar. 2019.

O art. 1.075, portanto, traz um novo olhar ao princípio da relatividade das convenções, tendo em vista o fato de que os benefícios, bem como as vicissitudes e demais consequências de um dos contratos, não alcançará apenas as partes diretamente vinculadas àquele contrato, mas sim todas as partes que se encontram em rede. De todo modo, Jorge Horacio Alterini[625] ressalta que, apesar do quanto regulado nesse artigo, o princípio dos efeitos relativos das convenções mantém-se, já que o conceito de parte se desloca de uma posição atomística para considerar a relação negocial conexa, da qual todos são partes. Todavia, ressalta o supracitado autor que, se a extinção de um contrato não afetar o resultado almejado e visado pelo fim comum, pelo princípio da conservação do negócio jurídico, autorizar-se-á a permanência da existência dos demais contratos[626].

Neste tópico, será analisada a possibilidade de comunicação de ineficácias no plano externo e interno das redes contratuais, partindo-se de estudos já desenvolvidos nesse campo, também pelas teorias dos contratos coligados e conexos, além, é claro, do próprio estudo das redes contratuais. Para tanto, algumas hipóteses de ineficácias serão apresentadas, dando particular ênfase ao caso do inadimplemento, que é o efeito mais comumente observado na prática.

Segundo Carlos Nelson Konder, a fundamentação jurídica para sustentar o posicionamento de que é possível a comunicação de ineficácias vem da função social do contrato, eis que a extinção de um dos contratos pode fazer com que reste prejudicada a função comum visada pelas partes e, "assim, que os demais negócios componentes dessa função comum percam sua razão de existir"[627]. Compartilhamos desse entendimento, julgando que a função social do contrato – na falta de qualquer legislação

---

[625] ALTERINI, Jorge Horacio. **Código Civil y Comercial comentado**. Tratado Exegético. Tomo V. 2. ed. Ciudad Autónoma de Buenos Aires: La Ley, 2016, p. 691: "*El principio de efecto relativo de los contratos se mantiene, lo que sucede es que el desplazamiento de sus límites permite incorporar a todos los miembros de la red dentro del concepto de parte, y así dotar de sentido y fundamento jurídico a los derechos y prerrogativas que se les reconocen entre sí producto de ser 'partes' de una relación negocial compleja*".

[626] ALTERINI, Jorge Horacio. **Código Civil y Comercial comentado**. Tratado Exegético. Tomo V. 2. ed. Ciudad Autónoma de Buenos Aires: La Ley, 2016, p. 692.

[627] KONDER, Carlos Nelson. **Contratos Conexos:** grupos de contratos, redes contratuais e contratos coligados. Rio de Janeiro: Renovar, 2006, p. 228-229. Ressalta-se que o autor traz esse posicionamento fazendo menção aos contratos coligados e conexos. De todo modo, entendemos que esse posicionamento também se presta às redes contratuais.

específica a respeito no Brasil – pode ser importante fio condutor da análise dos efeitos verificados nas redes contratuais.

2.3.2.1. Hipótese de resilição

A começar pela resilição unilateral, a indagação que surge é se uma das partes integrantes da rede poderá resilir apenas um dos contratos (no qual é parte direta) ou se sua declaração afetará os demais contratos em rede. Sobre essa questão, Andreza Cristina Baggio Torres afirma, a partir do estudo de Ana López Frías, que esse assunto é discutido na jurisprudência italiana, sem sucesso em sua aplicação, tendo em vista o fato de que as cortes italianas entendem que "nas hipóteses de vários contratos coligados entre si, é inadmissível a desistência unilateral de um só deles quando com isso se rompa o equilíbrio de toda a relação negocial"[628]. Todavia, Ana López Frías diverge do posicionamento das cortes italianas, na medida em que afirma que, se é possível a resilição de um contrato porque a lei ou as partes convencionaram, não há razões para excluir essa possibilidade na presente situação, já que a parte está atuando em sua plena autonomia privada[629].

Nesse mesmo sentido, Andreza Cristina Baggio Torres afirma que os efeitos da resilição unilateral poderão ser analisados pelo mesmo enfoque dado à comunicação de invalidades, uma vez que é possível concluir pela "possibilidade da resilição, desde que não reste desfigurada a operação econômica proposta através desta interligação sistemática de negócios jurídicos"[630].

Sobre essa questão, José Carlos Barbosa Moreira elaborou parecer dedicado ao exame do "caso das telefônicas"[631]. No final da década de 60, mais

---

[628] FRÍAS, Ana López. **Los Contratos conexos.** Tradução de Carlos Nelson Konder. Barcelona: Jose Maria Bosch Editor, 1994, p. 301. A referida autora espanhola faz menção a dois julgados italianos da Corte de Cassação, o de n. 638, de 27.02.1976, bem como o de n. 5.777, de 14.06.1990, apud TORRES, Andreza Cristina Baggio. **Teoria Contratual Pós-Moderna** – As Redes Contratuais na Sociedade de Consumo. Curitiba: Juruá, 2007, p. 130-131.
[629] FRÍAS, Ana López. **Los Contratos conexos.** Tradução de Carlos Nelson Konder. Barcelona: Jose Maria Bosch Editor, 1994, p. 302, apud TORRES, Andreza Cristina Baggio. **Teoria Contratual Pós-Moderna** – As Redes Contratuais na Sociedade de Consumo. Curitiba: Juruá, 2007, p. 131.
[630] TORRES, Andreza Cristina Baggio. **Teoria Contratual Pós-Moderna** – As Redes Contratuais na Sociedade de Consumo. Curitiba: Juruá, 2007, p. 131.
[631] MOREIRA, José Carlos Barbosa. Unidade ou pluralidade de contratos – contratos conexos, vinculados ou coligados. **Revista do Tribunais,** v. 817, p. 753-762, nov. 2003.

precisamente em 30.09.1968, a Companhia Telefônica Brasileira (CTB) celebrou dois instrumentos contratuais para fins de expansão do serviço de telecomunicação interurbano no Brasil. Um desses contratos foi celebrado com a Standard Telephone and Cables Ltd., com sede em Londres, tendo por objeto a venda e fornecimento dos produtos para a realização da tão desejada expansão. O outro contrato foi celebrado com a Standard Telefone e Cabos do Brasil Ltda. (uma subsidiária quase integral da empresa londrina), que ficou incumbida de instalar os equipamentos importados.

Durante a execução do contrato, a CTB notificou a Standard inglesa para fins de resilição do contrato, com base em previsão contratual que permitia a invocação de sua dissolução. Em resposta à notificação, a Standard londrina, em litisconsórcio com a empresa brasileira, ajuizou ação em face da CTB alegando que a resilição não seria cabível, mas que, se assim fosse considerada válida, deveria abarcar os dois instrumentos firmados. Analisando o caso em questão, José Carlos Barbosa Moreira afirma ser inegável que as obrigações previstas nos contratos foram pensadas como meios para a consecução de um fim único. Nas palavras de José Carlos Barbosa Moreira:

> (...) a contratação dos serviços de instalação se destinou exclusivamente, na intenção das partes, a ensejar a efetiva utilização, pela CTB (LGL\1997\90), dos materiais fornecidos de acordo com o instrumento n. 1. Isolado, o instrumento n. 2 não tem sentido inteligível. Ele pressupõe necessariamente o outro. A atuação prática das relações por ele criadas entre as partes é inconcebível sem a atuação prática, prévia ou simultânea, das relações criadas entre as partes pelo instrumento n. 1. [...] A existirem dois contratos, e não um único, é fora de dúvida, de qualquer modo, que este não pode subsistir sem aquele[632].

Em um caso sobre resilição bilateral (distrato, portanto), o TJPR julgou cabível a extensão da ineficácia de um contrato de compra e venda de automóvel com o contrato de financiamento bancário e alienação fiduciária. No caso concreto, a autora A vendeu um automóvel ao réu B que, em seguida, procurou o Banco C para financiamento mediante alienação fiduciária. Ficou acertado que B pagaria à A o valor de R$ 23.000,00 (vinte e três mil reais), sendo que R$ 20.000,00 (vinte mil reais) seriam pagos à

---

[632] MOREIRA, José Carlos Barbosa. Unidade ou pluralidade de contratos – contratos conexos, vinculados ou coligados. **Revista do Tribunais**, v. 817, p. 753-762, nov. 2003.

vista e o restante em 4 (quatro) parcelas mensais de R$ 750,00 (setecentos e cinquenta reais). Todavia, como B conseguiu o financiamento de apenas R$ 19.500,00 (dezenove mil e quinhentos reais), que foi transferido para a conta corrente da autora, A e B começaram a discutir sobre o restante do valor. Como não chegaram a uma solução, A e B distrataram o contrato de compra e venda, com a retomada do veículo pela autora. Contudo, como o Banco C se negou a desconstituir a garantia, A ajuizou ação em face de B e C.

Segundo a Corte paranaense, "o financiamento e o contrato de alienação fiduciária não eram indiferentes à eficácia/ineficácia do contrato de compra e venda". Isso porque, considerando o fato de que as partes A e B, "diante dos impasses criados, resolveram resilir bilateralmente (distrato)", seria "perfeitamente lícito aqui o recurso ao argumento dos contratos em rede e do contágio de ineficácia entre os diversos contratos que as partes convencionaram unir para a realização dos interesses comuns"[633]. Nesse sentido, julgou-se pela manutenção do Banco C no polo passivo da ação, uma vez que era discutida na ação também a eficácia do contrato de alienação fiduciária. Em virtude dos efeitos reflexos, a Corte entendeu pela desconstituição do gravame fiduciário.

Entendemos ser inegável a possibilidade de resilição contratual – até mesmo porque ela pode resultar da lei ou do próprio contrato. Não se trata de negar essa possibilidade, como fizeram as cortes italianas, mas de determinar os seus efeitos sobre os demais integrantes da rede.

Teoricamente, julgamos que a resilição unilateral poderá ser estendida aos demais contratantes em rede, caso a resilição desfigure a operação eco-

---

[633] TJPR. Apelação Cível n. 908.569-4. Rel. Albino Jacomel Guérios, 18ª Câmara Cível. Julgado em 28.11.2012. Importante ressaltar também o trecho do julgado que explica que o Banco C inclusive já havia levantado o valor originariamente pago à Autora. "Esse entendimento, coerente com o Código do Consumidor, que se aplica ao menos nas relações entre autora e primeiro réu e entre este e o segundo corréu, pode ser aplicado, mutatis mutandis, ao caso dos autos, dizendo-se, então, que: a) houve distrato da compra e venda; b) como consequência da extinção da compra e venda ocorreu também a extinção – ineficácia – da alienação fiduciária (como manter a alienação fiduciária se a causa do financiamento e mesmo da garantia fiduciária era a aquisição do veículo pelo financiado?) (e o primeiro réu, presumivelmente, ao levantar o depósito realizado pela autora – R$ 19.500,00 – anuiu a tudo isso, ou ao menos adotou um comportamento inconciliável com a manutenção do financiamento e do contrato de garantia); c) como resultado, extinto o vínculo, mas em face da resistência ao levantamento extrajudicial do gravame, os provimentos judiciais desconstitutivos da eficácia da alienação fiduciária e do gravame eram indispensáveis à autora".

nômica única almejada pelas partes, não sendo possível a sua substituição. De todo modo, essa resilição não surtirá efeitos se não cumprir com as limitações dispostas no parágrafo único do art. 473 do CC[634]. Ou seja, o não cumprimento dos requisitos do parágrafo único do art. 473 do CC impedirá a resilição no contrato individualmente considerado, não havendo que se ponderar sobre os seus eventuais efeitos nos demais contratos[635].

Entende-se que a exigência de um prazo mínimo de permanência tem por objetivo a tentativa de atenuação dos efeitos negativos que a saída de um dos contratantes pode provocar no que diz respeito à continuidade da relação de cooperação entre os demais integrantes da rede[636].

Em que pese entendamos ser defensável juridicamente essa expansão, a raridade de casos que tenha abordado essa questão é um importante indicativo de uma possível não aplicação, que não pode ser desconsiderado. Como já tivemos oportunidade de mencionar, as redes contratuais possuem a característica – comum, mas não imprescindível – de abarcar uma

---

[634] Fazendo uso de sua autonomia privada e, por conta disso, optando as partes por celebrar contrato com prazo indeterminado, será concedido aos contratantes a possibilidade de resilir, unilateralmente, o acordo, uma vez que "na resilição unilateral dos contratos por tempo indeterminado, presume a lei que as partes não quiseram se obrigar perpetuamente, e, portanto, que se reservaram a faculdade de, a todo o tempo, resilir o contrato". Ver: GOMES, Orlando. **Contratos**. 26. ed. rev., atual. por Antônio Junqueira de Azevedo e Francisco Paulo De Crescenzo Marino e aumentada de acordo com o Código Civil Brasileiro de 2002. Rio de Janeiro: Forense, 2007, p. 223. No mesmo sentido: DAIBERT, Jefferson. **Dos Contratos.** Parte Especial das Obrigações. 3. ed. Rio de Janeiro: Forense, 1980, p. 166-167: "Entretanto, afirmar-se que a rescisão pode nascer da vontade unilateral de um dos contratantes e produzir efeitos quanto ao contrato que nasceu da vontade bilateral, parece, à primeira vista, um absurdo. É que tal espécie de rescisão só é admitida nos contratos por prazo indeterminado, para que as partes não fiquem subordinadas ao vínculo obrigacional, que nasceu do contrato, indefinidamente".

[635] Sobre esse ponto, vale ressaltar a ponderação de Antonio Pedro Garcia de Souza, para quem: "Nas redes, entretanto, a restrição quando à eficácia de denúncia não deve considerar apenas a relação individual, mas também o interesse da rede (e a causa sistemática dos contratos). O encerramento de uma relação sensível de rede, por exemplo, com um distribuidor-chave de determinada região, pode sofrer restrições temporais, não apenas considerando o interesse individual desse distribuidor para amortizar o investimento feito, mas também o interesse da rede e seu funcionamento. Esse aspecto, portanto, deve igualmente ser apreciado". SOUZA, Antonio Pedro Garcia de. **Redes empresariais: a distribuição de bens e serviços e o seu propósito comum**. São Paulo: Quartier Latin, 2021. p. 179.

[636] MIRANDA, Joana Correia de. **Contratos de rede e rede de empresas**. Coimbra: Almedina. 2020, p. 389.

multiplicidade de contratos, fungíveis sob a ótica do organizador. Assim sendo, ainda que um dos contratantes decida resilir o contrato ao qual está diretamente vinculado, isso dificilmente afetará o objetivo comum almejado pela rede contratual. Isso significa dizer que a resilição será autorizada, mas ela não surtirá efeito algum aos demais contratantes.

Ademais, deve-se lembrar que a permanência de um integrante da rede contra a sua vontade pode criar obstáculos à concretização dos objetivos da rede[637]. Justamente por isso, a fim de evitar tensões internas que podem colocar em crise o *goodwill* e a reputação da rede, há quem sustente[638] a necessidade de livre desvinculação da rede.

2.3.2.2. A exceção do contrato não cumprido

Uma outra hipótese de análise no plano da eficácia diz respeito à possibilidade – ou não – de invocação da exceção do contrato não cumprido (*"exceptio non adimpleti contractus"*), enquanto remédio sinalagmático ao inadimplemento.

A matéria de defesa, que vem insculpida no art. 476 do CC, prevê que "nos contratos bilaterais, nenhum dos contratantes, antes de cumprida a sua obrigação, pode exigir o implemento da do outro". A redação do artigo é clara em relação à exigência de que exista um contrato bilateral (ou seja, que o credor de uma obrigação seja devedor de outra), de modo que se um não adimplir o outro pode se recusar a fazê-lo. O dispositivo em questão cuida, portanto, de uma defesa dada ao réu, com a aptidão de encobrir a pretensão do autor, sem negar a existência do contrato, da obrigação ou da dívida, suspendendo apenas e momentaneamente a sua exigibilidade[639].

No específico caso das redes contratuais, busca-se analisar o não cumprimento da prestação devida por uma das partes, que justifique a abstenção da outra parte, estando essas obrigações correlatas em contratos distintos, e não em um contrato único. Justamente por isso, Rafael Villar

---

[637] MIRANDA, Joana Correia de. **Contratos de rede e rede de empresas**. Coimbra: Almedina. 2020, p. 383.
[638] RUIZ PERIS, Juan Ignacio. Un derecho específico para las redes empresariales. In: **Nuevas Perspectivas del Derecho de Redes Empresariales**. Director Juan Ignacio Ruiz Peris. Valência: Tirant lo blanch, 2012. p. 118.
[639] AGUIAR JÚNIOR, Ruy Rosado de. Extinção dos contratos. In: FERNANDES, Wanderley (Coord.). **Fundamentos e princípios dos contratos empresariais**. 2. ed. São Paulo: Saraiva, 2012, p. 509-510.

Gagliardi[640] ressalta que é necessário investigar se – e em que condições – encontram-se presentes os requisitos legitimadores da exceção, quando se fala em redes contratuais[641]. Segundo o autor, os requisitos básicos para a caracterização da exceção do contrato não cumprido na clássica utilização seriam: *(i)* vínculo sinalagmático, *(ii)* coetaneidade das prestações (exigibilidade das prestações em um mesmo momento), *(iii)* inadimplemento e *(iv)* boa-fé do excipiente[642]. Bastaria então verificar se esses requisitos se encontram presentes no caso das redes contratuais. Sobre esses pressupostos, assim assevera Rafael Villar Gagliardi:

> Com relação à coetaneidade das prestações e à boa-fé, está claro que nada impede a sua caracterização no âmbito de contratos interdependentes, já que independem da estrutura contratual. Tanto em contratos isolados, quanto nos coligados, é possível falar em prestações coevas, bem como em boa-fé objetiva dos contratantes.
> Também pode-se falar de inadimplemento nas redes contratuais. A única ressalva cabível consiste em que o inadimplemento da obrigação derivada de um contrato poderia afetar o equilíbrio de um outro, àquele coligado, ou, mais especificamente, de todo o sistema contratual. No entanto, essa questão está umbilicalmente ligada a uma outra, que a precede: seria possível instaurar-se o vínculo sinalagmático entre contratos interdependentes, isto é, no âmbito do sistema criado pela rede contratual?[643]

Ou seja, a discussão estaria centrada na existência ou não de um vínculo sinalagmático entre os contratos em rede, mesmo entre aqueles que não se encontram formalmente vinculados, segundo a acepção da clássica teoria dos contratos. Sobre essa questão, afirma-se que, configurada

---

[640] GAGLIARDI, Rafael Villar. **A exceção de contrato não cumprido.** 2006. 300 f. Dissertação (Mestrado em Direito) – Pontifícia Universidade Católica de São Paulo, São Paulo, 2006, p. 213.

[641] Importante ressaltar que Rafael Villar Gagliardi trata os contratos coligados e as redes contratuais de maneira intercambiável, como se sinônimos fossem. Ver: GAGLIARDI, Rafael Villar. **A exceção de contrato não cumprido.** 2006. 300 f. Dissertação (Mestrado em Direito) – Pontifícia Universidade Católica de São Paulo, São Paulo, 2006.

[642] Por não ser o objeto deste estudo, optou-se por não desenvolver todas as características e requisitos para a configuração da exceção do contrato não cumprido. Para um estudo aprofundado sobre esses requisitos, ver: ABRANTES, José João. **A exceção de não cumprimento do contrato.** 2. ed. Coimbra: Almedina, 2014, p. 35-109.

[643] GAGLIARDI, Rafael Villar. **A exceção de contrato não cumprido.** 2006. 300 f. Dissertação (Mestrado em Direito) – Pontifícia Universidade Católica de São Paulo, São Paulo, 2006, p. 213.

a causa supracontratual⁶⁴⁴, o consequente equilíbrio sistemático-contratual dará origem ao vínculo sinalagmático supracontratual, que servirá "para ordenar as prestações, os direitos, as obrigações, os deveres e os interesses atribuíveis a cada uma das partes no delicado ecossistema da rede contratual"⁶⁴⁵. Inclusive Ricardo Luis Lorenzetti⁶⁴⁶ recorre ao conceito de correspectividade entre as prestações como requisito suficiente para ensejar o vínculo sinalagmático supracontratual. Não parece ser outro o entendimento de Carlos Nelson Konder⁶⁴⁷. Isso significa dizer que, antes de qualquer coisa, é fundamental que se analise no caso concreto a configuração dessa causa supracontratual, que garanta a correspectividade das prestações, ainda que insertas em contratos estruturalmente distintos.

A despeito da escassez de julgados sobre a matéria no Brasil⁶⁴⁸, pode-se destacar algumas poucas decisões a respeito do tema. O TJSP, por exemplo, julgou recentemente três apelações cíveis que discutiam a exceção do

---

[644] Já estudada no tópico 1.5.2, *supra*, quando se afirmou que a causa supracontraual, distinta da causa de cada um dos contratos integrantes da rede e que define a operação econômica. Essa causa supracontratual envolve os interesses das partes, que não equivale ao mero somatório de interesses dos contratos em rede, individualmente considerados.

[645] GAGLIARDI, Rafael Villar. **A exceção de contrato não cumprido.** 2006. 300 f. Dissertação (Mestrado em Direito) – Pontifícia Universidade Católica de São Paulo, São Paulo, 2006, p. 214.

[646] LORENZETTI, Ricardo Luis. Redes contractuales: conceptualización jurídica, relaciones internas de colaboración, efectos frente a terceros. **Revista de Direito do Consumidor**, v. 28, p. 22-58, out./dez. 1998, p. 15. *"Por ello entendemos que hay hablar de una 'correspectividad bilateral' y de una 'correspectividad sistemática de las prestaciones'. Esta última debería ser entendida como la reciprocidad existente entre lo que cada uno de los integrantes del sistema paga y lo que el sistema puede satisfacer de acuerdo con su racionalidad económica (...) El incumplimiento de las obligaciones contractuales no se agota en sus efectos bilaterales, sino que es perceptible una repercusión en el sistema"*.

[647] KONDER, Carlos Nelson. **Contratos Conexos:** grupos de contratos, redes contratuais e contratos coligados. Rio de Janeiro: Renovar, 2006, p. 240-241. "Contudo, em vários casos é possível observar esse nexo de correspectividade estabelecido entre distintos negócios: são os chamados contratos coligados em permutação *(in funzione di scambio)*. Como já observado, em tais hipóteses o equilíbrio necessário à permutação de prestações está constituído não entre as prestações fixadas por cada contrato, mas na totalidade de prestações impostas pelo regulamento de interesses plurinegocial. A invocação da exceptio, portanto, se justificaria nesses casos em que o equilíbrio contratual se forma não no interior do negócio singularizado, mas entre os diversos contratos que se encontram reunidos pela função comum".

[648] A afirmação é amparada em pesquisa jurisprudencial. Realizamos esta pesquisa nos sites oficiais dos seguintes tribunais: STJ, TJSP, TJRS, TJMG, TJPR e TJRJ. A consulta utilizou os termos de pesquisa, em conjunto: "redes contratuais" e "exceção do contrato não cumprido". A pesquisa limitou-se ao ementário dos julgados. Foram encontrados apenas 3 (três) julgados – os 3 (três) no TJSP. Analisaremos os três julgados.

contrato não cumprido no contexto do que se chamou de "redes contratuais" pelo próprio tribunal.

Em um desses casos[649], o consumidor A ajuizou ação de resolução contratual, cumulada com pedido de restituição de parcelas pagas em face do Banco FINASA S.A. e do Grupo Córsega, alegando que adquiriu do Grupo Córsega um automóvel, licenciado em nome de terceiro B. A forma de pagamento estabelecida foi a seguinte: *(i)* entrega de um outro veículo do consumidor A ao Grupo Córsega, bem como *(ii)* contratação de financiamento com o Banco FINASA S.A. Todavia, ao iniciar o pagamento das parcelas do financiamento, A teve conhecimento de que pesava sobre o automóvel financiado ordem de busca e apreensão em virtude de ação ajuizada pelo Banco Banespa contra B. O consumidor A alegou que Banco FINASA S.A. e Grupo Córsega refinanciavam bens, sem quitar os financiamentos anteriores. Em virtude disso, requereu a resolução do contrato de financiamento, com a devolução das parcelas pagas.

Todavia, no curso da ação, foi noticiado fato superveniente, consistente no fato de que a ação de busca e apreensão em face de B teria sido julgada improcedente sob o fundamento de que havia sido comprovado que o Grupo Córsega havia recebido o veículo e assumira a obrigação de quitar o financiamento perante o Banco Banespa, mas não o fez. Ou seja, o inadimplemento seria do Grupo Córsega. Sendo assim, foi mantida a propriedade do bem em nome de B.

Em sentença, o MM. Juízo da 5ª Vara Cível de Piracicaba entendeu que, uma vez que a ação de busca e apreensão foi julgada improcedente, o bem deveria ser transferido ao Grupo Córsega, que o receberia para subsequente transmissão ao autor A. Na medida em que o autor A pretendia permanecer com o automóvel, o MM. Juízo decidiu, aplicando ao caso a exceção do contrato não cumprido, que, diante do fato superveniente, o Banco FINASA S.A. não poderia exigir nenhuma parcela do financiamento enquanto não fosse solucionada a transferência do veículo para o nome do autor A.

---

[649] TJSP. Apelação Cível n. 0020309-72.2008.8.26.0451. Rel. Matheus Fontes, 22ª Câmara de Direito Privado. Julgado em 14.04.2011. Caso semelhante pode ser encontrado em outro julgado, da lavra da mesma Câmara e de mesma relatoria: TJSP. Apelação Cível n. 0005586-63.2010.8.26.0003. Rel. Matheus Fontes, 22ª Câmara de Direito Privado. Julgado em 01.03.2012. Ressalta-se que ambos os julgados fazem uso do conceito de redes contratuais e contratos coligados de maneira intercambiável.

CONSEQUÊNCIAS DA APLICAÇÃO DAS REDES CONTRATUAIS

O TJSP acompanhou a sentença, ressaltando que, entre o contrato de compra e venda e o de financiamento bancário, existe interligação que permitiria a exceção em questão, de modo a suspender as cobranças provenientes do contrato de financiamento, tendo em vista o fato de que os contratos se encontram unidos por uma finalidade comum, que estabeleceria responsabilidade solidária na relação de consumo entre os envolvidos na rede[650]. Similar foi o entendimento das cortes brasileiras em um outro caso, que ficou bastante conhecido, da lavra do Min. César Ásfor Rocha (que foi vencido) e Min. Ruy Rosado de Aguiar (voto vencedor), do STJ, julgado em 17.06.2003[651].

Já em um outro julgado (caso Mercedes-Benz)[652] – com disputa relativa a contratos interempresariais (sem a presença de relação de consumo,

---

[650] Ementa: "Contratos Coligados – Compra e venda de veículo e financiamento – Unidade de interesses econômicos – Relação de interdependência – Comunicação de efeitos e solidariedade entre os envolvidos na rede contratual – Possibilidade de arguição de exceção do contrato não cumprido – Ação procedente, em parte – Apelação Improvida". Trecho do julgado: "E com toda razão o fez, porque entre a compra e venda e o financiamento bancário existe coligação contratual que permite alegar a exceção do contrato não cumprido para suspender execução do financiamento em razão do não cumprimento da venda e compra, mediante a transposição dos efeitos de um em relação ao outro contrato, visto que, apesar de autônomos entre si, eles estão unidos por finalidade econômica comum e devem ser interpretados conjuntamente, evidenciada interdependência entre si, que estabelece solidariedade na relação de consumo entre os envolvidos na rede contratual, bem como com fundamento na cláusula geral de boa-fé que deve permear as relações contratuais, ante a inegável relação de colaboração (parceria comercial) entre o vendedor e o concedente de crédito inserido no contexto de conclusão da venda e compra". TJSP. Apelação Cível n. 0020309-72.2008.8.26.0451. Rel. Matheus Fontes, 22ª Câmara de Direito Privado. Julgado em 14.04.2011.

[651] Optou-se por não desenvolver os fatos desse julgado por dois motivos: *(i)* não existe qualquer menção a redes contratuais no julgado, mas apenas a contratos coligados; *(ii)* o caso em questão já foi analisado diversas vezes pela doutrina brasileira. Para a sua análise, ver: KONDER, Carlos Nelson. **Contratos Conexos:** grupos de contratos, redes contratuais e contratos coligados. Rio de Janeiro: Renovar, 2006, p. 241-244. Ementa: "Contratos Coligados. Exceção de contrato não cumprido. Prova. Cerceamento de defesa. Arrendamento de gado. "Vaca-Papel". – Contrato de permuta de uma gleba rural por outros bens, incluído na prestação o arrendamento de 600 cabeças de gado. – Sob a alegação de descumprimento do contrato de permuta, faltando a transferência da posse de uma parte da gleba, o adquirente pode deixar de pagar a prestação devida pelo arrendante e alegar a exceptio. – A falta de produção da prova dessa defesa constitui cerceamento de defesa. – Recurso conhecido em parte e provido". STJ. REsp 419.362-MS. Rel. Min. para o acórdão: Ruy Rosado de Aguiar, 4ª Turma. Julgado em 17.06.2003.

[652] TJSP. Apelação Cível n. 1075348-47.2013.8.26.0100. Rel. José Marcos Marrone, 23ª Câmara de Direito Privado. Julgado em 13.07.2016.

portanto) –, também proveniente do TJSP, a Corte paulista entendeu pela não extensão da exceção do contrato não cumprido. Em resumo, o Banco Mercedes-Benz do Brasil (BMBB) ajuizou ação de execução de título extrajudicial[653] em face de Araguari Diesel Ltda. (AD)[654] e seus fiadores, a fim de cobrar valores em aberto (mais de R$ 13 milhões de reais) decorrentes de uma Cédula de Crédito Bancário (CCB), emitida por AD para aquisição de veículo da Montadora Mercedes Bens do Brasil Ltda. (MMBB). Esta cédula havia sido garantida por instrumento particular de constituição de penhor mercantil, cujo objeto consistia justamente no penhor mercantil dos veículos existentes no estoque da AD.

Em resposta à ação de execução, a AD opôs os seus Embargos à Execução[655] alegando, em resumo: *(i)* que a AD, em conjunto com a Patos Diesel Ltda., constitui um só grupo de concessionárias (Grupo Patos) da MMBB, atuando há mais de 50 anos na revenda de caminhões, ônibus e demais veículos; *(ii)* que a MMBB sempre cobiçou o Grupo Patos e, mediante o auxílio de seu braço financeiro (o BMBB), teria adotado diversas atitudes com o intuito de inviabilizar as atividades do Grupo Patos, de maneira que pudesse rescindir o contrato de concessão e, então, entregar as áreas operacionais a terceiros; *(iii)* que a CCB executada – em que são partes AD e BMBB – está intimamente ligada aos contratos de concessão realizados entre a MMBB e a AD, constituindo uma verdadeira rede contratual, na medida em que possuem um vínculo funcional e refletem a mesma operação econômica, caracterizada pela comercialização de veículos da marca Mercedes-Benz; *(iv)* a inadimplência com a montadora e a rescisão do contrato de concessão implicam automática rescisão da CCB; *(v)* o inadimplemento contratual por parte da MMBB e, por consequência, do grupo "Mercedes-Benz" (MMBB e BMBB), acarreta a inexigibilidade da CCB em questão; *(vi)* assim sendo, os valores cobrados pelo BMBB seriam inexigíveis em razão da "exceção do contrato não cumprido", prevista no art. 476 do CC Brasileiro.

---

[653] Ação de Execução de Título Extrajudicial n. 1012417-08.2013.8.26.0100, em trâmite perante a 13ª vara cível do foro central de São Paulo.

[654] AD era distribuidora autorizada de veículos fabricados pela MMBB. A MMBB não fez parte da CCB. Em função disso, a ação de execução é ajuizada apenas pelo BMBB em face de AD e seus fiadores.

[655] Embargos à Execução n. 1075348-47.2013.8.26.0100, em trâmite perante a 13ª vara cível do foro central de São Paulo.

Tanto a sentença, quanto o TJSP – ao julgarem os embargos à execução – entenderam que não teria sido demonstrada a interligação entre o contrato de concessão e o contrato de financiamento materializado pela CCB, a justificar a aplicação da exceção do contrato não cumprido. O TJSP entendeu que *(i)* não teria restado demonstrada a existência de uma rede contratual, bem como *(ii)* as obrigações em cada um dos contratos seriam distintas, não havendo como se alegar a dita exceção. Na realidade, o TJSP refletiu em seu julgado a interpretação clássica do art. 476 do CC Brasileiro. Vejamos:

> O fato de a empresa "Mercedes-Benz do Brasil Ltda." e o "Banco Mercedes-Benz do Brasil S.A." pertencerem ao mesmo grupo econômico, por si só, não induz à conclusão de que os aludidos contratos formavam um "negócio complexo ou rede contratual" (fl. 1334).
>
> Embora o contrato de financiamento celebrado com o banco embargado se prestasse a financiar a aquisição de veículos a prazo por parte da embargante junto à montadora "Mercedes-Benz do Brasil Ltda." (fl. 921), as obrigações constantes desse ajuste eram totalmente distintas das obrigações decorrentes do contrato de concessão.
>
> (...)
>
> Ora, cuidando-se de obrigações totalmente diversas, a embargante somente poderia utilizar a "exceção do contrato não cumprido", tipificada no art. 476 do Código Civil, sob a alegação de eventual descumprimento por parte do banco embargado quanto à cédula de crédito bancário em exame[656].

Sobre o caso Mercedes-Benz, algumas considerações merecem ser tecidas. Entendemos que o julgado em referência perdeu a oportunidade de se debruçar com mais empenho sobre a análise da existência, ou não, de uma rede contratual no caso concreto, especialmente porque o caso em questão não permitia qualquer associação com relação de consumo regida pelo CDC.

Pelo que procuramos demonstrar, as redes contratuais são formadas por contratos interdependentes, que possuem um objetivo econômico único, do qual faz surgir uma causa supracontratual[657]. Parece-nos que o

---

[656] Trecho do acórdão: TJSP. Apelação Cível n. 1075348-47.2013.8.26.0100. Rel. José Marcos Marrone, 23ª Câmara de Direito Privado. Julgado em 13.07.2016.
[657] LORENZETTI, Ricardo Luis. **Tratado de los Contratos**. Tomo I. 2. ed. ampl. e atual. Santa Fé: Rubinzal – Culzoni, 2004, p. 52.

caso concreto não difere muito de tantos outros julgados analisados neste estudo (relativos a questões de direito do consumidor), em que se discutia o efeito de um defeito em um contrato de compra e venda e o seu contrato de financiamento. Nesses casos, de forma geral, garantiu-se os efeitos estendidos, muito em virtude do quanto regulado pelo CDC.

O não reconhecimento de uma rede de contratos no caso Mercedes-Benz é um importante indicativo de que, apesar de haver estudo doutrinário sobre as redes contratuais – em seus planos interno e externo –, as cortes brasileiras não se sentem confortáveis com a extensão de efeitos nas redes contratuais formadas por contratos interempresariais (em seu plano interno), optando por uma análise que privilegia a *res inter alios acta*.

Deixando de lado a questão sobre a configuração, ou não, de uma rede contratual no caso Mercedes-Benz, entendemos que o julgado ao menos foi coerente em sua linha argumentativa. Isso porque, ao entender que não seria caso de rede contratual, afirmou que não havia correspectividade entre as prestações de cada um dos contratos, não sendo possível a arguição da referida defesa.

Entendemos, portanto, que preenchidos os requisitos supramencionados (conforme a clássica doutrina acerca da exceção do contrato não cumprido) – e restando demonstrado o vínculo sinalagmático entre os contratos estruturalmente diferenciados (tarefa nada fácil no caso concreto) – seria possível sustentar, via de regra, a exceção do contrato não cumprido nas redes contratuais.

Ao mesmo tempo, julgamos que a aplicação dessa exceção deve sempre levar em consideração a análise e as particularidades do caso concreto, sob pena de que a alegação irresponsável desse meio de defesa por um dos integrantes da rede trave e até mesmo inviabilize a operação visada pela rede contratual. Não é à toa que a jurisprudência brasileira parece não aplicar essa matéria de defesa de maneira costumeira e, quando aplica, encontra-se inserida em um contexto fático afeto ao âmbito consumerista. Ou seja, a jurisprudência brasileira não parece aceitar a exceção no plano interno das redes contratuais, muito provavelmente por não visualizar ali a configuração de um vínculo sinalagmático entre os contratos estruturalmente diferenciados.

2.3.2.3. Os efeitos no plano externo das redes contratuais

Perante as redes contratuais, os consumidores são vistos como terceiros. Muito embora geralmente sejam eles os destinatários finais dos produtos criados pelas redes contratuais, não fazem parte dos contratos entre as empresas que se uniram, fugindo deles a consciência de uma organização. De todo modo, considerando o fato de que as redes são normalmente direcionadas ao mercado de consumo, esses consumidores – terceiros em relação à rede – sofrem os efeitos de contratações e disfunções havidas entre os integrantes da rede.

Assim sendo, esses consumidores se relacionarão diretamente com um dos integrantes da rede e indiretamente com o demais, surgindo o questionamento, portanto, se esse consumidor poderia acionar (em razão da comunicação no plano dos efeitos, portanto), além da parte com quem diretamente contratou, também os demais integrantes da rede, em que pese o princípio da relatividade dos efeitos do contrato.

No direito argentino, Ricardo Luis Lorenzetti[658] lembra que, se os efeitos relativos do contrato são a regra, quando estivermos a tratar dos efeitos da rede contratual perante o plano externo, será importante analisar as suas exceções, pois haverá a possibilidade, segundo o autor argentino, de o consumidor exercer seus direitos com base em responsabilização contratual e extracontratual.

Segundo o supracitado autor, as ações diretas extracontratuais poderão ser justificadas em diversos fundamentos, como, por exemplo, a responsabilidade por fatos dos dependentes, responsabilidade por controle, responsabilidade pela aparência e pelo risco. Haverá ainda, segundo Ricardo Luis Lorenzetti, ações diretas fundadas na responsabilidade contratual, como nas situações em que exista um vínculo associativo entre as partes e nos casos de contratos em favor de terceiros[659].

Na legislação estrangeira, pode-se afirmar que o direito francês é pioneiro nessa matéria. Essa afirmação encontra respaldo no fato de que, antes

---

[658] LORENZETTI, Ricardo Luis. Redes contractuales: conceptualización jurídica, relaciones internas de colaboración, efectos frente a terceros. **Revista de Direito do Consumidor**, v. 28, p. 22-58, out./dez. 1998.

[659] *"Establecida la regla, corresponde ver las excepciones. En este sentido encontramos hipótesis de acciones directas extracontractuales y contractuales.*
- Extracontractual: Para los terceros, el contrato celebrado por los integrantes de la red es un hecho jurídico, razón que obstaculiza la existencia de acciones directas fundadas en el contrato. Se han encontrado distintas hipótesis para fundar acciones:

mesmo da teoria em questão se desenvolver na doutrina, já havia sido editada lei referente à informação e proteção dos consumidores em operações de crédito (Lei n. 78-22, de 10.01.1978), que dispunha que eventuais vicissitudes no contrato de compra e venda devem ser refletidas nos respectivos contratos de financiamento[660].

Tal questão é trazida novamente no *Code de la consommation*[661] francês que regula, no art. L312-16, um condicionamento entre o contrato de financiamento e o contrato de fornecimento do produto ou serviço, bem como nos arts. L311-20 e L311-28 que, além de reconhecerem a conexão entre tais contratos, dá ao consumidor a possibilidade *(i)* de suspender o pagamento do financiamento diante da contestação do devido cumprimento do contrato de prestação de serviço; *(ii)* de requerer a restituição da quantia paga, na hipótese de resolução judicial ou anulação do contrato de compra e venda[662].

– *responsabilidad por el hecho de dependientes: a través de una interpretación amplia de la garantía por el hecho de dependientes, se puede encontrar una "autorización" de un integrante de la red hacia otro. Es el caso del fabricante que autoriza a un servicio único para sus productos, que veremos más adelante;*
– *responsabilidad por control: una clase de control específico, sobre la prestación, puede provocar responsabilidad. Es el caso de las obras sociales que veremos;*
– *responsabilidad por la apariencia: la apariencia jurídica creada, puede dar lugar a acciones contra el titular de la marca de un producto elaborado; 7*
– *responsabilidad por riesgo: en el caso que uno de los integrantes utilice cosas riesgosas de propiedad de otro.*
– *Contractual: en algunos supuestos se han admitido acciones contractuales directas:*
– *existencia de un vínculo asociativo entre las partes que permite fundar una imputación. Es el caso del shoping cuando constituye una empresa común con los locatarios;*
– *contrato a favor de terceros: en virtud del art. 504 del Código Civil (LGL\2002\400) se han otorgado acciones directas al beneficiario de una estipulación ajena. Es el caso del paciente en el contrato médico-sanatorio;*
– *estructura del vínculo obligatorio: en similares casos que el anterior, es decir en la responsabilidad de las clínicas, se ha utilizado esta argumentación para dar acciones directas al paciente"*. LORENZETTI, Ricardo Luis. Redes contractuales: conceptualización jurídica, relaciones internas de colaboración, efectos frente a terceros. **Revista de Direito do Consumidor**, v. 28, p. 22-58, out./dez. 1998, p. 8.

[660] FRANÇA. **Loi n°78-22 du 10 janvier 1978.** Relative à l'information et à la protection des consommateurs dans le domaine de certaines opérations de crédit. Disponível em: https://www.legifrance.gouv.fr/affichTexte.do?cidTexte=JORFTEXT000000886461&dateTexte=. Acesso em: 19 mar. 2019.

[661] FRANÇA. **Code de la consommation.** Disponível em: https://www.legifrance.gouv.fr/affichCode.do?cidTexte=LEGITEXT000006069565. Acesso em: 19 mar. 2019.

[662] LEONARDO, Rodrigo Xavier. **Redes Contratuais no mercado habitacional.** São Paulo: Revista dos Tribunais, 2003, p. 196. Os mesmos exemplos foram usados anteriormente por

Todavia, como bem pontua Andreza Cristina Baggio Torres, a discussão presente no direito argentino é completamente dissipada no Brasil, tendo em vista a vigência do CDC em solo nacional, que transforma em norma cogente a responsabilidade solidária de todos aqueles envolvidos na cadeia de produção do determinado produto que é disponibilizado ao consumidor (parte externa da rede contratual). Em função disso, a referida autora conclui que a discussão sobre a aplicabilidade do princípio da relatividade dos efeitos do contrato restaria bastante mitigada sob o ponto de vista do consumidor, na medida em que o diploma consumerista determinou a "responsabilidade solidária, e, portanto, simultânea, do fabricante, produtor, construtor, importador, e até do comerciante"[663].

No que concerne à modalidade de responsabilidade civil prevista no CDC, Paulo de Tarso Vieira Sanseverino salienta que os arts. 12 e 14 do CDC deixam evidente o fato de que o legislador optou pela responsabilização independente de culpa aos fornecedores de produtos e serviços, ou seja, "optou-se claramente, no direito brasileiro, por um regime de responsabilidade objetiva não culposa do fornecedor de produtos e serviços"[664], sendo que essa responsabilidade é mitigada ("responsabilidade objetiva presumida"[665]), uma vez que admite situações em que a responsabilidade do fornecedor será excluída, como nos casos do § 3º[666], do art. 12, e

---

Jorge Mosset Iturraspe, na obra *"Contratos conexos grupos y redes de contratos"*. Ver: ITURRASPE, Jorge Mosset. **Contratos conexos:** grupos y redes de contratos. Buenos Aires: Rubinzal-Culzoni Editores, 1999, p. 26.

[663] TORRES, Andreza Cristina Baggio. **Teoria Contratual Pós-Moderna** – As Redes Contratuais na Sociedade de Consumo. Curitiba: Juruá, 2007, p. 148.

[664] SANSEVERINO, Paulo de Tarso Vieira. **Responsabilidade civil no código do consumidor e a defesa do fornecedor.** 3. ed. São Paulo: Saraiva, 2010, p. 55.

[665] NASCIMENTO. Tupinambá Miguel Castro do. **Responsabilidade civil no código de defesa do consumidor.** Rio de Janeiro: Aide, 1991, p. 45. "É causa de excludência da responsabilidade do fornecedor, seja de produto, seja de serviço, se ele provar a culpa exclusiva do consumidor ou de terceiro (arts. 12, § 3º, III e 14, § 3º, do Código). As outras causas de irresponsabilização não têm interesse na matéria ora examinada. Assim, a toda evidência, se trata de responsabilidade por presunção de culpa. Excluir o fornecedor da responsabilidade quando o consumidor ou terceiro procederem com culpa exclusiva é excluí-lo porque, diante da prova apresentada, não agiu culposamente. Mais: se a culpa do consumidor ou de terceiro for concorrente com a do fornecedor, se mantém a responsabilidade por sua própria culpa".

[666] § 3º O fabricante, o construtor, o produtor ou importador só não será responsabilizado quando provar: I – que não colocou o produto no mercado; II – que, embora haja colocado o produto no mercado, o defeito inexiste; III – a culpa exclusiva do consumidor ou de

§ 3ª[667], do art. 14, ambos do CDC. Também os arts. 18 e 20 do CDC estabelecem responsabilidade solidária dos fornecedores em relação a vícios do produto ou do serviço.

Somado a tudo isso, não se pode deixar de ressaltar que o parágrafo único do art. 7º do CDC prescreve que, se a ofensa for praticada por mais de um autor, todos responderão solidariamente pela reparação dos danos previstos na legislação consumerista.

Diante desse arcabouço de dispositivos legais na legislação consumerista, que reconhecem a solidariedade[668] entre os integrantes do plano interno da rede contratual, quando estiverem em uma relação em que na outra ponta da corda esteja um consumidor, Andreza Cristina Baggio Torres explica que, ao consumidor, será garantido o "direito de ressarcimento por danos em face de qualquer dos fornecedores ligados sistematicamente, evitando que este venha arcar com os riscos da atividade econômica daqueles"[669]. Essa responsabilização pode, por vezes, abarcar até mesmo o comerciante (art. 13 do CDC e seus incisos[670]).

Ou seja, ao tratar sobre a responsabilidade do fato do produto e do serviço, bem como vícios do produto ou do serviço, o CDC dá destaque às redes contratuais, na medida em que extravasa as barreiras do princípio

---

terceiro. BRASIL. **Lei n. 8.078, de 11 de setembro de 1990.** Dispõe sobre a proteção do consumidor e dá outras providências. Disponível em: http://www.planalto.gov.br/ccivil_03/leis/l8078compilado.htm. Acesso em: 08 dez. 2020.

[667] § 3º O fornecedor de serviços só não será responsabilizado quando provar: I – que, tendo prestado o serviço, o defeito inexiste; II – a culpa exclusiva do consumidor ou de terceiro. BRASIL. **Lei n. 8.078, de 11 de setembro de 1990.** Dispõe sobre a proteção do consumidor e dá outras providências. Disponível em: http://www.planalto.gov.br/ccivil_03/leis/l8078compilado.htm. Acesso em: 08 dez. 2020. Nesse sentido: BENJAMIN, Antonio Herman V.; MARQUES, Claudia Lima; BESSA, Leonardo Roscoe. **Manual de direito do consumidor.** 5. ed., rev., atual. e ampl. São Paulo: Revista dos Tribunais, 2013, p. 168-171.

[668] Que, como sabemos, nos termos do art. 265 do CCB, resulta da lei ou da vontade das partes, não se presumindo.

[669] TORRES, Andreza Cristina Baggio. **Teoria Contratual Pós-Moderna** – As Redes Contratuais na Sociedade de Consumo. Curitiba: Juruá, 2007, p. 156.

[670] Art. 13. O comerciante é igualmente responsável, nos termos do artigo anterior, quando: I – o fabricante, o construtor, o produtor ou o importador não puderem ser identificados; II – o produto for fornecido sem identificação clara do seu fabricante, produtor, construtor ou importador; III – não conservar adequadamente os produtos perecíveis. BRASIL. **Lei n. 8.078, de 11 de setembro de 1990.** Dispõe sobre a proteção do consumidor e dá outras providências. Disponível em: http://www.planalto.gov.br/ccivil_03/leis/l8078compilado.htm. Acesso em: 08 dez. 2020.

da relatividade dos efeitos do contrato e, por determinação legal, reconhece "uma ultra eficácia em virtude do dano sofrido pelo destinatário final consumidor"[671].

Um exemplo muito comum de comunicação de ineficácias entre os contratos em rede, que envolvam o plano externo e interno da rede de contratos, diz respeito à possibilidade conferida ao consumidor de resolver o contrato de compra e venda, bem como o de financiamento para obtenção de crédito para aquisição de bem, em virtude da verificação de um vício redibitório. Em casos como este, é fundamental que, antes de tudo, seja estabelecida a relação direta entre a oferta de crédito e o contrato de compra e venda. Ou seja, entendemos que os integrantes do plano interno da rede contratual devem ter conhecimento de que o crédito se presta para aquele determinado fim. Em outras palavras, os integrantes da rede precisam ter ciência de que se encontram inseridos em uma rede.

O TJSP, em recentes julgados e em mais de uma oportunidade[672], entendeu pela possibilidade de resolução do contrato de financiamento bancário, tendo em vista vício de qualidade em veículo automotor adquirido por um consumidor em uma revendedora de automóveis. De se ressaltar que, nesses casos, o TJSP utilizou os termos redes contratuais e contratos coligados de maneira intercambiável. Todavia, entendemos que as conclusões alcançadas se aplicam ao objeto deste estudo.

Em um desses casos[673], o autor A comprou um veículo usado em uma revendedora B, sendo que se ajustou que parte do pagamento se daria por meio de financiamento bancário com a instituição bancária C. Após sair das instalações físicas da revendedora B, A percebeu que o automóvel possuía ruídos estranhos, vindo este a pegar fogo em decorrência de falha elétrica. Justamente por isso, A ajuizou ação em face de B e C, a fim de dar por resolvido tanto o contrato de compra e venda, quanto o de finan-

---

[671] LEONARDO, Rodrigo Xavier. **Redes Contratuais no mercado habitacional.** São Paulo: Revista dos Tribunais, 2003, p. 208.
[672] *(i)* TJSP. Apelação Cível n. 1004362-25.2017.8.26.0554. Rel. Andrade Neto, 30ª Câmara de Direito Privado. Julgado em 29.05.2019; *(ii)* TJSP. Apelação Cível n. 1008517-87.2016.8.26.0269. Rel. Andrade Neto, 30ª Câmara de Direito Privado. Julgado em 13.03.2019; *(iii)* TJSP. Apelação Cível n. 1000720-33.2018.8.26.0126. Rel. Andrade Neto, 30ª Câmara de Direito Privado. Julgado em 16.10.2019.
[673] Em função da similitude dos três julgados, apenas um deles será explicado detalhadamente. De qualquer forma, fez-se referência aos três na nota de rodapé supra.

ciamento. Em primeiro grau, a sentença foi no sentido de julgar extinta a ação em face da financiadora C, por entender ser parte ilegítima, bem como improcedente a ação de resolução contratual, por entender que A deveria ter se acautelado antes de adquirir o veículo usado.

Ao julgar o recurso de apelação de A, o TJSP[674] bem esclareceu que, se fosse adotada uma linha de reflexão baseada apenas no direito contratual clássico, derivando disso a impossibilidade de um vínculo contratual sofrer as influências de relação contratual alheia, haveria que se entender correta a sentença de primeiro grau. Contudo, explica o TJSP que, no mundo atual, o contrato não pode mais ser analisado como um fenômeno independente, alheio ao contexto em que se insere. Justamente por isso, a decisão caminhou no sentido de reformar a sentença de primeiro grau para reconhecer que a ineficácia ou resolução do contrato de compra e venda seria refletida no contrato de financiamento, uma vez que absolutamente vinculados, em uma relação sistemática, com objetivo único.

Em razão da relação contratual entre o consumidor, instituição financeira e revendedora, entendemos que a eficácia do poder de redibir o contrato de compra e venda é comunicável ao contrato de financiamento. Isso

---

[674] Trecho do acórdão: "Se adotássemos como linha de reflexão exclusivamente os postulados do direito contratual clássico, calcado no modelo liberal-individualista, que concede absoluta primazia ao dogma da autonomia de vontade, derivando daí o princípio da relatividade dos efeitos do contrato, segundo o qual o vínculo contratual somente emana efeitos entre as partes contratantes, não surtindo nenhuma consequência em relação a terceiros (res inter alios acta), haveria que se reputar correta a solução propugnada na sentença. Contudo, no mundo hodierno, não pode mais o contrato ser observado como um fenômeno autônomo e independente, de interesse e com impactos somente em relação às partes contratantes". (...) "É exatamente esta a hipótese dos autos: o contrato de financiamento do bem e o contrato de compra e venda, embora estruturalmente independentes entre si, encontram-se funcionalmente interligados, têm um fim unitário comum, sendo ambos, em essência, partes integrantes de uma mesma operação econômica global, de tal arte que cada qual é a causa do outro, um não seria realizado isoladamente, sem o outro". (...) "Isto significa que a relação sinalagmática forma-se não apenas entre as prestações de cada contrato, mas entre todos, de tal modo que as vicissitudes que venham a afetar um deles também projetam efeitos sobre os demais. Ressalte-se não ser a contaminação um efeito automático, dependendo, evidentemente, de se verificar se as perturbações de um contrato efetivamente causam prejuízo à função comum perseguida plurinegocialmente. Assim, a ineficácia ou rescisão de um contrato se estenderá ao outro coligado se, ante o desaparecimento do primeiro, o segundo perder sua razão de ser e se tornar inalcançável o propósito que ligava ambos os ajustes". TJSP. Apelação Cível n. 1004362-25.2017.8.26.0554. Rel. Andrade Neto, 30ª Câmara de Direito Privado. Julgado em 29.05.2019.

porque a busca pelo crédito, em que pese seja instrumentalizada em um contrato individualizado e com partes distintas, propicia uma operação econômica única (qual seja, a aquisição do veículo automotor), possibilitando ao consumidor o desfazimento de ambos os contratos, em virtude da para-eficácia entre esses contratos[675].

Essa para-eficácia ou comunicação de ineficácia nas redes contratuais, conforme explica Rodrigo Xavier Leonardo, transcende a bilateralidade dos contratos individualmente considerados, já que "as prestações de uma parte não são correspectivas apenas às prestações da contraparte dos contratos singulares, devendo manter correspectividade em relação à rede"[676].

Em caso similar ao acima narrado, também podemos mencionar a hipótese de que o agente financiador inadimpla o contrato de financiamento com o consumidor, impossibilitando que este venha a fazer frente às parcelas de seu contrato de compra e venda de determinado produto. Neste caso, entendemos que o consumidor poderá opor ao vendedor as mesmas exceções que oporia ao mutuante, na medida em que a comunicação de ineficácias parte de uma percepção de todos os integrantes da rede de que há uma operação econômica, "correspondente à função social dos contratos que se manifesta para além das estruturas contratuais"[677]. A justificativa para tanto estaria centrada no fato de que o financiamento constitui um elemento acidental da compra e venda, de modo que sua ineficácia implicaria a absoluta impossibilidade de cumprimento do contrato de compra

---

[675] Ao analisar casos semelhantes, *i.e.* financiamento de imóvel (casa) por consumidor, Rodrigo Xavier Leonardo também afirma que o poder de redibir um contrato de compra e venda é comunicável ao contrato de financiamento, em razão da para-eficácia entre esses contratos. O referido autor lembra que se encontram presentes no caso a existência de conexão entre os elementos da rede, causa sistemática e propósito comum, requisitos esses necessários para a caracterização de uma rede contratual. Para alcançar essa conclusão, Rodrigo Xavier Leonardo analisou três julgados: *(i)* TRF2. Apelação Cível n. 91.03.04483-8/RJ, 3ª Turma, Rel. Juiz Conv. José Ricardo de Siqueira, DJ 03.03.1994; *(ii)* TRF2. Apelação Cível n. 91.02.17037-0/RJ, 3ª Turma, Rel. Juiz Conv. José Ricardo de Siqueira, DJ 03.03.1994; *(iii)* TRF1. Apelação Cível n. 93.01.37634-2/DF, Rel(a). Eliana Calmon, 4ª Turma, DJ 19.02.1999. Ver: LEONARDO, Rodrigo Xavier. **Redes Contratuais no mercado habitacional.** São Paulo: Revista dos Tribunais, 2003, p. 197-199.

[676] LEONARDO, Rodrigo Xavier. **Redes Contratuais no mercado habitacional.** São Paulo: Revista dos Tribunais, 2003, p. 201.

[677] LEONARDO, Rodrigo Xavier. **Redes Contratuais no mercado habitacional.** São Paulo: Revista dos Tribunais, 2003, p. 202-203.

e venda. O fundamento para essa interpretação decorreria de uma releitura do art. 106 e 396 do CCB[678].

Que fique claro: julgamos que a comunicação da ineficácia, nesses casos, apenas poderá ser oponível ao vendedor, na hipótese em que ele tenha conhecimento – expresso ou implícito – de que o bem seria pago mediante a aquisição de financiamento. Se esse não for o caso, faltará ao vendedor a percepção de que se encontra inserido em uma rede. Logo, o inadimplemento do financiador não poderá afetar a relação de compra e venda, que deverá ser analisada de maneira absolutamente individualizada, em que pese a existência de relação de consumo. Quer dizer, ainda que se aplique a legislação consumerista à relação contratual entre consumidor e vendedor, não poderá se alegar responsabilidade solidária ou qualquer outra forma de vinculação entre vendedor e financiador ou mesmo opor-se exceções que estarão limitadas à relação contratual entre consumidor e financiador. Ou seja, em hipóteses como essa, a solução da para-eficácia depende da relação existente entre o vendedor e o mutuante.

Por fim, não se pode deixar de mencionar que, em virtude da solidariedade determinada em lei aos integrantes do plano interno das redes, a legislação consumerista também prevê o direito de regresso de um fornecedor instado a se manifestar por fato ou vício do produto ou serviço ao qual não deu causa. Esse direito, que vem estabelecido no parágrafo único do art. 13[679], terá natureza de responsabilidade estritamente subjetiva[680],

---

[678] LEONARDO, Rodrigo Xavier. **Redes Contratuais no mercado habitacional.** São Paulo: Revista dos Tribunais, 2003, p. 203.

[679] Parágrafo único. Aquele que efetivar o pagamento ao prejudicado poderá exercer o direito de regresso contra os demais responsáveis, segundo sua participação na causação do evento danoso. BRASIL. **Lei n. 8.078, de 11 de setembro de 1990.** Dispõe sobre a proteção do consumidor e dá outras providências. Disponível em: http://www.planalto.gov.br/ccivil_03/leis/l8078compilado.htm. Acesso em: 08 dez. 2020. Conforme explica Paulo de Tarso Vieira Sanseverino, apesar do direito de regresso estar regulado no art. 13 (relativo às hipóteses de responsabilização do comerciante) ele se aplica a todo e qualquer fornecedor (real, aparente ou presumido). Ver: SANSEVERINO, Paulo de Tarso Vieira. **Responsabilidade civil no código do consumidor e a defesa do fornecedor.** 3. ed. São Paulo: Saraiva, 2010, p. 187.

[680] MARQUES, Cláudia Lima. **Contratos no Código de Defesa do Consumidor.** 4. ed. red., atual, e ampl. São Paulo: Editora Revista dos Tribunais, 2002, p. 1.045. "A natureza da responsabilidade é então novamente subjetiva, nos moldes tradicionais, com toda dificuldade de prova que isso significa. Parece-nos que na inclusão da possibilidade de exercer o direito de regresso contra o verdadeiro causador do dano, em norma de ordem pública do CDC, afasta as estipulações contratuais entre fornecedores de renúncia a este direito. A ratio da

nos moldes do sistema tradicional, e não poderá ser discutido no mesmo processo por meio de denunciação da lide. O fornecedor demandado, nos termos do art. 88[681] do CDC, apenas poderá ajuizar ação autônoma ou, após encerrada a ação indenizatória movida pelo consumidor, prosseguir nos mesmos autos contra os corresponsáveis.

2.3.2.4. O inadimplemento contratual no plano interno nas redes contratuais

Ainda no plano da eficácia, outro ponto de estudo que merece nossa atenção diz respeito aos efeitos do inadimplemento no plano interno das redes contratuais e à possibilidade – se é que existente – de que um integrante da rede contratual mova ação judicial em face de outro integrante, em que pese não esteja diretamente vinculado ao causador do dano. Quando observamos que a jurisprudência brasileira parece fugir desse assunto nos raros casos em que foi instada a tratar sobre o tema (para que não sejamos injustos), chega-se a uma precária conclusão de que a alegação de inadimplemento não será possível no plano interno das redes, a menos que as partes integrantes da rede tenham tido o cuidado de regular tais direitos em um contrato celebrado diretamente com o causador do dano.

Todavia, se esta for a definitiva conclusão, a verdade é que a configuração de uma rede contratual pouca relevância terá no plano interno da rede contratual, na medida em que as relações contratuais seguirão sendo analisadas individualmente e, portanto, desconectadas da própria rede de que fazem parte. Na outra ponta da corda, permitir toda a sorte de pedidos de um integrante da rede, em face dos demais, será ainda mais problemático, uma vez que tal permissão não apenas entrará em conflito com a teoria contratual clássica, como também abalará os objetivos comuns almejados pela própria rede contratual, destruindo esse que é um dos pressupostos caracterizadores da rede contratual.

---

norma do CDC, em uma das poucas passagens que invade o regime das relações comerciais entre os fornecedores, é assegurar que seu ideal de socialização de custos sociais da produção funcione (...)".

[681] Art. 88. Na hipótese do art. 13, parágrafo único deste código, a ação de regresso poderá ser ajuizada em processo autônomo, facultada a possibilidade de prosseguir-se nos mesmos autos, vedada a denunciação da lide. BRASIL. **Lei n. 8.078, de 11 de setembro de 1990.** Dispõe sobre a proteção do consumidor e dá outras providências. Disponível em: http://www.planalto.gov.br/ccivil_03/leis/l8078compilado.htm. Acesso em: 08 dez. 2020.

Ao que pudemos observar, a doutrina e a jurisprudência brasileiras parecem não abordar o tema da responsabilidade no plano interno das redes contratuais. Em que pese muito se fale sobre a irradiação dos efeitos (*i.e.* invalidade e ineficácia nas redes contratuais), a percepção que fica é a de que tais irradiações apenas serão detectáveis na prática quando um dos polos do problema for o consumidor. Nesse caso, como já tivemos a oportunidade de demonstrar, o CDC dará muitas das respostas, sendo não tão relevante a referência às redes contratuais. Em virtude da escassa discussão em solo nacional sobre a responsabilidade no plano interno, buscou-se respostas na doutrina estrangeira, em especial em autores franceses, ingleses e alemães.

No direito francês, Carole Aubert de Vincelles[682] afirma que as redes contratuais autorizariam a parte de um contrato em rede a exercer direitos com base em um outro contrato. Segundo a autora francesa, isso seria uma exceção ao princípio da relatividade dos efeitos do contrato, já que um contrato produziria efeitos sobre os demais que se encontram em rede. Nasceriam, desse entendimento, dois direitos distintos: (*i*) direito de reclamar danos; e (*ii*) direito de ação direta.

A doutrina francesa possui, de fato, um entendimento de que é possível a irradiação de efeitos em contratos que não estejam formalmente vinculados. Partindo da noção de grupo de contratos, Bernard Teyssie aponta o surgimento de relações contratuais novas entre partes figurantes do grupo, mas que não possuem relação contratual direta entre si. Propõe, então, a generalização da responsabilidade contratual às partes que não possuem ligação contratual direta, mas que se encontram inseridas dentro do grupo contratual. Não seriam, portanto, terceiros, na acepção clássica do termo, podendo agir contra o outro com fundamento contratual. Contudo, segundo o autor, tal proposição não poderia vir desacompanhada de uma revisão do princípio da relatividade das convenções, bem como da noção tradicional de terceiro[683].

---

[682] VINCELLES, Carole Aubert de. Linked contracts under french law. In: CAFAGGI, Fabrizio (Org.). **Contractual networks, Inter-firm cooperation and Economic growth.** Cheltenham: Edward Elger, 2011, p. 175.

[683] TEYSSIE, Bernard. **Les groupes de contrats.** Paris: Libraire Genérale de Droit et de Jurisprudence, 1975, p. 281-298. O autor reconhece o arrojo da proposta apresentada e conclui, na parte final da Segunda Parte de sua obra, que seria necessária uma profunda reviravolta na lei de responsabilidade, mas que isso seria menos ousado se reconhecêssemos

Atualmente, a doutrina francesa continua a utilizar a teoria dos grupos de contratos, porém de uma forma não tão ampla como aquela proposta por Bernard Teyssie em 1975[684]. O objetivo atual passou a ser o de tornar a referida teoria um instrumento para identificar os terceiros passíveis de sofrerem danos de natureza contratual em função de inadimplemento culposo decorrente de contrato do qual não fazem parte diretamente, possibilitando o ajuizamento de uma ação direta. Essa foi a proposta de Mireille Bacache-Gibeili[685].

Nesse cenário, em 1996, Mireille Bacache-Gibeili propôs a seguinte definição para grupos de contratos: "o grupo de contratos é uma cadeia linear de contratos que possuem o mesmo objeto e que têm pelo menos uma obrigação idêntica"[686]. Partindo desse conceito, a referida autora então divide os grupos de contratos em *(i)* homogêneos, formados por contratos do mesmo tipo, e *(ii)* heterogêneos, formados por contratos de tipo distinto[687].

Mireille Bacache-Gibeili ainda indaga sobre a noção de parte e terceiros no âmbito da teoria dos grupos contratuais. Para ela, "são 'partes' todos aqueles que são abarcados pelo contrato como instrumento de respeito às previsões e de realização da justiça comutativa, quer dizer, não somente os co-contratantes, mas os partícipes do mesmo grupo de contratos"[688]. Essa

---

a responsabilidade contratual (e não a extracontratual) como regime de princípio. "*Semblable solution suppose, évidemment, un profond bouleversement de notre Droit de la Responsabilité, mais une telle évolution parîtrait peut-être moins audacieuse se l'on reconnaissait à la responsabilité contractuelle – et non plus à la responsabilité délictuelle – le caractère de régime de principe*". TEYSSIE, Bernard. **Les groupes de contrats**. Paris: Libraire Genérale de Droit et de Jurisprudence, 1975, p. 291.

[684] MARINO, Francisco Paulo De Crescenzo. **Contratos coligados no direito brasileiro.** São Paulo: Saraiva, 2009, p. 84.

[685] BACACHE-GIBEILI, Mireille. **La relativité des conventions et les groupes de contrats.** Paris: Libraire Genérale de Droit et de Jurisprudence, 1996, p. 147-150.

[686] BACACHE-GIBEILI, Mireille. **La relativité des conventions et les groupes de contrats.** Paris: Libraire Genérale de Droit et de Jurisprudence, 1996, p. 114-115. "*Le groupe est un ensemble linéaire de contrats portant sur le même bien et ayant en comau moins une obligation identique*".

[687] BACACHE-GIBEILI, Mireille. **La relativité des conventions et les groupes de contrats.** Paris: Libraire Genérale de Droit et de Jurisprudence, 1996, p. 123. "*Les contrats format le groupe peuvent être indifféremment de même nature ou de nature distincte. Le goup de contrats peut être homogène ou heterogène*". Para uma análise mais aprofundada sobre a classificação proposta por Mireille Bacache-Gibeili, ver: MARINO, Francisco Paulo De Crescenzo. **Contratos coligados no direito brasileiro.** São Paulo: Saraiva, 2009, p. 85-86.

[688] Tradução retirada de: MARINO, Francisco Paulo De Crescenzo. **Contratos coligados no direito brasileiro.** São Paulo: Saraiva, 2009, p. 87. No original: "*Sont 'parties' tous ceux qui sont concernés par le contrat comme instrument de respect des prévisions et de réalisation de la justice*

conceituação seria importante, segundo a autora, para demonstrar que a parte de um grupo contratual não é terceiro frente aos demais contratos, o que autorizaria o ajuizamento de ação direta em face daquele que lhe causou danos[689].

Analisando a obra de Mireille Bacache-Gibeili, Carlos Nelson Konder bem ressalta que a discussão acerca da natureza da responsabilidade do terceiro (se contratual ou extracontratual) não é desprovida de efeitos extremamente relevantes: se considerada extracontratual, o terceiro poderá requer reparação integral do dano, atendendo à noção de proteção geral da vítima e, por conta disso, desequilibrando o contrato; contudo, se considerada contratual, estará o terceiro limitado ao quanto estabelecido no contrato para ação de terceiro vítima[690].

Não se pode perder de vista que parte da doutrina francesa entende que só poderia se cogitar de grupos contratuais – ainda mais no campo da responsabilidade contratual entre partes não diretamente vinculadas, bem como na contaminação de ineficácias e invalidades – se a interdependência dos contratos resultasse da vontade das partes, seja ela expressa, seja ela dedutível de um "feixe de índices". Para essa corrente[691], portanto, diante da ausência de normas legais, apenas a vontade comum das partes (expressa ou tácita) poderia trazer a noção de repercussão de consequências.

Em que pesem as importantes lições provenientes da teoria francesa do grupo de contatos, julgamos que ela não deve ser aplicada – tal qual proposta aos grupos de contratos do direito francês – às redes contratuais. Parece-nos que reconhecer efeitos automáticos ao plano interno das redes

---

commutative, c'est-à-dire non seulement les cocontractants mais les participants au même groupe de contrats". BACACHE-GIBEILI, Mireille. **La relativité des conventions et les groupes de contrats.** Paris: Libraire Genérale de Droit et de Jurisprudence, 1996, p. 262.

[689] BACACHE-GIBEILI, Mireille. **La relativité des conventions et les groupes de contrats.** Paris: Libraire Genérale de Droit et de Jurisprudence, 1996, p. 262.

[690] KONDER, Carlos Nelson. **Contratos Conexos:** grupos de contratos, redes contratuais e contratos coligados. Rio de Janeiro: Renovar, 2006, p. 115.

[691] LUCAS-PUGET, Anne Sophie. **Essai sur la notion d'objet du contrat.** Paris: Libraire Genérale de Droit et de Jurisprudence, 2005, p. 270-277; GHESTIN, Jacques. **Cause de l'engagement et validité du contrat.** Paris: Libraire Genérale de Droit et de Jurisprudence, 2006, p. 594 e ss. No mesmo sentido: MARMAYOU, Jean-Michel. **L'unité et la pluralité contractuelle entre les mêmes parties (Méthode de distinction).** Aix-em-Provence: PUAM, 2002, p. 494-495, apud MARINO, Francisco Paulo De Crescenzo. **Contratos coligados no direito brasileiro.** São Paulo: Saraiva, 2009, p. 90-92.

contratuais pode ter consequências mais problemáticas do que benéficas. Isso porque, no plano interno, estamos a tratar de relações interempresariais, que possuem um arcabouço interpretativo mais limitado, de modo a privilegiar a segurança jurídica. É por isso que defendemos que a irradiação dos efeitos do inadimplemento no plano interno das redes apenas pode ser observada na hipótese de serem preenchidos certos requisitos. Isso significa dizer que o caso concreto sempre deverá ser meticulosamente analisado. Ao contrário dos efeitos no plano externo, inexiste no plano interno responsabilidade solidária *a priori*.

Para definir esses valiosos requisitos, fazemos referência a importantes doutrinadores do direito inglês e alemão. No direito inglês, Hugh Collins[692] explica que o reconhecimento da possibilidade de que um integrante da rede ajuíze ação em face de outro repousa no fato de que o somatório dos contratos em rede cria uma interdependência econômica similar àquela presente em uma empresa, mas sem uma entidade organizacional para alocar responsabilidade e risco de maneira eficiente e equitativa. Assim sendo, partindo do pressuposto de que essa alocação é possível, o referido autor entende que duas questões devem ser abordadas. A primeira delas diz respeito aos pressupostos necessários para a verificação dessa responsabilização no plano interno da rede. A segunda diz respeito a que tipo de ação poderá ser intentada. É o que analisaremos nos próximos tópicos.

2.3.2.4.1. As condições para a caracterização de responsabilidade no plano interno das redes

Iniciando de maneira concreta a discussão sobre as condições para a caracterização de responsabilidade no plano interno das redes, pensemos em dois exemplos. Um deles, o contrato de franquia de uma famosa prestadora de serviços alimentícios. Se um dos franqueados causar danos à reputação da rede – como, por exemplo, deixando de atender às especificações de qualidade e padrão na produção do produto ou na prestação do serviço –

---

[692] COLLINS, Hugh. Introduction to networks as connected contracts. In: TEUBNER, Gunther. **Networks as connected contracts.** Translated by Michelle Everson. Oxford: Hart Publishing, 2011, p. 52-53. *"The case for recognizing claims between parties within a network, whether or not they have entered bilateral contracts, rests on this insight that the multilateral collection of relational contracts creates a similar degree of co-ordinated mutual economic interdependence to that found within a vertically integrated firm, but without the organisational entity of a business association to allocate responsibility and risk efficiently and equitably".*

poderiam os demais franqueados, na ausência de um contrato direto com o causador do dano, ajuizar ação em face deste em função dos prejuízos sofridos pela rede? O mesmo exemplo pode ser verificado com integrantes distantes de uma cadeia contratual, sem um vínculo contratual direto. E mais: poderiam as partes ajuizar essa ação sem nem mesmo dar oportunidade de que o líder da rede[693] assim o faça? São essas a perguntas que procuraremos responder no presente tópico.

Imaginemos agora um outro exemplo: esse relativo aos contratos para a construção de uma grande usina de geração de energia elétrica. Para se alcançar o determinado fim único, será celebrada uma gama de contratos com partes distintas, envolvendo o dono da obra, o empreiteiro ou mesmo um epecista, outros subcontratados, prestadores de suprimentos, arquitetos, designers etc. Apesar dos interesses individuais de cada uma dessas partes, todos estarão emulados por um mesmo fim, que é refletido na construção e funcionamento da usina de geração de energia elétrica. Todavia, os diversos contratantes poderão ter pouca ou nenhuma relação entre eles – muitas vezes poderão, inclusive, estar competindo um com o outro. A pergunta então que surge é se essa gama de contratos faria com que surgisse uma responsabilidade no plano interno da rede, a despeito de inexistir uma relação contratual direta entre grande parte desses prestadores de serviço.

Procurando responder aos questionamentos acima apontados, Gunther Teubner[694], partindo de sua definição de *connected contracts*[695], sugere a verificação no caso concreto de alguns pressupostos, de modo que seja reconhecida a responsabilidade em questão. Para além da necessária conexão entre esses contratos, será imprescindível também a verificação de outros três critérios: *(i)* deve haver um propósito da rede contratual, que não seja igual aos interesses dos demais contratantes individualmente considerados; *(ii)* deve haver referência mútua de um contrato ao outro, no sentido de que os contratos devem se referir a tarefas que serão desempenhadas pelos outros contratos da rede contratual; *(iii)* deve haver também uma

---

[693] Essa pergunta se faz levando em consideração o fato de que exista um líder da rede. Como já afirmamos, a maioria das redes contratuais contará com um líder, mas isso não é uma obrigatoriedade.
[694] TEUBNER, Gunther. **Networks as connected contracts.** Translated by Michelle Everson. Oxford and Portland: Hart Publishing, 2011, p. 226.
[695] Já abordada no tópico 1.4, *supra*.

intensa cooperação entre todas as partes contratantes, e não apenas entre aquelas que se encontram formalmente vinculadas.

A análise desses três requisitos sugere, então, que a responsabilidade no plano interno das redes contratuais jamais poderá ser presumida. É indispensável que o caso concreto seja analisado[696]. O próprio Gunther Teubner[697] afirma que sua proposição não é comumente aplicada às redes contratuais, mas apenas quando o âmbito coletivo for impactado, na medida em que, fora desse âmbito coletivo, as únicas obrigações que surgirão serão aquelas decorrentes da boa-fé objetiva, associadas aos contratos bilaterais.

Retornando aos dois exemplos acima trazidos, julgamos que será fácil constatar o preenchimento do requisito número 1. Isso porque se inexistir propósito comum, inexistirá rede contratual, sendo dispensável a análise dos demais requisitos. Em relação ao requisito número 2, entendemos que ele é menos comum, mas ainda é possível ser verificado no caso concreto, tendo em vista o fato de que, como o trabalho precisa ser coordenado, é provável que referências sejam feitas aos demais integrantes da rede, nos diversos contratos celebrados. Todavia, o requisito número 3 costumeiramente não estará presente no caso concreto, o que impossibilitará a extensão da responsabilidade na maioria dos casos. Todavia, Hugh Collins lembra que parte do projeto ou alguns projetos específicos poderão satisfazer o terceiro critério.

Hugh Collins conclui, apresentando um caso proveniente das cortes inglesas, que os pressupostos de Gunther Teubner poderiam ser aplicados ao direito inglês. Neste sentido, Hugh Collins cita *Norwich City Council* v. *Harvey*. Neste caso, a Câmara Municipal de Norwich celebrou contrato com um empreiteiro para a construção de um grande complexo de piscinas. Nos termos do contrato celebrado, a Câmara Municipal de Norwich assumiu o risco por danos advindos de incêndio, ficando igualmente res-

---

[696] COLLINS, Hugh. Introduction to networks as connected contracts. In: TEUBNER, Gunther. **Networks as connected contracts.** Translated by Michelle Everson. Oxford: Hart Publishing, 2011, p. 54.
[697] TEUBNER, Gunther. **Networks as connected contracts.** Translated by Michelle Everson. Oxford and Portland: Hart Publishing, 2011, p. 227. "*Cross-cutting liability is not generally applicable within contractual networks. Rather, it should only arise should the collective real be materially impacted upon. Outside this real, the sole obligations arising are good faith duties commonly associated with bilateral contracts. It is this characteristic that distinguishes network from corporation, since such individual and collective relational duality is wholly foreign to the latter*".

ponsável pela celebração de contrato de seguro. Mais tarde, um dos prestadores de serviço de construção da cobertura (teto) das piscinas causou incêndio no complexo de piscinas.

Em função disso, a Câmara Municipal de Norwich ajuizou ação em face desse prestador de serviço com fundamento na responsabilidade civil extracontratual. Em sua defesa, o prestador de serviços alegou que, nos termos do contrato celebrado entre Câmara Municipal de Norwich e o empreiteiro, ele não seria responsável pelos danos causados em virtude do incêndio.

A corte de apelação inglesa acolheu a defesa do prestador de serviço, afirmando que o contrato fazia referência ao prestador de serviço e à exclusão de responsabilidade, bem como que houve intensa comunicação entre a Câmara Municipal de Norwich e os diversos prestadores de serviço, dentre eles o que deu início ao incêndio, sendo que a assunção de risco pela Câmara Municipal de Norwich era de conhecimento de todos[698]. Ou seja, o caso em questão preencheria os requisitos propostos por Gunther Teubner.

Julgamos que os requisitos em questão podem ser uma boa escolha inclusive em solo nacional, de modo a conciliar, na medida do possível, a irradiação de efeitos no plano interno das redes contratuais, com a segurança jurídica e os princípios de direito contratual clássico (ainda que de certa forma mitigados).

---

[698] COLLINS, Hugh. Introduction to networks as connected contracts. In: TEUBNER, Gunther. **Networks as connected contracts.** Translated by Michelle Everson. Oxford: Hart Publishing, 2011, p. 54-55. "*Nevertheless, the defence was accepted by the English Court of Appeals on the ground that term in the main contract had qualified the sub-contractor's normal duty of care under the law of tort in order to exclude fire damage. The court emphasised the point that there were direct communications between the council and this sub-contractor and the other sub-contractors on the project, with a view to ensuring that they all contracted on a like basis, which included the council's assumption of the risk of fire. Strictly speaking, this case does not involve internal network liability, but rather the exclusion of liability. Yet, in order to permit the defence, the court directed its attention to those elements that might be described as informal private ordering through direct communications between the council and the sub-contractors. It was because of those direct communications that the court felt able to argue that the sub-contractors could rely on the understanding of the exclusion of liability for fire damage, even though there was no express contractual agreement to that effect between the council and the sub-contractors. The reason why it was not 'fair, just and reasonable' to impose liability for the fire on the sub-contractors was that they had participated in a network, in which, with a view to reducing costs for the project overall, the risk of fire had been assumed by one participant in the network, no doubt because the council needed to have fire insurance in any event, and the project had been informally and non-contractually organised on that basis*".

Isso porque, no caso de um contrato de franquia ou em um shopping center, um lojista/franqueado apenas poderá se voltar diretamente contra outro integrante da rede no plano interno, caso estejam configurados os três requisitos propostos. Como explicamos, apesar de os dois primeiros requisitos[699] serem mais comumente observáveis, o terceiro requisito (qual seja, intensa cooperação entre todas as partes contratantes) servirá como pressuposto final a unir esses contratos, de modo que seus efeitos possam ser repercutidos aos demais. A atenção a esse terceiro requisito será igualmente importante para limitar o uso inadequado naqueles casos em que os integrantes das redes possuem pouca ou nenhuma relação uns com os outros, na medida em que sua relação se limita com o líder da rede.

É por isso que afirmamos que no caso Mercedes-Benz[700], o julgador poderia ter reconhecido a existência de uma rede contratual entre os contratantes em seu plano interno, sem conferir a extensão de seus efeitos (no caso específico a exceção do contrato não cumprido). Parece-nos ser inegável a existência, no caso Mercedes-Benz, de um propósito único, bem como de referências mútuas nos contratos (ou informações paralelas, como e-mails). A grande questão seria entender se, no caso concreto, havia intensa cooperação entre os integrantes da rede – quais sejam, a concessionária, a montadora e o banco financiador. Sendo positiva essa resposta, julgamos que a decisão mais acertada seria a de reconhecimento da propagação da exceção do contrato não cumprido ao contrato de concessão também.

2.3.2.4.2. A possibilidade de ação direta no plano interno das redes contratuais

O presente tópico busca responder questionamento complexo e aparentemente ainda sem resposta, não apenas na legislação brasileira, mas também na legislação estrangeira que se pode analisar até o presente momento. Tal questão gira em torno da possibilidade, ou não, de que uma das partes que se encontra inserida em uma rede contratual ajuíze ação indenizatória em face de inadimplemento contratual perpetrado por parte com quem não possui relação contratual direta (mas que se encontra igualmente inserida

---

[699] São eles: *(i)* mesmo propósito da rede contratual; e *(ii)* deve haver referência mútua de um contrato ao outro.

[700] Já analisado no tópico 2.3.2.2, supra. TJSP. Apelação Cível n. 1075348-47.2013.8.26.0100. Rel. José Marcos Marrone, 23ª Câmara de Direito Privado. Julgado em 13.07.2016.

na mesma rede contratual). Na hipótese de restarem demonstrados os três requisitos para a caracterização de responsabilidade no plano interno das redes contratuais (no tópico acima abordado), a próxima pergunta a ser respondida será em que situações que a ação direta poderá ser movida por um integrante da rede em face de outro que tenha causado o dano.

Em relação às redes contratuais hierárquicas, Gunther Teubner[701] afirma que uma ação movida por um integrante da rede em face de outro apenas poderia ser autorizada caso o líder da rede não adote ou se negue a adotar as medidas cabíveis em face do causador do dano. Comumente, o líder da rede pode não se sentir estimulado a intervir, a menos que os lucros da rede sejam reduzidos.

Retornando ao exemplo do contrato de franquia, é altamente questionável conferir legitimidade processual ativa *a priori* aos integrantes da rede em face daquele que esteja causando danos à rede. Isso porque tal legitimidade estimularia os franqueados que atuam em competição um com o outro a assim proceder, com o intuito de fulminar as atividades de seu concorrente[702]. Isso para não mencionar o fato de que tal autorização teria a consequência desastrosa de fazer surgir um número excessivo de ações judiciais que, por óbvio, destruiriam o próprio objetivo único da rede contratual.

É justamente por isso que Gunther Teubner explica que, em primeiro lugar, o franqueado que tenha sofrido o dano deve comunicar o franqueador que, com o fim de proteger os interesses de todos os integrantes da rede, adotará as medidas cabíveis em face do franqueado que está causando danos à rede. Todavia, caso o líder da rede não adote as medias cabíveis, Gunther Teubner explica que o franqueado poderá assim proceder em face do causador do dano.

> Portanto, é apropriado exigir do franqueado que foi prejudicado por uma violação dos padrões da rede, a encaminhar a sua reclamação, primeiramente e no interesse de toda a rede, ao franqueador. Os interesses dos franqueados, que merecem ser protegidos por meio de reivindicações diretas dos franqueados para fazer cumprir as normas, só surgem em caso de comportamento

---

[701] TEUBNER, Gunther. **Networks as connected contracts.** Translated by Michelle Everson. Oxford and Portland: Hart Publishing, 2011, p. 229.

[702] TEUBNER, Gunther. **Networks as connected contracts.** Translated by Michelle Everson. Oxford and Portland: Hart Publishing, 2011, p. 230.

oportunista do franqueador ou de conluio entre o franqueador e o franqueado que está violando os padrões de qualidade. E, ainda assim, a causa de ação do franqueado contra o causador do dano deve se restringir aos casos de violações graves, que deem origem a um perigo perceptível de desvantagem para a rede (como a retirada do goodwill) e, consequentemente, de lesões para o franqueado que ajuíza a ação[703].

Para fundamentar o quanto afirma, Gunther Teubner assevera que essa possibilidade secundária de ajuizamento de ação por um dos franqueados, na hipótese do líder da rede se abster, pode ser sustentada com base em uma analogia ao direito societário. O autor em questão ressalta que não está a defender que a rede contratual de franquia poderia ser vista como uma organização societária. Contudo, a analogia em questão poderia ser defendida quando por motivos justificáveis.

Como se sabe, no caso da rede de franquias, o franqueador é incumbido pelos franqueados com a tarefa de manter e promover a rede contratual em benefício de todos os integrantes. No direito societário alemão, a ação que um dos sócios ajuíza em seu nome para garantir direitos em benefício da sociedade são conhecidas como *actio socio*. Assim sendo, fazendo essa analogia ao direito societário, o autor alemão afirma que poderia se autorizar a referida ação com base nesse fundamento, mas apenas de maneira subsidiária e apenas se o dano afetar o propósito da rede contratual[704].

---

[703] No original: *"It is therefore appropriate to require a franchisee who has been injured by standards-undercutting, primarily, and in the interests of the entire network, to direct his complaint to the franchisor. Interests of franchisees that are worthy of protection by means of according franchisees direct claims to enforce standards only arise in the case of opportunistic behaviour by the franchisor or collusion between the franchisor and the free-rider. And even then, the conscientious franchisee's cause of action against the free-rider must be restricted to cases of grievous breaches, which give rise to a perceptible danger of disadvantage to the network (such as the withdrawal of goodwill) and consequently of injury to the conscientious franchisee"*. Ver: TEUBNER, Gunther. **Networks as connected contracts.** Translated by Michelle Everson. Oxford and Portland: Hart Publishing, 2011, p. 230.

[704] TEUBNER, Gunther. **Networks as connected contracts.** Translated by Michelle Everson. Oxford and Portland: Hart Publishing, 2011, p. 231-232. *"In principle, only the responsible organs of the company can enforce claims against the assets of the company. Nonetheless, the actio pro socio is recognized as a subsidiary means to permit the apportionment of responsibility. The actio pro socio is not a contractual cause of action possessed by an individual person, and is only applied as a subsidiary mechanism if the responsible corporate organs remain inactive"* (...) *"It should be applied only when the responsible franchisor fails to take action. The conscientious franchisee would then be authorized to take action against a free-rider for the maintenance of standards, whenever a franchisor remains inactive by*

No direito societário brasileiro, há disposição legislativa semelhante no caso das sociedades anônimas. Nos termos do art. 159[705] da Lei n. 6404, de 15.12.1976, Lei das Sociedades por Ações (S.A.s), a ação de responsabilidade civil em face do administrador da sociedade poderá ser intentada também por quaisquer dos sócios (ação social *ut singuli*) nas seguintes hipóteses: *(i)* em substituição derivada, se não for ajuizada a ação no prazo de 3 (três) meses) da deliberação da assembleia-geral; *(ii)* em substituição originária, que poderá ser ajuizada por acionistas que representem ao menos 5%[706] (cinco por cento) do capital social, na hipótese de a assembleia-geral decidir por não ajuizar a ação[707].

No direito francês, Carole Aubert de Vincelles[708] afirma que a possibilidade de autorizar a ação direta dependerá da análise dos diversos con-

---

reason of opportunistic or collusive behaviour. Equally, just as the actio pro socio is restricted in such cases to claims on behalf of the company, validity of actions within franchising systems might also be restricted to those designed to attain the common network purpose in the sense of requiring fulfilment of the franchisor's duties to promote the system. By the same token, the enforcement of those actions that clearly do not serve to attain the purpose of the network would be excluded".

[705] Art. 159. Compete à companhia, mediante prévia deliberação da assembléia-geral, a ação de responsabilidade civil contra o administrador, pelos prejuízos causados ao seu patrimônio. (...) § 3º Qualquer acionista poderá promover a ação, se não for proposta no prazo de 3 (três) meses da deliberação da assembléia-geral. § 4º Se a assembléia deliberar não promover a ação, poderá ela ser proposta por acionistas que representem 5% (cinco por cento), pelo menos, do capital social. BRASIL. **Lei n. 6.404, de 15 de dezembro de 1976.** Dispõe sobre as Sociedades dos Ações. Disponível em: http://www.planalto.gov.br/ccivil_03/leis/l6404compilada.htm#:~:text=LEI%20No%206.404%2C%20DE%2015%20DE%20DEZEMBRO%20DE%201976.&text=Disp%C3%B5e%20sobre%20as%20Sociedades%20por%20A%C3%A7%C3%B5es.&text=Art.,das%20a%C3%A7%C3%B5es%20subscritas%20ou%20adquiridas. Acesso em: 07 set. 2020.

[706] Sobre esse percentual, faz-se importante a lembrança de que, em 22.06.2020, a Comissão de Valores Mobiliários (CVM) editou a Instrução n. 627 (Instrução CVM n. 627) com o objetivo de desenvolver e aprimorar mecanismos previstos na Lei das S.A.s para o exercício de direitos essenciais por acionistas minoritários em companhias abertas. A Instrução em referência alterou, portanto, os percentuais mínimos para o exercício de diversos direitos, dentre eles o mencionado no § 4º do art. 159 da Lei das S.A.s, com base em faixas de valores do capital social das companhias abertas. BRASIL. CVM. Comissão de Valores Mobiliários. **Instrução CVM 627.** Disponível em: http://www.cvm.gov.br/legislacao/instrucoes/inst627.html. Acesso em: 18 out. 2020.

[707] EIZIRIK, Nelson. **A lei das S/A Comentada.** Arts. 121 a 188. São Paulo: Quartier Latin, 2011, v. II, p. 412. No mesmo sentido: COELHO, Fábio Ulhoa. **Curso de direito comercial:** direito de empresa. 20. ed. rev. atual. e ampl. São Paulo: Revista dos Tribunais, 2016, v. 2, p. 263.

[708] VINCELLES, Carole Aubert de. Linked contracts under french law. In: CAFAGGI, Fabrizio (Org.). **Contractual networks, Inter-firm cooperation and Economic growth.**

tratos, quer dizer, se os diversos contratos são ou não considerados como inseridos em uma rede contratual. Estando eles inseridos em uma rede contratual, o efeito atrativo da rede poderia autorizar uma das partes (a lesada) a mover ação judicial (com base em inadimplemento contratual) em face de outro integrante da rede com quem não possui relação contratual direta. Caso contrário, a única alternativa seria uma ação baseada em responsabilidade civil extracontratual.

De acordo com a supracitada autora, o propósito seria facilitar a indenização da parte lesada, já que poderia mover ação judicial diretamente contra o causador do dano. Segundo a professora da Universidade de Cergy, a jurisprudência francesa autoriza esse pedido não com base nas redes contratuais, mas sim de acordo com a existência ou não de uma cadeia de contratos. Se a cadeia de contratos transferir bens de uma contratante a outra, haverá essa possibilidade. Do contrário, o único caminho possível seria a responsabilidade civil extracontratual. A autora cita o exemplo de uma pessoa que contrata uma empresa para edificação de sua residência. Se o fornecedor de materiais para essa construção fornecer produtos com defeito ao construtor, o futuro proprietário da residência estará autorizado a mover ação judicial com base no contrato que foi celebrado exclusivamente entre o construtor e o fornecedor de materiais. Todavia, segundo a autora, quando não há bens transferidos, não haveria a criação de um vínculo para a legislação francesa, sendo que a única via seria a da responsabilidade civil extracontratual[709].

Contudo, Carole Aubert de Vincelles lembra que não se pode perder de vista o fato de que, muitas vezes, a estratégia de pleitear indenização com base em contrato do qual não se fez parte pode não ser a melhor solução. Isso porque a parte que ocasionou o dano poderá opor àquele que não fez

---

Cheltenham: Edward Elger, 2011, p. 175. *"When a party suffer a damage, which originates in another contract, the injured party will want to sue the party that did not perform its commitment. But no contract exists between these two parties. Therefore the issue is to determine whether the injured party can sue for a breach of contract, even if there is no contract between the claimant and the defendant. The answer will vary depending on whether we consider that all contracts form a network or not. If we consider there is a contractual network, the attractive effect of the network could allow parties to sue others on the basis of the defendant's contract. Otherwise, the ground could only be tort law".*

[709] VINCELLES, Carole Aubert de. Linked contracts under french law. In: CAFAGGI, Fabrizio (Org.). **Contractual networks, Inter-firm cooperation and Economic growth.** Cheltenham: Edward Elger, 2011, p. 176.

parte do contrato todos os termos deste contrato, que, obviamente, não foram aceitos pela parte que almeja o ressarcimento[710].

Stefan Grundmann também se dedicou a procurar entender se o surgimento da rede contratual criaria consequências legais aos integrantes desta. Suas conclusões são, todavia, distintas daquelas alcançadas pelos doutrinadores franceses acima mencionados. O autor alemão analisou duas situações: *(i)* a possibilidade, ou não, de uma parte integrante da rede ajuizar ação contra outro integrante da rede com quem não possui relação contratual direta; e *(ii)* eventuais modificações em um dos contratos inseridos na rede, tendo em vista que este faz parte de um todo maior – a rede contratual[711].

Ao contrário das cortes francesas, Stefan Grundmann explica que os tribunais alemães têm optado por não ir além dos limites do contrato celebrado individualmente entre as partes. Na realidade, nas hipóteses de cadeias contratuais (como no caso de cadeias de pagamento e de distribuição), os tribunais alemães têm manifestado o posicionamento de que a ação direta ao causador do dano não seria permitida, mas sim àquele imediatamente vinculado ao que sofreu o dano – irremediavelmente, alcançar-se-ia o causador do dano sem ir além dos limites do contrato[712]. Segundo a doutrina alemã, os contratos podem formar uma rede contratual e não um único contrato em rede.

No direito brasileiro inexistem – assim como na legislação estrangeira pesquisada – dispositivos legais acerca do tema. De pronto, não nos parece correto conferir, *a priori*, o direito a um dos integrantes da rede de mover ação judicial em face de outro integrante da rede que tenha causado o

---

[710] VINCELLES, Carole Aubert de. Linked contracts under french law. In: CAFAGGI, Fabrizio (Org.). **Contractual networks, Inter-firm cooperation and Economic growth.** Cheltenham: Edward Elger, 2011, p. 176.

[711] GRUNDMANN, Stefan. Contractual networks in German private law. In: CAFAGGI, Fabrizio (Ed.). **Contractual networks, inter-firm cooperation and economic growth.** Cheltenham Glos: Edward Elgar, 2011, p. 111-162.

[712] GRUNDMANN, Stefan. Contractual networks in German private law. In: CAFAGGI, Fabrizio (Ed.). **Contractual networks, inter-firm cooperation and economic growth.** Cheltenham Glos: Edward Elgar, 2011, p. 128. "The highest German court opted to proceed incrementally, that is, considering claims along the chain (in sequence)" (...) GRUNDMANN, Stefan. Contractual networks in German private law. In: CAFAGGI, Fabrizio (Ed.). **Contractual networks, inter-firm cooperation and economic growth.** Cheltenham Glos: Edward Elgar, 2011, p. 129. "If recourse moves along the chain, it will automatically find its way to the culprit".

dano à rede. Ou seja, não nos filiamos à proposta da autora francesa, Carole Aubert de Vincelles, tendo em vista o fato de que não julgamos correta a aplicação de efeitos automáticos a partir da percepção da existência de uma rede contratual, especialmente em seu plano interno, de cunho essencialmente empresarial.

Julgamos que, no caso das redes hierárquicas, é conveniente que o integrante da rede contratual comunique o líder da rede para que este promova a ação pertinente em face do causador do dano, assim como sugerido por Gunther Teubner. Caso o líder mantenha-se inerte, julgamos que o integrante da rede até poderá ajuizar ação em face do causador do dano. Todavia, em um caso como esse, o integrante da rede deverá demonstrar os requisitos autorizadores da responsabilidade civil extracontratual – o que nem sempre será fácil, na medida em que o nexo de causalidade será, na maioria dos casos, difícil de ser observado. A recorrência ao art. 159 da Lei da S.A.s pode até ser utilizada como analogia, mas não será capaz, em nosso posicionamento, de conferir um automático direito subsidiário de um integrante da rede mover ação contra os demais.

A situação será ainda mais problemática naquelas hipóteses em que inexiste um líder da rede – ou existe grande dificuldade de se identificar uma figura com maior proeminência. Nesses casos, não nos parece adequado conferir direitos automáticos a um dos integrantes da rede em face daquele que causou dano à rede e com o qual o integrante da rede não possui relação contratual direta. Isso porque tal possibilidade traria – ao nosso julgamento – uma grande insegurança jurídica aos empresários integrantes da rede contratual e, em última medida, teria a potencialidade de desestimular a formação de redes contratuais, tendo em vista os riscos envolvidos. De todo modo, assim como nas redes contratuais com a presença de um líder, o integrante que se sentir lesado sempre poderá ajuizar a ação em face do causador do dano, desde que demonstre os requisitos autorizadores para a ação de responsabilidade civil extracontratual.

Em quaisquer dos dois casos – *i.e.*, redes contratuais com a presença de um líder ou não – a questão que sempre surgirá é a de que os danos criados pelo causador do dano não poderão ser revertidos apenas àquele que ajuizou a ação – sob pena de enriquecimento ilícito, vedado nos termos do art. 884 do CC. Dessa forma, uma outra dificuldade será a de individualizar o dano suportado apenas pelo integrante da rede que ajuizou a ação.

E mais: caso o líder tenha ajuizado a ação (por interesse próprio ou a pedido de um dos integrantes da rede), a dificuldade será igualmente dividir os ganhos – ou até mesmo os prejuízos – entre todos os integrantes da rede. Nos termos do art. 944 do CC, a indenização é medida pela extensão do dano que, nessas hipóteses, nem sempre será aferível de maneira clara, na medida em que o prejuízo da rede como um todo não é o mesmo daquele suportado concretamente pelos franqueados e pelo próprio líder da rede. Em muitos casos, essa tarefa de quantificação será hercúlea e, até mesmo, inviável, o que desestimula o ajuizamento de ações com esse escopo. Não é por nada que inexiste reflexo na jurisprudência e na doutrina brasileira acerca deste tema.

Todavia, a dificuldade em questão não pode ser utilizada como escudo protetivo para não haver abordagem do tema. Nesse sentido, nossa sugestão seria, em primeiro lugar, procurar entender a natureza jurídica da obrigação infringida pelo causador do dano, bem como se haveria algum titular da obrigação infringida (*i.e.*, o líder da rede, um determinado integrante da rede, ou toda a sua coletividade). Caso o dano afete todos os integrantes da rede, o líder da rede e a rede como um todo, uma sugestão seria repartir os ganhos e prejuízos segundo a participação de cada uma das partes.

2.4. Danos que terceiros podem causar à rede

O objetivo, neste momento, é analisar alguns casos em que terceiros causam danos a algum integrante da rede contratual ou à rede como um todo. Os terceiros, neste momento estudados, não são os consumidores, já que estes, de alguma maneira, fazem parte da rede, mas em seu plano externo. Os terceiros aqui mencionados são interpretados em sua acepção tradicional[713], como aqueles que não fazem parte de nenhuma relação contratual da rede. Ou seja, esses terceiros dizem respeito àqueles que não integram o plano interno, nem o externo das redes contratuais. A respeito desse tema, Manfred Wolf[714] desenvolveu interessante estudo a partir de 4 casos hipotéticos que analisou.

---

[713] É comum a conceituação de terceiro em uma acepção negativista, em oposição a de parte. Nesse sentido: PENTEADO, Luciano de Camargo. **Efeitos contratuais perante terceiros.** São Paulo: Quartier Latin, 2007, p. 34. "O terceiro, em sentido amplo, seria todo aquele que não é parte do contrato visto como negócio jurídico. Terceiro tomaria, assim, como na lógica formal, uma primeira acepção negativista: é o terceiro excluído". No mesmo sentido: GOUTAL, Jean-Louis. **Essai sur le principe de l'effet relatif du contrat.** Paris: LGDJ, 1981, p. 23.

[714] WOLF, Manfred. The protection of contractual networks against interference by third parties. In: AMSTUTZ, Marc; TEUBNER, Gunther. (Eds.). **Networks:** legal issues of multilateral co-operation. Bloomsbury Publishing, 2009, p. 225-240.

O primeiro caso estudado pelo autor alemão foi o do teste do produto. Esse é o caso de quando um determinado produto é testado, mas esse teste é falsificado, deliberadamente ou por negligência. Se esse produto é distribuído pelo franqueador em sua rede e, em virtude do teste falso, o franqueador e os franqueados amargam redução de ganhos, a pergunta que surge é se o franqueador e o seu sistema de franquia são afetados isoladamente, ou se os demais franqueados também poderiam se voltar contra esse terceiro.

O outro caso hipotético diz respeito à propriedade intelectual. Se a marca, de propriedade do franqueador, for utilizada indevidamente por um terceiro que não faz parte de sua rede contratual, poderiam os franqueados igualmente pleitear danos em face daquele que utiliza indevidamente a marca do franqueador?

Caso de greve de funcionários: episódio em que ocorre uma greve ilegal em uma das empresas que compõe a rede de contratos (exemplo de um fornecedor de produtos e a montadora). O não fornecimento do produto afetará toda a rede. Qual empresa poderá pleitear indenização? Apenas a montadora ou também os demais fornecedores de produtos se eles também tiveram perdas em virtude da paralisação?

Por último, o autor alemão analisa o caso da cadeia de contrato. De exemplo, é apresentado o caso de um sistema interligado de bancos para a transferência de determinado valor, que é interrompido por um vírus. Neste caso, poderia apenas o que teve o dano direto da cadeia pleitear danos contra o causador ou qualquer outro integrante da cadeia poderia assim proceder igualmente?

Para responder aos questionamentos acima apontados, Manfred Wolf[715] busca fundamento jurídico no direito alemão que possa fornecer respostas mais objetivas às perguntas feitas. O autor alemão parte então do enten-

---

[715] WOLF, Manfred. The protection of contractual networks against interference by third parties. In: AMSTUTZ, Marc; TEUBNER, Gunther. (Eds.). **Networks:** legal issues of multilateral co-operation. Bloomsbury Publishing, 2009, p. 228-229. *"In order to be in a position to award damages in the cases mentioned above, an absolute right must be violated by the injuring party. In French law and in English law, in applying the general clause of tort law, judges examine the behaviour of the injuring party in order to assess its illegality without having additional statutory criteria. In contrast to this, under German law, in the absence of a protective law, the violation of an absolute right is necessary to indicate that a type of bahaviour is unlawful and, in the absence of any special justification, provides the grounds for the recovery of the damages. Because of this situation, the German Federal Court of Justice – Reichsgericht (RG) and Bundesgerichtshof (BGH)) invented the right of the established and*

dimento de que, para poder reclamar danos, a parte lesada precisaria demonstrar a violação de um direito absoluto, a fim de comprovar que o ato perpetrado pelo terceiro teria sido ilícito. Como afirma o autor, no direito alemão, as cortes criaram o conceito de "direito do negócio estabelecido e em andamento" (*"Recht am eingerichteten und ausgeübten Gewerbebetrieb"*), a fim de explicar a existência de um direito absoluto, apto a se voltar contra a ilegalidade de um comportamento.

O autor lembra que a existência desse direito é muito debatida na doutrina alemã, não encontrando espaço na visão de alguns importantes juristas[716]. Mesmo Manfred Wolf afirma que a penetração dessa teoria é, por vezes, inconsistente, tendo em vista eventuais dificuldades de distinguir o que foi ato ilícito daquilo que constitui apenas exercício válido do direito de falar e competir. De todo modo, o autor alemão entende que admitir a teoria seria importante, a fim de fornecer um primeiro indicativo de ilegalidade, que precisaria ser melhor analisado caso a caso. No bojo dessa discussão estaria a verificação sobre a existência ou não de um objeto fiduciário a ligar os contratos que se encontram em rede[717].

Prosseguindo em seu estudo, Manfred Wolf[718] faz a diferenciação entre o modelo de *market-supply* e o de *fixed-supply*. Segundo alega, as cortes alemãs apenas conferem proteção contra danos causados por terceiros naqueles casos de modelos de *fixed-supply*, que constituem relações duradouras,

---

on-going business, or, as it is also called, the right of the enterprise (Recht der Unternehmen), in order to have an absolute right by which to indicate the illegality of the behaviour in cases of violation thereof".

[716] Manfred Wolf comenta o posicionamento contrário de Karl Larenz e Canaris. Ver: WOLF, Manfred. The protection of contractual networks against interference by third parties. In: AMSTUTZ, Marc; TEUBNER, Gunther. (Eds.). **Networks:** legal issues of multilateral co-operation. Bloomsbury Publishing, 2009, p. 229.

[717] WOLF, Manfred. The protection of contractual networks against interference by third parties. In: AMSTUTZ, Marc; TEUBNER, Gunther. (Eds.). **Networks:** legal issues of multilateral co-operation. Bloomsbury Publishing, 2009, p. 229-231. *"From this standpoint, it seems useful to ask whether network contracts or even chain contracts possess something which forms a binding link between the members of such contractual formations, which could be assessed as a fiduciary object (Schutzgut) against assaults from outside".* Ver: WOLF, Manfred. The protection of contractual networks against interference by third parties. In: AMSTUTZ, Marc; TEUBNER, Gunther. (Eds.). **Networks:** legal issues of multilateral co-operation. Bloomsbury Publishing, 2009, p 231.

[718] WOLF, Manfred. The protection of contractual networks against interference by third parties. In: AMSTUTZ, Marc; TEUBNER, Gunther. (Eds.). **Networks:** legal issues of multilateral co-operation. Bloomsbury Publishing, 2009, p. 235-237.

típicas de empresas. Os modelos *market-supply*, ao contrário, variam muito com o tempo, ficando à mercê da competição do mercado e da natural e constante alteração de partes contratantes, sempre que necessário. Assim sendo, seria fundamental entender em qual modelo a rede contratual se encaixaria, analisando sempre o caso concreto. Segundo o autor, os modelos do contrato de franquia e do fornecimento de produtos a montadoras se encaixariam ao modelo de *fixed-supply*, na medida em que o franqueado (no contrato de franquia) e o fornecedor de produtos (em sua relação com a montadora) não detêm muita liberdade para procurar novos prestadores de serviço, se julgarem necessário. Esse engessamento aproximaria essas duas estruturas à uma sociedade, conferindo a elas, portanto, a proteção do direito do negócio estabelecido e em andamento[719].

Com essas premissas estabelecidas, Manfred Wolf[720] pergunta quais seriam os ingredientes para a verificação, no caso concreto, de um "direito do negócio estabelecido e em andamento" e a quem esse direito seria atribuível.

---

[719] Sobre o contrato de franquia, assim se manifestou o autor: "*Thus, the franchisee is not in a position to select his or her suppliers in the market place, but has to rely on the supply system offered by the franchisor. On the other hand, the franchisor has expended much effort to establish the delivery arrangement within the franchise system. Thus, the delivery arrangement within the franchise system can be compared with the internal delivery system of an enterprise or within an association, and should, therefore, be assigned to the fixed-supply model*". Ver: WOLF, Manfred. The protection of contractual networks against interference by third parties. In: AMSTUTZ, Marc; TEUBNER, Gunther. (Eds.). **Networks:** legal issues of multilateral co-operation. Bloomsbury Publishing, 2009, p. 236. Já sobre a relação entre fornecedores de produtos e montadoras, assim se manifestou: "*If no such close connection exists between the supplier and the assembler, but each of them could take care to meet their own needs in the market place, then the relationship between the assembler and the supplier is not comparable to a single enterprise and should not be protected. But if there is a fixed-supply connection which comes close to the supply and production process in a single enterprise before the outsourcing of the linkage between supplier and assembler, it should be considered as one entity as far as the protection of the production process against illegal strikes is concerned*". Ver: WOLF, Manfred. The protection of contractual networks against interference by third parties. In: AMSTUTZ, Marc; TEUBNER, Gunther. (Eds.). **Networks:** legal issues of multilateral co-operation. Bloomsbury Publishing, 2009, p. 236-237.

[720] WOLF, Manfred. The protection of contractual networks against interference by third parties. In: AMSTUTZ, Marc; TEUBNER, Gunther. (Eds.). **Networks:** legal issues of multilateral co-operation. Bloomsbury Publishing, 2009, p. 237. "*So far, two cases have been found – the franchise case and in the assembler-supplier case – where, according to German rules, a right of the established and ongoing business can exist. The questions is what is the object and what are the ingredients of the established and ongoing business in these cases and to whom this right should be attributed?*".

Segundo o doutrinador alemão, os ingredientes presentes no contrato de franquia – que também se aplicariam à relação entre fornecedores de produtos e montadoras – podem ser verificados na marca e propriedade intelectual de titularidade do franqueador e utilizadas pelos franqueados, no *know-how*, na propaganda, no fundo de comércio e em toda a organização criada pelo franqueador. Em que pese esses ingredientes sejam de propriedade do franqueador, afirma o supracitado autor que é inegável que os franqueados também sofrerão danos gerados por terceiros em face da rede[721]. Além disso, todos esses integrantes da rede teriam uma fração da propriedade da mesma[722].

Em função disso, conclui o autor alemão que os integrantes de uma rede de franquia, em seu plano interno, poderiam se voltar contra o causador de um dano à rede contratual; ou seja, não apenas o franqueador, mas também os franqueados. Todavia, explica Manfred Wolf que cada membro apenas poderá postular indenização por seus próprios danos, e não pelos danos da rede[723].

Em que pese o posicionamento do professor alemão, entendemos que afirmar que um integrante da rede teria esse direito em face de um terceiro pelo simples fato de pertencer à rede contratual poderá ser bastante

---

[721] WOLF, Manfred. The protection of contractual networks against interference by third parties. In: AMSTUTZ, Marc; TEUBNER, Gunther. (Eds.). **Networks:** legal issues of multilateral co-operation. Bloomsbury Publishing, 2009, p. 238. *"Although these ingredients of the franchise system belong primarily to the franchisor, the franchisees also suffer damage if these factors are damages and not properly dealt with by third parties. Thus, the whole system should be considered as an all-comprising protected property"*.

[722] WOLF, Manfred. The protection of contractual networks against interference by third parties. In: AMSTUTZ, Marc; TEUBNER, Gunther. (Eds.). **Networks:** legal issues of multilateral co-operation. Bloomsbury Publishing, 2009, p. 238. *"The anchisor and each franchisee have a fractional property in the ingredients which form the franchise system, which is, in turn, protected by the right of the established and on-going business"*.

[723] WOLF, Manfred. The protection of contractual networks against interference by third parties. In: AMSTUTZ, Marc; TEUBNER, Gunther. (Eds.). **Networks:** legal issues of multilateral co-operation. Bloomsbury Publishing, 2009, p. 239. *"As a consequence of fractional property, a single member of these systems can recover damages if the system is illegally infringed upon because of false product test, false warnings to use intellectual property rights, illegal strikes, insulting criticism or boycotts. The same protection should be granted to the franchisees and the suppliers in the assembler-supplier system for violation of the franchisor's or assembler's trademark or other intellectual property"* (...) *"But a member of the respective system can recover only his own damages and not the damages caused to the whole system"*.

problemático por alguns motivos. Um deles é que se corre o risco de que um integrante da rede esteja postulando direito de terceiro (de outro integrante da rede ou mesmo do líder) em nome próprio, o que é vedado pelo art. 18 do Código de Processo Civil (CPC). Outro problema será quantificar o dano, ainda que esse ato ilícito cometido por terceiro tenha causado danos a um dos integrantes da rede. Em outras palavras, a tarefa de distinguir o dano causado à rede como um todo daquele dano causado à parte individualmente considerada nem sempre será aferível de maneira minimamente clara na prática.

De todo modo, assim como mencionado por Manfred Wolf, julgamos que apenas o caso concreto poderá conferir respostas mais coerentes em relação aos danos causados por esses terceiros à rede ou a seus integrantes.

No caso do Direito brasileiro, sempre será autorizado à parte lesada o ajuizamento de ação baseada na responsabilidade civil extracontratual, sendo imprescindível, portanto, a demonstração do ato ilícito, do dano e do nexo causal entre um e outro. Sem sombra de dúvidas, a demonstração do nexo causal será sempre mais problemática no caso concreto, mas nem por isso impossível de ser verificada. Ocorre que, se essa for a alternativa a ser utilizada pelos aplicadores do Direito, não será primordial recorrer às redes contratuais, já que o instituto da responsabilidade civil fornecerá grande parte das respostas. A implicações observadas nas redes contratuais até poderão ser utilizadas como retórica argumentativa, mas não serão o critério decisório principal.

Uma alternativa ainda não abordada na doutrina e na jurisprudência analisada seria conferir ao líder da rede (quando existente) a prerrogativa de ajuizar essa ação em face do terceiro causador do dano. Como o líder é, na maior parte dos casos, o detentor da propriedade dos direitos eventualmente lesados, será mais factível a demonstração do preenchimento dos requisitos autorizadores para o ajuizamento da ação. Os valores eventualmente auferidos seriam destinados à própria rede, criando-se um fundo que, ao fim e ao cabo, beneficiaria todas as partes. Caberia, então, ao líder a distribuição desses ganhos de acordo com os danos de cada um dos integrantes da rede. Indubitavelmente, a distribuição desses ganhos poderá gerar questionamentos internos na rede. Todavia, entendemos que essa proposta é mais coerente, na medida em que evitaria o ajuizamento de um número diverso de ações em face do causador do dano que, em muitas das vezes, poderia ser julgada improcedente à parte lesada, em virtude de uma incapacidade de demonstrar os requisitos para a ação de responsabilidade civil.

Para esses casos, o líder poderá prever tais ações e repartições de ganhos nos próprios contratos celebrados com os demais integrantes. Todavia, se esse for o método utilizado, a questão estará mais centrada na interpretação das próprias cláusulas do contrato do líder com os demais integrantes da rede – nesse caso, portanto, a referência às redes contratuais será meramente argumentativa.

O mesmo não poderá ser aplicado àquelas redes em que inexiste a figura clara de um líder. Para essas hipóteses, entendemos que a parte lesada deverá ajuizar a ação individualmente, até porque o dano poderá ter surtido efeitos apenas em relação a ela, que poderá ser a detentora da propriedade do direito violado.

CONCLUSÕES

O tema das redes contratuais não é de fácil conclusão. Apesar do esforço acadêmico, a doutrina mundo afora ainda deixa muitas arestas a serem lapidadas. Esse cenário é igualmente verificado nos casos práticos analisados, o que gera certa insegurança jurídica frente a um casuísmo sem muitos critérios claros. A despeito disso – e sem termos a pretensão de esgotarmos tema tão vasto –, julgamos que algumas conclusões podem ser alcançadas a partir do quanto foi discutido na presente obra, especialmente no que concerne às características, às espécies e aos fundamentos para a configuração das redes contratuais, bem como às consequências de sua aplicação.

As redes contratuais constituem um instrumento de atuação do mercado moderno. Esse mercado contemporâneo possui como mote a eficiência, a flexibilidade e a capacidade de produzir e de fornecer produtos diferenciados e únicos, a fim de responder aos efêmeros anseios do consumidor, que são, ao fim e ao cabo, fruto de um articulado mecanismo de publicidade. As dificuldades de conciliar eficiência e flexibilidade fizeram com que os industriais estabelecessem relações comerciais mais cooperativas entre as empresas fornecedoras dos produtos, de modo a maximizar os seus ganhos, ao mesmo tempo em que reduzem os seus riscos e custos.

As redes contratuais inserem-se nesse contexto de modernidade, confrontando os tradicionais princípios contratuais, tendo em vista o fato de que, em algumas situações, eles não serão suficientes e/ou capazes de responder aos questionamentos que batem à porta do judiciário. Nessas redes, observamos um plexo de vínculos formais e informais, de origem jurídica, econômica e social – em uma indissociável coexistência entre interesses individuais e coletivos – que necessitam ser analisados sob um viés que transborda os limites cognitivos do direito contratual clássico. A função social do contrato e a boa-fé objetiva acabam alçando proeminência nesse cenário, na ausência de dispositivo legal específico sobre o tema objeto desse estudo.

Indiscutivelmente, um dos pontos mais críticos dessa obra foi tentar conceituar as redes contratuais. Muito se debateu sobre a existência, ou não, de um conceito jurídico, havendo posicionamentos dos mais diversos. Segundo nosso entendimento, redes contratuais não chegam a constituir um conceito jurídico, ao menos positivado, em nosso sistema jurídico. Disso não decorre a conclusão de que as redes contratuais não são dignas de caracterização e de efeitos jurídicos.

Ainda que seja muito difícil o estabelecimento de características estáticas, julgamos que as redes são formadas por alguns atributos. Estas características seriam: *(i)* os contratos devem ser estruturalmente diferenciados, mantendo-se as suas respectivas causas objetivas; *(ii)* deve haver uma interdependência entre os contratantes, espelhada em um objetivo comum, que é verificado por meio de um nexo econômico; *(iii)* existência de um nexo funcional e sistêmico entre os contratos; *(iv)* surgimento de uma causa supracontratual diferente daquela observada nos contratos individuais e que guia o comportamento de todos os integrantes da rede (que se encontram em geral emulados pelo mesmo objetivo econômico); *(v)* deve haver estabilidade na rede como um todo, representada em uma relação duradoura; *(vi)* as relações contratuais devem ser múltiplas; *(vii)* haverá uma combinação entre cooperação e competição entre os integrantes da rede.

No que diz respeito à estrutura das redes, observa-se nelas uma pluralidade de espécies organizadas em dois planos: *(i)* um plano interno, que diz respeito às partes que compõem a rede, que possuem deveres de manutenção e funcionamento do sistema – deveres esses que suplantam os contratos individualmente considerados; e *(ii)* um plano externo, que tem como enfoque a relação da rede com os consumidores finais. Esses dois planos não podem ser analisados com base em critérios idênticos, na medida em que o plano interno é composto, via de regra, por relações interempresariais, ao passo que a relação entre estes e o consumidor será regulada, em grande parte, pelas proteções garantidas ao consumidor pelo CDC.

Em relação às figuras afins, julgamos que – na medida do possível – as confusões terminológicas devem ser evitadas. É bem verdade, todavia, que confusões poderão ser observados quando o caso concreto for analisado. Esse é exatamente o caso da necessária diferenciação entre redes contratuais e contratos coligados. Enquanto na coligação há a ideia de uma dependência (que pode resultar da lei, da natureza acessória ou do próprio conteúdo contratual), esforçando-se essa teoria para estudar as consequências a nível de estudo contratual, qualificação e lei aplicável, a rede contratual volta-se ao negócio como um todo – de maneira muito mais ampla – atentando-se para as obrigações, especialmente aquelas necessárias para a manutenção do próprio sistema.

No campo das consequências da aplicação das redes contratuais, foi possível constatar um plexo de deveres (que dificilmente poderão ser exaustivamente listados e que, por vezes, se confundirão uns com os outros) que são dirigidos aos integrantes da rede contratual, em especial para a manutenção do sistema que, ao nosso ver, decorrem – na ausência de disposição legislativa expressa – do princípio da boa-fé objetiva, insculpido no art. 422 do CC. A não observância desses deveres comprometerá o funcionamento coordenado da rede, impedindo, por conta disso, que os integrantes atinjam a finalidade supracontratual almejada.

Já em relação aos consumidores, foi possível concluir que, independentemente de com qual/quais dos integrantes da rede esse consumidor celebrar o negócio, todos os que compõem a rede se responsabilizarão pela falha na prestação do produto ou do serviço. Sob a perspectiva do consumidor, é irrelevante o fato de que diversos contratos formem uma rede. Para este, o que importará será o funcionamento da rede de forma integral. Sua proteção estará regulada e garantida pelo CDC, sendo por vezes desnecessário recorrer às redes contratuais. De outra banda, sob a perspectiva do empresário em rede em uma disputa consumerista, será prudente demonstrar que não se encontra inserido na rede, até mesmo para fugir de uma possível aplicação da regra de solidariedade, tão comum ao direito consumerista que é, não raras as vezes, utilizada pela nossa doutrina e jurisprudência de maneira bastante questionável.

Julgamos, ainda, que a percepção da existência de uma rede contratual não deverá ter como corolário a aplicação automática de consequências, especialmente no que concerne à interpretação dos contratos e à comunicação de invalidades e ineficácias, sob pena de que se cometam iniquidades no caso concreto. As redes contratuais deverão sempre partir da situação concretamente observada.

No que toca à interpretação dos contratos em rede, somos do posicionamento de que os contratos em rede devem ser interpretados levando em consideração o contexto de rede em que se encontram inseridos. Por vezes, o contexto poderá esclarecer pontos obscuros do contrato isoladamente considerado ou mesmo revelar contradições no negócio jurídico em sentido amplo. A legislação brasileira não possui norma positivada acerca da interpretação das redes contratuais. Todavia, sob o nosso ponto de vista, a inexistência de norma expressa a respeito não impede a interpretação aqui sustentada, tendo em vista a necessidade do aplicador de, por vezes, interpretar o contrato de maneira sistemática. Para além disso, ainda que não expressamente, o art. 113 do CC e seus incisos podem ser trazidos como forma de defender essa interpretação que leve em consideração o contexto da rede contratual.

Quando falamos da comunicação de invalidades entre os contratos inseridos no plano interno das redes contratuais, julgamos que o intérprete precisará, em um primeiro momento, entender a espécie de dependência observada no caso concreto – se unilateral ou bilateral. A análise sobre a possibilidade de comunicação de invalidades nas redes contratuais será, então, centrada não no critério de acessoriedade, mas sim em outros dois critérios, que terão extensão distinta, segundo o plano da rede contratual analisado: *(i)* o primeiro deles diz respeito ao critério de dependência entre os contratos, na medida em que essa dependência é elemento fundamental para se analisar a intensidade dos vínculos; *(ii)* o segundo critério diz respeito à impossibilidade de se alcançar o objetivo uniforme almejado pela rede na presença do defeito passível de invalidade.

No caso de dependência unilateral entre os contratos, somos do posicionamento de que essa relação se assemelhará à relação de acessório e principal. Nesse caso, de acordo com a segunda parte do art. 184 do CC, as invalidades do contrato principal seriam repassadas àquele que se encontra em vínculo de dependência unilateral. Como os vínculos das redes contratuais são diversos, essa comunicação de invalidades terá, por vezes, maior ou menor extensão, a depender dos diversos níveis de dependência observados nas diversas relações contratuais.

Já nas redes contratuais em que inexiste a figura clara de um líder, havendo dependências recíprocas entre os contratantes – fugindo, portanto, da regra de que o acessório segue o principal –, inexistirá uma única regra a ser seguida, já que o caso concreto deverá ser meticulosamente analisado. Para esse caso, entendemos que, via de regra, não haverá a contagiação de invalidades, na medida em que o contrato em que a invalidade não é verificada não é acessório em relação àquele em que a invalidade foi verificada. Isso não significa dizer que a comunicação de invalidades nunca poderá ser observada nesse caso. Apesar de defendermos que o princípio da preservação do negócio jurídico deve ser respeitado nesses casos, isso não significa que exceções não poderão ser igualmente observadas. Uma exceção dessas será a impossibilidade de alcançar o objetivo da rede, em função da invalidade de um dos contratos. Se isso ocorrer, julgamos que a comunicação de invalidades poderá ser verificada até mesmo naquelas relações internas com vínculo de dependência recíproco. A fundamentação para tanto não será, por óbvio, o art. 184 do CC, mas sim a impossibilidade de se alcançar o objetivo único da rede, que é pedra angular para sustentação dessa ligação de contratos.

No plano da eficácia, algumas repercussões também poderão ser observadas. Teoricamente, julgamos que a resilição poderá ser estendida aos demais contratantes em rede, caso a resilição desfigure a operação econômica única almejada pelas partes, não sendo possível a substituição daquele que optou pela resilição. Por serem os integrantes da rede de maneira geral substituíveis, especialmente naqueles casos de redes hierárquicas, a prática comprova que, em regra, a extensão da resilição dificilmente será observada. De todo modo, isso não significa que poderemos fechar as portas para essa possibilidade.

Já no caso a exceção do contrato não cumprido, o intérprete necessitará demonstrar que todos os requisitos foram preenchidos – em especial o vínculo sinalagmático entre os contratos em rede. Se a parte conseguir demonstrar todos os requisitos, poderemos sustentar a possibilidade de alegação dessa defesa. O grande problema aqui será demonstrar o vínculo sinalagmático entre contratos que não se encontram diretamente vinculados, especialmente no caso do plano interno das redes contratuais. Por se tratar de relação interempresarial – e não afeta ao direito consumerista, portanto –, o intérprete não pode fazer uso irresponsável desse meio de defesa. Mais uma vez, sustentamos que o caso concreto deve ser analisado.

Um outro ponto de especial atenção foi o inadimplemento no plano interno das redes contratuais. Ao que pudemos observar, a doutrina e a jurisprudência brasileira parecem não abordar o tema da responsabilidade no plano interno das redes contratuais. Em que pese muito se fale sobre a irradiação dos efeitos do inadimplemento contratual, a conclusão foi a de que a propagação desse efeito apenas será detectável na prática quando um dos polos do problema for o consumidor. Discordamos, portanto, da doutrina francesa analisada, que reconheceu efeitos quase que automáticos no plano interno das redes no que concerne ao inadimplemento. Julgamos que, por se tratar de relação interempresarial, com arcabouço interpretativo mais limitado, de modo a privilegiar a segurança jurídica, conferir esses efeitos de maneira automática poderá ser ainda mais problemático, na medida em que a extensão poderá minar o propósito da rede e, por consequência lógica, a própria rede. Isso não significa que o inadimplemento nunca poderá ser sustentado.

Com base no posicionamento de Gunther Teubner, entendemos que essa irradiação apenas poderá ser observada na hipótese de observância de três critérios: *(i)* deve haver um propósito da rede contratual, que não seja igual aos interesses dos demais contratantes individualmente considerados; *(ii)* deve haver referência mútua de um contrato ao outro, no sentido de que os contratos devem se referir a tarefas que serão desempenhadas pelos outros contratos da rede contratual; *(iii)* deve haver também uma intensa cooperação entre todas as partes contratantes, e não apenas entre aquelas que se encontram formalmente vinculadas. Apesar de os dois primeiros critérios serem mais facilmente detectáveis, o mesmo não poderá ser dito em relação ao terceiro. Na medida em que a maior parte das redes contratuais é formada com a presença de um líder, a comunicação entre os integrantes da rede acaba sendo severamente afetada e, em função disso, o terceiro requisito acaba não sendo observado na prática de maneira recorrente.

A nosso ver, essa dificuldade de irradiação de efeitos acaba protegendo a própria rede contratual. Não fosse esse o caso, muito provavelmente os empresários poderiam optar por não se vincular em rede, diante do alto risco. Isso seria refletido em uma possível redução da presença das redes contratuais e, ao fim e ao cabo, o próprio mercado de consumo seria afetado. De todo modo, não se pode esquecer que mesmo essa propagação de efeitos pode se limitar a alguns poucos contratos que se encontram em rede, e não a todos eles. Só o caso concreto poderá explicar se os requisitos foram observados e em relação a quais contratos.

No campo jurisprudencial, foi possível concluir que as redes contratuais são corriqueiramente tratadas de maneira equiparada à coligação contratual, o que não nos parece ser a melhor opção. Ademais, concluiu-se que a matéria objeto desse estudo vem sendo aplicada quase que com enfoque exclusivo nos efeitos da rede contratual perante o consumidor, que já possui arcabouço legislativo regulado no CDC. Isso significa dizer que a jurisprudência brasileira carece de uma abordagem das redes contratuais em seus efeitos no plano interno, em especial quanto aos deveres das partes e às consequências de sua aplicação. Nesse contexto, percebe-se uma maior importância conferida ao papel da boa-fé objetiva, o que pode acabar prejudicando a aplicação prática de forma expressa das redes contratuais.

REFERÊNCIAS

ABRANTES, José João. **A excepção de não cumprimento do contrato.** 2. ed. Coimbra: Almedina, 2014.

ADAMS, John N.; BROWNSWORD, Roger. Privity and the Concept of a Network Contract. **Legal Studies 10.1,** 1990.

AEDTNER, Katja; TEUBNER, Gunther. Virtual enterprises: liability problems in one- and multi-level networks. In: JUNG, Stefanie; KREBS, Peter; TEUBNER, Gunther. **Business networks reloaded.** Baden-Baden: Nomos, 2015.

AGUIAR JÚNIOR, Ruy Rosado de. Contratos relacionais, existenciais e de lucro. **Revista Trimestral de Direito Civil: RTDC,** Rio de Janeiro, ano 12, v. 45, p. 91-110, jan./mar. 2011.

_____. Extinção dos contratos. In: FERNANDES, Wanderley (Coord.). **Fundamentos e princípios dos contratos empresariais.** 2. ed. São Paulo: Saraiva, 2012.

ALBANO, Carlos Alberto. Comentários aos arts. 1.069-1.075. In: MEDINA, Graciela; RIVERA, Julio César. **Código Civil y Comercial de na Nación comentado.** Ciudad Autónoma de Buenos Aires: La Ley, 2015.

ALEMANHA. **Bürgerliches Gesetzbuch.** Disponível em: https://www.gesetze--im-internet.de/bgb/. Acesso em: 21 mar. 2019.

_____. **German Civil Code, of 18 August 1896.** Disponível em: http://www.fd.ulisboa.pt/wp-content/uploads/2014/12/Codigo--Civil-Alemao-BGB-German-Civil-Code--BGB-english-version.pdf. Acesso em: 21 mar. 2019.

_____. **Verbraucherkreditgesetz** – § 9 Verbundene Geschäfte. Disponível em: https://dejure.org/gesetze/VerbrKrG/9.html. Acesso em: 21 mar. 2019.

_____. **Gesetz zur Modernisierung des Schuldrechts.** Disponível em: https://www.bgbl.de/xaver/bgbl/start.xav#__bgbl__%2F%2F*%5B%40attr_id%3D%27bgbl101s3138.pdf%27%5D__1553180297403. Acesso em: 30 maio 2019.

ALTERINI, Jorge Horacio. **Código Civil y Comercial comentado.** Tratado Exegético. Tomo V. 2. ed. Ciudad Autónoma de Buenos Aires: La Ley, 2016.

AMSTUTZ, Marc. The constitution of contractual networks. In: AMSTUTZ, Marc; TEUBNER, Gunther (Eds.). **Networks:** legal issues of multilateral co-operation. Bloomsbury Publishing, 2009.

ANTUNES, Marcelo Piazzetta. A causa sistemática e a teoria das redes contratuais:

a influência do elemento causal na para-eficácia dos contratos. In: TEPEDINO, Gustavo; FACHIN, Luiz Edson (Org). **Diálogos sobre direito civil.** Volume III. Rio de Janeiro: Renovar, 2012.

ARGENTINA. **Código Civil y Comercial de la Nación.** Disponível em: http://www.saij.gob.ar/docs-f/codigo/Codigo_Civil_y_Comercial_de_la_Nacion.pdf. Acesso em: 19 mar. 2019.

ASCARELLI, Tullio. O contrato plurilateral. In: **Problemas das sociedades anônimas e direito comparado.** São Paulo: Saraiva, 1945. p. 271-332.

_____. **Problemas das sociedades anônimas e direito comparado.** 2. ed. Rio de Janeiro: Saraiva, 1969.

ASENSIO, Carlos Gómez. A frame for business networks governance. In: JUNG, Stefanie; KREBS, Peter; TEUBNER; Gunther. **Business Networks Reloaded.** Nomos: Baden-Baden, 2015.

AZEVEDO, Álvaro Villaça. **Contratos inominados atípicos.** São Paulo: Bushatsky, 1975.

AZEVEDO, Antônio Junqueira de. **Negócio jurídico e declaração negocial.** (noções gerais e formação da declaração negocial). Tese para o concurso de professor titular de Direito Civil da Faculdade de Direito da Universidade de São Paulo. São Paulo, 1986.

_____. **Negócio jurídico:** existência, validade e eficácia. 4. ed. atual. de acordo com o novo Código Civil (Lei n. 10.406, de 10-1-2002). São Paulo: Saraiva, 2002.

_____. Natureza jurídica do contrato de consórcio. Classificação dos atos jurídicos quanto ao número de partes e quanto aos efeitos. Os contratos relacionais. A boa-fé nos contratos relacionais. Contratos de duração. Alteração das circunstâncias e onerosidade excessiva. Sinalagma e resolução contratual. Resolução parcial do contrato. Função social do contrato. **Revista dos Tribunais,** v. 832, p. 115-137, fev. 2005.

BACACHE-GIBEILI, Mireille. **La relativité des conventions et les groupes de contrats.** Paris: Libraire Genérale de Droit et de Jurisprudence, 1996.

BAGGIO, Andreza Cristina. A proteção da confiança e a formação de redes contratuais como fundamentos da responsabilidade dos sites de compras coletivas perante o consumidor. **Revista de Direito do Consumidor,** São Paulo, v. 97, p. 271-299, jan./fev. 2015.

BALBELA, João Rubens Pires. **Inadimplemento nos contratos coligados:** o descumprimento e seus efeitos para além do contrato. Dissertação (Mestrado). Universidade Federal do Paraná, Setor de Ciências Jurídicas, Programa de Pós-Graduação em Direito. Curitiba, 2014.

BASSANI, Matheus Linck; SANTOS, Ceres Linck dos. Tratamento jurídico de negócios jurídicos inválidos, ineficazes e descumpridos por empresas coligadas. **Revista de Direito Recuperacional e Empresa,** v. 9, jul./set., 2018.

BENJAMIN, Antonio Herman V.; MARQUES, Claudia Lima; BESSA, Leonardo Roscoe. **Manual de direito do consumidor.** 5. ed., rev., atual. e ampl. São Paulo: Revista dos Tribunais, 2013.

BERGSTEIN, Laís. Conexidade contratual, redes de contratos e contratos coligados. **Revista de Direito do Consumidor,** v. 109, n. 229, p. 159-183, jan./fev., 2017.

BESSONE, Darcy. O shopping na lei do inquilinato. **Revista dos Tribunais,** v. 680, p. 23-33, jun. 1992.

BIANCA, Massimo. Good Faith Related Duties of Disclosure and a View on Franchising. In: GRUNDMANN, Stefan; CAFAGGI, Fabrizio; VETTORI, Giuseppe (Ed). **The organizational contract:**

from exchange to long-term network cooperation in European contract law. New York: Routledge, 2016, p. 189.

BORGES, Rodrigo Laranjeira Braga. Principais características do contrato de consórcio de empresas no direito brasileiro. **Revista de Direito Empresarial,** v. 2, p. 129, mar. 2014.

BRANCO, Gerson Luiz Carlos. **Função Social dos Contratos:** interpretação à luz do código civil. São Paulo: Saraiva, 2009.

BRASIL. **Constituição da República Federativa do Brasil de 1988.** Disponível em: http://www.planalto.gov.br/ccivil_03/constituicao/constituicaocompilado.htm. Acesso em: 08 dez. 2020.

_____. CVM. Comissão de Valores Mobiliários. **Instrução CVM 627.** Disponível em: http://www.cvm.gov.br/legislacao/instrucoes/inst627.html. Acesso em: 18 out. 2020.

_____. **Emenda Constitucional nº 8, de 15 de agosto de 1995.** Altera o inciso XI e a alínea "a" do inciso XII do art. 21 da Constituição Federal. Disponível em: http://www.planalto.gov.br/ccivil_03/constituicao/emendas/emc/emc08.htm. Acesso em: 12 maio 2019.

_____. **Lei n. 6.404, de 15 de dezembro de 1976.** Dispõe sobre as Sociedades dos Ações. Disponível em: http://www.planalto.gov.br/ccivil_03/leis/l6404compilada.htm#:~:text=LEI%20No%206.404%2C%20DE%2015%20DE%20DEZEMBRO%20DE%201976.&text=Disp%C3%B5e%20sobre%20as%20Sociedades%20por%20A%C3%A7%C3%B5es.&text=Art.,das%20a%C3%A7%C3%B5es%20subscritas%20ou%20adquiridas. Acesso em: 07 set. 2020.

_____. **Lei n. 6.729, de 28 de novembro de 1979.** Dispõe sobre a concessão comercial entre produtores e distribuidores de veículos automotores de via terrestre. Disponível em: http://www.planalto.gov.br/ccivil_03/leis/l6729.htm. Acesso em: 07 jun. 2020.

_____. **Lei n. 8.078, de 11 de setembro de 1990.** Dispõe sobre a proteção do consumidor e dá outras providências. Disponível em: http://www.planalto.gov.br/ccivil_03/leis/l8078compilado.htm. Acesso em: 08 dez. 2020.

_____. **Lei n. 9.472, de 16 de julho de 1997.** Dispõe sobre a organização dos serviços de telecomunicações, a criação e funcionamento de um órgão regulador e outros aspectos institucionais, nos termos da Emenda Constitucional nº 8, de 1995. Disponível em: http://www.planalto.gov.br/ccivil_03/leis/l9472.htm. Acesso em: 12 maio 2019.

_____. **Lei n. 9.656, de 3 de junho de 1998.** Dispõe sobre os planos e seguros privados de assistência à saúde. Disponível em: http://www.planalto.gov.br/ccivil_03/leis/l9656.htm. Acesso em: 12 set. 2020.

_____. **Lei n. 10.406, de 10 de janeiro de 2002.** Institui o Código Civil. Disponível em: http://www.planalto.gov.br/ccivil_03/leis/2002/L10406compilada.htm. Acesso em: 08 dez. 2020.

_____. **Lei nº 10.973, de 02 de dezembro de 2004.** Dispõe sobre incentivos à inovação e à pesquisa científica e tecnológica no ambiente produtivo e dá outras providências. Disponível em: http://www.planalto.gov.br/ccivil_03/_ato2004-2006/2004/lei/l10.973.htm. Acesso em: 07 set. 2021.

_____. **Decreto n. 9.283, de 07 de fevereiro de 2018.** Regulamenta a Lei nº 10.973, de 2 de dezembro de 2004, a Lei nº 13.243, de 11 de janeiro de 2016, o art. 24, § 3º, e o art. 32, § 7º, da Lei nº 8.666, de 21 de junho de 1993, o art. 1º da Lei nº 8.010, de 29 de março de 1990, e o art. 2º, caput, inciso I, alínea "g", da Lei nº 8.032, de 12 de abril de 1990, e altera o Decreto nº 6.759, de 5 de fevereiro de 2009, para estabelecer medidas de incentivo à inovação e à pesquisa científica e tecnológica no ambiente produtivo, com vistas à capacitação tecnológica, ao alcance da autonomia tecnológica e ao desenvolvimento do sistema produtivo nacional e regional. Disponível em: http://www.planalto.gov.br/ccivil_03/_Ato2015-2018/2018/Decreto/D9283.htm. Acesso em: 07 set. 2021.

_____. **Lei n. 13.874, de 20 de setembro de 2019.** Institui a Declaração de Direitos de Liberdade Econômica. Disponível em: http://www.planalto.gov.br/ccivil_03/_ato2019-2022/2019/lei/L13874.htm. Acesso em: 08 set. 2020.

_____. **Lei n. 13.966, de 26 de dezembro de 2019.** Dispõe sobre o sistema de franquia empresarial e revoga a Lei n. 8.955, de 15 de dezembro de 1994 (Lei de Franquia). Disponível em: http://www.planalto.gov.br/ccivil_03/_ato2019-2022/2019/lei/L13966.htm. Acesso em: 07 jun. 2020.

_____. **STJ.** Superior Tribunal de Justiça. Disponível em: http://www.stj.jus.br/sites/portalp/Inicio. Acesso em: 15 jun. 2020.

_____. STJ, **REsp n. 187.940-SP.** Rel. Min. Ruy Rosado de Aguiar Júnior, 4ª Turma. Julgado em 21.06.1999.

_____. STJ, **REsp 419.362-MS.** Rel. Min. para o acórdão: Ruy Rosado de Aguiar, 4ª Turma. Julgado em 17.06.2003.

_____. STJ. **REsp n. 316.640-PR.** Rel(a). Min. Nancy Andrighi, 3ª Turma. Julgado em 18.05.2004.

_____. STJ, **REsp 1.141.985-PR,** Rel. Min. Luis Felipe Salomão, 4ª Turma. Julgado em 11.02.2014.

_____. STJ. **REsp n. 1.295.808-RJ.** Rel. Min. João Otávio de Noronha, 3ª Turma. Julgado em 24.04.2014.

_____. STJ, **AREsp n. 92.525-SP.** Rel(a). Min. Maria Isabel Gallotti. Decisão Monocrática, 4ª Turma. Julgado em 31.03.2015.

_____. STJ, **AgRg no REsp 1.540.888-MG.** Rel. Min. Paulo de Tarso Sanseverino, 3ª Turma. Julgado em 19.04.2016.

_____. STJ, **AREsp n. 1.509.557-SP.** Rel. Min. Ricardo Villas Bôas Cueva, Integrante da Terceira Turma. Julgado em 09.08.2019.

_____. STJ, **AREsp n. 1.646.462-SP.** Rel. Min. Marco Aurélio Bellizze. Decisão Monocrática, 3ª Turma. Julgado em 04.05.2020.

BROWNSWORD, Roger. Network Contracts Revised. In: AMSTUTZ, Marc; TEUBNER, Gunther (Eds.). **Networks:** legal issues of multilateral co-operation, Bloomsbury Publishing, 2009.

BUXBAUM, Richard M. *Is Network a Legal Concept.* **Journal of Institutional and Theoretical Economics 149(4):** 698-705, 1993. Disponível em: https://www.jstor.org/stable/pdf/40751653.pdf?refreqid=excelsior%3A3fed950330da67ccec76f672e0ad810e. Acesso em: 16 mar. 2019.

CAFAGGI, Fabrizio. Contractual Networks and the Small Business Act: Towards European Principles? Badia Fiesolana: European University Institute. **EUI Working Paper Law,** n. 15, 2008.

_____. Contractual networks and contract theory: a research agenda for European contract law. In: CAFAGGI, Fabrizio. **Contractual networks, inter-firm cooperation and economic growth.** Cheltenham Glos: Edward Elgar, 2011.

CALIXTO, Vinícius Machado. A teoria do contrato relacional de Ian Macneil e a necessidade de se rediscutir a sua compreensão e aplicação no contexto jurídico brasileiro. **Revista de Direito Civil Contemporâneo,** v. 9, p. 105-123, out./dez, 2016.

CANARIS, Claus-Wilhelm. **Pensamento sistemático e conceito de sistema na ciência do direito.** 4. ed. Tradução de Antônio Menezes Cordeiro. Lisboa: Fundação Calouste Gulbenkian, 2008.

CAPRIO, Marcos. Contratos em rede e racionalidade judicial. **Revista de Direito do Consumidor,** São Paulo, v. 113, p. 299-334, set./out., 2017.

CARVALHOSA, Modesto. **Comentários à lei de sociedades anônimas.** Tomo II. 4. ed. rev. atual. São Paulo: Saraiva, 2011, v. 4.

CASCAES, Amanda Celli. A interpretação dos contratos coligados. **RJLB – Revista Jurídica Luso-Brasileira,** ano 4, 2018. Disponível em: http://www.veirano.com.br/upload/content_attachments/662/519277_RJLBUL_3_interpretacao_dos_contratos_original.pdf. Acesso em: 19 maio 2019.

CASTELLS, Manuel. **A sociedade em rede.** Tradução de Roneide Venancio Majer. 21. ed. rev. ampl. São Paulo: Paz e Terra, 2020.

CHERTO, Marcelo. **Franchising:** uma estratégia para expansão de negócios. São Paulo: Premier Máxima, 2006.

COASE, Ronald H. The nature of the firm. **Economica,** v. 4, n. 16, p. 386-405, 1937.

COELHO, Fábio Ulhoa. **Curso de direito comercial:** direito de empresa. 20. ed. rev. atual. e ampl. São Paulo: Revista dos Tribunais, 2016, v. 2.

COLLINS, Hugh. The Weakest Link: Legal Implications of the Network Architecture of Supply Chains. In: AMSTUTZ, Marc; TEUBNER, Gunther. (Eds.). **Networks:** legal issues of multilateral co-operation. Bloomsbury Publishing, 2009.

_____. Introduction to networks as connected contracts. In: TEUBNER, Gunther. **Networks as connected contracts.** Translated by Michelle Everson. Oxford: Hart Publishing, 2011.

CORDEIRO, Antônio Manuel da Rocha e Menezes. **Da boa-fé no direito civil.** Coimbra: Almedina, 1984, v. 1.

CORDEIRO, António Menezes. **Tratado de direito civil.** 7. ed. Coimbra: Almedina, 2014.

COSTA, Mário Júlio de Almeida. **Direito das obrigações.** 12. ed. rev. e atual. Coimbra: Almedina, 2009.

COUTO E SILVA, Clóvis do. **A obrigação como processo.** São Paulo: Bushatsky, 1976.

CREA, Camilla. Contractual business networks: interpretation criteria and axiological perspective. In: JUNG, Stefanie; KREBS, Peter; TEUBNER, Gunther. **Business networks reloaded.** Baden-Baden: Nomos, 2015.

DAIBERT, Jefferson. **Dos Contratos.** Parte Especial das Obrigações. 3. ed. Rio de Janeiro: Forense, 1980.

DEAKIN, Simon. The return of the guild? Network Relations in Historical Perspective. In: AMSTUTZ, Marc; TEUBNER, Gunther, eds. **Networks:** legal issues of multilateral co-operation. Bloomsbury Publishing, 2009.

DIAS, Lucia Ancona Lopez de Magalhães. Onerosidade excessiva e revisão contratual no direito privado brasileiro. In: FERNANDES, Wanderley (Coord.). **Fundamentos e princípios dos contratos empresariais.** 2. ed. São Paulo: Saraiva, 2012.

DÍEZ-PICAZO, Luis. **Fundamentos del derecho civil patrimonial.** 5. ed. Madrid: Civitas, 1996, v. I.

DREWS, Rafael Induzzi. **Redes contratuais com função de distribuição**. Tese (Doutorado em Direito). Universidade de São Paulo, São Paulo, 2017.

EIZIRIK, Nelson. **A lei das S/A Comentada**. Arts. 121 a 188. São Paulo: Quartier Latin, 2011, v. II.

_____. **A lei das S/A Comentada**. Volume III. São Paulo: Quartier Latin. 2011.

ENNECCERUS, Ludwig; LEHMANN, Heinrich. Derecho de obligaciones. In: ENNECCERUS, Ludwig; KIPP; Theodor; WOLF, Martin. **Tratado de derecho civil**. Tradução de Blas Perez Gonzales e Jose Alguer e atualizado por Eduardo Valenti Fiol. 3. ed. Doctrina Especial. Primeira Parte. Barcelona: Bosch, 1966, v. 2.

FARIAS, Cristiano Chaves de; ROSENVALD, Nelson; BRAGA NETTO, Felipe. **Manual de Direito Civil**. 3. ed. rev., atual. e ampl. Salvador: Ed. JusPodivim, 2018, volume único.

FERNANDES, Marcelo Cama Proença. **Contratos**: eficácia e relatividade nas coligações contratuais. São Paulo: Saraiva, 2014.

FERRAZ JUNIOR, Tercio Sampaio. **Conceito de sistema no direito**. Uma investigação histórica a partir da obra jusfilosófica de Emil Lask. São Paulo: Revista dos Tribunais, 1976.

FERRIER, Didier. La considération juridique du réseau. In: **Mélanges en l'honneur de Christian Mouly** [publié par le Centre du Droit de l'Entreprise]. Paris: Litec, 1998, v. 2.

FORGIONI, Paula A. **Contratos de distribuição**. 2. ed. São Paulo: Revista dos Tribunais, 2008.

_____. **Teoria Geral dos Contratos Empresariais**. 2. ed. São Paulo: Revista dos Tribunais, 2010.

_____. **Contratos empresariais**: teoria geral e aplicação. 5. ed. rev., atual. ampl. São Paulo: Thomson Reuters Brasil, 2020.

FRADA, Manuel Antônio Carneiro da. **Contrato e deveres de proteção**. Coimbra: Coimbra Editora, 1994.

FRADERA, Véra Jacob de. Art. 7º: Liberdade contratual e função social do contrato – art. 421 do código civil. In: MARQUES NETO, Floriano Peixoto; RODRIGUES JR., Otavio Luiz; LEONARDO, Rodrigo Xavier (Org.). **Comentários à lei de liberdade econômica**: Lei 13.874/2019. São Paulo: Thomson Reuters Brasil, 2019.

FRANÇA. **Loi nº 78-22 du 10 janvier 1978.** Relative à l'information et à la protection des consommateurs dans le domaine de certaines opérations de crédit. Disponível em:https://www.legifrance.gouv.fr/affichTexte.do?cidTexte=JORFTEXT000000886461&dateTexte=. Acesso em: 19 mar. 2019.

_____. **Code de la consommation**. Disponível em: https://www.legifrance.gouv.fr/affichCode.do?cidTexte=LEGITEXT000006069565. Acesso em: 19 mar. 2019.

GAGLIARDI, Rafael Villar. **A exceção de contrato não cumprido**. 2006. 300 f. Dissertação (Mestrado em Direito) – Pontifícia Universidade Católica de São Paulo, São Paulo, 2006.

GODOY, Claudio Luiz Bueno de. **Função Social do Contrato**. 4. ed. São Paulo: Saraiva, 2012.

GOLOBARDES, Mireia Artigot i; POMAR, Fernando Gómez. Dissecting Long-Term Contracts: A Law and Economics Approach. In: GRUNDMANN, Stefan; CAFAGGI, Fabrizio; VETTORI, Giuseppe (Ed). **The organizational contract: from exchange to long-term network cooperation in European contract law**. New York: Routledge, 2016.

GOMES, Orlando. **Contratos.** 26. ed. rev., atual. por Antônio Junqueira de Azevedo e Francisco Paulo De Crescenzo Marino e aumentada de acordo com o Código Civil Brasileiro de 2002. Rio de Janeiro: Forense, 2007.

_____. Traços do perfil jurídico de um shopping center. **Doutrinas Essenciais de Direito Empresarial,** v. 4, p. 765-793, dez. 2010.

_____. **Introdução ao direito civil.** Rev. e atual. por Edvaldo Brito e Reginalda Paranhos de Brito. 22. ed. Rio de Janeiro: Forense, 2019.

_____. **Contratos.** 27. ed. rev. e atual. por Edvaldo Brito e Reginalda Paranhos de Brito. Rio de Janeiro: Forense, 2019.

GOMES, Rogério Zuel. A Nova Ordem Contratual: pós-modernidade, contratos de adesão, condições gerais de contratação, contratos relacionais e redes contratuais. **Revista de Direito do Consumidor,** n. 58, 2006.

GOMES NETO, José. Shopping center: regulamentação jurídica e proteção ao lojista. **Revista de Direito Imobiliário,** v. 39, p. 129-141, set./dez. 1996.

GONÇALVES, Carlos Roberto. **Direito Civil Brasileiro:** parte geral. 13. ed. São Paulo: Saraiva, 2015.

GOUTAL, Jean-Louis. **Essai sur le principe de l'effet relatif du contrat.** Paris: LGDJ, 1981.

GRUNDMANN, Stefan. Contractual networks in German private law. In: CAFAGGI, Fabrizio (Ed.). **Contractual networks, inter-firm cooperation and economic growth.** Cheltenham Glos: Edward Elgar, 2011.

_____; CAFAGGI, Fabrizio; VETTORI, Giuseppe. The contractual basis of long-term organization – the overall architecture. In: GRUNDMANN, Stefan; CAFAGGI, Fabrizio; VETTORI, Giuseppe (Ed). **The organizational contract: from exchange to long-term network cooperation in European contract law.** New York: Routledge, 2016.

HABERSACK, Mathias. In: KRÜGER, Wolfgang. **Münchener Kommentar zum Bürgerlichen Gesetzbuch.** Band 3. Schuldrecht 'Allgemeiner Teil II. München: Verlag C.H. Beck, 2019.

HAICAL, Gustavo. O inadimplemento pelo descumprimento exclusivo de dever lateral advindo da boa-fé objetiva. **Revista dos Tribunais,** São Paulo, v. 900, ano 99, p. 44-84, out. 2010.

_____. **O contrato de agência: seus elementos tipificadores e efeitos práticos.** São Paulo: Revista dos Tribunais, 2012.

HUNE, Michel. **Netzwerkverträge in der Transportwirtschaft:** wirtchaftliche und rechtliche Dimensionen einer modernen Vertragsverbindung Zwischen Wettbewerb und Kooperation. Berlin: Wissenschaftlicher Verlag Berlin, 2010.

IBGE. Instituto Brasileiro de Geografia e Estatística. **Produto Interno Bruto – PIB.** O que é o PIB? Disponível em: https://www.ibge.gov.br/explica/pib.php. Acesso em: 16 jun. 2020.

ITÁLIA. **Leggi Correlate** – Art. 3 Comma 4-Ter D.L. 10.02.2009 n. 5 (Misure Urgenti a Sostegno Dei Settori Industriali in Crisi). Disponível em: https://www.sentenzeappalti.it/2012/09/22/art-3-comma-4-ter-d-l-10-02-2009-n-5-misure-urgenti-a-sostegno-dei-settori-industriali-in-crisi/. Acesso em: 22 nov. 2020.

ITURRASPE, Jorge Mosset. **Contratos conexos:** grupos y redes de contratos. Buenos Aires: Rubinzal-Culzoni Editores, 1999.

KATAOKA, Eduardo Takemi. **A coligação contratual.** Rio de Janeiro: Ed. Lumen Juris, 2008.

KJAER, Poul F. Post-hegelian networks: comments on the chapter by Simon Deakin. In: AMSTUTZ, Marc; TEUBNER, Gunther, eds. **Networks:** legal issues of multilateral co-operation. Bloomsbury Publishing, 2009.

KOLLER, Ingo. Grundstrukturen des Bankhaftungsrechts unter besonderer Berücksichtigung des Zahlungsverkehrs. In: KÖNDGEN, Johannes (Ed.). **Neue Entwicklungen in Bankhaftungsrecht.** Cologne: RWS Verlag Kommunikationsforum, 1987.

KONDER, Carlos Nelson. **Contratos Conexos:** grupos de contratos, redes contratuais e contratos coligados. Rio de Janeiro: Renovar, 2006.

KREBS, Peter; AEDTNER, Katja; SCHULTES, Marion. Company networks reloaded – putting a general functional approach to defining complex problems to the test. In: JUNG, Stefanie; KREBS, Peter; TEUBNER, Gunther. **Business networks reloaded.** Baden-Baden: Nomos, 2015.

LAMY FILHO, Alfredo; PEDREIRA, José Luiz Bulhões. **A lei das S.A.** Volume I. 3ª Ed. Rio de Janeiro: Renovar, 1997.

LARENZ, Karl. **Lehrbuch des Schuldrechts.** Zweiter Band. Besonderer Teil. München und Berlin: C. H. Beck´sche Verlagsbuchhandlung, 1956.

LEONARDO, Rodrigo Xavier. **Redes Contratuais no mercado habitacional.** São Paulo: Revista dos Tribunais, 2003.

_____. A teoria das redes contratuais e a função social dos contratos: reflexões a partir de uma recente decisão do Superior Tribunal de Justiça. **Revista dos Tribunais,** v. 832, p. 100-111, fev. 2005.

_____. Contratos coligados, redes contratuais e contratos conexos. In: FERNANDES, Wanderley (Coord.). **Fundamentos e princípios dos contratos empresariais.** 2. ed. São Paulo: Saraiva, 2012.

_____. *Os contratos coligados.* In: BRANDELLI, Leonardo. **Estudos em homenagem à Professora Véra Maria Jacob de Fradera.** Porto Alegre: Lejus, 2013.

_____. A conexão contratual no mercado publicitário e o julgamento da APN 470/MG (Mensalão). **Revista dos Tribunais,** v. 933, p. 415-443, jul. 2013.

LOBO, Carlos Augusto da Silveira. Contratos associativos – sociedade e consórcio. **Revista de Direito Bancário e do Mercado de Capitais,** v. 66, p. 97-115, out./dez. 2014.

LÔBO, Paulo Luiz Netto. **Direito Civil.** Contratos. 4. ed. São Paulo: Saraiva, 2018, v. 3.

LOPES, José Reinaldo de Lima; GARCIA NETO, Paulo Macedo. Consumidores de planos de saúde: ou, doente também tem direitos – uma revisão. In: MARQUES, Claudia Lima (Coord.). **Saúde e Responsabilidade 2:** a nova assistência privada à saúde. São Paulo: Revista dos Tribunais, 2008.

LOPEZ, Teresa Ancona. Princípios contratuais. In: FERNANDES, Wanderley (Coord.). **Fundamentos e princípios dos contratos empresariais.** 2. ed. São Paulo: Saraiva, 2012.

LORENZETTI, Ricardo Luis. Redes contractuales: conceptualización jurídica, relaciones internas de colaboración, efectos frente a terceros. **Revista de Direito do Consumidor,** v. 28, p. 22-58, out./dez. 1998.

_____. **Fundamentos do direito privado.** Tradução de Véra Maria Jacob de Fradera. São Paulo: Revista dos Tribunais, 1998.

_____. **Contratos.** Parte Especial. Tomo I. Santa Fé: Rubinzal – Culzoni, 2003.

_____. **Tratado de los Contratos.** Tomo I. 2. ed. ampl. e atual. Santa Fé: Rubinzal – Culzoni, 2004.

_____. **Fundamentos de derecho privado:** Código Civil y Comercial de la Nación Argentina. Ciudad Autónoma de Buenos Aires: La Ley, 2016.

LUCENA, José Waldecy. **Das sociedades anônimas** – comentários à lei (arts. 189 a 300). Volume 3. Rio de Janeiro: Renovar, 2012.

MACARIO, Francesco. Reti di imprese, "contratto di rete" e individualizazione delle tutele: appunti per uma riflessione metodológica. In: IAMICELI, Paola (a cura di). **Le reti di imprese e i contratti di rete.** Torino: Giappichelli, 2009.

MACEDO Jr., Ronaldo Porto. **Contratos Relacionais e Defesa do Consumidor.** 2. ed. rev. atual. e ampl. São Paulo: Revista dos Tribunais, 2007.

MACNEIL. Ian R. The many futures of contracts. **Southern California Law Review 47,** n. 816, p. 691, 1974.

_____. **The New Social Contract:** an inquiry into modern contractual relations. New Haven, EEUU: Yale University Press, 1980.

_____. Relational Contract: What We Do and Do Not Know. **Wisconsin Law Review,** 1985.

MARÍN LÓPEZ, Manuel Jesús. La protección del consumidor de crédito em Alemania. Análisis de la Verbraucherkreditgesetz. In: NIETO CAROL, Ubaldo. **Credito al consumo y transparencia bancaria.** Madrid: Civitas, 1998.

MARINO, Francisco Paulo De Crescenzo. **Contratos coligados no direito brasileiro.** São Paulo: Saraiva, 2009.

MARQUES, Cláudia Lima. **Contratos no Código de Defesa do Consumidor.** 4. ed. red., atual, e ampl. São Paulo: Editora Revista dos Tribunais, 2002.

_____. **Contratos no Código de Defesa do Consumidor:** o novo regime das relações contratuais. 9. ed. rev. e atual. São Paulo: Thomson Reuters Brasil, 2019.

MARQUES, Ricardo Dalmaso. Redes Empresariais e o Direito Comercial: os principais problemas teóricos e dogmáticos das redes empresariais. **Revista de Direito Empresarial,** v. 13, n. 545, p. 15-25, jan./fev. 2016.

MARTINEK, Michael. Networks of contracts and competition law. In: GRUNDMANN, Stefan; CAFAGGI, Fabrizio; VETTORI, Giuseppe (Ed). **The organizational contract: from exchange to long-term network cooperation in European contract law.** New York: Routledge, 2016,

MARTINEZ, Pedro Romano. **O subcontrato.** Coimbra: Almedina, 1989.

_____. **Cumprimento defeituoso: em especial na compra e venda e na empreitada**. Coimbra: Almedina, 1994

MARTINS-COSTA, Judith. **A boa-fé no direito privado:** critérios para a sua aplicação. São Paulo: Marcial Pons, 2015.

MELLO, Marcos Bernardes de. **Teoria do fato jurídico:** plano da validade. São Paulo: Saraiva, 1995.

_____. **Teoria do fato jurídico.** 9. ed. São Paulo: Saraiva, 1999.

_____. **Teoria do fato jurídico:** plano da existência. 17. ed. São Paulo: Saraiva, 2011.

MENDES, Rodrigo Octávio Broglia. A empresa em rede: a empresa virtual como mote para reflexão no direito comercial. **Revista do Advogado,** v. 32, n. 115, p. 133-134, 2012.

MESSINEO, Francesco. **Dottrina generale del contrato.** 3. Edizione ampliata e in parte riffata. Milano: Dott. A. Giuffrè Editore, 1952.

MINAS GERAIS. TJMG. Tribunal de Justiça do Estado de Minas Gerais. **Jurisprudência**. Disponível em: https://www5.tjmg.jus.br/jurisprudencia/pesquisaPalavrasEspelhoAcordao.do?numeroRegistro=1&totalLinhas=1&palavras=%22redes+contratuais%22&pesquisarPor=acordao&orderByData=2&codigoOrgaoJulgador=&codigoCompostoRelator=&classe=&codigoAssunto=&dataPublicacaoInicial=&dataPublicacaoFinal=&dataJulgamentoInicial=&dataJulgamentoFinal=&siglaLegislativa=&referenciaLegislativa=&numeroRefLegislativa=&anoRefLegislativa=&legislacao=&norma=&descNorma=&complemento_1=&listaPesquisa=&descricaoTextosLegais=&observacoes=&linhasPorPagina=10&pesquisaPalavras=Pesquisar. Acesso em: 21 jun. 2020.

_____. TJMG. **Apelação Cível n. 1.0684.07.001099-7/001**. Rel. Cabral da Silva, 10ª Câmara Cível. Julgado em 19.02.2008.

_____. TJMG. **Apelação Cível n. 1.0074.09.048217-0/001**. Rel. Cabral da Silva, 10ª Câmara Cível. Julgado em 01.12.2009.

_____. TJMG. **Apelação Cível n. 1.0145.08.449755-4/001**. Rel. Cabral da Silva, 10ª Câmara Cível. Julgado em 05.07.2011.

_____. TJMG. **Apelação Cível n. 1.0145.10.045864-8/001**. Rel. Pedro Bernardes, 9ª Câmara Cível. Julgado em 06.09.2011.

_____. TJMG. **Apelação Cível n. 1.0210.09.064432-4/001**. Rel. Cabral da Silva, 10ª Câmara Cível. Julgado em 11.09.2012.

_____. TJMG. **Apelação Cível n. 1.0720.11.002890-2/001**. Rel. Cabral da Silva, 10ª Câmara Cível. Julgado em 21.05.2013.

_____. TJMG. **Apelação Cível n. 1.0145.12.032428-3/001**. Rel. Cabral da Silva, 10ª Câmara Cível. Julgado em 25.06.2013.

_____. TJMG. **Apelação Cível n. 1.0432.12.000754-2/002**. Rel. Cabral da Silva, 10ª Câmara Cível. Julgado em 02.12.2014.

_____. TJMG. **Apelação Cível n. 1.0024.11.145895-6/001**. Rel. Cabral da Silva, 10ª Câmara Cível. Julgado em 02.06.2015.

_____. TJMG. **Apelação Cível n. 1.0145.14.038235-2/002**. Rel. Arnaldo Maciel, 18ª Câmara Cível. Julgado em 10.11.2015.

_____. TJMG. **Apelação Cível n. 1.0220.15.001653-7/001**. Rel. Sérgio André da Fonseca Xavier, 18ª Câmara Cível. Julgado em 16.05.2017.

_____. TJMG. **Apelação Cível n. 1.0324.15.003809-3/002**. Rel. Luiz Carlos Gomes da Mata, 13ª Câmara Cível. Julgado em 23.02.2018.

_____. TJMG. **Apelação Cível n. 1.0148.12.002677-5/002**. Rel. José Marcos Vieira, 16ª Câmara Cível. Julgado em 02.05.2018.

_____. TJMG. **Apelação Cível n. 1.0105.14.014607-4/001**. Rel. Cabral da Silva, 10ª Câmara Cível. Julgado em 04.12.2018.

_____. TJMG. **Apelação Cível n. 1.0000.18.111115-4/001**. Rel. Cabral da Silva, 10ª Câmara Cível. Julgado em 05.02.2019.

_____. TJMG. **Apelação Cível n. 1.0479.12.010615-4/003**. Rel. Arnaldo Maciel, 18ª Câmara Cível. Julgado em 12.02.2019.

_____. TJMG. **Apelação Cível n. 1.0024.14.211048-5/001**. Rel. Cabral da Silva, 10ª Câmara Cível. Julgado em 04.06.2019.

_____. TJMG. **Apelação Cível n. 1.0079.12.067745-9/001.** Rel. Ramom Tácio, 16ª Câmara Cível. Julgado em 02.10.2019.

MIRANDA, Francisco Cavalcanti Pontes de. **Tratado de direito privado.** 2. ed. Rio de Janeiro: Borsoi, 1955, T. V.

_____. **Tratado de Direito Privado.** Atualizado por Vilson Rodrigues Alves. Em conformidade com o Código Civil de 2002. Campinas: Bookseller, 2003.

MIRANDA, Joana Correia de. **Contratos de rede e rede de empresas.** Coimbra: Almedina, 2020.

MÖLLER, Cosima; WENDEHORST, Christiane. In: BAMBERGER, Heinz Georg; ROTH, Herbert. **Kommentar zum Bürgerlichen Gesetzbuch.** Band 1. München: Verlag C.H. Beck, 2003.

MOREIRA, José Carlos Barbosa. Unidade ou pluralidade de contratos – contratos conexos, vinculados ou coligados. **Revista do Tribunais,** São Paulo, v. 817, p. 753-762, nov. 2003.

MOUZAS, Stefanos; BLOIS, Keith. **Relational Contract Theory: Confirmations and Contradictions.** Disponível em: https://www.impgroup.org/uploads/papers/6417.pdf.

NARDI, Marcelo De. **Redes de contratos em perspectiva de interpretação sistêmica.** Porto Alegre: Verbo Jurídico, 2015.

NASCIMENTO. Tupinambá Miguel Castro do. **Responsabilidade civil no código de defesa do consumidor.** Rio de Janeiro: Aide, 1991.

NEGREIROS, Teresa. **Teoria do contrato: novos paradigmas.** Rio de Janeiro: Renovar, 2002.

OLIVEIRA, Karina Cardozo de. Breve análise sobre o contrato de consórcio empresarial. **Revista de Direito Bancário e do Mercado de Capitais,** v. 66, p. 131-155, out./dez. 2014.

PARANÁ. TJPR. Tribunal de Justiça do Estado do Paraná. **Jurisprudência.** Disponível em: http://portal.tjpr.jus.br/jurisprudencia/publico/pesquisa.do;jsessionid=cac04e68d0e0cf49d486dd7917ef?actionType=pesquisar. Acesso em: 16 jun. 2020.

_____. TJPR. **Apelação Cível n. 876810-7.** Rel. Antenor Demeterco Junior, 7ª Câmara Cível. Julgado em 10.07.2012.

_____. TJPR. **Apelação Cível n. 908.569-4.** Rel. Albino Jacomel Guérios, 18ª Câmara Cível. Julgado em 28.11.2012.

_____. TJPR. **Apelação Cível n. 1199336-1.** Rel. José Hipólito Xavier da Silva, 14ª Câmara Cível. Julgado em 13.08.2014.

_____. TJPR. **Apelação Cível n. 1141905-9.** Rel(a). Juíza Angela Maria Machado Costa, 12ª Câmara Cível. Julgado em 01.04.2015.

_____. TJPR. **Recurso Inominado n. 0031599-55.2012.8.16.0182.** Rel(a). Heloísa Da Silva Krol Milak, 2ª Turma Recursal. Julgado em 18.08.2015.

_____. TJPR. **Recurso Inominado n. 318-51.2010.8.16.0150.** Rel(a). Heloísa Da Silva Krol Milak, 2ª Turma Recursal. Julgado em 18.08.2015.

_____. TJPR. **Recurso Inominado n. 193-39.2014.8.16.0184.** Rel(a). Heloísa Da Silva Krol Milak, 2ª Turma Recursal. Julgado em 18.08.2015.

_____. TJPR. **Apelação Cível n. 1.301.741-7.** Rel. Luiz Sérgio Neiva de Lima Vieira, 7ª Câmara Cível. Julgado em 15.09.2015.

_____. TJPR. **Apelação Cível n. 1.373.432-2.** Rel(a). Lenice Bodstein, 11ª Câmara Cível. Julgado em 14.10.2015.

_____. TJPR. **Recurso Inominado n. 0006357-02.2016.8.16.0038.** Rel. Siderlei Ostrufka Cordeiro, 2ª Turma Recursal. Julgado em 08.03.2018.

_____. TJPR. **Agravo de Instrumento n. 0044509-34.2019.8.16.0000.** Rel. Marcelo Gobbo Dalla Dea, 18ª Câmara Cível. Julgado em 14.02.2020.

PENTEADO, Luciano de Camargo. **Efeitos contratuais perante terceiros.** São Paulo: Quartier Latin, 2007.

_____; Redes contratuais e contratos coligados. In: HIRONAKA, Giselda Maria fernandes Novaes; TARTUCE, Flávio (Coord.). **Direito contratual: temas atuais.** São Paulo: Método, 2007.

PEREIRA, Caio Mário da Silva. Shopping centers – organização econômica e disciplina jurídica. **Doutrinas Essenciais Obrigações e Contratos,** v. 5, p. 611-629, jun. 2011.

POLO, Marcelo. **Os contratos de distribuição em rede:** análise da discriminação de preço entre os distribuidores. Curitiba: Blanche, 2013, v. 1.

POTHIER, Robert Joseph. **Traité des obligations:** ouvres complètes. 2. ed. Paris: Marchal et Billard, 1861, t. 2.

PROSENJAK, Jonatan. Economic analysis of value-added networks: a holistic approach to the competitive effects of vertical agreements. In: JUNG, Stefanie; KREBS, Peter; TEUBNER; Gunther. **Business Networks Reloaded.** Nomos: Baden-Baden, 2015.

REALE, Miguel. **Lições preliminares de direito.** 24. ed. São Paulo: Saraiva, 1998.

RICHTER, Marina Nascimbem Bechtejew. **A relação de franquia no mundo empresarial e as tendências da jurisprudência brasileira.** São Paulo: Almedina, 2015.

RIO DE JANEIRO. TJRJ. Tribunal de Justiça do Estado do Rio de Janeiro. **Consulta Jurisprudência.** Disponível em: http://www4.tjrj.jus.br/EJURIS/ProcessarConsJuris.aspx?PageSeq=1&Version=1.1.10.0. Acesso em: 25 jun. 2020.

_____. TJRJ. **Apelação Cível n. 0003849-86.2008.8.19.0036.** Rel. Fernando Cerqueira Chagas, 11ª Câmara Cível. Julgado em 06.07.2012.

_____. TJRJ. **Apelação Cível n. 0032810-87.2009.8.19.0202.** Rel. Jessé Torres, 2ª Câmara Cível. Julgado em 18.07.2012.

_____. TJRJ. **Apelação Cível n. 1015216-90.2011.8.19.0002.** Rel. Joaquim Domingos de Almeida Neto, 24ª Câmara Cível. Julgado em 28.05.2014.

_____. TJRJ. **Apelação Cível n. 0053950-93.2012.8.19.0002.** Rel. Joaquim Domingos de Almeida Neto, 24ª Câmara Cível. Julgado em 07.08.2014.

_____. TJRJ. **Apelação Cível n. 0045521-04.2012.8.19.0014.** Rel(a). Ana Maria Pereira de Oliveira, 26ª Câmara Cível. Julgado em 28.08.2014.

_____. TJRJ. **Apelação Cível n. 0180732-51.2012.8.19.0001.** Rel. Antonio Carlos dos Santos Bitencourt, 27ª Câmara Cível. Julgado em 08.10.2014.

_____. TJRJ. **Apelação Cível n. 0052202-89.2013.8.19.0002.** Rel. Cláudio Dell'Orto, 18ª Câmara Cível. Julgado em 26.05.2015.

RIO GRANDE DO SUL. TJRS. Tribunal de Justiça do Estado do Rio Grande do Sul. **Jurisprudência.** Disponível em: https://www.tjrs.jus.br/site/busca-solr/index.html?aba=jurisprudencia. Acesso em: 23 jun. 2020.

_____. TJRS. **Apelação Cível n. 70004456059.** Rel. Miguel Ângelo da Silva, 9ª Câmara Cível. Julgado em 21.09.2005.

_____. TJRS. **Apelação Cível n. 70014298004.** Decisão Monocrática. Rel(a). Ângela Terezinha de Oliveira Brito, 13ª Câmara Cível. Julgado em 12.07.2006.

_____. TJRS. **Recurso Inominado n. 71001186295.** Rel. Eugênio Facchini Neto, 3ª Turma Recursal Cível. Julgado em 25.04.2007.

_____. TJRS. **Agravo de Instrumento n. 70020865069.** Rel. Jorge Alberto Schreiner Pestana, 10ª Câmara Cível. Julgado em 25.10.2007.

_____. TJRS. **Apelação Cível n. 70031036924.** Rel(a). Ângela Terezinha de Oliveira Brito, 13ª Câmara Cível. Julgado em 26.08.2010.

_____. TJRS. **Apelação Cível n. 70028705754.** Rel(a). Ângela Terezinha de Oliveira Brito, 13ª Câmara Cível. Julgado em 26.08.2010.

_____. TJRS. **Apelação Cível n. 70035152610.** Rel(a). Ângela Terezinha de Oliveira Brito, 13ª Câmara Cível. Julgado em 11.11.2010.

_____. TJRS. **Apelação Cível n. 70047462015.** Rel(a). Marilene Bonzanini, 9ª Câmara Cível. Julgado em 30.05.2012.

_____. TJRS. **Apelação Cível n. 70052487618.** Rel(a). Ângela Terezinha de Oliveira Brito, 13ª Câmara Cível. Julgado em 13.06.2013.

_____. TJRS. **Apelação Cível n. 70055231575.** Rel(a). Ângela Terezinha de Oliveira Brito, 13ª Câmara Cível. Julgado em 24.10.2013.

_____. TJRS. **Apelação Cível n. 70058177841.** Rel(a). Ângela Terezinha de Oliveira Brito, 13ª Câmara Cível. Julgado em 29.05.2014.

_____. TJRS. **Apelação Cível n. 70059410886.** Rel(a). Ângela Terezinha de Oliveira Brito, 13ª Câmara Cível. Julgado em 26.06.2014.

RIZZARDO FILHO, Arnaldo. **Contratos.** 11. ed. Rio de Janeiro: Forense, 2010.

_____. **Redes empresariais e organização contratual na nova economia.** Florianópolis: Tirant Lo Blanch, 2018.

RODRIGUES JUNIOR, Otávio Luiz. **Argentina promulga seu novo Código Civil e Comercial.** Disponível em: https://www.conjur.com.br/2014-out-15/direito-comparado-argentina-promulga-codigo-civil-parte. Acesso em: 20 mar. 2019.

_____; LEONARDO, Rodrigo Xavier; PRADO, Augusto Cézar Lukascheck. A liberdade contratual e a função social do contrato – alteração do art. 421-A do código civil: art. 7º. In: MARQUES NETO, Floriano Peixoto; RODRIGUES JR., Otavio Luiz; LEONARDO, Rodrigo Xavier (Org.). **Comentários à lei de liberdade econômica:** Lei 13.874/2019. São Paulo: Thomson Reuters Brasil, 2019.

ROHE, Mathias. **Netzverträge.** Rechtsprobleme komplexer Vertragsverbindungen. Tübingen: Mohr Siebeck, 1998.

ROPPO, Enzo. **O Contrato.** Tradução de Ana Coimbra e M. Januário C. Gomes. Coimbra: Almedina, 2009.

ROSITO, Francisco. Os contratos conexos e sua interpretação. **Revista dos Tribunais,** v. 866, p. 24-27, dez. 2007.

RUIZ PERIS, Juan Ignacio. Un derecho específico para las redes empresariales. In: **Nuevas Perspectivas del Derecho de Redes Empresariales.** Director Juan Ignacio Ruiz Peris. Valência: Tirant lo blanch, 2012.

SALOMÃO FILHO, Calixto. **Regulação da atividade econômica (princípios e fundamentos jurídicos).** São Paulo: Malheiros, 2001.

SANSEVERINO, Paulo de Tarso Vieira. **Responsabilidade civil no código do consumidor e a defesa do fornecedor.** 3. ed. São Paulo: Saraiva, 2010.

SANTOS, Alexandre David. **Comentários à nova lei de franquia:** Lei n. 13.966/2019. São Paulo: Almedina, 2020.

SÃO PAULO. **TJSP.** Tribunal de Justiça do Estado de São Paulo. Disponível em: http://www.tjsp.jus.br/. Acesso em: 21 jun. 2020.

_____. TJSP. Tribunal de Justiça do Estado de São Paulo. **Quem somos?** Disponível em: https://www.tjsp.jus.br/QuemSomos. Acesso em: 21 jun. 2020.

_____. TJSP. **Apelação Cível n. 9246174-28.2003.8.26.0000**. Rel. Júlio Vidal, 28ª Câmara da Seção de Direito Privado. Julgado em 29.11.2005.

_____. TJSP. **Apelação Cível n. 0020309-72.2008.8.26.0451**. Rel. Matheus Fontes, 22ª Câmara de Direito Privado. Julgado em 14.04.2011.

_____. TJSP. **Apelação Cível n. 0005586-63.2010.8.26.0003**. Rel. Matheus Fontes, 22ª Câmara de Direito Privado. Julgado em 01.03.2012.

_____. TJSP. **Agravo de Instrumento n. 0108064-56.2013.8.26.0000**. Rel. Andrade Neto, 30ª Câmara de Direito Privado. Julgado em 30.10.2013.

_____. TJSP. **Apelação Cível n. 0000935-95.2004.8.26.0100**. Rel. Arantes Theodoro, 36ª Câmara de Direito Privado. Julgado em 22.05.2014.

_____. TJSP. **Apelação Cível n. 0065257-60.2009.8.26.0000**. Rel. Des. Ferraz Felisardo, 29ª Câmara de Direito Privado. Julgado em 25.06.2014.

_____. TJSP. **Apelação Cível n. 0071760-02.2012.8.26.0224**. Rel. Ferreira da Cruz, 8ª Câmara de Direito Privado. Julgado em 29.07.2015.

_____. TJSP. **Apelação Cível n. 0025793-05.2012.8.26.0071**. Rel. Ferreira da Cruz, 8ª Câmara de Direito Privado. Julgado em 12.08.2015.

_____. TJSP. **Apelação Cível n. 1000785-33.2014.8.26.0590**. Rel. Ferreira da Cruz, 8ª Câmara de Direito Privado. Julgado em 03.09.2015.

_____. TJSP. **Apelação Cível n. 0078167-11.2012.8.26.0002**. Rel. Alexandre Bucci, 9ª Câmara de Direito Privado. Julgado em 06.10.2015.

_____. TJSP. **Apelação Cível n. 0016736-76.2012.8.26.0001**. Rel. Matheus Fontes, 22ª Câmara de Direito Privado. Julgado em 08.10.2015.

_____. TJSP. **Apelação Cível n. 0161345-54.2009.8.26.0100**. Rel(a). Sandra Galhardo Esteves, 12ª Câmara de Direito Privado. Julgado em 21.10.2015.

_____. TJSP. **Apelação Cível n. 0010397-67.2013.8.26.0001**. Rel. Andrade Neto, 30ª Câmara de Direito Privado. Julgado em 11.11.2015.

_____. TJSP. **Apelação Cível n. 1011385-41.2014.8.26.0032**. Rel. Luiz Antonio Costa, 7ª Câmara de Direito Privado. Julgado em 16.11.2015.

_____. TJSP. **Apelação Cível n. 0189569-65.2010.8.26.0100**. Rel. Francisco Loureiro, 1ª Câmara de Direito Privado. Julgado em 20.11.2015.

_____. TJSP. **Apelação Cível n. 1011302-04.2013.8.26.0309**. Rel. Francisco Loureiro, 1ª Câmara de Direito Privado. Julgado em 26.01.2016.

_____. TJSP. **Apelação Cível n. 1012638-36.2015.8.26.0224**. Rel. Ruy Coppola, 32ª Câmara de Direito Privado. Julgado em 23.06.2016.

_____. TJSP. **Apelação Cível n. 1075348-47.2013.8.26.0100**. Rel. José Marcos Marrone, 23ª Câmara de Direito Privado. Julgado em 13.07.2016.

_____. TJSP. **Apelação Cível n. 4021646-54.2013.8.26.0224**. Rel(a). Carmen Lucia da Silva, 25ª Câmara de Direito Privado. Julgado em 14.07.2016.

_____. TJSP. **Agravo de Instrumento n. 2172794-37.2016.8.26.0000**. Rel. Percival Nogueira, 6ª Câmara de Direito Privado. Julgado em 29.11.2016.

_____. TJSP. **Apelação Cível n. 0199442-21.2012.8.26.0100**. Rel. Francisco Loureiro, 1ª Câmara de Direito Privado. Julgado em 31.01.2017.

REFERÊNCIAS

_____. TJSP. **Apelação Cível n. 1000419-87.2016.8.26.0019.** Rel(a). Carmen Lucia da Silva, 18ª Câmara de Direito Privado. Julgado em 14.02.2017.

_____. TJSP. **Apelação Cível n. 4001770-82.2013.8.26.0590.** Rel. Andrade Neto, 30ª Câmara de Direito Privado. Julgado em 15.03.2017.

_____. TJSP. **Apelação Cível n. 0007711-05.2013.8.26.0001.** Rel. Enéas Costa Garcia, 1ª Câmara de Direito Privado. Julgado em 20.06.2017.

_____. TJSP. **Apelação Cível n. 1066954-80.2015.8.26.0100.** Rel. Piva Rodrigues, 9ª Câmara de Direito Privado. Julgado em 15.08.2017.

_____. TJSP. **Apelação Cível n. 0056063-31.2013.8.26.0506.** Rel(a). Carmen Lucia da Silva, 18ª Câmara de Direito Privado. Julgado em 06.02.2018.

_____. TJSP. **Apelação Cível n. 1022854-69.2016.8.26.0564.** Rel. Francisco Loureiro, 1ª Câmara de Direito Privado. Julgado em 15.03.2018.

_____. TJSP. **Apelação Cível n. 1004274-32.2015.8.26.0400.** Rel(a). Carmen Lucia da Silva, 33ª Câmara de Direito Privado. Julgado em 04.04.2018.

_____. TJSP. **Apelação Cível n. 1003040-03.2014.8.26.0286.** Rel. Matheus Fontes, 22ª Câmara de Direito Privado. Julgado em 17.04.2018.

_____. TJSP. **Apelação Cível n. 1101421-85.2015.8.26.0100.** Rel(a). Daniela Menegatti Milano, 16ª Câmara de Direito Privado. Julgado em 15.05.2018.

_____. TJSP. **Apelação Cível n. 1019865-82.2016.8.26.0114.** Rel. Ruy Coppola, 32ª Câmara de Direito Privado. Julgado em 24.05.2018.

_____. TJSP. **Agravo de Instrumento n. 1106855-84.2017.8.26.0100.** Rel. José Joaquim dos Santos, 2ª Câmara de Direito Privado. Julgado em 18.06.2018.

_____. TJSP. **Apelação Cível n. 1009847-10.2017.8.26.0100.** Rel(a). Carmen Lucia da Silva, 25ª Câmara de Direito Privado. Julgado em 14.01.2019.

_____. TJSP. **Apelação Cível n. 1022638-11.2017.8.26.0100.** Rel. Francisco Loureiro, 1ª Câmara de Direito Privado. Julgado em 17.01.2019.

_____. TJSP. **Apelação Cível n. 1008517-87.2016.8.26.0269.** Rel. Andrade Neto, 30ª Câmara de Direito Privado. Julgado em 13.03.2019.

_____. TJSP. **Apelação Cível n. 1004244-82.2018.8.26.0564.** Rel. José Joaquim dos Santos, 2ª Câmara de Direito Privado. Julgado em 22.05.2019.

_____. TJSP. **Apelação Cível n. 1004362-25.2017.8.26.0554.** Rel. Andrade Neto, 30ª Câmara de Direito Privado. Julgado em 29.05.2019.

_____. TJSP. **Apelação Cível n. 1044325-73.2019.8.26.0100.** Rel. Sergio Gomes, 37ª Câmara de Direito Privado. Julgado em 20.09.2019.

_____. TJSP. **Apelação Cível n. 1000720-33.2018.8.26.0126.** Rel. Andrade Neto, 30ª Câmara de Direito Privado. Julgado em 16.10.2019.

_____. TJSP. **Apelação Cível n. 1031300-93.2019.8.26.0002.** Rel. Gilberto Leme, 35ª Câmara de Direito Privado. Julgado em 03.02.2020.

_____. TJSP. **Apelação Cível n. 1008322-68.2017.8.26.0269.** Rel. Enéas Costa Garcia, 1ª Câmara de Direito Privado. Julgado em 06.04.2020.

_____. TJSP. **Apelação Cível n. 1001019-85.2018.8.26.0004.** Rel(a). Carmen Lucia da Silva, 25ª Câmara de Direito Privado. Julgado em 12.05.2020.

_____. TJSP. **Apelação Cível n. 1003720-95.2017.8.26.0572.** Rel. Enéas Costa Garcia, 1ª Câmara de Direito Privado. Julgado em 18.05.2020.

_____. TJSP. **Apelação Cível n. 1005073-23.2016.8.26.0309.** Rel. Enéas Costa Garcia, 1ª Câmara de Direito Privado. Julgado em 27.05.2020.

SCAFF, Fernando Campos. **Direito à saúde no âmbito privado:** contratos de adesão; planos de saúde e seguro saúde. São Paulo: Saraiva, 2010.

SILVA, João Calvão da. Concessão comercial e direito da concorrência. **Estudos Jurídicos** – Pareceres. Coimbra: Almedina, 2001.

SILVA, Jorge Cesa Ferreira da. **A boa-fé e a violação positiva do contrato.** Rio de Janeiro: Renovar, 2002.

SOUZA, Antonio Pedro Garcia de. **Redes empresariais: a distribuição de bens e serviços e o seu propósito comum.** São Paulo: Quartier Latin, 2021.

SYDOW, Jörg. **Strategische Netzwerke:** Evolution und organization. Berlin: Springer Gabler, 1992.

TEPEDINO, Gustavo. Sociedades operadoras de plano de saúde e responsabilidade civil. **Soluções Práticas,** v. 1, n. 412, p. 377-420, nov. 2011.

_____. **Relações obrigacionais e contratos.** São Paulo: Editora Revista dos Tribunais, 2012, v. II.

TEUBNER, Gunther. **Networks as connected contracts.** Translated by Michelle Everson. Oxford and Portland: Hart Publishing, 2011.

_____. Coincidencia Oppositorum: Hybrid Networks Beyond Contract and Organisation. In: AMSTUTZ, Marc; TEUBNER, Gunther (Eds.). **Networks:** legal issues of multilateral co-operation. Bloomsbury Publishing, 2009.

TEYSSIE, Bernard. **Les groupes de contrats.** Paris: Libraire Genérale de Droit et de Jurisprudence, 1975.

THEODORO JÚNIOR, Humberto; MELLO, Adriana Mandim Theodoro de. O regime do contrato (típico) de agência e distribuição (representação comercial) no novo código civil em cotejo com a situação jurídica do contrato (atípico) de concessão comercial. Indenizações cabíveis na extinção da relação contratual. In: **RT/Fasc. Civ.** Ano 93. v. 825. Jul. 2004.

THEODORO NETO, Humberto. **Efeitos externos do contrato: direitos e obrigações na relação entre contratantes e terceiros.** Rio de janeiro: Forense, 2007.

THORELLI, Hans. Networks: between markets and hierarchies. **Strategic Management Journal,** v. 7, n. 1, jan./fev. 1986.

TORRES, Andreza Cristina Baggio. **Teoria Contratual Pós-Moderna** – As Redes Contratuais na Sociedade de Consumo. Curitiba: Juruá, 2007.

UNIDROIT. International Institute for the Unification of Private Law. **Model Franchise Disclosure Law (2002).** Disponível em: https://www.unidroit.org/instruments/franchising/model-law/. Acesso em: 19 set 2021.

VANCE, patrícia de Salles; SILVA, Vivian Lara dos Santos; AZEVEDO, Paulo Furquim de. Origens, evolução e prática do franchising. In: SILVA, Vivian Lara dos Santos; AZEVEDO, Paulo Furquim de. (Orgs.). **Teoria e prática do franchising:** estratégia e organização de redes de franquias. São Paulo: Atlas, 2012.

VARELA, João de Matos Antunes. **Das obrigações em geral.** 10. ed. rev. e actual. Coimbra: Almedina, 2000, v. I.

VASCONCELOS, Pedro Pais de. **Contratos atípicos.** 2. ed. Coimbra: Almedina, 2009.

VENOSA, Sílvio de Salvo. **Direito civil:** contratos em espécie. 11. ed. São Paulo: Atlas, 2011.

VINCELLES, Carole Aubert de. Linked contracts under french law. In: CAFAGGI,

Fabrizio (Org.). **Contractual networks, Inter-firm cooperation and Economic growth.** Cheltenham: Edward Elger, 2011.

WEITZENBOECK, Emily M. The scope of loyalty duties in dynamic networks. In: JUNG, Stefanie; KREBS, Peter; TEUBNER, Gunther. **Business networks reloaded.** Baden-Baden: Nomos, 2015.

WELLENHOFER, Marina. Third Party Effects of Bilateral Contracts within the Network. In: AMSTUTZ, Marc; TEUBNER, Gunther (Eds.). **Networks:** legal issues of multilateral co-operation. Bloomsbury Publishing, 2009.

WITTING, Christian A. **Liability of Corporate Groups and Networks.** Cambridge: Cambridge University Press, 2018.

WOLF, Manfred. The protection of contractual networks against interference by third parties. In: AMSTUTZ, Marc; TEUBNER, Gunther. (Eds.). **Networks:** legal issues of multilateral co-operation. Bloomsbury Publishing, 2009.

ZANETTI, Ana Carolina Devito Dearo. **Contrato de distribuição:** o inadimplemento recíproco. São Paulo: Atlas, 2015.